Ninian Smart · Die großen Religionen

Ninian Smart

Die großen Religionen

Universitas

Aus dem Englischen übertragen von Eva Gärtner
Titel der Originalausgabe: THE LONG SEARCH

Schutzumschlag: Christel Aumann, München
Satz und Druck: Jos. C. Huber KG, Dießen
Binden: R. Oldenbourg, Heimstetten
Printed in Germany
ISBN: 3-8004-1170-9

INHALT

Illustrationen

EINFÜHRUNG

Die Suche nach der Wahrheit: Wenn alle Menschen an dieselben Dinge glaubten, verlöre unser Planet die Hälfte seiner erregenden Möglichkeiten und ebenso viele seiner Probleme. Die verschiedenen Vorstellungen der Menschen über die Welt können in einem Fall zu einem Leben voller Liebe, im anderen zu einem Leben voller Haß führen. Jedenfalls vermitteln gemeinsame Vorstellungen ein besonderes Gefühl von Zugehörigkeit. So sollten wir diese Galerie von Vorstellungen näher betrachten, wenn wir die Menschheit verstehen möchten. Denn vieles in unserer Geschichte und in unseren Hoffnungen ist in der Art und Weise begründet, wie Menschen sich selbst und ihre Welt sehen.
Dabei wird derjenige, der die Glaubensrichtungen der Menschheit erforscht, vielleicht auch die eigenen Überzeugungen klären können. Vielleicht findet er das eine oder andere Glaubensbild verlockend, oder er läßt sich dazu anregen, ein neues, eigenes Bild zu entwerfen. Ansichten über Wahrheit und Güte können aus vielen Geschichten und Systemen herausgelesen werden, mit denen Menschen sich bemüht haben, ihre Einstellung zum Leben zu ordnen. So geht die Bemühung um das Verständnis der Religionen auf zwei Ebenen vor sich. Auf der einen Ebene versucht man herauszufinden, wie Menschen die Welt sehen, und wie sie auf das, was sie sehen, reagieren. Auf der anderen Ebene geht es darum, die *Wahrheit* im Bereich unserer eigenen Möglichkeiten zu finden. Die eine Ebene beschäftigt sich mit den Menschen, die andere mit der Wahrheit dessen, was Menschen geglaubt haben.
Es gibt Atheisten und Rationalisten, die in den Religionen nichts als Torheit sehen können. Sie sind daher leicht versucht, die Erforschung der Religionen für unwichtig zu halten. Das ist aber töricht. Denn alles, was Menschen bewegt, ob dumm oder klug, gerechtfertigt oder nicht, gut oder schlecht, ist zu berücksichtigen, wenn wir die verschiedenen Reaktionen des Menschen auf das Leben begreifen wollen.

Die Welt durch die Brille der anderen sehen

Wenn wir uns also ernsthaft auf Entdeckungsreisen im Land der Religionen begeben wollen, lassen wir am besten die eigenen Voraussetzungen und Meinungen über Wahrheit und Werte zunächst beiseite und versuchen, uns in das Leben anderer zu versetzen und die Welt von ihrem Standpunkt aus zu sehen. Kein Historiker darf den Standpunkt des Handelnden vernachlässigen; wir müssen beispielsweise erkennen, wie Cäsar die Dinge sah, als er sich darauf vorbereitete, den Rubicon zu überschreiten, und was Stalin im Sinn hatte, als er seinen schicksalschweren Vertrag mit Hitler schloß. Ebenso müssen wir in puncto Religion imstande sein, uns in die Lage eines Moslems auf dem Wege nach Mekka oder eines Buddhisten in Meditation zu versetzen. Es nützt nicht sehr viel, die Reaktionen eines Moslems oder Buddhisten an den Gefühlen eines Christen oder Agnostikers zu messen. Darin liegt die Herausforderung und der Gewinn des Studiums der Religionen der Menschheit: es gilt zu versuchen, die Dinge mit den Augen der anderen zu sehen. Leicht ist das allerdings nicht, und man hat häufig bezweifelt, ob es überhaupt möglich ist. Man hat vorgebracht, der Glaube sei etwas derart Intensives und Persönliches, daß er nur von innen heraus erfahren werden könne. Um zu wissen, wie es ist, Jude zu sein, müsse man selbst Jude sein; um zu wissen, wie es ist, Hindu zu sein, müsse man Hindu sein.

Eine solche Kritik an dem Vorhaben, den Glauben anderer zu erforschen, enthält einige Wahrheit, aber nur einige, und diese Kritik kann gefährlich sein. Wahr ist, daß jemand vielleicht aufgrund seines Glaubens in einer Weise gelebt hat, die für einen Außenseiter nicht nachvollziehbar ist. Daraus folgt aber nicht, daß es dem Außenseiter nicht zu besserem Verständnis verhelfen würde, wenn er versuchte, in die innere Erfahrung jenes Menschen einzudringen. Darüber hinaus kann gerade der Außenseiter unter Umständen manche Aspekte des Glaubens eines anderen Menschen klarer erkennen als dieser selbst, weil er etwas Abstand hat. Ich erinnere mich, wie einmal zwei Gelehrte an kurz aufeinanderfolgenden Tagen meinen Studenten Vorlesungen über den Hinduismus hielten. Der eine war Hindu und sehr entschieden in der Interpretation seines Glaubens. Der andere war ein bekannter indischer Christ, der ein weitgefaßtes und sympathisches Bild des Hinduismus in aller Vielfalt ausbreitete und bei den Studenten mehr Verständnis als der Hindu erweckte. Wir sind alle Menschen, und uns allen sind bestimmte Arten von Gefühlen gemeinsam, so daß die Einstellung anderer uns niemals völlig fremd sein sollte. Jedenfalls besteht, auch wenn ein vollkommenes Verstehen kaum möglich scheint, doch durchaus die Hoffnung, eine tiefere Kenntnis der anderen zu erwerben. Es gehört zu den edelsten Aspekten des menschlichen Lebens, daß wir uns bemühen können, die Welt nicht nur durch die eigene Brille zu sehen, sondern auch vom Standpunkt der anderen aus. Wir sollten uns dieser Form der Sachlichkeit mit Leidenschaft hingeben. Es bildet einen der wichtigsten Inhalte der Erziehung und Bildung (womit ich nicht offizielles Schulwissen meine, sondern jene Prozesse, durch die wir einander helfen, unsere Begabungen zu entwickeln), die Einfühlung in die Optik anderer zu fördern.

Einfühlung

Ich verwende den Ausdruck »Einfühlung«, weil wir nicht immer übereinstimmen mit denen, die wir verstehen. Wir sympathisieren keineswegs immer mit den Ansichten anderer. In dem Ausdruck »Einfühlung« ist jede Andeutung von Zustimmung ausgeschlossen. In jedem Fall wäre die Welt entschieden langweiliger, wenn die einzigen Menschen, die wir verstünden, jene wären, mit denen wir uns einig sind. Es wäre der Tod jeder schöpferischen Auseinandersetzung und letztlich auch der Tod des Lernens vom anderen.

Vieles von dem, was wir im Bereich der Religionen entdecken, hat nur mit schlichten Tatsachen zu tun: Ort und Datum der Geburt von Buddha oder Mohammed, die geographische Verbreitung einer Religion, die Einzelheiten des Glaubens, die in einer Glaubensformel enthalten sind, die Architekturformen und anderes mehr. Selbst derart äußerliche Informationen sind von Wert, denn ohne äußere Formen könnte eine Religion ihren inneren Geist nicht sichtbar machen. Aber hier kommen wir zu einem wichtigen Punkt, der für das gesamte Unternehmen der vergleichenden Religionswissenschaft, wie diese Disziplin manchmal genannt wird, oder die Religionsgeschichte von Bedeutung ist. Bei der Interpretation einer Religion oder irgendeines Aspektes ihrer Symbolwelt erhebt sich immer die Frage: an wen richtet sich diese Interpretation? Wenn jemand wie ich als Dolmetscher dienen soll, in welche Sprache soll ich übertragen?

Die Zuhörer

Ich gehe davon aus, daß ich meine Erläuterungen an westliche Menschen richte. (Das bedeutet hoffentlich nicht, daß andere aus dem, was hier geschrieben wird, nicht lernen könnten.) Deswegen gehe ich in den verschiedenen Kapiteln meines Buches unterschiedlich vor. So blieb ich bei der Darstellung der Religionen und Kulturen des Ostens nahe an dem konventionellen Schema, obwohl ich notwendigerweise sehr sorgfältig die Tatsachen und Motive auswählen mußte, die ich hervorheben wollte. Aber in bezug auf Christentum, Judentum und Islam ergab sich ein besonderes Problem. Weil westliche Menschen Jahrhunderte lang mit dem christlichen und jüdischen Erbe gelebt haben, nehmen sie häufig an, sie wüßten mehr darüber, als sie es in Wirklichkeit tun. Außerdem hat sich der westliche Mensch vielfach dem Glauben seiner Vorfahren entfremdet. Man macht es sich zu einfach, wenn man das Christentum mit dem gleichsetzt, was in Sonntagsschulen oder in den Medien vermittelt wird. Wieviele Leute haben schon einmal von Kriegermönchen gehört oder haben irgendeine Ahnung vom rumänischen Christentum oder verstehen etwas von Augustinus oder Thomas von Aquin, von den christlichen Thomanern in Indien oder den verschiedenen Formen des Widertäufertums oder den Ursprüngen des Kongregationalismus – alles Aspekte und For-

men des Christentums, die seine Tradition so fesselnd, verblüffend und komplex gestalten. Und so bin ich bei der Behandlung des Christentums nicht den konventionellen historischen Weg gegangen, sondern habe versucht, ältere Auslegungen des Christentums in dessen Blütezeit neu vorzustellen und auch einige der neuen, unbekannten, Ausdrucksformen des Glaubens in der Zeit nach der Reformation und in moderner Zeit darzustellen. In bezug auf Judentum und Islam habe ich ebenfalls zu einigermaßen ungewohnten Mitteln gegriffen. Für die meisten westlichen Menschen, ob jüdisch oder nicht, stehen die entsetzlichen Geschehnisse im zwanzigsten Jahrhundert bei jedem Nachdenken über den Sinn jenes heimgesuchten, aber widerstandsfähigen Glaubens im Vordergrund; mit dieser Frage habe ich daher begonnen und mich dem Leben von Moses erst später zugewendet. Was nun den Islam betrifft, so ist der Westen gerade durch die enge historische Verflochtenheit der christlichen und islamischen Religion so erfüllt von Vorurteilen, die durch Kreuzzüge und Kriege, durch gegenseitige Feindseligkeit und ein gewisses Unverständnis zustandegekommen sind, daß es mir vor allem auf den Versuch ankam, die Freuden, das Positive des Islam herauszuarbeiten, als Gegengewicht zu den negativen Bildern, die noch laufend durch die unglücklichen politischen Ereignisse in unserer Zeit verstärkt werden.
Da sich die Religion nicht von jenen Kräften trennen läßt, die ihre traditionellen Ausdrucksformen in Frage stellen, muß man sich auch mit den modernen Wissenschaften und den ungebärdigen Ablegern westlicher Glaubensrichtungen wie Humanismus und Marxismus auseinandersetzen. Denn auch sie repräsentieren aktuelle Lebensentscheidungen und können denen zu neuen Einsichten verhelfen, deren Augen starr auf die spirituellen Aspekte der Existenz fixiert sind. In ganz wesentlichem Sinne repräsentieren auch sie ja geistige Vorstellungen. Sie sind selbständige Bilder jener Galerie, von der wir eingangs sprachen.

Was ausgelassen ist

Die Kapitel in diesem Buch sollen als Einführung in bestimmte religiöse und andere aktuelle Bewegungen dienen, aber sie lassen zwangsläufig sehr vieles aus: viele der toten Religionen, wie die der Azteken und Inkas, von denen Spuren nur noch in den katholischen Heiligen aufleuchten, als die sich die alten Götter verkleidet haben, oder wie die Religionen Griechenlands und Roms, die mit Ausnahme dessen, was von ihnen ins allgemeine europäische oder christliche Erbe eingegangen ist, kein Leben mehr haben. Es ist ebensowenig möglich gewesen, die große Anzahl der Religionen mit zu berücksichtigen, die in kleinen Gesellschaften, vom Amazonas bis Neu-Guinea und vom hohen Norden bis Afrika, praktiziert werden. Hier können wir lediglich ihren Ort in der zeitgenössischen Welt andeuten. Die Botschaft indessen, die aus einer solchen Auswahl spricht, lautet, daß wir niemals vergessen sollten, daß die menschlichen Realitäten derer, deren Kulturen wir noch nicht einmal angefangen haben zu erforschen, ebensoviel Glück und Qual beinhalten wie jede andere menschliche Realität.

Methoden der Forschung

Eine ausführlichere Topographie des menschlichen Geistes in Zeit und Raum soll mir helfen, einen Ausblick auf diejenigen Momente der Religion zu geben, die wir hier im gedruckten Wort erfassen können. Zuvor jedoch ein Blick auf die Methoden der Erforschung der Religionen, denn ich halte es für möglich, daß man an dieses Buch anknüpfen wird, daß es Anregungen für weiterführende Studien bieten kann. In wenigen Kapiteln ist die Welt der Religion kaum in aller Reichhaltigkeit zu erfassen, aber die Methoden der Orientierung können wichtig sein, wie auch die in den Kapiteln gebotenen Skizzen. Wie sehen also die Methoden aus? Über die Notwendigkeit der Einfühlung sprach ich bereits und gebe nun ein paar nützliche Hinweise allgemeiner Art (aber die wichtigste ungeschriebene Regel ist die, daß man sich bewußt sein muß, wie inadäquat und von Fall zu Fall revisionsbedürftig allgemeine Regeln sind).

Zunächst besteht die beste Möglichkeit, etwas über eine Religion zu erfahren, darin, unter Menschen zu leben, die sie praktizieren. Man braucht nicht ihren Glauben zu teilen, um an ihrem Leben teilzunehmen; unter Anthropologen nennt man das »teilnehmende Beobachtung«. Will man also über Katholiken etwas erfahren, so gehe man zur Messe. Manchmal sind religiöse Gruppen allerdings empfindlich nichteingeführten Außenseitern gegenüber; man kann nicht immer als Nichtjude einfach in eine orthodoxe Synagoge gehen oder an einem Pesach-Mahl teilnehmen. Dazu braucht man Freunde, Takt und eine kleine Vorbereitung auf die Gesetze des heiligen Ritus. Natürlich kann man ebenso das Gefühl haben, daß es nicht einfach ist, teilnehmender Beobachter in einer buddhistischen oder moslemischen Gesellschaft zu sein. Wobei ich wieder voraussetze, daß man im Westen lebt. Und damit kommen wir zur zweiten, damit verbundenen Regel: Warum soll man nicht immer aus dem, was vorhanden ist, das Beste herausholen?

In unserer modernen Welt verfügen wir über gute Gelegenheiten, Religionen kennenzulernen. Man findet Taoisten in Colorado, Buddhisten in Schottland, Hindus in Deutschland, Moslems in Frankreich, Juden in Marokko, Zen-Meister in Kalifornien, Afrikaner in London, Katholiken in Irland, Lutheraner in Indien und so fort, denn wir sind eine bunt gemischte Welt. Um uns herum bieten sich in Form von Freundschaften viele Möglichkeiten, um kulturelle Reisen, die alle Träume von Flugreisen übertreffen, zu realisieren.

Drittens ist es von entscheidendem Gewicht, sich darüber klar zu sein, daß der Anhänger eines Glaubens oder einer bestimmten Kultur auch nur ein Mensch ist. Er ist nicht an sich Sprecher dieser Gruppe, obwohl er wahrscheinlich versuchen wird, einer zu sein. Er ist in den seltensten Fällen ein Fachmann. Er ist, was er ist, ein Mitglied einer bestimmten Gruppe. Stellen wir uns einen Katholiken aus New Jersey vor, der einem Inder vom katholischen Christentum berichtet, oder einen schottischen Presbyterianer, der einem Chinesen seinen Glauben schmackhaft machen will. Von wie großer Wahrscheinlichkeit ist es, daß sie eine abgerundete oder vielseitige Sicht auf die Vielfalt und Reichtümer der christlichen Überlieferung bieten können? Man behandelt deshalb den Anhänger einer anderen Religion mit Achtung, aber auch mit mehr als einem Körnchen Skepsis.

Viertens können die Fragen, die man stellt, dem Glauben oder kulturellen System, das man erkunden will, fremd und unangemessen sein. Es wäre nicht sehr angebracht, einen Buddhisten oder Jaina zu fragen, was er von der Vorsehung Gottes hält, denn er glaubt ja nicht an Gott nach westlichen Begriffen. Man sollte also soviel eigene Voraussetzungen ausschalten wie nur möglich und sich in die Vorstellungswelt des anderen einfühlen.

Fünftens darf man nicht annehmen, daß die Religion wichtiger ist im Leben der Menschen, als sie es wirklich ist. Sie mag tiefe Lehren enthalten, aber die Menschen leben in einer Welt von Alltäglichkeiten. Heilige kommen nicht so furchtbar oft vor. Und sehr häufig wird einem der Stellenwert der Religion in der »gewöhnlichen« Welt zu einer richtigeren Einschätzung ihres Einflusses verhelfen, der sich dennoch als überraschend groß herausstellen kann.

Sechstens ist es keine schlechte Idee, sich die religiöse Kunst anzusehen, und dies auf zwei Ebenen. Die eine Ebene ist die der großen Kunst, die man in Galerien und an baulichen Monumenten betrachten kann. Damit kann man zu wesentlichen Aspekten der Religion vordringen, obwohl manchmal diese Kunst auch nicht mit den wirklichen Glaubensinhalten in Einklang steht, denn Kunst kann das Spirituelle auch zurückdrängen. Die andere Ebene ist die Kleinkunst des jeweiligen Volkes, die billigen Drucke aus Indien oder Rom. Sie vermitteln einem eine Menge über das, was dem einfachen Volk gefällt, und geben auf diese Weise einen Eindruck von den Grundsymbolen. Noch einmal, in unserer heutigen Welt ist es leicht, an beide Ebenen der Kunst heranzukommen.

Siebtens: Viele von uns werden auf den Straßen von religiösen Gruppen angesprochen, die Geld sammeln, heilige Schriften verkaufen oder verteilen, die an der Tür klingeln und auf die eine oder andere Weise werben. Man muß schon sehr aufpassen, um nicht endlos von ihnen festgehalten zu werden. Warum drängen sich solche Leute so rigoros auf? Man kann aber auch viel von ihnen erfahren, wenn man sie ausfragt, denn sie verfügen oft im Rahmen ihres Fassungsvermögens über einen Kern von Wahrheit und Weisheit, auch wenn sie ihn vielleicht nur gröblich oder unsicher auszudrücken in der Lage sind. Auf diese Weise habe ich so manche konstruktive Unterhaltung mit den Zeugen Jehovas, mit Mormonen und Krishna-Anhängern gehabt.

Achtens ist es nützlich, Geschichtswerke, Konversationslexika und Autobiographien heranzuziehen. Natürlich muß man dabei kritisch auswählen, denn im Na-

men der Religion ist viel Unsinn zusammengeschrieben worden, und die wissenschaftliche Forschung ist in diesem Fach nicht so vertrauenswürdig, wie sie sein könnte. Aber es gibt viele brauchbare Bücher.
Neuntens ist es immer gut, zwischen dem Predigenden und dem Beschreibenden zu unterscheiden, zwischen dem, der seinen Glauben verkündet, und dem, der ihn erläutert. Die Unterscheidung kann keine absolute sein, sollte aber berücksichtigt werden. Sehr viel Verwirrung und Fehlurteile können dadurch vermieden werden.
Zehntens tut man wohl daran, zu bedenken, daß Religionen organisch und ihre verschiedenen Teile oder Aspekte miteinander verbunden sind. Lehren sind daher nicht einfach Aussagen zur Wirklichkeit, sondern sind auch Methoden, Erfahrungen und rituelle Dimensionen der Religionen. Die Erwähnung Gottes vollzieht sich beispielsweise unter Bezeugungen großer Ehrfurcht, zu der Gott den Gläubigen inspiriert, und der Gläubige drückt die Verehrung in ritueller Form aus. Je mehr Beziehungen man herstellt, um so besser.
Elftens ist es eine Tatsache, daß die Menschen das am erfolgreichsten erforschen, von dem sie glauben, sie würden es lieben; daher ist es immer ratsam, Einstellungen abzubauen, die der Einfühlung im Wege stehen. So habe ich persönlich lange Zeit eine geistige Verwandtschaft für den Buddhismus empfunden, obwohl – oder vielleicht, weil – er so tiefgehende Unterschiede zum Episkopalianismus aufweist, der meinen Hintergrund bildet. So fand ich Freude und Nutzen in der Erforschung von Buddhas Botschaft und des Lebens von Buddhisten. Es ist schon nützlich, die eigenen Motive während des Forschungsvorgangs im Auge zu behalten. Wer sich aufrichtig bemüht, eine religiöse Überlieferung zu begreifen, die nicht die eigene ist, wird allmählich auch wirkliches Interesse im eigenen Innern spüren; dann kann er sich an das spezielle Studium begeben.
Und schließlich sollte man nie vergessen, daß das Studium von Religionen keine Antworten auf Fragen nach der Wahrheit oder Erklärungen der höheren Einsichten eines Glaubens versprechen kann; es kann jedoch ein größeres Wissen über die Menschheit und eine Vision neuer Möglichkeiten bringen, die dann in der Tat Erkenntnisse über die letzten Wahrheiten fördern können. Nur können Garantien in dieser Hinsicht nicht gegeben werden.
Aus diesen allgemeinen Regeln und Anregungen wird man ersehen, daß es in der langen Suche nach dem Inhalt der Religionen niemals ein Ende geben kann, und daß schon gar nicht dieses Buch etwas Endgültiges bietet. Es möchte lediglich ein – ich hoffe, klärendes – Stück Weges zeigen.

Geographische Wege

Es ist zweifellos von Nutzen, erst einmal eine Karte der geistigen und religiösen Bewegungen anzulegen, welche die Geschichte geformt haben. Die weit zurückliegenden Ursprünge der Religionen in vorhistorischer Vergangenheit werden wir

zwar auch berühren, aber zunächst die Wege derjenigen Religionen verfolgen, die sichtbar sind in der menschlichen Geschichte.
Einige große Religionen haben auf missionarischem und kulturellem Gebiet Großes erreicht, vor allem Christentum, Islam und Buddhismus. Jede dieser Religionen hat sich in zwei Strömungen geteilt. So trieb das Christentum auf die Trennung von Orthodoxen und Katholiken zu, die ihre Basis in Byzanz bzw. in Rom hatten. Mit der Ausdehnung Europas in die neue Welt wurde Lateinamerika weitgehend katholisch, während im Norden Amerikas infolge der Struktur der Kolonisierung sowie in Nordeuropa der Protestantismus vorherrschend wurde. In der späteren Kolonialzeit wurde das Christentum nach Asien und Afrika gebracht und prägte den afrikanischen Kontinent in entscheidendem Maße. Der im 7. Jahrhundert von Arabien ausgehende Islam überrannte den bis dahin vorwiegend christlichen Nahen Osten und bahnte sich den Weg entlang der südlichen Küsten des Mittelmeers bis nach Spanien hinein und im Osten durch Zentralasien nach Indien, bis er schließlich Malaysia und Indonesien erfaßte. Auch hier eine Spaltung zwischen Sunniten im Westen und Schiiten, die sich vom Irak aus nach Osten ausbreiteten. In letzter Zeit hat der Islam auch im schwarzen Afrika südlich der Sahara Erfolge erzielt und sogar Erfolge in der schwarzen Kultur in den Vereinigten Staaten verzeichnet.
Viel früher als das Christentum begann der Buddhismus seine friedliche Ausbreitung von Indien aus nördlich nach Zentralasien und von dort auf der Seidenstraße nach China. Dort griff er über auf Chinas Nachbarn, Korea, Japan, Vietnam, während der Buddhismus des Kleinen Fahrzeugs von Indien aus nach Ceylon, Burma, Thailand und in den größten Teil des restlichen Südostasiens gelangte. In späteren Jahrhunderten, Ende des 1. Jahrtausends n. Chr., ging sein Einfluß in Indien zurück, er setzte sich aber erfolgreich in Tibet und in der Mongolei durch. Kaum ein Land in Asien also, das nicht vom Buddhismus berührt worden ist. Während im Fernen Osten die Mahayana-Schule (Großes Fahrzeug) vorherrschend war und sich sein Ableger, die Vajrayana-Schule (Diamant-Fahrzeug) in Tibet festsetzte, so blühte im südlichen und südöstlichen Asien die Theravada-Schule.
Indessen ist heute der Status des Buddhismus in den kommunistischen Ländern wesentlich unsicherer als der des Christentums, dem es gelungen ist, in den marxistisch regierten Ländern eine Präsenz aufrechtzuerhalten. Zum Teil rührt das daher, daß der Buddhismus stark von klösterlicher Organisation abhängig ist, die in einer modernen totalitären Gesellschaft ebenso verdächtig wie leicht zu zerschlagen ist. So hat der Buddhismus in China, Nordkorea, Tibet, in der Mongolei und Kambodscha seine alte Schlagkraft verloren und befindet sich in Laos und Vietnam unter großem Druck. All das sollte uns daran erinnern, daß zusätzlich zu den drei älteren Religionen, die auf eine weite missionarische Verbreitung zurückblikken, der neue Glaube des Marxismus (auch er geteilt in westliche und östliche Spielarten) in den Gebieten der Sowjetunion und Osteuropa, in China, Südost-

asien und in Cuba, Angola und anderswo bemerkenswerte Erfolge verbucht hat. Die vier einflußreichsten allgemeinen Glaubenssysteme der modernen Welt sind somit Buddhismus, Islam, Christentum und Marxismus. Der Buddhismus ist, obzwar in weiten Teilen des Ostens geschwächt, in Japan kraftvoll gegenwärtig und dringt ein in die westliche Kultur, wo er vermutlich eine bescheidene, aber bedeutsame Zukunft haben wird.

Zwei andere Religionen, die ihres breiten Einflusses wegen als Weltreligionen gelten, sind wichtig, jedoch nicht derart auf Mission ausgerichtet wie die vier soeben erwähnten; es handelt sich um Hinduismus und Judentum. Selbstverständlich ziehen auch sie Proselyten an, im ganzen gesehen aber muß man als Hindu geboren sein, um wirklich Hindu zu sein, und ebenso verhält es sich mit dem Judentum. Die Verbreitung des Hinduismus ist ausgedehnter, als es auf den ersten Blick erscheint. Wir neigen dazu, ihn lediglich als die Religion (vielmehr als Religionen, denn er ist mehr einem Bund verschiedener Kulte vergleichbar als einem einzigen Glaubenssystem) des indischen Subkontinents zu betrachten. Seine Lehren und Gebräuche jedoch breiteten sich in ganz Südostasien aus, und in jüngerer Zeit haben ihn ausgewanderte Inder nach Guayana und auf die Karibischen Inseln, auf die Fidschi-Inseln, nach Ostafrika und sogar nach England gebracht. Das Judentum, das schon früh an Zerstreuung und Anpassung an eine Reihe von Kulturen gewöhnt war, in deren Rahmen es überlebte, hat in den vergangenen zwei Jahrhunderten eine ungeheuere Ausdehnung, aber auch einen entsetzlichen Schrumpfungsprozeß durchgemacht. Die Ausdehung kam durch Auswanderung in die Vereinigten Staaten zustande, heute die dominierende Zitadelle des Judentums. Zum Teil war sie eine Folge der Entlassung der europäischen Juden aus der Enge der Gettos nach den napoleonischen Reformen und Eroberungen. Die Schrumpfung geschah durch Hitlers Holocaust, der das Judentum in Mittel- und Osteuropa (außer in einigen wenigen Ländern wie Rumänien) praktisch vernichtete. Die Errichtung des jüdischen Staates Israel nach dem Zweiten Weltkrieg gab dem Judentum eine politische Basis, nur sind die heutigen Israelis in hohem Maße säkularisiert. Zwischen der traditionellen Orthodoxie und dem Säkularismus steht der kräftige Reformtypus des Judentums, der ganz besonders einflußreich in dem dynamischen Milieu der Vereinigten Staaten ist.

Im Rahmen der indischen Kultur sind bedeutende, zahlenmäßig jedoch nicht starke Religionen weiterhin relativ vital, nämlich die Religion der Parsen, der Überlebenden der großen Vergangenheit der Zoroastrianismus, sowie der Jainismus, vor und während Buddhas Zeit verbreitet, und die Religion der Sikhs, die aus einer mittelalterlichen Synthese zwischen Islam und Hinduismus entstand. Aus unterschiedlichen Gründen ist keine dieser Religionen eine missionarische, wenn auch jede von ihnen den Anspruch erhebt, eine Weltanschauung allgemeiner Gültigkeit zu besitzen.

In China und Japan hat der Buddhismus auf schöpferische Weise in der Beziehung zu anderen, eingeborenen Traditionen gelebt. So ist es angemessen, Buddhismus,

Konfuzianismus und Taoismus als die drei Religionen Chinas anzusehen, wobei sie in vieler Hinsicht weniger Rivalen sind, als daß sie verschiedene Aspekte eines religiösen und sozialen Systems repräsentierten. In Japan verschmolz der Shintoismus, der alte »Weg der Götter«, bis zu einem gewissen Grade mit dem Buddhismus, wenn er sich auch in moderner Zeit (bis 1949) in seiner militanten Phase als Staats-Shinto von seinem friedliebenden buddhistischen Partner abgegrenzt hatte. Interessant ist im übrigen, daß vor und besonders nach dem Zweiten Weltkrieg eine Reihe sehr lebendiger neuer Religionen in Japan entstanden sind, einige mit buddhistischem Hintergrund, von denen sich die Soka Gakkai-Schule am dynamischsten zeigt und am aktivsten auf Mission orientiert ist.

Drei Religionszentren

Vorläufige Zusammenfassung: drei große Zentren religiöser Kultur haben die nördliche Hemisphäre beherrscht: der Nahe Osten, Wiege der drei großen semitischen Monotheismen, Judentum, Christentum und Islam; Indien, Geburtsland von Buddhismus, Jainismus, Hinduismus und Sikhismus, sowie Gastland der Parsen; China und Japan, in denen Konfuzianismus, Taoismus und Shintoismus entstanden sind. Europa hat eine große Ideologie hervorgebracht, die als Rivale der alten Missionsreligionen auftritt, nämlich den Marxismus, der sich durch die Politik und Schriften von Mao auch im chinesischen Gewand präsentiert.

Die Vorfahren

Die großen Religionen haben stets dazu geneigt, gewisse Motive aus den Kulturen in sich aufzunehmen, die sie durchdrungen oder ersetzt haben. So sind die Parsen unmittelbare Erben der Religion Zoroasters, aber Elemente dieser alten persischen Religion finden sich im Judentum, Christentum und im Islam: in den Vorstellungen vom Ende der Geschichte und vom jüngsten Gericht lebt so mancher zoroastrianische Gehalt weiter und nährt die Hoffnungen, Ängste und die Bilderwelt der semitischen Religionen. Persien wirkte in der Tat als Brücke zwischen Indien und dem Mittelmeer. Denn aus dem Gefüge seiner alten Religion gelangten bestimmte Muster in die buddhistischen und hinduistischen Mythen, während westlich von Persien, im römischen Reich, der Mithraskult zu einem einflußreichen Mysterienglauben unter den Legionären wurde.
Die römisch-griechische Welt, in der sich das Christentum durch die Missionsarbeit von Petrus und Paulus und ihrer Nachfolger ausbreitete, war eine höchst komplexe Welt. Das frühe Christentum schien einerseits mit den sogenannten Mysterienkulten (Isis, Demeter in Eleusis, Mithras) zu rivalisieren. Es waren Kulte, die

dem Individuum, das sich den entsprechenden Riten unterzog, eine Art sakramentaler Verwandlung boten. Jedoch verfügten sie im allgemeinen nicht über eine systematische Philosophie, ebensowenig wie die älteren und offiziellen Kulte zur Verehrung von Göttern wie Jupiter, Neptun und (später) des römischen Kaisers. Andererseits gab es Philosophien, die gewissermaßen an die Stelle von Religionen traten, aber ohne große priesterliche oder rituelle Organisation. Das galt für den strengen und pantheistischen Stoizismus, dessen Stärke in dem Akzent auf Mut und Selbstbeherrschung lag. Es galt für das weltliche Epikuräertum, das Mäßigung und Gleichgültigkeit den Göttern gegenüber unterstrich (die man ihrerseits für gleichgültig uns Menschen gegenüber hielt). Es gab den Neoplatonismus, mystisch und kontemplativ, möglicherweise zum Teil indisch beeinflußt, eine Weiterentwicklung der Gedanken von Platon. Das Christentum konnte, als es eine Philosophie entwickelte, Vorstellungen aus diesen Quellen im Namen einer neuen Synthese verwenden. Vielleicht war die einzige dem Christentum ebenbürtige Kraft im Mittelmeerraum der von dem Perser Mani gegründete Manichäismus, der Elemente buddhistischer und mediterraner Herkunft zusammenfügte. Sein Untergang wurde endgültig besiegelt durch das Ausmerzen der frühmittelalterlichen Form dieser Religion, der sogenannten albigensischen Ketzerei.

In Nordeuropa verdrängte das Christentum die alten nordischen und keltischen Religionen, die als Folklore und vielleicht auch in einigen Aspekten des nördlichen Christentums überleben sollten.

Wenn auch die Religionen des alten Nahen Ostens, von Ägypten über Babylon bis Sumer am persischen Golf, in großem Ausmaß durch die Staatsreligion des Zoroastrianismus sowie durch das Christentum verdrängt wurden, so waren doch bereits einige Elemente ihres Denkens und ihrer Symbolwelt in das biblische Erbe eingegangen, allerdings abgewandelt wie etwa beim Schöpfungsmythos und bei der Geschichte von der Sintflut. Und die ägyptische Spiritualität hatte eine späte Renaissance bei der Bildung der christlichen klösterlichen Tradition des heiligen Johannes Cassianus erfahren. Der Nahe Osten ruht also auf vielen Schichten von Religion; den alten Stadt-Kulten der frühen Kulturen, Zoroastrianismus, hellenischer Kultur, Judentum und dessen christlichem Ableger, und danach dem Islam. Die Wüsten sind übersät mit den Resten vieler Glaubensrichtungen und den Steinen vieler Tempel. Weiter nach Osten, im Indus-Tal bis hinunter nach Westindien, gab es eine verwandte Kultur, deren Religion jedoch im Dunkel bleibt, obwohl sie vielleicht einige Züge enthalten haben mag, die dann im indischen Yoga wiederauftauchten. Es handelt sich um eine Kultur, die wahrscheinlich von den eindringenden Ariern zerstört wurde, auf deren Riten und Hymnen sich die alte Lehre der Brahmanen stützte.

Noch zwei andere, gänzlich unabhängige Gruppen von Stadtkulturen die von den Conquistadoren in der neuen Welt vernichtet worden sind, müssen erwähnt werden: die präkolumbianischen Kulturen Mittelamerikas, und die Kultur der Inkas. Der Katholizismus errichtete ein eindrucksvolles Gebäude an ihrer Stelle, aber er hat die älteren Kulte niemals völlig ersetzt, deren Funktion unter anderem die Sicherung der Stabilität und Prosperität von großen Reichen mit hohem technischem Niveau gewesen war.

Afrika und die »weiße Grenze«

Schwerer zu enthüllen ist die Vergangenheit anderer Kontinente. In Schwarzafrika gab es ein Mosaik kleiner Kulturen und Religionen, unter denen sich aber auch eindrucksvolle Königreiche wie Benin im Westen und die in Zimbabwe im südlichen Afrika beheimatete Kultur befanden. Aber die Ankunft der Europäer hatte katastrophale Auswirkungen. Das Kap wurde von den Holländern kolonisiert und zu einem Land weißer Siedler. Die Westküste war der wichtigste Schauplatz für die Betätigung von Sklavenhändlern, die Millionen von Schwarzen auf die Plantagen in Brasilien, in der Karibik und im amerikanischen Süden verschleppten – eine (unfreiwillige) Völkerwanderung, für die es in der menschlichen Geschichte keine Parallele gibt und die die Ursache für Spirituals, die vielen Spielarten von Wodu und andere anpassungsfähige Kulte wurde. Der Hauptstrom der nach Afrika hineindrängenden Religionen war christlich. Katholische Missionen, vor allem in den von Frankreich, Belgien und Portugal kontrollierten Gebieten, sowie protestantische in anderen Teilen Afrikas drückten diesem Kontinent einen kräftigen christlichen Stempel auf. Vielleicht ist Afrika heute der christlichste aller Kontinente, obwohl er auch im Begriff ist, eine große Zahl von Eingeborenen-Varianten zu diesem Hauptstrom Christentum hervorzubringen, mittels derer das schwarze Afrika ältere Werte und die neue Religion auf einen Nenner bringen möchte.
Der Vorgang von Kolonisierung und Eroberung hatte ähnliche Wirkungen anderenorts. Die spanischen Philippinen wurden für den Katholizismus gewonnen. Auch in Indonesien errang das Christentum trotz des Islams Erfolge. Auf den Pazifik-Inseln und in Neuseeland siegte das protestantische Christentum über die polynesische Religion, während jener große westliche Außenposten der kühnen polynesischen Seefahrer, Madagascar, sich beide Typen des westlichen Christentums aneignete.
Aber immer noch leben, verstreut über die ganze Welt, eine große Zahl von Menschen in kleinen Gesellschaften, von denen jede ihre eigene spezifische Galerie von Göttern und Geistern hat. Und in diesen Gesellschaften bestehen besondere Arten von Spiritualität, die man in einer Zeit, die allzu häufig von den Riesenbataillonen universaler Glaubenssysteme vereinnahmt ist, nicht ignorieren sollte. Diese Kulturen sehen sich allerdings großem Druck ausgesetzt und haben Schwierigkeiten, die materiellen und geistigen Invasionen abzuwehren, die weißen Herrschaftsansprüche und Technologien, die sich über ihre Grenzen ergießen und die alten Lebensstrukturen zerstören. Diese Grenzen kann man als »weiße Grenze«

bezeichnen, eine geistige Grenze zwischen radikal verschiedenen Lebensstilen. Tatsache ist, daß die Veränderungen, die sich jenseits jener weißen Grenze abspielen, zu den wichtigsten Forschungsgebieten moderner Religionswissenschaften gehören und auch für unsere gegenwärtigen Untersuchungen von größter Wichtigkeit sind. Neue religiöse Systeme entstehen dort, um die sozialen und geistigen Wandlungen zu verarbeiten.
Dafür sind der Geistertanz und die Peyote-Kulte der Flachland-Indianer, die Ratana-Kirche bei den Maoris, die Cargo-Kulte der Papuas auf Neuguinea, Wodu auf Haiti und die Rastafari in Jamaika Beispiele. Und sogar in den großen Gesellschaften sind manchmal ähnliche Bewegungen die Antwort auf Invasionen von außen und auf gesellschaftliche Zerrüttung gewesen; der Taiping-Aufstand im China des neunzehnten Jahrhunderts (der beinahe die Mandschu-Dynastie stürzte und sogar Nanking, die alte Hauptstadt des Südens, eroberte) oder die Cao Dai-Sekte in Vietnam, die eine Synthese zwischen französischer, chinesischer, buddhistischer und katholischer Kultur bildete. Entlang dieser »weißen Grenze« geschieht also sehr viel, auf das wir im einzelnen später zurückkommen werden.

Wissenschaft, Demokratie und Religion

Aber auch in der modernen Welt, im Schoße europäischer und amerikanischer Kultur, sind Störungen des religiösen Lebens aufgetreten. Sie hatten und haben mit der wachsenden Bedeutung der Wissenschaften zu tun. Die in der Renaissance in Gang gesetzte wissenschaftliche Revolution führte zu manchen weltanschaulichen Konflikten in der europäischen und westlichen Welt. Die Erfolge der Wissenschaft auch gegen Tendenzen allzu wörtlicher Auslegung von kirchlichen Lehren haben ein gestörtes Verhältnis zwischen wissenschaftlicher Forschung und religiöser Erfahrung, zwischen neuen Formen des Wissens und alten Formen der Autorität zur Folge gehabt. Natürlich ist möglich, daß es später einmal ein Zusammengehen der Wege des religiösen Geistes mit dem Tao der Wissenschaft gibt. Tatsache ist jedoch, daß die Spaltung im 19. und 20. Jahrhundert tiefe psychologische und geistige Wirkungen auf den westlichen Menschen gehabt hat. Für viele Menschen ist die Wissenschaft ein beunruhigender Faktor und wirft neue Fragen auf hinsichtlich des Ortes des Menschen in der Natur.
Diese Probleme haben sich parallel zu einer anderen, damit zusammenhängenden »Revolution« entwickelt: der Entstehung eines neuen Fühlens und Denkens, des Dranges zur demokratischen Freiheit, wie er sich in politischen und sozialen Idealen auf englischem, amerikanischem, französischem Boden und in anderen Völkern manifestiert. Aus dieser Bewegung entstand ein Pluralismus im weltanschaulichen Bereich.
Das moderne westliche Staatswesen, Resultat dieser Entwicklung zu demokratischen Formen, duldet charakteristischerweise verschiedene Religionen, ohne daß einer davon die Rolle einer Staatsreligion zugedacht wäre. Oder, falls es eine

Staatsreligion gibt, ist deren Status und Macht weitgehend symbolisch, wie bei der Church of England. Das Christentum in derartigen Staaten nimmt somit die Form einer Gruppe von Konfessionen an. Selbst in Ländern wie Italien und Irland, wo historisch der Katholizismus die Bevölkerung in festem Griff hat, können sich andere Konfessionen frei betätigen. Dieser Pluralismus in modernen demokratischen Gesellschaften bedeutet den letzten Verzicht auf die Vorstellung, daß eine einzige Ideologie oder ein Glaubenssystem ein notwendiges Element für die Stabilität einer Gesellschaft sei, eine Vorstellung, die zurückgeht auf die *pax deorum* (Friede der Götter) im römischen Reich, in dem als Voraussetzung für Frieden und Wohlstand galt, daß den richtigen Göttern die gebührende Verehrung erwiesen wurde.

Indessen ist der pluralistische Charakter der Gesellschaft auch von Bedeutung für den Fortschritt der Wissenschaft, der ja von der kritischen Beurteilung von Gedanken und der Hervorbringung neuer Begriffe und Theorien abhängt. Diese Möglichkeiten werden in freien Gesellschaften gefördert. Es ist durchaus möglich, wie gesagt, daß durch eine solche Offenheit eines Tages die früheren Zusammenstöße zwischen Religion und Wissenschaft überholt sein werden und sich ein neues Zusammenwirken ergeben wird.

Das 19. und 20. Jahrhundert haben das Emporkommen von einigen neuen Religionen erlebt, abgesehen von denen, die infolge politischer Ereignisse entlang der »weißen Grenze« entstanden sind. So hat Amerika beispielsweise einige bemerkenswerte neue Bewegungen geboren. Es entstand die Gemeinschaft der Mormonen oder der Kirche Jesu Christi der Heiligen der letzten Tage, die ihren Ursprung in den visionären Erlebnissen von Joseph Smith II. im Staate New York hat. Es entstand außerdem die Gemeinde der weitverbreiteten und auffallend beharrlichen Zeugen Jehovas, die in der dritten Welt bedeutende Erfolge errang. Es gab eine neue Synthese, in Form der »christlichen Wissenschaft«, Christian Science, die von einer Frau verkündet wurde.

Mitte des 19. Jahrhunderts entwickelte sich die neue, aufgeklärte Baha'i-Religion, die sich von ihrem islamischen Hintergrund löste und sich modernen Reformen und weltlichen Regierungsfragen widmete. In Indien verlieh die Bewegung von Ramakrishna den hinduistischen Vorstellungen neue Inhalte und Sinn, zumal für den Westen, den sie durch ihre Missionen erreichte. In unserem Jahrhundert hat die evolutionäre und mystische Theologie von Sri Aurobindo viele Anhänger dem Hauptquartier der Bewegung in Pondicherry zugeführt. Man könnte die Liste verlängern, denn die moderne Zeit ist reich an spiritueller Schöpferkraft.

Anfänge

Noch ist die Frage nach dem Anfang aller Religion unbeantwortet. Der Fromme möchte vielleicht geltend machen, die Religion sei, ganz gleich, wie sehr die Menschen sie verzerrt haben mögen, auf dem Weg einer uranfänglichen Offenbarung

Gottes zu uns gekommen. Interessanterweise ist eine solche Vorstellung durch anthropologische Thesen in den Schriften von Pater Wilhelm Schmidt, einem katholischen Anthropologen, gestützt worden. Nur sind solche »Beweise« im besten Falle zweifelhaft, denn sie beruhen auf Schlußfolgerungen aus Beobachtungen von »primitiven« Menschen (Menschen, die in kleinen Gruppen mit einer primitiven Technologie leben) in unserer zeitgenössischen Welt. Aber auch sie haben Kulturen, die sich im Laufe der Jahrhunderte gewandelt haben müssen.

Das Auftreten der Vorläufer des homo sapiens mußte zeitlich weiter und weiter zurückverlegt werden auf Grund der paläontologischen Entdeckungen in Ostafrika, so daß wir heute damit rechnen, daß sich der Mensch vor Millionen von Jahren entwickelt hat und nicht vor hunterttausend. Selbst wenn wir einiges über diese Geschöpfe wissen, so können wir doch kaum erwarten, irgendwelche Gebrauchsgegenstände von ihrer Hand zu finden, die uns irgend etwas über ihre Glaubensvorstellungen sagten. Auch wenn wir gute archäologische Funde zur Verfügung haben, ohne aber entzifferbare Quellen zu besitzen (in dieser Lage befinden wir uns bei der Indus-Kultur), tappen wir recht im dunkeln hinsichtlich der Glaubenssysteme, des gesellschaftlichen Lebens und der Kultur der Bewohner jener herrlichen toten Städte. Jede Theorie zu den Anfängen der Religion muß daher Spekulation bleiben.

Könnten wir dann vielleicht versuchen, jenen Ursprüngen auf die Spur zu kommen mit Hilfe von Gedanken aus der Psychoanalyse oder Soziologie? Wenn man voraussetzt, daß die Religion gewisse psychologische oder soziale Bedürfnisse erfüllt, dann ist das vermutlich auch zu früheren Zeiten so gewesen. Leider können sich aber die Psychologen nicht auf eine gemeinsame Theorie einigen, und einige einflußreiche Theorien wie die von Freud stützen sich auf wackelige Beweise hinsichtlich der Geschichte der Religionen. So vertrat Freud die Theorie, Gott sei eine projizierte Vaterfigur, aber es fällt schwer, diesen Gedanken auf den Taoismus oder auf Buddha in Ceylon anzuwenden. Außerdem: obwohl psychologische Erklärungen von Religiösem durchaus ernstgenommen werden können, reichen sie nicht aus: denn die Religion erfüllt nicht nur psychologische Bedürfnisse, sie hat zusätzlich andere Funktionen. Sie gibt Rituale als Hilfe für das praktische Leben, sie gibt Symbole für die tieferen Gefühle des Menschen angesichts von Tod und Leiden. Sie vermittelt ein Bild von der Stellung des Menschen im Kosmos. Sie legitimiert soziale Werte. Sie verleiht der Ehrfurcht vor dem Göttlichen und dem spirituellen Frieden Ausdruck. Kaum eine Religionstheorie wird daher allumfassend sein können. Allerdings steckt unsere Erforschung der vielen Arten und Bedeutungen der Religion noch in den Kinderschuhen, denn wir befinden uns erst am Anfang eines langen Weges der Forschung. Vielleicht sind wir gezwungen, festzustellen, daß wir in diesem Stadium nicht mehr tun können, als Vermutungen über die fernen Ursprüge religiöser Vorstellungen im frühesten Bewußtsein des Menschen anzustellen.

In jedem Fall können wir aber etwas über die Strukturen der Religionen sagen, vor allem über jene Arten von Erfahrung, die in der Religionsgeschichte offenbar werden und die für jeden entscheidend sind, der Religionen begreifen möchte. Denn gewiß hat derjenige unrecht, für den Religion etwas ist, das sich schlicht aus den Kräften und Gefühlen der menschlichen Gesellschaft und Psychologie ableitet, denn er vernachlässigt die spezifisch religiöse Quelle: eine zentrale geistige Erfahrung, die für die Geschichte des menschlichen Geistes ganz wesentlich ist.
Sehen wir uns die Geschichte Israels an, wie Moses auf geheimnisvolle Weise in dem brennenden Busch Gott begegnete, wie Jesaja im Tempel eine Vision hatte, Jeremias seine Berufung erhielt, wie Hiob mit der erschütternden Botschaft Gottes konfrontiert wurde. Vielleicht sind diese Erlebnisse nicht alle historisch. Aber darüber, daß prophetische Visionen entscheidend in der fortdauernden Wechselbeziehung zwischen Jahwe und seinem auserwählten Volk waren, besteht kaum Zweifel. Betrachten wir auch die frühen Tage des Christentums. Selbstverständlich ist es schwierig, das Geheimnisvolle der Erscheinung des auferstandenen Herrn zu begreifen, das Leben und Hoffnungen der Apostel veränderte. Wir haben jedoch einen sehr genauen Bericht über die Bekehrung von Paulus, die sich als ausschlaggebend für den Erfolg der christlichen Mission erwies. Und ebenso sind es eine Reihe von überwältigenden Visionen gewesen, die Allahs Botschaft dem Propheten Mohammed zu Bewußtsein brachten und damit die erstaunliche Geschichte des Islam in Gang setzten. Auch in anderen Religionen mit kleineren oder größeren Gemeinden erleben wir immer wieder die prophetische Vision, in der das Göttliche auf numinose Weise im Geiste der Menschen aufsteigt und Ehrfurcht einflößt. Diese Geschehnisse nur als psychologische Krisen zu sehen, ist kaum möglich, obwohl sie solche verursachen oder von ihnen verursacht sein können (wie anscheinend bei Paulus). Eher sind sie Beispiele für die menschliche Erfahrung eines Phänomens, das der deutsche Philosoph und Religionshistoriker Rudolf Otto das *mysterium tremendum et fascinans* nannte, das Mysterium, das »Ehrfurcht erregt und in Bann schlägt«. Eine derartige Erfahrung nannte er »numinos« (vom lateinischen *numen,* Geist, abgeleitet). Zweifellos ist ein solches Erlebnis eine der wichtigsten Formen spezifisch religiöser Erfahrung, die ganz wesentlich für den Verlauf der Geschichte der Religion ist.
Aber es gibt noch eine andere Art spiritueller Erfahrung, die beinahe ebenso entscheidend ist wie die numinose. Dafür bietet die Geschichte des frühen Buddhismus ein Beispiel. Sowohl aus den Berichten über Buddhas Leben wie aus autobiographischen Abrissen über Leben und Bekehrung von Mönchen und Nonnen zu jener Anfangszeit können wir entnehmen, daß die innere Erleuchtung, die häufig durch Meditation oder Yoga ausgelöst wurde, bei der Erlangung der Befreiung wesentlich gewesen ist. Sie stellte tatsächlich, übertragen durch die Lehre von Buddha und der Mönche, die das Predigen des Dharma (Gesetz) weiterführten,

die letzte und höchste Quelle für die Macht des Buddhismus dar. Ein ähnlicher Typus kontemplativer, innerer Vision ist auch in vielen Formen der hinduistischen Spiritualität wirksam, zumal in dem sehr einflußreichen nichtdualistischen Vedanta des großen Sankara, des berühmtesten mittelalterlichen Philosophen und Theologen des Hinduismus. Weiter finden wir ähnliche Motive im frühen Taoismus und im Zen, im Islam, Sufismus und in der christlichen Mystik, so unterschiedlich die verschiedenen Bewegungen ihre inneren Erfahrungen, angepaßt an die jeweilige Lehrmeinung, auch ausgelegt haben. Daraus schließe ich, daß neben das Numinose das Mystische zu setzen ist, neben den Propheten der Kontemplative (obwohl natürlich beide Arten des Spirituellen auch gemeinsam vorkommen). Ich glaube also, daß vieles in der Geschichte der Religionen als eine Art chemischer Prozeß verstanden werden kann, bei dem auf verschiedene Weise zwei wichtige Motive religiöser Erfahrung eine Verbindung eingehen. Der frühe Islam legte den Akzent in überwältigendem Maße auf das Numinose und den Gottesdienst, erst später wurde das Mystische in die islamische Frömmigkeit hineingenommen, wenn auch nicht ohne Spannungen, wie wir sehen werden, wenn wir zum Sufismus kommen, der das Kontemplative zum Ausdruck brachte und pflegte.

Hingegen wurde für den frühen Buddhismus das Mystische zentral, und die numinosen Götter wurden in Randgebiete verbannt; später jedoch prägten ehrfurchteinflößende heilige Buddhas, die wie große Gottheiten verehrt wurden, den Gottesdienst des Mahayana-Buddhismus und die Rituale des tibetanischen Buddhismus. Das orthodoxe wie das katholische Christentum legten traditionell den Akzent sowohl auf das Numinose in der Anbetung Gottes wie auf das Mystische im innerlichen Leben. So ist in allen großen Religionen eine chemische Verbindung verhältnismäßigen Ausgleichs zwischen den beiden wesentlichen Bestandteilen wirksam.

Symbole der Religion

Indessen sind naturgemäß die Mittel, mit denen Erfahrung ausgedrückt wird, kulturell bestimmt. Die Symbolik von Vishnus verschiedenen Attributen, Waffen und Schmuck, ist typisch indisch, vermittelt aber das *mysterium tremendum,* z.B. in der Bhagavadgita und anderswo; dagegen wird Gott im Buch Hiob in der Bilderwelt des hebräischen Geistes dargestellt, aber auch hier scheint das Ehrfurchtgebietende beängstigend durch, als Hiob seinem Schöpfer gegenüber steht. Wir müssen daher stets die verschiedenen Formen berücksichtigen, in denen vor dem Hintergrund der Inspiration der großen Propheten und Mystiker radikal neue und schöpferische Symbole in die Religionsgeschichte eingeführt werden.

Auch dürfen wir die Wirkungen des sozialen Wandels nicht außer acht lassen. Sehr häufig bringen tiefe Herausforderungen für die Existenz oder Integrität eines Volkes oder einer Gruppe einen neuen Propheten, einen neuen Glauben, als Instrument für die Lösung einer Krise, auf die Bühne. So löste das Trauma des Exils in Babylon bei den Israeliten eine neue Interpretation ihrer Beziehung zu Gott aus. In moderner Zeit haben, wie wir sahen, die Probleme an den Randgebieten der weißen Zivilisation eine ganze Reihe von neuen geistigen Bewegungen ausgelöst, die zum Teil auf Reform und Neuordnung der sozialen Kräfte orientiert sind. Anscheinend können viele Gruppen ihre Schwierigkeiten auf Erden nur durch Hinwendung zum Himmel lösen. Wobei es natürlich nicht weiter erstaunlich ist festzustellen, daß die Religion ihre heilende Aufgabe vor allem in Krisenzeiten erfüllen soll: eine ihrer wichtigen Funktionen ist es ja, die Qualen und Begrenzungen des Lebens zu erläutern. Sie hat ihre Aufgaben in der Späre zwischen Ewigkeit und Tod, zwischen dem Transzendenten und den unruhigen menschlichen Aktivitäten dieser Welt.

So sollten wir zwar die gesellschaftliche Dimension der Religion niemals vernachlässigen, aber man sollte auch immer die spirituellen Kräfte, die in den Religionen am Werke sind, anerkennen. Das soll nicht heißen, daß wir unbedingt eine Offenbarungstheorie oder eine Theorie über die Existenz eines erhabenen Geistes oder Gottes (wie das Brahma im Hinduismus oder den Wahrheitsleib des Buddha im Buddhismus) akzeptieren müssen – wir sollten nur bei unserem Forschungsvorhaben keine voreiligen Schlüsse ziehen von irgendeinem festgelegten Standpunkt aus. Aber was immer Skeptiker über Gott oder das Tao sagen mögen, die tatsächliche Wirkung spiritueller Kräfte ist nicht zu leugnen; ob wirklich oder imaginär, sie dringen mit dynamischer Kraft in das Leben der Menschen und haben nicht selten an kritischen Punkten die Richtung der Geschichte verändert. Unabhängig davon, was wir über die Auferstehung Christi denken, führte das Erlebnis von Paulus und anderer Apostel zu einem neuen Gesamtrahmen der westlichen Kultur, ebenso wie die Botschaft Allahs den Nahen Osten und die Erleuchtung Buddhas praktisch ganz Asien veränderte. Es ist somit außerordentlich wichtig, die Äußerungen des Geistes nicht gering zu halten, und das ist es, um das es im wesentlichen bei unserer Untersuchung geht.

Nachdem ich nun einiges über die Methoden, die Ziele und den Hintergrund für die Erforschung von Religionen und Ideologien unserer Welt angedeutet habe, sollen die folgenden Kapitel eine Art Landkarte für den weiten Weg der Expedition darstellen, eine Landkarte, die den Leser hoffentlich anregen wird, sich selbst auf den Weg der Forschung zu begeben.

1. HINDUISMUS

Als Hinduismus bezeichnen wir die locker verknüpften Kulte und Religionsrichtungen der Mehrheit des Volkes auf dem indischen Subkontinent. In gewisser Weise kann man ihn einen Bund von Religionen nennen. Er wird durch bestimmte allgemeine Züge zusammengehalten und ist innerhalb eines Kastensystems wirksam, in dem in religiöser Hinsicht die Brahmanen dominieren, deren heilige Sprache, das Sanskrit, Träger der heiligen Texte und Schriften ist. Einige dieser Texte, die vedischen Hymnen, gehen zurück bis ins 2. Jahrtausend vor Christus und bringen manches von der Kultur der Arier zum Ausdruck, die um 1500 v. Chr. vom Nordwesten her in Indien eindrangen. Später, vom 8. bis 4. Jahrhundert, entstanden die berühmten und geheimnisvollen Upanishaden. Der Gesang des Erhabenen oder die *Bhagavadgita,* das einflußreichste Werk des Hinduismus, wurde ungefähr vier Jahrhunderte danach gedichtet. Dies war die Zeit, in der sich der Hinduismus in seiner klassischen Form etablierte: Errichtung von Tempeln, Verehrung der großen Götter Vishnu und Shiva als alternativen Wegen, das höchste Wesen darzustellen, die Ausarbeitung der Kasten-Hierarchie und die Entwicklung des Glaubens an die Wiedergeburt, Reinkarnation.
Seit der Errichtung der britischen Herrschaft in Indien im 19. Jahrhundert sah sich der Hinduismus durch westliche Werte und christliche Missionen herausgefordert. Seine Antwort darauf bestand im Aufnehmen westlicher Bildungsvorstellungen und in der Gestaltung einer modernen hinduistischen Ideologie, die das Genie des Hinduismus nicht nur in seinen Methoden der Kontemplation, sondern auch in seiner Fähigkeit sieht, verschiedene Formen von Religion und Geistigkeit miteinander zu verweben. Weisen sie nicht letztlich alle auf die gleiche Wahrheit hin? Der moderne Hinduismus empfindet sich daher als ein Vorbild an Duldsamkeit. In unterschiedlicher Gestalt verbreitet sich seine höhere Theologie, der *Vedanta,* in den westlichen Ländern, beispielsweise durch das Werk der Missionen von Ramakrishna. Der Hinduismus hat auch den Rahmen für die indische Demokratie geschaffen und das Wirken Mahatma Gandhis, des Architekten der nationalen Unabhängigkeit, tief beeinflußt. Jedoch macht Indien große Wandlungen durch. Kann der Hinduismus seine recht jenseitigen Ideale den neuen Methoden wissenschaftlichen Denkens anpassen, die zur Neugestaltung der indischen Industrie und Landwirtschaft notwendig sind? Wie ernst kann der gebildete Inder den

Glauben an die Reinkarnation nehmen, der so entscheidend für die hinduistische Lebensanschauung ist? Ohne Zweifel wird der Hinduismus in seiner großen Fruchtbarkeit und religiösen Kraft weiterhin neue Glaubensformen hervorbringen, die auch für das 20. Jahrhundert relevant sind.

Indien, Mutterboden des Hinduismus

Modernen geologischen Erwägungen zufolge war der indische Subkontinent einmal Bestandteil Afrikas. Als sich die Kontinente verschoben, trieb er an den Unterleib Nordasiens und schob außerdem in Zeitlupenerschütterungen die Himalaya-Kette nach oben. Ihr Name bedeutet »Schnee-Wohnsitz«. Der Himalaya speist den mächtigen Indus und den heiligen Ganges, und die Menschen haben ihn oft als eine Quelle des Heiligen betrachtet, als einen göttlichen Mittler zwischen Himmel und Erde, zwischen den Wassern des himmlischen Reiches und den Strömen hier auf Erden. Der Himalaya bildete darüber hinaus stets eine physische Barriere.

Es gab nur zwei Wege, nach Indien einzudringen: vom Nordwesten, von wo einst die alten Arier kamen und später die Moslems, die das Reich der Moguls errichteten, und vom Meer her, auf dem schließlich die Engländer kamen. Es gab freilich auch noch den Osten. Im Zweiten Weltkrieg versuchten die Japaner diesen Weg zu nehmen, wurden aber bei Kohima und Imphal auf blutige Weise daran gehindert. Über den Nordwesten oder das Meer hat auch Indien seine Kultur exportiert. Der Buddhismus wogte nach Zentralasien hinein und bewegte sich von dort aus auf den Seidenstraßen nach China und weiter: über das Meer gelangte er nach Ceylon, Südostasien und nach Canton.

Die verhältnismäßige Isolierung hat es Indien ermöglicht, gewisse Importe zu absorbieren und mit eigenem Stempel zu prägen. Man kann die indische Kultur nicht begreifen, ohne die Einheit, die sie erreichte, wie die Vielfalt an Rasse, Sprache, Sitte oder Religion, welche die Grundlage ihrer ungewöhnlichen Vitalität bildet, zur Kenntnis zu nehmen.

Sprache

Die Arier, die das nördliche Indien seit ungefähr 1500 v. Chr. beherrschten, sprachen eine dem Griechischen und Lateinischen verwandte Sprache. Sie entwickelte sich im Laufe der Zeit zum klassischen und heiligen Sanskrit. Später entstanden aus den nordindischen Sprachen eine ganze Reihe von Dialekten wie Hindi, Bengali, Panjabi und Gujerati, ebenso wie aus dem Latein im Europa um das Mittelmeer unterschiedliche Sprachen entstanden. Jedoch wurden die südlichen Landesteile Indiens niemals wirklich vom Norden beherrscht, und im Süden des Lan-

des gibt es die ganz anderen dravidischen Sprachen, Tamil, Telugu und Kanaresisch. Sprachlich präsentiert sich also Indien sehr viel mannigfaltiger als Europa. Einigend wirkte sich aber die brahmanisch geprägte Kultur aus, die das Sanskrit als heiliges Medium gebraucht. Verstreut über das ganze Land gibt es ungezählte kleinere Stammesgruppen, die, wie die Nagas und Todas, niemals ganz assimiliert worden sind. Die Vielfalt erstreckt sich auf Kleidung, Nahrung, Architektur der Tempel, Lebensstil und Sprache. Kein Wunder, daß man feststellen muß, Hinduismus ist in Wirklichkeit eine Art Verbund von Hinduismen.
Der Indus fließt durch die westlichen Ebenen. Der heutige Panjab, westlich von Delhi, war das erste große Siedlungsgebiet der eindringenden Arier. Ihnen ist der Niedergang der Städte und Zivilisation der alten Indus-Kultur zuzuschreiben, wenn sich auch die Völker zweifellos mischten; aber die arische Kultur wurde beherrschend und verbreitete sich auf die östliche Ebene am Ganges entlang, wo sich um Patna ein blühendes Leben entwickelte, das die Entstehung von Jainismus und Buddhismus erlebte, ebenso wie die Erweiterung der orthodoxen brahmanischen Religion. Allmählich kam von dieser nördlichen Basis aus der Hinduismus auch nach Südindien, bis sich dann gegen Ende des 1. Jahrtausends n.Chr. der lebendigste Hinduismus im Süden fand. Hier wurden auch die vielgestaltigsten und riesigsten Tempel erbaut. Gleichzeitig tauchten die ersten Anzeichen für islamische Einbrüche auf, die das Leben in den alten Kapitalen des Hinduismus im Nordwesten und Norden des Landes verändern sollten. Die Moguln erstreckten ihre Macht zum Schluß bis weit in den Süden hinein, aber die dravidische Kultur wurde niemals so vom Islam durchdrungen, wie es der Kultur im Norden erging. Die Geographie brachte es mit sich, daß die Engländer den umgekehrten Weg nahmen, als sie die Herrschaft über die völlig ausgestaltete hinduistische Religion und Gesellschaft antraten: es war der Nordwesten, der als letztes unterworfen wurde.

Charakterzüge des Hinduismus

Obwohl die alten Veden, die heiligen Schriften der Arier, und spätere heilige Texte wie die Upanishaden, sehr wichtig sind und ihre Übernahme als Zeichen für Orthodoxie galt, sind sie zusammengestellt worden, bevor sich noch einige der wichtigsten Züge des Hinduismus entwickelt hatten. Indien ist das Land der Tempel, aber die alten Arier hatten keine – selbst heute werden vedische Zeremonien häufig in einer provisorischen Behausung oder an einem geheiligten Ort im Freien vollzogen. Die Tempel Indiens beherbergen Bildnisse, oft außerordentlich sorgfältig gestaltete, aber die Verehrung von Bildnissen kam erst nach dem 5. Jahrhundert v.Chr. auf, als einige der Haupt-Upanishaden entstanden. Und erst später wurden Tempel und Bildnisse zu einem Hauptmerkmal des Hinduismus.
Andere Charakterzüge des Hinduismus: Es besteht im Glauben und Ritus eine nicht ganz klare Teilung zwischen der Verehrung von Vishnu und von Shiva, der

beiden großen Götter oder Manifestationen der Gottheit. Vishnus Inkarnationen schließen den spielerischen und liebenden Krishna ein, die Gottheit der großen *Bhagavadgita;* Shiva ist der furchterregende Yogi, dessen Phallus Symbol für Schöpfung ist, und dessen Gemahlin Kali die zerstörerischen Mächte der göttlichen Natur symbolisiert. Jedoch hatten selbst diese großen Götter, die den meisten Hindus als alternative Möglichkeiten der Darstellung des höchsten Gottes gelten, in der Zeit der Upanishaden ihren ungeheuren Einfluß noch nicht erreicht. Gegenwärtig also sind die Merkmale des Hinduismus: Tempel, Bildnisse und das Bündnis zwischen Vishnu und Shiva.
Ebenso wichtig ist der Hinduismus als gesellschaftliche Übereinkunft, die vor allem im Kastensystem zum Ausdruck kommt. Wieder handelt es sich um eine spätere Erfindung, die in ihrer modernen Gestalt zur Zeit von Buddha und der Upanishaden nicht existierte. Was aber damals tatsächlich vorhanden war, war ein System von Klassen *(varnas).* Dabei handelte es sich um eine Struktur, die mit den Ariern nach Indien gekommen war und die bis zu einem gewissen Grade auch andere indoeuropäische Kulturen (Griechen und Kelten) hatten. Ursprünglich war es eine dreigeteilte Struktur: Krieger, Priester und Dienende (Handwerker, Händler, Bauern). Die eroberten Völker wurden dann zu einer vierten Klasse, der niedrigsten; in ruhigen Zeiten wurden die Priester im Gesellschaftlichen wie im Religiösen zur höchsten Klasse. Die oberen drei Klassen waren damals die Brahmanen (Priester), die Kshatriyas (Krieger, Herrschende) und die Vaishyas (Siedler). Letztere sind das *pukka*-Volk, die sogenannten Zweimalgeborenen, denn sie werden gleichsam ein zweites Mal geboren, in die obere Gesellschaftsschicht der Arier hinein, wenn, in einer Einweihungszeremonie, ein Junge mit der heiligen Schnur um Leib und Schulter ausgestattet wird. Der Rang unter dem des *pukka*-Volkes wird von dem ehemals besiegten Volk eingenommen, von den Shudras oder Arbeitern. Im Laufe der Zeit bildete sich dann eine sogar noch niedrigere Klasse heraus, die »fünfte«, heute die Unberührbaren oder, etwas freundlicher, mit dem Namen bezeichnet, den Gandhi ihnen gab: die Harijans, Söhne Gottes. Die Grundstruktur der hinduistischen Gesellschaft unterliegt somit einer fünffachen Unterteilung. Das Kastensystem bedeutet aber wesentlich mehr. Bevor wir uns ihm jedoch zuwenden, wollen wir uns klar werden über das, was die soeben geschilderte Klassenstruktur beinhaltet. Erstens handelte es sich ganz offenkundig um eine Arbeitsteilung, wenn auch die meisten Brahmanen die priesterliche Funktion nicht mehr erfüllen und sich in einer ganzen Reihe anderer Berufe betätigen: als Angestellte, Köche und sogar als Soldaten. Zweitens schloß das Klassensystem die Erbfolge ein. Normalerweise waren Eheschließungen zwischen den Klassen nicht gestattet, das System bedeutete also Endogamie in bezug auf Klassen. Drittens bedingte es eine gewisse Abgeschlossenheit der einzelnen Klassen (später Kasten), es war zumindest ungewöhnlich, daß die Klassen zusammen aßen; Kommensalität nennt man das.
Was ist nun eigentlich eine Kaste, und wie ist sie entstanden? Kaste oder *futi* be-

HEILIGE STÄTTEN

Viele Religionen haben Brennpunkte an Orten, die als heilig gelten und damit als Schnittpunkte dienen zwischen der Welt des Göttlichen und der Menschen. Tempel und Kirchen haben diese Funktion, abeer wichtiger noch sind jene ganz besonderen Stätten, die dem Geist des Gläubigen als geographisches Zentrum dienen. Rom, Benares, Mekka, Lourdes – solche Stätten erwerben sich eine Atmosphäre der Heiligkeit auf Grund gesteigerter Frömmigkeit der Wallfahrer. Da die Menschen in Zeit und Raum leben, ist es kein Wunder, daß sich der religiöse Mensch besondere Zeiten und Orte wählt, um die Einstrahlung des Göttlichen in die irdische Sphäre konkret zu symbolisieren und wahr zu machen. Sogar weltliche Ideologien zeigen eine Neigung zu eigenen heiligen Stätten.

Dieses Bild spricht beredt von Frömmigkeit, aber ihr Gegenstand ist kein traditioneller Heiliger. Die Menschen stehen Schlange auf dem Roten Platz in Moskau, um den einbalsamierten Körper Lenins zu betrachten, des Gründers des neuen Rußland und Nachfolgers von Zaren wie von Heiligen.

Heilige Orte sprechen die Ängste, Sorgen und Freuden der Menschen an. Hier Gläubige in Lourdes, in den südfranzösischen Pyrenäen, ein großer Ort der Wallfahrt für den Marienkult und der Hoffnung für die an Körper und Geist Kranken. Im Jahre 1858 war dort die Jungfrau einem Mädchen in einer Grotte erschienen, und allmählich wuchs der Ruhm des Ortes. Vielleicht ist es kein Zufall, daß diese Gegend prähistorische Höhlen besitzt, die für sakrale Zwekke genutzt wurden. Eine Höhle wird häufig als heilig und als guter Ort für Sakramente betrachtet, zum Teil auch, weil sie gewissermaßen einen geschützten Raum innerhalb der lebenden Erde darstellt. ▷

Ähnlich pilgern in Kaschmir die Menschen zum Besuch einer heiligen Höhle. Die Reichen werden in Sänften getragen. ▽

Von allen heiligen Stätten hat vielleicht Mekka die stärkste Aura. Jeder Moslem sollte die Wallfahrt (hajj) zu dieser Stadt, in der Mohammed durch Offenbarung von seiner Mission erfuhr, unternehmen, so es seine Mittel und die Umstände gestatten. Die Anforderungen einer Pilgerfahrt sind recht vielfältig und schließen das Gebot ein, die heiligen Stätten in einem Zustand von Heiligkeit zu besuchen (Pilgergewänder anzulegen, Enthaltung im Geschlechtlichen u.a.m.). Das Hauptheiligtum ist die Kaaba, die hier umgeben ist von Pilgerscharen. Es handelt sich um eine Konstruktion, die einen schwarzen Stein aus vorislamischer Zeit enthält (Araber haben stets heilige Steine verehrt). △

Pilger aus Westafrika auf dem Weg nach Mekka. Man beachte, daß die Männer barhäuptig und die Frauen (hier im Bus) verschleiert sind. Man sieht die für einen Mekkabesuch vorgeschriebenen Pilgergewänder. ▷

٢٣٩٩
ركاب ٥٥

PIYAL

△ *Chassidische Juden an der Klagemauer in Jerusalem. Sie drücken ihre Frömmigkeit im Beten an der Mauer aus, die Juden an den alten Tempel erinnert, der im Jahre 70 n.Chr. zerstört wurde. Die Eroberung dieser heiligen Stätte in dem Krieg zwischen Israel und Arabern 1967 war ein bewegender historischer Augenblick. Der Ort ist eine Stätte der Trauer um das Leiden der Juden, aber auch eine Stätte, die zur Verpflichtung aufruft, die Treue dem Gesetz Gottes gegenüber, trotz aller Prüfungen, zu erneuern.*

◁ *Einer der wichtigsten Wallfahrtsorte in Ceylon (Sri Lanka) ist Adams Peak, wo ein Fußabdruck Buddhas eine sichtbare Spur seines mythischen Besuchs auf der heiligen Insel hinterlassen hat. Der Berg spielt auch in nichtbuddhistischen Überlieferungen eine Rolle. Islamischen Legenden zufolge begegneten sich Adam und Eva auf dem Berg Arafat bei Mekka wieder, nachdem sie aus dem Garten Eden vertrieben waren, und später, wie es heißt, auf Adams Peak. Bergen wird häufig eine göttliche Aura als Mittler zwischen Himmel und Erde verliehen.*

deutet eine Reihe von Gesetzen, die Ehen außerhalb der eigenen Klasse verbieten, ebenso gemeinsames Essen und andere intimere Kontakte. Aus den verschiedensten Anlässen entstanden stets derartige Untergruppen, beispielsweise Handwerkergilden, die Ehen außerhalb ihrer Gruppe mit Bann belegten. Regionale Unterschiede mehrten solche Gruppierungen: ein Brahmane aus Bengalen darf keinen Brahmanen aus Südindien heiraten. Der Bengali darf Fisch essen, der Südinder nicht. Nachdem die Stämme sich assimilierten, wurden auch sie zu Untergruppen innerhalb des größeren Rahmens. Auch religiöse Unterschiede spielten selbstverständlich eine Rolle (die eine Gruppe verehrte Vishnu, die andere Shiva). Aus all diesen Gründen und anderen mehr entwickelte sich ein kompliziertes Kastensystem mit religiösem Segen. Das Kastenwesen formt das reiche menschliche Mosaik Indiens zu einer Hierarchie.
Ich unterhielt mich einmal mit einem jungen Christen in Mangalore an der Westküste. Wir befanden uns auf dem Gelände der Mission, die eine Kirche, eine Schule und Häuser für viele Gläubige umfaßte. Ich frage, ob nur christliche Familien auf dem Gelände wohnten. Er antwortete unbefangen: »Nein, ein paar andere Kasten wohnen hier ebenfalls«. Christen akzeptieren das System nicht, aber wenn die anderen sich weigern, eine Ehe mit ihnen einzugehen, können es die Christen nicht ändern, und so werden sie, ohne es zu wollen, zu einem weiteren Stein des Mosaiks im Kastensystem.

Die Götter und das Eine

Wer sind die Götter? Einigen, die aus alten Zeiten, aus einer vedischen Kultur, gekommen sind, begegnen wir in den geheimnisvollen alten Gesängen: Göttern wie Agni, der im Feuer lebt; dem donnernden und kriegerischen Indra und Brahma, dieser irgendwie fernen Schöpfergottheit und Gott der Brahmanen. (Bereits in den alten Hymnen gibt es Andeutungen, daß alle Götter nur verschiedene Namen für die eine Wahrheit darstellen). Dann gibt es die mächtigen Götter, die in volkstümlichen Kulten gefeiert werden, während sich der Hinduismus über die alten Weisheiten hinaus entwickelte. Shiva, der vielleicht in der Induskultur schon vorgebildet wurde, und seine in vielen Gestalten auftretende Gemahlin (die schöpferische Energie Shivas, denn in Indien wird Schöpferkraft mehr dem weiblichen als dem männlichen Prinzip zugeordnet) – als dynamische Dura, als düstere Kali. Es gibt Vishnu, heiter und mit Girlanden geschmückt, der sich in einer Vielfalt von Inkarnationen oder *avataras* manifestiert, im würdigen und edlen Rama ebenso wie in Krishna, der dunkelblauen und stets verliebten Gottheit, und dem es bestimmt ist, zu einem künftigen Zeitpunkt als Kalki auf die Erde zurückzukehren. Aber Vishnu kann auch gewaltige Macht entfalten – nichts ist furchterregender als Krishna, wie er seine Gottheit in der *Bhagavadgita* enthüllt. Arjuna, der Krishnas majestätische Ausstrahlung, heller als das Licht von tausend Sonnen, ähnlich einer personalisierten H-Bomben-Explosion, erlebt, klagt, daß ihm in reinem Entsetzen die Haare zu Berge stehen. Denn die Götter sind sowohl mächtig – Entsetzen verbreitend sogar – als auch liebend. Dann gibt es einige mit Vishnu und Shiva verbundene Götter, es gibt den vergnügten Ganesh mit seinem glückbringenden Elefantenkopf, der für Geschäfte günstig ist, und die Göttin Sarasvati, die für Wissen zuständig ist und von Schulkindern und Studenten angebetet wird; es gibt Lakshmi, die Glückliche. Eine ganze bunte Palette geringerer und lokaler Gottheiten bevölkert das hinduistische Pantheon. Sogar Queen Victoria erhielt für kurze Zeit einen eigenen Kult. Unterhalb der Götter wirken dann die drei Geister: die heiligen Schlangen, die heiligen Kühe, die Affen, alles Erinnerungen an den listigen und bezaubernden Affengott Hanuman und an Shivas heiligen Stier Nandi. Sogar ein Ehemann hat für die fromme Hindu-Gattin einen gottähnlichen Status. Die Skala von Geistern und Gottheiten ist schlicht unendlich.

Die Götter und das Ritual

Oft wird ein Gott von Priestern von morgens bis abends umsorgt. Sein Bildnis wird am Morgen geweckt, er wird gebadet und es werden ihm vom Frühstück an, den ganzen Tag hindurch, Speisen vorgesetzt. Die Speisen der Götter dürfen anschließend als Sakrament den Betenden gegeben werden. Bildnisse werden bei Festen durch die Straßen und Felder getragen. Shivas Phallus wird zuweilen mit Büffelmilch gesalbt und mit Girlanden versehen. Rituale, inbrünstige Andachten und Besuche von Tempeln und Schreinen, Wallfahrten zu den berühmten Göttern scheinen niemals zu enden in diesem so überaus frommen Land; es gibt dreiunddreißig mal zehn Millionen Götter, heißt es manchmal (die Anzahl der vedischen Götter war ursprünglich dreiunddreißig, aber Indien leistet immer Erstaunliches, wenn es um Vermehrung geht, ob von Menschen oder Göttern).

Natürlich glauben die Menschen, daß ihnen die Götter helfen können. Die Götter vermögen die Pocken fernzuhalten oder bei Prüfungen oder Geburten von männlichen Kindern beizustehen oder das Wachstum der Ernten zu begünstigen. In ihren Ängsten wenden sich die Menschen an sie, denn schließlich ist Religion für unsere Befürchtungen und Mühsal und kühnsten Hoffnungen da. Jenseits dieser eher praktischen Rollen verfügen die Götter jedoch auch über eine große geistige Macht und ziehen vor allem auch aus diesem Grunde größte Hingabe auf sich. Die Andacht, Hingabe, wird häufig *bhakti* genannt, eine Haltung, in der sich der Gläubige der Gnade und der Liebe Gottes unterwirft. Denn der Gott kann ihn der Befreiung von dem Grauen und den Sorgen dieser Welt zuführen, und ihm darüber hinaus Erlösung bringen, die glückselige und freudevolle Kommunikation mit dem Höchsten bedeutet.

In Südindien gab es im Mittelalter einen langen Streit zwischen Katzen- und Affen-Schulen. Die Katzen-Schule glaubte, daß die Beziehung zwischen dem Indivi-

duum und Gott derjenigen entspricht, die zwischen einem Kätzchen und seiner Mutter besteht: die Mutter bringt das Kleine von A nach B, indem sie es am Genick packt, und ebenso bringt Gott das Individuum von hier in die Ewigkeit: Befreiung allein durch die Gnade Gottes. Aber die Affenmutter trägt ihr Junges auf der Hüfte: das Junge muß auch etwas tun, es muß sich an die Taille der Mutter klammern. Gnade und Wirken, Glaube und Taten – ein östliches Echo auf ein Problem, das auch im Westen gegeben ist. Jedenfalls drückt sich eine ganz essentielle Haltung zu den Göttern im Hinduismus durch *bhakti* aus. Denn der Hinduismus ist in überwältigendem Ausmaß eine Andachtsreligion, und die Bildnisse repräsentieren die Verstofflichung der Gegenwart Gottes. Handelt es sich dabei um einen einzigen Gott?
Moderne Hinduisten haben sich bemüht, dem Westen zu beweisen, daß alle Religionen, alle Kulte, alle geistigen Vorstellungen im Grunde auf die gleiche Wahrheit verweisen. Unsere menschlichen Reaktionen auf das Göttliche und unsere menschlichen Bemühungen, dieses in Gedanken und Bilder umzusetzen, sind, wie manche der führenden Gestalten des modernen Hinduismus sagen, Fingern vergleichbar, die auf den Mond zeigen. Man blicke nicht auf die Finger, sondern benutze sie, um auf den Mond zu blicken. Sind schließlich und endlich all diese Millionen von Gottheiten und Geistern doch nur einer? Und wenn, wer oder was ist dieser Eine? Eine berechtigte Frage, auf die Hindus selbstverständlich verschiedene Antworten haben. Nehmen wir uns die beiden unter ihnen vor, die meiner Ansicht nach die grundlegenden Alternativen in der glanzvollen Geschichte des Hinduismus darstellen.

Shankara

Die erste Antwort wird in den Upanishaden ausgedrückt und später sehr systematisch und radikal durch den großen Philosophen und geistigen Führer Shankara im 9. Jahrhundert n.Chr. Vieles in den Upanishaden besteht aus frommem Nachsinnen über den Sinn der Religion und vor allem über den Sinn der Riten und Opfer, die von der brahmanischen Priesterschaft mit zunehmendem Zeremoniell vorgenommen wurden. Daß diese Riten dem Wohlergehen der Menschen und des Universums dienten, stand außer Zweifel, nur, worin lag ihre wirkliche und geheime Kraft? Das klingt ähnlich wie die Frage nach der Kernkraft – wir wissen, wie wir sie handhaben können, machen uns aber in wachsendem Maße Sorge, ob wir die innere Beschaffenheit der Atome ganz begreifen, die gespalten werden, um den Kraftfluß auszulösen. Was war also die innere Bedeutung des Pferdeopfers, des Versprengens von Büffelmilch und der verschiedenen Gesänge, die mit so großer Feierlichkeit vorgetragen wurden? Die Antwort steht in den Upanishaden.
Die innere Kraft, Brahman genannnt, die sowohl das Priestertum wie die rituellen Tätigkeiten bewegt, ist in der Tat dieselbe, die das gesamte Universum mit Leben

erfüllt. Was hier auf Erden ist, ist gleichzeitig die Essenz des Geheimnisses der Sterne und der gesamten Welt um uns herum. Brahman muß demnach vorgestellt werden als die göttliche Grundlage von allem. Es ist die Gottheit.
Die Menschen haben seit langem mit Yoga und körperlicher Enthaltsamkeit experimentiert, um sich geistige Kräfte zu erwerben und zu dem Geheimnis des Bewußtseins vorzudringen. Den Upanishaden zufolge ist Atman oder das Selbst die Seele in uns, die durch derartiges Meditieren enthüllt werden kann. Die kühne Gleichung in den Upanishaden lautet, daß, ähnlich wie der Yogi und der Priester sich zusammenfinden, auch die Kräfte, die sie erforschen und repräsentieren, sich verbinden können. Deutlicher gesagt, Brahman ist Atman. Die Gottheit, welche die Welt belebt, findet sich im Innern, kleiner als ein Senfkorn, im Selbst. Also lautet die eine Antwort auf die Frage nach dem Einen: Brahman ist Atman. Es ist die heilige Macht hinter allen Dingen und in unserem eigenen Bewußtsein, im Selbst.
Shankara führte diesen Gedanken weiter. Wenn die Gleichung stimmt, sind wir bereits göttlich. Die Schwierigkeit ist, daß uns das nicht bewußt ist (und es genügt nicht, zu nicken, wenn man es erfährt; sich dessen bewußt zu sein, heißt, es in der Tiefe unseres Seins zu spüren). Durch Unwissenheit wird dieses befreiende Wissen von uns ferngehalten. Weil wir unwissend sind, nehmen wir an, daß es außer Brahman so viel anderes gibt. Wir betrachten die Welt um uns und unser eigenes Selbst als unabhängige Wirklichkeiten, statt zu sehen, daß sie im wesentlichen nichts als Gott sind. So wird für uns die Welt eine Täuschung, *maya*. In dieser Welt der Täuschung ist es ganz sicher nützlich, die Götter zu verehren, jedoch sind selbst Vishnu und Shiva, wenn man sie vom Tal des Unwissens aus sieht, eine Art Täuschung. Wir müssen über die alltägliche Religion hinaus gelangen zu der Bewußtwerdung unserer eigenen Göttlichkeit. Aber wie könnten wir uns selber verehren? Shankaras Vorstellungen bilden die Hauptgrundlage der modernen hinduistischen Reaktionen auf die vom Westen, zumal durch den christlichen Einfluß gegebene Herausforderung, und wir werden auf sie zurückkommen.
Aber der dynamische und autoritäre Shankara hatte auch seine Kritiker. Vor allem jene, die der Ansicht waren, seine Behauptung, selbst die großen Götter seien in die große Täuschung eingeschlossen, würde bedingen, daß die überlieferte Religion an sich – das gesamte Geflecht des brahmanischen Rituals und die Basis für die gesellschaftliche Stellung der Brahmanen – eine Täuschung sei. Aus diesem Grunde wurde ihm manchmal vorgeworfen, ein verkappter Buddhist zu sein, denn der Buddhismus hatte die brahmanische Orthodoxie heftig kritisiert, Opferhandlungen verworfen und damit auch das Kastensystem abgelehnt. Indem die Buddhisten darüber hinaus die Autorität des Veda oder die Macht der großen Hindu-Götter nicht anerkannten, waren sie zu Rivalen der Hindus geworden. Indessen kam die härteste Kritik an Shankara, so sehr er auch von den eigenen Zeitgenossen abgeurteilt wurde, von einem anderen Südinder im 12. Jahrhundert, von Ramanuja, der den anderen gewichtigen hinduistischen Standpunkt vertritt.

Ramanuja

In Ramanujas Augen bestand der schlimmste Fehler von Shankara darin, daß seine Lehren letztlich den Sinn jener inbrünstigen Andacht, der *bhakti,* zerstörten, die den Glanzpunkt der hinduistischen Gottesverehrung darstellt. Wenn Vishnu – und Ramanuja war ein Vaishnava, ein Anhänger Vishnus – weniger als die höchste Wirklichkeit ist und die Andachtsreligion in die Sphäre des Unwissens gehört, dann hat *bhakti,* Frömmigkeit, wenig Sinn. Ramanuja lehnte also die Theorie von der großen Illusion ab. Ihm zufolge weisen sowohl der gesunde Menschenverstand wie die Religion darauf hin, daß die Welt wirklich ist, und die Offenbarung verkündet, daß hinter allem ein wirklicher Gott ist, der Erlösung bringen kann. Dieser Gott befreit die Menschen und führt sie der Kommunion mit sich im Himmel zu. Das Universum ist von ihm geschaffen, es entfaltet sich und geht nach riesigen Zeitaltern schlafen, um in einem langen, pulsierenden Rhythmus, wie kosmische Atlantikwellen der Zeit, von neuem zu beginnen. Hinter all dieser ungeheuren Weite und in all dem ist Vishnu, der Schöpfer. Ramanuja verwendet auch die Analogie von Seele und Körper, um das göttliche Handeln anschaulich zu machen. Meine Seele kontrolliert meinen Körper, jedoch nur unvollkommen. Ich kann zwar meinen Arm heben, wenn ich will, aber ich kann nicht immer die Ausscheidungen meiner Leber, meinen Herzschlag oder meinen Schluckauf unter Kontrolle bringen. Das Universum ist der Körper Gottes, nur hat er diesen Körper unter vollkommener Kontrolle. Er ist die Seele, die den Körper kontrolliert, ist dessen Herrscher und Herz im Innern.

Dieses Gedankensystem machte das Gefühl von des Menschen Abhängigkeit von Gott und von der Art, in der unsere Erlösung unausweichlich an seine Liebe gebunden ist, anschaulich. Es war, kurz gesagt, Ausdruck der *bhakti*-Religion. Die Götter sind lediglich die vielen Ableger und Vertreter des einen göttlichen Wesens. In ihm haben alle geistigen Kräfte ihren Brennpunkt. Durch ihn werden das Karma und das Schicksal der Menschen gelenkt. Von ihm geht innige Liebe zur Kreatur aus. Ob man also auf dem Pfad von Shankara wandelt (meist Advaita oder Monismus, Nicht-Dualismus, genannt) oder den Weg von Ramanuja wählt (ein bedingter Monismus), die Götter erweisen sich auf ihre verschiedene Art als Spiegelungen des Einen. Dieser Gedanke findet sich nicht nur unter den Intellektuellen, er ist tief in das Bewußtsein gewöhnlicher Menschen eingegangen und hat seine Wurzeln in der frühen geistigen Überlieferung Indiens.

Wiedergeburt und Karma

Ein alles durchdringender Glaube bei Hindus (grundsätzlich geteilt mit anderen, Jainas und Buddhisten) ist der an die Wiedergeburt oder Reinkarnation. Nach diesem Glauben befinden sich alle Lebewesen in einem fortgesetzten Zyklus der

Geburten, gehen von einem Leben ins nächste über. Ein Tier, das stirbt, wird wiedergeboren in anderer Gestalt und kann sogar Mensch werden, ebenso wie viele Menschen eine andere Gestalt nach dem Tode annehmen können, als Tier oder Geist. Der einzige Weg, diesen an sich endlosen Zyklus von Leben zu beenden, liegt in der Befreiung von ihm. Und Befreiung im indischen Sinne bedeutet vor allem Befreiung des Individuums von dem Wiedergeburtenzyklus und damit das Erlangen von transzendentaler Seligkeit jenseits der Welt der Materie und der Wechselfälle des *samsara,* des zyklischen Lebens, in dem wir gewöhnlich gefangen sind.

Reinkarnation bietet einen wunderbaren Rahmen für das Verständnis der Moral, sowie der materiellen und geistigen Verfassung des Menschen. Der Mörder wird in einem schaurigen Purgatorium leiden oder später in einem anderen menschlichen Leben in Qual und Armut. Die Ameise wird aufsteigen, bis sie der Gott Indra wird. Die blutigen Hände des Rajahs werden ihm auf dem Weg durch Tausende von dämonischen und tierischen Lebensformen Qualen bringen. Der kranke Mensch mag vom rechten Weg abgewichen sein, bevor er geboren war. Leiden können sich bei einem ganzen Volk ansammeln, eine Konzentration von Sühne (ich habe einen traurigen Buddhisten in Vietnam dies sagen hören).

Wiedergeburt, das bedeutet auch eine ganze Reihe von einzelnen Fäden, welche die verschiedenen Lebensebenen miteinander verbinden. Der Hindu sieht den Menschen als nur eine Stufe in einer Hierarchie des Lebens, die von den niedrigsten Geistern und Insekten bis ganz hinauf zu den Göttern und weiter emporreicht.

Das moralische Gesetz, welches das nie endende Auf und Ab im Leben diktiert, wird *karma* genannt, wörtlich »Handeln«, denn durch unsere Taten wird unsere Zukunft gestaltet. Manchmal gilt das *karma* als ein automatisches Gesetz, etwa wie die Schwerkraft, die Teil der tieferen Struktur des Universums ist. Dann wieder wird es, wie von Ramanuja, als der Ausdruck von Gottes Willen für alle Lebewesen und für die Art und Weise, in der er sie durch alle Prüfungen zur letzten Erlösung und himmlischen Glückseligkeit bringt, betrachtet.

Das Wissen und die Heiligen

Wenn das Leben reif dafür ist, wünscht mancher, sich von den gewöhnlichen Dingen zurückzuziehen, um ein höheres geistiges Leben zu pflegen und eine Art lebendiger Befreiung zu erlangen, die noch in der irdischen Welt stattfindet, aber nicht von dieser Welt ist. Die Betonung auf weltabgewandter Meditation und die Suche nach höherem Wissen ist für Shankara außerordentlich wichtig. Denn er forderte schließlich auch, daß durch *Wissen* um die eigene wahre göttliche Natur Unwissen und Illusion vertrieben werden. Ramanuja unterstrich die *bhakti,* Shankara das Wissen.

Die wahre Bedeutung derartigen Wissens spiegelt sich häufig im Leben der heiligen Männer Indiens. Wie so oft auch anderswo in religiösen Überlieferungen glaubt man, daß man für höheres Wissen die Leitung durch einen Guru benötigt. Der Guru ist die indische Version des Zen-Meisters oder des katholischen Seelenführers und Seelsorgers, wobei im Falle Indiens der Guru allerdings »freiberuflich« wirkt: es sind häufig Menschen, die einfach durch ihre Heiligkeit die Aufmerksamkeit auf sich ziehen. Sie sind meistens nicht organisiert. Aber da es nun so viele heilige Männer gibt, so viele Eremiten und Mönche, so viele Führer und Wundertäter im indischen Kaleidoskop, wird das Bild, das ich hier gebe, etwas stilisiert, etwas simplifiziert ausfallen.
Als erstes ist festzustellen, daß Hindus seit langem eine Theorie über die verschiedenen Stadien des Lebens hatten, die einen geregelten Weg, »die Welt zu verlassen« vorschreibt, um ein Heiliger zu werden. Es sind vier Stadien. Zunächst befindet sich ein Kind oder junger Mensch im Stadium des Lernenden und erwirbt die Kenntnisse der alten Überlieferung von einem brahmanischen Lehrer, danach heiratet er und wird Vater und Haushaltsvorstand. Wenn sein ältester Sohn erwachsen und fähig ist, die Haushaltspflichten zu übernehmen, beginnt er sich zurückzuziehen, er ist ein – wörtlich – »Waldbewohner«, denn in alten Zeiten pflegte er sich eine Einsiedelei in der Nähe des Dorfes im Dschungel zu errichten. Junge Leute suchten ihn dann zur Unterweisung auf. Anschließend wird er im letzten, im *sannyasi*-Stadium ein wandernder heiliger Mann.
Das Wandern hat zwei Seiten. Erstens symbolisiert es die absolute Heimatlosigkeit des heiligen Mannes. Er hat keine Familie mehr oder geographische Bande; in der indischen Literatur wird er manchmal dargestellt als Zugvogel, der keine Spuren in der Luft zurückläßt. Zweitens ist seine Wanderschaft eine Art Wallfahrt; er wird sich zu heiligen Stätten wie Hardwar und Benares aufmachen, wo seine fromme Zurückgezogenheit und geistige Weisheit vielleicht wie ein Magnet und Beispiel auf die Pilgerscharen wirken. Selbstverständlich durchlaufen nicht alle Hindus die vier Stadien, diese stellen nur das Ideal dar. Ich sprach einmal mit einem Wirtschaftswissenschaftler der Universität Delhi, der mir nach einem etwas verstohlenen Blick auf seine Kollegen gestand, daß es sein Wunsch sei, auf der Suche nach geistiger Wahrheit die Welt zu verlassen. Er wollte die technische, unbefriedigende Welt der ökonomischen Theorien hinter sich lassen.
Eine andere Art heiliger Männer in Indien sind diejenigen, die einem Mönchsorden, wie demjenigen, der von Shankara gegründet wurde und der besonders in Südindien stark vertreten ist, beitreten. In moderner Zeit ist die Ramakrishna Mission der bekannteste Orden, eine Organisation, die sich guten Werken, der Erziehung und der Meditation widmet und die Weltanschauung Ramakrishnas und seines berühmten Schülers Vivekananda repräsentiert. Sie hat ältere indische Vorstellungen den modernen Verhältnissen angepaßt und Methoden westlicher Missionare übernommen.
Jedoch gibt es heilige Männer und Gurus in allen möglichen Variationen. Sobald

ein Mann beginnt, sich einen Ruf von Einsicht und Heiligkeit zu erwerben, versammelt sich vielleicht eine Gruppe Schüler um ihn, die seinen *ashram* bilden. Auf diese Weise gründete Gandhi seinen Ashram in Ahmedabad, und überall in ganz Indien befinden sich Ashrams verschiedenster Art verstreut. Es gibt sogar christliche, in denen die Menschen auf hinduistische Weise leben, obwohl sie sich zu Christus bekennen.

Meist machen sich die Menschen auf die Suche nach einem guten Guru, werden aber häufig enttäuscht. Wie kann man auch einen echten heiligen Mann von einem Betrüger unterscheiden? Das kann durchaus ein akutes Problem in unserer Zeit sein, in der so viele heilige Männer aus dem Osten sich im Westen (und zuweilen sehr gewinnbringend) niederlassen. Man muß sich auf das eigene Urteil verlassen. Aber es gibt doch ein paar Anhaltspunkte zur Warnung: Vorsicht, wenn ein Guru reich wird. Er sagt vielleicht, daß die Gläubigen ihn als Symbol des Göttlichen mit guten Dingen überhäufen möchten, ähnlich wie man Kirchen und Heiligenbilder mit Gold schmückt. Auch sollte ein Guru über psychologische Erkenntnisfähigkeiten verfügen. Wenn er einen versteht, ist er wahrscheinlich ein echter Guru. Drittens sollten seine Lehren praktische Bezüge aufweisen und nicht nur metaphysischen Schall und Rauch produzieren. Viertens ist Vorsicht geboten, wenn er Gemeinplätze von sich gibt. Er sollte Tiefe haben, aber nicht mit ihr langweilen. Vor allem jedoch muß man sich mit ihm verstehen. Der Guru des einen kann der Tyrann des andern sein.

Unter diesen Voraussetzungen habe ich viel Interessantes bei Gurus angetroffen, die ich kennenlernte. Vielleicht war der interessanteste ein heiliger Mann in Bombay, der eine Art Geschäft daraus machte, einen statistischen Beratungsdienst zu führen. Er hatte ein regelrechtes Büro, in dem er Mathematikstudenten für sich arbeiten ließ und das einen Meditationsraum einschloß, der auf das Brabourne Cricket-Stadion hinaussah. Sein Ziel war es, den Hinduismus zu modernisieren, auf daß er besser in der Welt arbeiten könnte. Der Mann wirkte, als sei er verdächtig wohlhabend geworden, aber als ich zu seinen Füßen saß, stellte sich dann doch eine kleine Beziehung her. Er sagte etwas über den westlichen Materialismus, ein Lieblingsthema im modernen Indien, das vielleicht weit hergeholt erscheint (wenn sich auch so mancher Inder ganz offensichtlich auf die westlichen Errungenschaften stürzt). Ich fragte respektvoll, ob eine Schallplatte mit Beethovens Neunter Materie sei, und er kicherte verständnisvoll. Aber ich konnte nicht für immer zu seinen Füßen sitzen.

Autorität des Geistes

Es besteht eine lange Überlieferung in Indien, die besagt, daß sich die Macht des heiligen Mannes aus seiner inneren Erfahrung herleitet. Um sich zur Erlangung der inneren Vision zu trainieren, welche durch Kraft, heitere Gelassenheit im

Antlitz und Leben in den Geist anderer Menschen überfließt, versucht sich der *sannyasin* zuweilen in großen asketischen Übungen, er setzt sich beispielsweise in die Mittagssonne, umgeben von vier Feuern, die sengende Hitze erzeugen. Das alte Wort für Kasteiung war im übrigen »Hitze«. Ein Relikt davon ist die Sauna, denn diese Sitte hat ihren Ursprung in der Feuerprobe der Schamanen (oder Propheten) Nordasiens – eine Sitte, die vielleicht mit den indischen Methoden zusammenhängt. Die Gruppe, die vermutlich am klarsten und in oft überraschender Form in Indien Askese repräsentiert, ist die Gemeinde der Jainas, von der in Kapitel 6 die Rede sein wird. Aber nicht nur Jainas stehen in *tapas* oder »Hitze«, in der Hitze der inneren Selbstzucht. Die Macht dieser *tapas* gilt als so groß, daß sie sogar die Götter das Fürchten lehren kann, und einiges von Shivas furchterregender Macht entstammt seiner Eigenschaft als Mahayogi oder Großer Yogi. Denn Askese führt schließlich und endlich zu einer Kraft der Vision oder zu Befreiung, und das bedeutet neues Wissen. Wissen ist Macht. Und so sind wir wieder zur Autorität des Geistes zurückgekehrt. Im allgemeinen erlangt der heilige Mann durch verschiedene Techniken des Trainings jene Wissensmacht, die auf andere, insbesondere seine Schüler, ausstrahlt. Aus diesem Grunde ist seit langem ein großes Interesse an den verschiedenen Arten von Yoga zu verzeichnen.

Yogis und Yoga

Die allgemeine Bezeichnung für diese Techniken von Geist und Körper lautet Yoga. Aber wir könnten leicht in Verwirrung geraten, denn es gibt eine besondere Schule indischer Philosophie, die sich Yoga-Schule nennt. Sie hat einige Züge, die nicht das Einverständnis aller Yoga-Ausübenden finden würde. Zusammengefaßt vertritt die Yogaschule folgende Lehren: Das Universum umfaßt viele Seelen, unzählige, gebunden an Körper jeder Art, ob von Menschen, Schweinen, Ameisen, Göttern oder unseligen Geistern und das sowohl in dieser wie in einer höheren oder niederen Welt. Die Seelen leiden aufgrund ihrer Verstricktheit in das Dschungel des Lebens, das voller Enttäuschungen, Krankheiten, Sorgen, Tod, Verstümmelungen ist, voll all der traurigen Dinge, die das Unglück der Menschen ausmachen. Befreiung vom Wiedergeburtenzyklus muß also erreicht werden, und der Weg führt durch Yoga-Techniken und insbesondere die Yoga-Schule. Dieser besondere Weg bedeutet nicht in erster Linie die Anrufung Gottes oder auch nur das Erstreben einer Einheit mit dem Göttlichen. Es geht eher darum, das Bewußtsein auf solche Weise zu reinigen, daß das Individuum die wahre Natur der eigenen Seele erkennen und dadurch einsehen kann, daß diese verschieden ist von der natürlichen Welt, in die sie verstrickt ist. Auf diesem Wege gelangt sie zur Befreiung und existiert nach dem Tode des Yogis in todesfreier Isolierung, nicht länger mehr der Wiedergeburt und den Leiden dieser Welt unterworfen. Die Yoga-Schule leugnet nicht die Existenz Gottes. Er wird aber lediglich als Ideal betrach-

tet, als eine Seele, die niemals dem Leiden und der Wiedergeburt unterworfen war. Manche treiben Yoga jedoch aus ganz anderen Gründen, beispielsweise, um unmittelbare Erkenntnis des Göttlichen und eine Identifizierung mit ihm zu erreichen. Auf wieder anderen Voraussetzungen baut sich der buddhistische Yoga auf: für diese Gläubigen gibt es weder Seele noch Gott, sondern nur die Möglichkeit des Nirvanas (der wir uns in Kapitel 2 zuwenden werden). Anderen wiederum gilt Yoga in der Hauptsache als körperliche Betätigung, sie üben sich in dem, was *hatha yoga* genannt wird, einer Weiterentwicklung der Vorstellung, daß gewisse Haltungen – die Lotus-Haltung und andere – und bestimmte Atemtechniken eine Art physischen und geistigen Wohlbefindens erbringen können. Dieser Typ Yoga ist es, der in den sechziger und siebziger Jahren im Westen so in Mode gekommen ist, und es besteht auch kein Zweifel, daß sich damit überraschende Erfolge erzielen lassen. In Indien jedoch geht es vor allem um das Bemühen, zu höheren Bewußtseinsebenen zu gelangen – womit wir wieder bei der Vorstellung von der Autorität des Geistes sind. Diese höheren Bewußtseinsstadien finden ihren Höhepunkt in der Entleerung des Geistes von allen gewöhnlichen Gedanken und Bildern, und diese so schwer zu erlangende Leere ist die Bühne für eine höhere Art der Wahrheitserkenntnis. Hier kommen wir zu einem zentralen Problem: sind sich alle mystischen Erfahrungen gleich? Sieht der christliche Mystiker die gleiche »Leere« wie der Buddhist oder der Anhänger der Yoga-Schule? Sieht der moslemische Sufi die gleiche »Leere« wie der Seher der Upanishaden oder der *Bhagavadgita?* Wer glaubt, alle Religionen weisen auf dieselbe Wahrheit, bejaht diese Frage. Ich glaube, das ist in gewisser Weise richtig, in anderer jedoch wieder nicht, und es kommt darauf an, was die Religionen aus der Mystik *machen.*
Die Autorität des Geistes erwächst somit aus der Selbstdisziplin, die durch das Ausschließen der Welt eine innere Vision aus dem »Leeren« bezieht. Es ist eine Art Erleuchtung, die häufig als aus dem Jenseits kommend beschrieben wird. Der Yogi oder der Guru, der gesehen hat, was im Jenseits liegt, hat Autorität und Macht, in gewissem Grade ist er wie Gott.

Das Mystische und das Numinose

Rudolf Otto, der berühmte Religionsschriftsteller, dessen Werk *Das Heilige* in der Zeit unmittelbar nach dem Zweiten Weltkrieg große Wirkung hatte, prägte den Begriff *numinos,* um den Ehrfurcht erregenden und machtvollen, ja erschrekkenden Aspekt des Heiligen oder Göttlichen auszudrücken. Einen traumatischen Typus von Vision haben wir in der *Bhagavadgita,* als Arjuna die Haare zu Berge stehen. So ist es mit allen Göttern – sie sind geheimnisvoll und erzeugen Ehrfurcht. Und so ist es auch oft mit heiligen Männern. Der Mystiker stellt ein wichtiges Thema Indiens dar; er findet das Jenseits in sich selbst, indem er sich in seine Vision verliert und alle Arten wundersamer Aufgaben erfüllen kann. Innerlich ist

er ein Mystiker, äußerlich aber wirkt er wie ein Zauberer. Vielleicht verhält es sich ähnlich mit der Natur Gottes.
Jedoch schenken die Ehrfurcht erregenden Götter den Gläubigen auch Hilfe und Linderung und bieten den Anlaß für die innigen und fröhlichen *bhakti*-Feste, die dem indischen religiösen Leben Rhythmus verleihen. Wie kann man die Stille der inneren »Leere«, die Regungslosigkeit des jainistischen Heiligen, das zurückgezogene Leben des *sannyasi* mit diesem erstaunlichen Überschwang auf einen Nenner bringen, mit dem Getümmel und Glockenläuten und den Opfergaben, die so sehr Bestandteil indischer Frömmigkeit sind? Wie verträgt sich Yoga mit den Festlichkeiten von Diwali, bei denen alle Straßen hell von Lichtern erleuchtet sind? Ist es vielleicht den bunten Glasfenstern in den Kirchen vergleichbar? Wenn man innen in der Kirche ist, glühen die Fenster in herrlichen Farben: Christus und Gott erstrahlen in ganzer Herrlichkeit, und die Heiligen wirken mit ihrem liebevollen Zauber auf die Gläubigen, die zu ihnen aufblicken. Geht man aber nach draußen in die Stille des Kirchhofs, dann sind die geheimnisvoll leuchtenden Farben verschwunden, dann sehen die Fenster glanzlos aus. Der heilige Mann ist jemand, der im Tempelinnern gebetet hat, aber nach draußen gelangt ist. Er hat die Pracht und die Herrlichkeit des Pantheons der Götter erschaut, aber hat sie hinter sich gelassen. Die Götter sind Fahrzeuge, welche die Menschen ins Jenseits emportragen, aber das Jenseits liegt jenseits von ihnen. Das ist in der Tat der Gedankengang vieler Hindus, und es ist ein Thema, das in moderner Zeit viel Einfluß und Gewicht hat.
Als das Land unter englische Herrschaft geriet und das Christentum viele überlieferte Werte in Frage stellte, haben sich die Hindus ihrem Glauben mit einem neuen Blick zugewendet. Sie modernisierten ihn, während sie die jahrhundertealten geistigen Werte und die Fröhlichkeit ihrer Feste und ihrer Tempelandachten beibehielten. Auf diese und jene Weise paßten sich die Inder den neuen Verhältnissen an. Die Moslems reagierten übrigens langsamer, vielleicht weil sie in ihrem eigenen nachimperialen Traum lebten, denn schließlich waren sie es, die vor der Ankunft der Engländer von Delhi aus geherrscht hatten.

Indiens Zug nach Westen

Mit den Invasionen des Westens vom Meer her hatte es ein Ende, als die Engländer an die Macht gekommen waren. Portugiesen, Holländer und Franzosen unterlagen nacheinander den britischen Seemanns- und Artilleriekünsten im Indischen Ozean. Es hieß, es gehe um den Handel, und die erste britische Landmacht in Indien war auch eine Handelsgesellschaft, die Ostindische Kompanie.
Die Ostindische Kompanie war tatsächlich dort, um Handel zu treiben. Sie war stark in Bombay, setzte sich in Madras durch und blühte in Bengalen. Soldaten konnten den Handel unterstützen, waren aber nicht allzu zuverlässig. Die Ostindi-

sche Kompanie war keine Armee, sondern ein Trupp von Abenteurern, der in ein fremdes Land verschlagen war. Rasche Profite wurden erwartet, und so hielt man sich die Missionare ziemlich lange vom Leibe. Christliche Propaganda gegen einen recht nachgiebigen Hinduismus und einen ziemlich verblüfften Islam hätte die Eingeborenen beunruhigen können. Aber natürlich änderte sich all dies im Laufe der Zeit. Man ließ die Missionare gegen Ende des ersten Viertels des für den Hinduismus entscheidenden 19. Jahrhunderts doch zu, und aus der Kompanie wurde nach der großen Meuterei ein Vierteljahrhundert später ein Empire. Dies alles bedeutete administrative, ideologische und religiöse Herausforderungen für die bestehende Ordnung. Witwen sollten nicht verbrannt werden. *Thags* (Straßenräubern, die sich der Göttin Kali verschrieben hatten) wurden die Dämonen ausgetrieben. Neue Erziehungsmethoden kamen auf und mehrten sich, als Universitäten und Colleges eingerichtet wurden. Das Kastenwesen wurde verurteilt. Den neuen Herren galt der Hinduismus als Polytheismus. Macaulay meinte, wenn man die Hindus das Christentum und westliche Wissenschaften lehrte, würde ihnen die hinduistische Lebensform absurd vorkommen. Genau das Gegenteil trat ein: das Einfließen neuer Kräfte setzte frische Energien frei und trug dazu bei, die Hindu-Überlieferung mit neuem Leben zu erfüllen. Eine Renaissance fand statt: in gewisser Weise wurde jetzt erst die eigentliche Idee des Hinduismus geboren. Die westliche und christliche Herausforderung zwang den gebildeten Hindu, sich sozusagen zum erstenmal die Frage zu stellen, was es *bedeutete,* Hindu zu sein. So wurde in der zweiten Hälfte des 19. Jahrhunderts mit dem Werk Ramakrishnas und seines Schülers Vivekananda der Hinduismus auf einen neuen Weg gebracht, der auch in vielen anderen Vorstellungen und Denkern der Zeit in Erscheinung trat.

Ramakrishna

Ramakrishna war ein Bengali ohne westliche Erziehung und auch nach traditionellen indischen Begriffen bildungsmäßig nicht besonders gut ausgerüstet. Spirituell jedoch war er eine ausgesprochene Begabung. Er hatte früh Visionen und erwies sich als ein ausgezeichneter Guru mit einem intensiven Gefühl für die Einheit der Menschen und einem reichen Talent, durch Symbole, Gleichnisse und Geschichten zu lehren. Das Buch, in dem all dies wie in einem Schrein bewahrt ist, in westlichem Stil *Das Evangelium von Sri Ramakrishna* genannt, birgt eine Fülle von Wahrheiten, die auf sehr irdische Weise reich mit Parabeln ausgestattet sind. Seinen großen Schüler Swami Vivekananda kann man als eine Art Paulus in Beziehung zu Ramakrishna betrachten. Anfang des 20. Jahrhundert wurde die Ramakrishna-Mission gegründet. Sie leistet gute Arbcit. Sie leitet noch immer Krankenhäuser in Indien, ist innerhalb Indiens und im Ausland erzieherisch tätig und in ihren Zentren mit der Verbreitung des Verständnisses für die Segnungen und

Tiefe der Hindu-Tradition befaßt. Sie ist bewundernswert tüchtig und ganz auf eine neue Botschaft eingestellt. Diese ist charakteristisch für das, was man die moderne Hindu-Ideologie nennen könnte.

Bevor wir uns aber diesem modernen Hinduismus zuwenden, wollen wir uns die Probleme und Herausforderungen vergegenwärtigen, die nach Antworten verlangten.

Das Eindringen der englischen und, allgemeiner, der westlichen Kultur in jenes üppig duftende und zuweilen sehr ungerechte Dschungel der hinduistischen Umwelt warf so manche Fragen auf. Die radikalste lautete: Warum Hinduismus? Im Lichte des Christentums mußte das chaotische Indien fast lächerlich wirken. Ein verhältnismäßig klarer Glaube drang ein in eine im religiösen Sinne pluralistische Gesellschaft. Die neuen Missionare würden vielleicht einmal Christus als die Krone des Hinduismus empfinden, aber sie würden sicher nicht die Formen des hinduistischen Glaubens übernehmen wie der große, aber erfolglose Roberto de Nobili, der einst in Madurai in Südindien gelebt und sich wie ein Brahmane und nicht als adliger Italiener betragen hatte. Die meisten der neuen Missionare kamen über englische Verbindungen ins Land (während de Nobili, obwohl Italiener, mit den Portugiesen gekommen war), sie waren Protestanten und häufig evangelisch. Sie hatten keinerlei Verständnis für den Phallus und für die indischen Vorstellungen vom Himmel oder sonst etwas. Manche dieser Missionare wurden zwar große Kenner des Hinduismus (J.N. Farquhar) waren aber doch eher auf Reform, wenn schon nicht auf die Vernichtung der indischen Kultur ausgerichtet. In gewisser Weise war das günstig, denn wenn sich Indien auch nicht en masse für Christus entschied, so reagierte es doch auf die christlichen Vorstellungen in einer Art und Weise, die den Boden für den neuen Hinduismus bereitete. Und der Einfluß des Westens auf die Gesellschaft Indiens war enorm: das Christentum stellte die Götter in Frage -- denn es handelte sich doch wohl um Polytheismus? – und die neue Regierung das Kastensystem; westliches Selbstbewußtsein hielt außerdem nicht viel von den Überlieferungen indischen Wissens, denn die moderne Wissenschaft war schließlich westlich. Eisenbahnen und Colleges versetzten die indische Intelligenzschicht in eine neue Welt. Vor allem aber empfanden die Hindus die christliche Herausforderung als eine Herabsetzung der eigenen kulturellen Überlieferungen.

Die moderne hinduistische Ideologie

Teils war es ein Nationalismus, teils auch religiöse Traditionen, welche die Antworten auf diese Herausforderungen gaben. Der Polytheismus war kein Problem, man war sich ja bewußt, daß alle Götter – nicht nur die der Hindus, sondern die der ganzen Welt, Christus, Jahweh, Allah, das Tao, Vishnu, Shiva, die afrikanischen Gottheiten – letztlich alle ein einziger Gott, der gleiche Gott waren. Die christliche Exklusivität, die von den weißen Kirchtürmen der militärischen Enklaven (in denen die Weißen meistens wohnten) verkündet wurde, und das missionarische Ethos der Bekehrung wurde von dem verblüffenden Anspruch beantwortet, der Hindu akzeptiere den Christen, eben weil Hindus ein universaleres Ziel im Auge hätten. Hinduismus ist tolerant, sorglos, pluralistisch in seiner Weltanschauung und befindet sich daher grundsätzlich in einer Gegenposition zum protestantischen Christentum. Der Hinduismus konnte für alle Menschen alles sein – und dies, ohne die eine Wirklichkeit jemals zu übersehen. So predigten und empfanden Ramakrishna und Vivekananda und später Radhakrishnan, der Präsident Indiens. Die Ideologie setzte Duldsamkeit voraus und unterstützte damit die hypertoleranten moralischen Methoden, mit denen Gandhi Frieden und Einheit zu erreichen strebte. Obwohl beide nicht unbedingt typisch für das Volk waren, drückten Gandhi als wandernder Heiliger und Vivekananda als begabter Mensch mit einer ungeschminkten treffsicheren Sprache ein weitverbreitetes Gefühl aus. Die moderne Hindu-Ideologie schloß sich an jene Vorstellungen von Wahrheitsebenen und Ebenen der Erkenntnis an, die Shankara und vor ihm, einflußreichen Interpretationen zufolge, die Upanishaden bereits vorweggenommen hatten. Die Vorstellung von verschiedenen Wahrheitsebenen konnte nutzbar gemacht werden für die Beziehungen zwischen verschiedenen Religionen. Einige mochten in Wert und Wahrheit niedriger als andere stehen. Eine Inkarnation, wie der *avatar* von Vishnu, Krishna, ist Vishnu untergeordnet, der seinerseits der geheimen Manifestation der göttlichen Wirklichkeit untergeordnet ist, die jenseits dieser Welt und dennoch wirksam durch den Schöpfer ist. Warum also nicht die anderen Religionen auf diese Weise als verschiedene Ausdrucksformen der einen Wahrheit sehen?

»Alles, was du fühlst, können wir tiefer empfinden«, diese Ideologie verlieh der indischen nationalistischen Bewegung Würde und der Demokratie, die Indien nach der Unabhängigkeit errichten sollte, eine besondere Note. Bis zu einem gewissen Grade paßte sie gut zu dem Pragmatismus der untergehenden britischen Herrschaft. Und sie bewegt noch immer das Denken vieler Hindus. Ist es jedoch wahr, daß alle Religionen auf die gleiche Wahrheit weisen? Ja und nein. Sehen wir uns zuerst die positive Möglichkeit an.

Mystik und Frömmigkeit

Das Thema der Einheit aller Religionen ist all denen ein Anliegen, die den Akzent auf die innere Suche legen, auf das Mystische. Es wurde beispielsweise von Aldous Huxley aufgenommen. Was er perennierende Philosophie nannte, hieß Religion vom Inneren, Mystischen oder Kontemplativen her. Und aus differenzierten Forschungen geht hervor, daß sich ähnliche Visionen aus der »Leere« des kontemplativen Lebens in sehr vielen verschiedenen Religionen ergeben. Selbstverständlich sind die Auslegungen unterschiedlich. Der Christ sieht Gott in der Wolke des Nichtwissens, der Hindu sieht Brahman in den Tiefen seines Yoga, der Chinese spricht vom Tao, dem Weg. Und natürlich verleihen die Voraussetzungen und Gefühle, die der Mystiker mitbringt, seiner persönlichen Suche jeweils eine ganz bestimmte Note. Der moslemische Sufi sieht die Mystik im Zusammenhang mit einer neuen Suche nach Allah, während sie der Buddhist als den achtfachen Pfad empfindet. Trotz äußerer und geistiger Unterschiede jedoch darf man wohl annehmen, daß alle Mystiker zu einer ähnlichen »Leere« und einem ähnlichen Licht gelangen.

Betrachtet man demnach das Mystische als Kern der Religion, dann stehen die Chancen um die Einheit der Religionen gut. Aber das ist noch nicht alles. Denn schließlich hat auch *bhakti* mit der Frömmigkeit anderer Religionen vieles gemeinsam. Die Ähnlichkeit der Empfindung in der *Bhagadvadgita* und bei Paulus ist schon vielen aufgefallen. Die islamische Frömmigkeit ist inbrünstiger Natur und gewissen Aspekten der des Katholizismus vergleichbar. In der Schule des Reinen Landes des Buddhismus bestehen in der Verehrung des Buddha Amitabha merkwürdige Anklänge an die Verehrung von Christus im Himmel. Anbetung und *bhakti* weisen also in einer ganzen Reihe von Religionen verwandte Züge auf. Derartige Gemeinsamkeiten in Mystik und Frömmigkeit bewirkten, daß man vielerorts meint, es handle sich um denselben ehrfurchterregenden, aber gnädigen Gott überall.

Indessen steht nicht in allen Religionen Gott im Zentrum, beispielsweise nicht im Jainismus und nicht im Buddhismus im Süden und Südosten Asiens. Und die monotheistischen Religionen im besonderen sind leider (aber darüber kann man sicher geteilter Ansicht sein) tief gespalten hinsichtlich der Natur Gottes und der gesellschaftlichen Ordnung, die in seinem Sinne wäre, wenn sie auch die Art der Frömmigkeit teilen. Der Jude glaubt, Gott verbiete Schweinefleisch und der jüdische Gehorsam dem Gesetz gegenüber gehöre zum Wesen der Religion. Der Moslem hat ein anderes Gesetz. Die Christen beten Christus an, was für Juden unglaublich ist und für Moslems einer Blasphemie gleichkommt. Kürzlich hatte ich den Vorsitz bei einer Diskussion zwischen einem christlichen Araber, einem moslemischen Palästinenser und einem jüdischen Amerikaner über das Problem Israel. Obwohl alle drei sich bemühten, nur den religiösen Hintergrund ihrer verschiedenen Positionen zu erläutern, entwickelte sich eine solche Bitterkeit, daß ein Kollege von mir zu der Bemerkung verleitet wurde: »Diese verdammten Monotheisten haben zuviele Götter.« Wenn die Bitterkeit auch weitgehend politisch motiviert ist, spiegelt sie doch eine gewisse Unterschiedlichkeit in der Art der Frömmigkeit, welche die Gläubigen ihrem göttlichen Ideal gegenüber empfinden. Außerdem akzeptieren viele religiöse Menschen die überragende Bedeutung des Mystischen nicht und ziehen es vor, sich auf die Einzigartigkeit ihres eigenen besonderen Glaubens zu berufen. Die Logik des Christentums oder des Islam beispielsweise schließt letztlich die Lehre einer fundamentalen Einheit aller Religio-

nen aus, wie sie vom Hindu gesehen wird. Alle Religionen umreißen ein für alle gültiges Ziel, nur können sich die Menschen – oder vielleicht wollen sie es auch gar nicht – nicht darüber einigen, wie dieses Ziel aussehen sollte. Was kein Wunder ist. Obwohl also jene, die an die Einheit der Religionen glauben, immer wieder auf die Ähnlichkeiten im Mystischen und Devotionalen hinweisen, scheint das Ziel eines einheitlichen übergreifenden Glaubens, der die Menschheit zu geistiger Harmonie führen würde, nicht erreichbar.
Ist aber Hinduismus tatsächlich so ideal? Bemäntelt er nicht auch Armut und soziale Ungerechtigkeit?

Hindus, Kasten und Gesellschaft

Es gibt in der Tat Ungerechtigkeit, Korruption, Hunger und andere häßliche Erscheinungen im Zusammenhang mit dem Hinduismus. In gewissem Maße ist das nicht anders zu erwarten, denn die Menschen neigen nun einmal nicht allzu sehr zur Vollkommenheit. Trotzdem kann man sagen, daß einer der Aspekte einer jeden Religion oder Ideologie darin besteht, die Menschen zu höheren Ebenen des Verhaltens und der Ziele zu erheben, als es ihrer Natur eigentlich entspricht. Man kann freilich der Ansicht sein, daß der Hinduismus keine geistigen Motivationen für die Reform einer ungerechten Gesellschaftsordnung bietet. Darin steckt ein gewisses Maß an Wahrheit. Jedoch ist im Kastenwesen, dem Rahmen für gesellschaftliches Wirken und Streben, neben der negativen, dunklen Seite auch eine positive eigen. Die dunkle Seite ist die Hierarchie, die positive eine Struktur von Sitten und Gebräuchen, die es Menschen unglaublich unterschiedlicher moralischer, religiöser und anderer Richtungen gestattet, in der gleichen Gesellschaft miteinander zu leben. Toleranz, wenn schon nicht Gerechtigkeit, wird hier zur Institution, und wir sollten das als mögliches Modell für eine zunehmend pluralistische Welt nehmen, in der Menschen verschiedener Rasse, Kultur und Religion in ihren jeweiligen Gesellschaften zusammenleben.

Mythen im Hinduismus

Ich habe die visionäre und andachtsvolle Seite des Hinduismus unterstrichen und einige Erläuterungen zu Gurus und Kasten gegeben. Aber der Hinduismus ist auch die Religion ungezählter Geschichten, er ist völlig durchzogen von Mythen. Er bedeutet keineswegs nur Philosophie und Yoga, *bhakti* und Ramanuja. Er ist außerdem wahrscheinlich mehr als jede andere Religion bildbezogen, symbolgetränkt und von Erzählungen geprägt. So sollten hier vielleicht erst einmal eine oder zwei Geschichten erzählt werden. Und wer wäre würdiger als Held solcher Geschichten als Krishna? Die Geschichte seines Lebens findet sich in dem großen

Epos des *Mahabharata* und in weiteren Sammlungen von Lebensgeschichten, die Anklänge an andere vorweisen und Fragen aufwerfen.
Krishna, dessen Name »der Schwarze« bedeutet, war der Sohn von Vasudeva und Devaki, seiner Mutter, und wurde in Nordindien geboren. Sein älterer Bruder, der an vielen seiner wichtigeren Taten beteiligt war, hieß Balarama. Sie waren das siebente und achte Kind einer Großfamilie, aber alle anderen Geschwister wurden von dem grausamen König Kamsa getötet, dem man gesagt hatte, ein Sprößling von Devaki würde sich seines Thrones bemächtigen. Kamsa ordnete einen allgemeinen Kindermord an (der Kindermord von Herodes im Neuen Testament klingt hier an), aber Krishna entkam durch ein Wunder und wurde von Pflegeeltern aufgezogen, die Rinderhirten waren. Seine Kindheit verbrachte er in den Wiesen am Ufer des Flusses Jumna in Brindaban, heute ein großes Zentrum des Krishna-Kults. Über seine bezaubernde Verspieltheit gibt es viele Geschichten – wie er Milch und Butter den *gopis,* den Hirtinnen, stahl und anderes mehr. Seine Eltern wußten nichts von seiner Göttlichkeit, aber einmal hieß ihn die Mutter den Mund öffnen, um zu sehen, ob er Schmutz verschluckt hätte, und erblickte mit staunendem Erschrecken in seinem Hals die drei Welten: Himmel, Atmosphäre und die Erde. Als er zum Manne erwuchs, rechtfertigten seine Streiche und Liebesgeschichten mit den Milchmädchen einen seiner vielen späteren Beinamen: Kanhaiya, Liebhaber von Jungfrauen. Er erregte sie durch sein hübsches Aussehen und sein bezauberndes Flötenspiel, er stahl ihre Kleider, wenn sie badeten, und verband Unartigkeiten mit vergnügter Promiskuität.
Nicht sehr erbaulich? Für den frommen Hindu spiegelt der junge Krishna das Wunder der Kindheit und die Liebe Gottes für die Seele. Die Hirtinnen sieht er als die Seelen der Menschen, mit denen Gott anbändelt und die auf diese Weise von der Liebe Gottes erregt werden. Irdische Liebe als Symbol für göttliche Liebe.
Der noch immer eifersüchtige Kamsa schmiedete Pläne, um Krishna umzubringen. Aber in einer Reihe von Abenteuern besiegten Krishna und sein Bruder Balarama die Abgesandten des bösen Königs und erschlugen diesen schließlich. Indessen führte das zu einem Angriff von Kamsas Vater, des Königs von Magadha, auf Mathura bei Brindaban, wo sich Krishna jetzt aufhielt. Und Krishna mußte sich zum Schluß nach Dvaraka, einer Stadt im Gujarat, zurückziehen, die heute ein Wallfahrtsort ist. Verschiedene Abenteuer folgten, darunter die Teilnahme an dem großen Bürgerkrieg, der in dem *Mahabharata* geschildert wird, und an der großen Schlacht, die den Hintergrund für seine Lehren in der *Bhagavadgita* bildet. Nachdem er nach Dvaraka zurückgekehrt war, traten beängstigende Omen und Zeichen auf. Die Gestalt des Todes wurde in der Stadt gesehen, suchte Häuser heim, Sturmwinde brausten über die Stadt, im Tierreich geriet alles durcheinander, Kamele brachten Maultiere zur Welt, Störche heulten wie Eulen, Ziegen bellten wie Schakale, Würmer verunreinigten die Nahrung, die Menschen wurden wahnsinnig durch Getränke, und Krishnas Sohn (von seiner geliebten Radha) wurde vor seinen Augen ermordet. Erhebungen flammten auf, und Krishna

schlug zurück, jedoch vergeblich. Er und Balarama begaben sich in die Wälder, um dort Frieden zu finden, und dort starb Balarama. Von Trauer erfüllt saß Krishna am Ufer des Flusses und wurde von einem leichtsinnigen Jäger in die Ferse geschossen, der ihn für ein Wild gehalten hatte. Die Ferse war sein verwundbarer Punkt. Tot, stieg er zum Paradiese auf – in Herrlichkeit, noch immer verliebt, aber auch eine tragische Figur.
Es ist eine seltsame Geschichte und eine Collage vieler Einzelheiten, darunter wohl auch eine Erinnerung an den Tod des Achilles, denn die griechischen Einflüsse waren in Indien nach Alexanders Eindringen nicht unbedeutend. Die Symbole und Gefühle dieser Erzählung decken ein breites Spektrum des menschlichen Lebens ab, und die Herrlichkeiten und Wunder können die menschliche Seite des Gottmenschen Krishna kaum verbergen. Die religiöse Vorstellungswelt Indiens lebt von solchen Legenden.

Die Bedeutung des Hinduismus

Die hinduistische Welt ist derart komplex, farbenfroh, fröhlich und auch streng, daß ihre wichtigsten Botschaften schwer herauszuhören sind. Einige Motive kann man jedoch klar erkennen. Erstens weisen all die vielen Götter auf die eine Wirklichkeit und nähren dennoch gleichzeitig verschiedene Wünsche und Ideale in einer pluralistischen Welt. Zweitens kümmert sich der Hindu, so bewußt er sich der Geschichte und Rhythmen der Zeit auch ist, nicht sehr um den historischen Wahrheitsgehalt seiner Legenden. Ob Krishna tatsächlich diese Dinge getan hat? Die Frage stellt sich nicht ernsthaft. Wichtig ist, daß wir uns mit verschiedenen Aspekten seines Lebens identifizieren können. Drittens rührt die Fähigkeit des Hinduismus, unterschiedliche Elemente zusammenzufügen, aus der Tatsache, daß er sich als ein Verbund von Kulturen und als Vorläufer einer neuen Synthese der Welt versteht. Viertens ist der Geist des Hinduismus in Stein, Holz und Ton gebannt, eine Märchenwelt aus Bildnissen und Tempeln. Sein Beitrag zur Weltkunst ist kaum zu unterschätzen. Ureigene Themen, griechische Techniken, vor allem aber hinduistische und buddhistische Überlieferungen in Gestalt von Skulpturen und Bildnissen ergeben eine einzigartige Collage. Fünftens ist der Hinduismus geprägt durch eine inbrünstige Frömmigkeit Göttern wie Krishna und Shiva gegenüber, aber auch durch Kontemplation und Yoga. Der Gegensatz zwischen dem Gläubigen und dem Yogi bringt die schöpferische Spannung hervor, die in der gesamten Geschichte Indiens spürbar ist. Sechstens ist es der hinduistischen Gesellschaft gelungen, ein Mosaik von verschiedenen Lebensauffassungen zu tolerieren, obwohl sie teilweise sehr ungerecht ist. Aber welche Gesellschaft ist so gerecht, daß sich kein anklagender Finger gegen sie richten dürfte? Siebtens ist der Hinduismus ein Pionier des Friedens, was am anschaulichsten im Leben Gandhis zum Ausdruck gelangt. Selbstverständlich hat es immer auch Kriege und

Aufruhr in Indien gegeben. Aber der Hinduismus hat Lehren von Jainas und Buddhisten in sich aufgenommen und die Gewaltlosigkeit wie auch die Achtung vor dem Reich der Tiere immer unterstrichen.

Dennoch stellt sich vielleicht das Gefühl für die Größe und das Erfreuende dieser Religion am klarsten an ganz bestimmten Orten ein – an einem dunstigen Abend in einem Dorf im nördlichen Bihar, wenn schlanke Männer vom Felde zurückkehren, oder in dem verfließenden Zauber des Ganges während der Morgendämmerung in Benares, wenn Männer und Frauen das Aufgehen der heiligen Sonne erwarten; oder in dem Labyrinth des Minakshi-Tempels in Madurai, Südindien, wo das grüne Wasser des heiligen Badeteiches die reich geschmückten Säulengänge geheimnisvoll spiegelt, oder auf dem den Göttern heiligen Hügel über Mysore, der eine mit Bäumen gesprenkelte Ebene überblickt. Orte wie diese, an denen Hindus mit Inbrunst nach der Wahrheit suchen, reflektieren die Herzen und inneren Gedanken der Menschen. In der Welt des Hindus verschmelzen die Landschaften des weiten Landes Indien mit den Freuden und Schmerzen der Menschen.

2. BUDDHISMUS

Die Religion Buddhas ist ungeheuer einflußreich gewesen und das in vielen Formen. Buddha selbst, der vielleicht von 563 bis 483 v.Chr. lebte (»vielleicht«, der eher ungenauen indischen Chroniken wegen), war offenbar eine Persönlichkeit von großer Differenziertheit, geistiger Kraft, psychologischer Einsicht und Heiligkeit. Im Laufe der Zeit verbreitete sich seine Religion durch den größten Teil Indiens und von dort nach Ceylon, Südostasien, Zentralasien, China, Korea, Japan, Tibet und in die Mongolei. In unserem Jahrhundert nun ist sie drastisch zurückgedrängt worden in allen Ländern mit marxistischer Regierung, hat aber angefangen, im Westen große Wirkung auszuüben.

Als westliche Gelehrte zum erstenmal buddhistischen Texten begegneten, neigten sie dazu, den Buddhismus mehr als eine Moralphilosophie denn als eine Religion im volkstümlicheren Sinne zu betrachten. Philosophie ist allerdings im Buddhismus vorhanden, aber sie wird auf die Praxis zugeführt mit dem Ziel, dem Menschen Befreiung vom Kreislauf der Wiedergeburten zu bringen. Weiterhin wäre dem Buddhismus als missionarischem Unternehmen niemals so großer Erfolg beschieden gewesen, wenn er sich nicht den verschiedenen Kulturen angepaßt hätte, innerhalb derer er sich verbreitete. Er lehnt die jeweiligen örtlichen Götter und Mythen nicht ab, setzt sie hingegen für sich ein und mildert nur ihren Einfluß. Um den Geist des Buddhismus zu begreifen, sollte man sich daher ansehen, wie er mit den anderen Göttern umging. Damit werden wir beginnen und dem Buddhismus als einem lebensvollen System praktischer Religiösität nachgehen, das reich ausgeprägt ist. Das ist außerdem ein guter Anfang, um ein Gefühl für die große Mannigfaltigkeit dieses Glaubens zu bekommen, eine Mannigfaltigkeit, die sich in den unterschiedlichen Hauptbewegungen innerhalb eines Rahmens ausdrückt: Theravada-Schule, die Lehre der Ältesten, der Konservativen, in Ceylon und Südostasien; Mahayana-Schule, der Buddhismus des großen Fahrzeugs im Fernen Osten, sowie der Lamaismus (Diamant-Fahrzeug) in Tibet und der Mongolei.

In seiner Heimat Indien schwächte sich der Buddhismus nach fünfzehnhundert Jahren sehr ab und erhielt den Gnadenstoß durch das Eindringen des Islam. Im Osten sieht er sich vom Marxismus unter Druck gesetzt. Merkwürdigerweise glaubt man mancherorts, daß seine Zukunft im Westen liegen wird. Wie wird er sich dann den westlichen technologischen und wissenschaftlichen Göttern anpassen?

Irgendwann im 6. Jahrhundert v.Chr. (wann genau, wissen wir nicht) hatte Buddha seine Erleuchtung. Aus dieser Erfahrung des Augenblicks erblühte die nach ihm benannte Religion. Sie wirkte nicht nur tief auf Nordindien ein, wo Gautama Buddha lebte, sondern verbreitete sich allmählich in die meisten asiatischen Gebiete nördlich und östlich des indischen Subkontinents. Sie drang vor nach Zentralasien, China, Korea, Japan, in die Mongolei, nach Tibet, Burma, Thailand, Kambodscha, Laos, Vietnam, Ceylon und Indonesien. Sie hinterließ ihren Stempel der Toleranz und der Friedfertigkeit bei den Kulturen Asiens.

Einfach ausgedrückt lautet die Botschaft von Buddha folgendermaßen: Um von den Übeln der Welt erlöst zu werden, muß man auf dem Pfade wandeln, den er ging. Vor allem bindet den Menschen die Begierde nach all dem, was in der Welt ist, an den Kreislauf von Geburt und Wiedergeburt. Wenn alle Buddhisten auch die Grundlehren Gautamas anerkennen, so führte doch die Freiheit, die er seinen Schülern in der Auslegung der Botschaft ließ, zu eindrucksvoll verschiedenen Typen des Buddhismus. Alle Schulen jedoch knüpfen an jenen indischen Lehrer an, der den Titel des »Erleuchteten« oder Buddha errang.

Gewißheit hinsichtlich der Wahrheit der Berichte über sein Leben besteht nicht, denn sie sind von Legenden überlagert, aber im wesentlichen kann man sich auf folgende Stationen seines Lebens einigen:

Er wurde wahrscheinlich im Jahre 563 als Sohn eines der führenden Mitglieder oder des Königs des Geschlechtes der Shakya in den Hügeln im südlichen Nepal geboren, weshalb man ihn später Shakyamuni oder den Weisen der Shakya nannte. Er heiratete und hatte einen Sohn; aber er hatte bereits einiges vom Leiden und dem Unbefriedigenden der Welt erkannt und sehnte sich danach, das Geheimnis der Befreiung von dieser Welt zu finden. Da er die Berufung zum geistigen Leben spürte, verließ er heimlich seine Familie und verbrachte eine Reihe von Jahren als wandernder Einsiedler (dieser Art Wahrheitssucher kann man noch immer im heutigen Indien begegnen). Schießlich erlangte er nach verschiedenen Erfahrungen unter einem Baum (dem sogenannten Bo-Baum) an einem Ort mit Namen Bodhgaya sitzend die Erleuchtung und eine Vision der wahren Natur der Wirklichkeit. Als Folge dieses Erlebnisses begab er sich nach Benares, der heiligen Stadt am Ganges, wo einige andere Einsiedler versammelt waren, mit denen er sich zusammengetan hatte. In dem dortigen Wildpark hielt er seine erste Predigt. Er setzte seine Wanderungen fort als Lehrer der Wahrheit, des Dharmas und des Erwerbs von Disziplin. Bis ins hohe Alter lehrte er und starb dann mit achtzig Jahren unweit seines Geburtsortes. Er hinterließ den Sangha, einen Orden für Mönche und Nonnen, die seine Lehren weitertragen sollten. Durch seine Erleuchtung und sein schließliches Hinscheiden war er von der Welt befreit und würde nicht mehr wiedergeboren werden in dem Zyklus der Reinkarnationen, dem alle Lebewesen unterworfen waren. So also ist in großen Zügen Buddhas Leben verlaufen.

TEMPEL

Menschen bauen nicht nur sich selbst Häuser, sie errichten sie auch ihren Göttern. Heilige Gebäude sind oft verschwenderisch und großartig gestaltet als Ausdruck ihrer göttlichen Majestät, das gilt für Hindu-Tempel genauso wie für gotische Kathedralen. Zuweilen sieht man im Tempel einen Berührungspunkt zwischen Himmel und Erde, daher wird häufig großer Wert auf die Höhe gelegt. Außerdem stellt er einen heiligen Raum dar, der von der übrigen Welt abgegrenzt ist; selbst die anspruchsloseste protestantische Kapelle widersetzt sich weltlicher Zweckentfremdung; man würde es kaum für richtig halten, wenn man beispielsweise in einer Kiche Billard spielte. Der Tempel hat unirdischen Charakter und wird so abgeschirmt, daß er zum geeigneten Ort wird für geheiligte Dramen der Religion wie z.B. die Eucharistie.

Wie die Synagoge ist die Moschee weniger Heimstätte für Sakramente als ein Treffpunkt der Gemeinde. Moscheen gibt es in jeder Schattierung, von der prachtvollen Schönheit der Mogul-Architektur in Indien bis zu so einfachen Bauten wie der Moschee der islamischen Gemeinde in England. Auf diesem Bild sieht man ein Beispiel der Vielfalt des Islam: diese westafrikanische Moschee ist ein Zeugnis des Sinnes für das Grandiose im lokalen Stil. Sie zeigt außerdem, daß der Islam im Afrika südlich der Sahara zu Hause ist, wohin er auf den Handelsstraßen durch die Sahara vom islamischen Ufer des Mittelmeeres aus gelangt ist.

△ *Der Bau von St. Peter kostete ein Vermögen und eine Reformation, denn es war zum Teil die Empörung über den Ablaßhandel zur Finanzierung dieser Basilika, welche die protestantische Erhebung auslöste. Luthers Lehren verbreiteten sich durch ganz Nordeuropa und signalisierten eine Rückkehr – so jedenfalls wurde es betrachtet – zu den Werten des Neuen Testaments. Schlichtheit trat an die Stelle von Pomp. Diese lutherische Kirche in Norwegen spricht beredt davon, hat aber den Kirchturm behalten, das wichtigste Symbol in Nordeuropa für das Streben zum Himmel.*

◁ *Das architektonische Zentrum des Katholizismus und früher der gesamten westlichen Christenheit. Der Petersdom repräsentiert sowohl den Glauben als auch die Renaissance; er bringt, kurz gesagt, die Kontinuität zwischen der römischen Kultur und dem Christentum zum Ausdruck. Der Zugang zum Dom erinnert etwas an den pompösen Stil von Mussolini. Jedoch bleibt St. Peter bei aller Kritik, die man gegen den Pomp von Rom vorbringen mag, ein Zentrum großer Frömmigkeit, und schon seine Größe ist Symbol für die erhabene Verantwortung des Papstes, des Stellvertreters Christi.*

△ *Der Goldene Tempel zu Amritsar ist das Zentrum des Glaubens der Sikhs. Er stellt eine Mischung aus Motiven des Hinduismus und des Islam dar – man beachte z.B. die goldenen Kuppeln, die für die Mogul-Architektur typisch sind und gleichzeitig indischen und islamischen Geist repräsentieren. So gestaltet er im Stein den Geist des Sikhismus, der die trennenden Unterschiede zwischen Hindus und Moslems beseitigen wollte, aber ironischerweise zu einer dritten Religion wurde, mit eigenen Symbolen, die ihrer Eigenständigkeit Ausdruck geben.*

◁ *Die Architektur der griechisch orthodoxen Kirche ist geheimnisvoller als die des westlichen Christentums. Die goldenen und blauen Zwiebeltürme (hier an dem berühmten Kloster Sagorsk in Rußland) weisen zum Himmel, scheinen aber auch den Raum unter sich gewichtig zu schließen, denn es ist im Innern der Kirche, wo der Himmel in Wirklichkeit zu finden ist, in der göttlichen Liturgie.*

Sagorsk beschirmt die Liturgie, Synagogen hingegen sind vor allem ein Ort der Rede – über das Gesetz, das große Thema jüdischer Überlieferung. Die Synagoge ist außerdem der Kommunikationsort der Gemeinde, an dem Worte die Beziehung zwischen Gott und dem Menschen vermitteln. Hier an diesem Gebäude in Paris zeigt sich deutlich, daß die Synagoge selten wirklich prunkvoll ist. Wie so oft hat sie eher den Charakter eines Ortes der Begegnung. △

Die Kirche Jesu Christi der Heiligen der Letzten Tage, sonst Mormonen-Kirche genannt, hat immer viel Sorgfalt auf ihre heiligen Gebäude verwandt, dafür sind die Tempel in Kirtland, Ohio, und Nauvoo, Illinois (Schauplätze der frühen und glücklosen Siedlungen) ein Beispiel. Aber als Gipfel des architektonischen Ausdrucks des Glaubens gilt der Tempel in Salt Lake City. In gewisser Weise spiegelt das Gebäude die geschlossene Natur des Glaubens und gleichzeitig auch geheimnisvollerweise seinen missionarischen Ehrgeiz. ▷

Der Stil dieses Tempels ist hinduistisch, er stellt eine gelungene Mischung von buddhistischen und hinduistischen Motiven dar, und sein Geist ist buddhistisch. Die Türme symbolisieren künstliche Berge, denn der Berg ist Symbol für den Weg zum Himmel und zur transzendenten Welt. Unter dem Hauptturm ist ein kleiner Stupa oder Reliquiar. Eine der Funktionen des Tempels besteht darin, heilige Gegenstände zu beherbergen, und Reliquien sind eins der Mittel, durch die der Buddhismus seine großen Heiligen feiert.

Buddha diagnostizierte die Übel dieser Welt. Ich verwende absichtlich den Begriff »Diagnose«, denn die ursprüngliche Lehre Buddhas, die »vier Edlen Wahrheiten«, wurde in die Form von Diagnose und Verordnung gefaßt, einem alten indischen medizinischen Brauch entsprechend. Als erstes sehe man nach, was die Krankheit ist, dann verkünde man die Ursache der Krankheit, danach überlege man, ob es ein Mittel gibt, die Ursache zu entfernen, und wenn es eine solche Kur gibt, dann formuliere man die Verordnung dafür.
Mit der ersten der vier Edlen Wahrheiten konstatiert Buddha unser Leid: alles ist *dukkha* oder »Übelergehen« (das Gegenteil von *sukha,* Wohlergehen). Die zweite Wahrheit gibt die Ursache dieses Zustands an: unsere Begierde nach den guten Dingen dieser Welt, die alle dazu angetan sind, uns zu enttäuschen, uns jedoch immer weiter an die Welt binden. Die dritte Wahrheit stellt fest, daß es eine Möglichkeit gibt, die Ursache der Begierde zu entfernen, und die vierte, daß die Begierde kuriert wird durch den achtfachen Pfad, der zum Nirvana führt.

Der achtfache Pfad

Acht Elemente hat der Pfad, den Buddha predigte. Sie können in drei Gruppen eingeteilt werden, von denen die eine mit der Grundeinstellung zu tun hat, die andere mit moralischem Verhalten, die dritte mit dem kontemplativen Leben. Um mit der Wahrheitssuche zu beginnen, braucht man richtige Ansichten und richtige Ziele – das sind die ersten beiden Elemente des Pfades. Der Schüler muß demnach über elementare Kenntnisse der Lehre Buddhas verfügen, beispielsweise über die vier Wahrheiten, und er muß auch das höhere Leben erstreben. Ein vorläufiges Vertrauen in die von Buddha verkündete Sicht der Welt wird durch Erfahrung bestätigt werden. Deshalb erhebt der Theravada-Buddhismus den Anspruch, eine Religion des »Kommt und Seht« zu sein. Jeder Mensch kann für sich allein sehen, wenn er auf dem Pfad wandelt. Der große Unterschied zwischen dem Heiligen, der für sich allein sieht, und dem Buddha besteht darin, daß der Buddha den Weg entdeckte (oder wiederentdeckte, denn es gab in vergangenen Zeiten frühere Buddhas), ungefähr wie Einstein die Relativitätstheorie entdeckte, obwohl viele Studenten der Physik sie begreifen und ihre Wahrheit erkennen lernen können.
Die nächsten drei Elemente sind: rechte Rede, rechtes Tun und rechtes Leben. Die Betonung der Sprache zeigt, für wie wichtig es der Buddhismus hielt, daß man nicht nur wahrheitsgetreu, sondern auch ökonomisch und unschuldig im Gebrauch der Sprache sei. Die Notwendigkeit der richtigen Betätigung ergibt sich aus der Tatsache, daß manche Berufe sich notwendigerweise in Konflikt mit buddhistischen Werten befinden, wenn diese beispielsweise Blutvergießen, den Verkauf von Betäubungsmitteln oder Prostitution einschließen. Zuweilen wird der moralische Aspekt des Buddhismus in den sogenannten Fünf Vorschriften zusammengefaßt, die anzeigen, daß der gute Mensch sich enthalten soll zu stehlen, zu tö-

ten, sich geschlechtlich unrecht zu verhalten, die Sprache falsch zu gebrauchen und Drogen oder Rauschmittel zu sich zu nehmen. Zusätzlich zu diesen fünf Vorschriften, die für jeden gelten, sollen Mönche noch weitere fünf beachten, die sich auf ihr tägliches Leben in einem Rahmen äußerster Armut beziehen.

Die übrigen Teile des Pfades sind rechte Bemühung, rechtes Bewußtsein und rechte Konzentration. In ihnen liegt die Essenz des buddhistischen Lebens beschlossen, denn sie repräsentieren Aspekte der Meditation. Sie laufen auf das Bestreben hinaus, schlechte geistige Verfassungen auszulöschen und zu jeder Zeit die Bewußtheit seiner selbst und die Praxis der höheren Ebenen der Kontemplation zu pflegen. Dieser letzte Teil des Pfades ist von entscheidendem Gewicht, und ich werde später versuchen, einige Aspekte seines Wesens aufzuzeigen. Vorerst merken wir uns, daß der wichtigste Begriff für eins der drei Stadien der Meditation *dhyana* (in Sanskrit und *jhana* in der Palisprache) ist. Als der Buddhismus nach China kam, versuchten die Chinesen den Klang des Sanskrit-Wortes zu reproduzieren und nannten den Begriff *ch'an.* Als der Buddhismus dann nach Japan kam, wandelten die Japaner den chinesischen Begriff *ch'an* um in *zen.* Zen-Buddhismus ist mithin wörtlich Meditations-Buddhismus, und obwohl sich seine Methoden sehr von denen in Ceylon unterscheiden, treffen wir an jedem Ende der buddhistischen asiatischen Welt die gleiche Pflege des zentralen Wertes der Kontemplation als Mittel der Befreiung an.

Buddhismus und Gott

Vielen Menschen im Westen bleibt der Buddhismus rätselhaft, denn im Unterschied zu Christentum, Judentum und Islam verlangt er keinen Glauben an Gott. Er verspricht zwar eine Art Erlösung, jedoch hängt diese Erlösung nicht von einem Schöpfer ab. Im Mahayana-Buddhismus gibt es zwar den Glauben an himmlische Buddhas, die man anbetet, aber es ist die Meditation und nicht die Anbetung, die das Wesen der buddhistischen religiösen Praxis kennzeichnet, und es ist eine Meditation ohne Gott. Die buddhistische Lehre läßt sich auf einige wenige Grundsätze wie auf die vier Edlen Wahrheiten und den achtfachen Pfad reduzieren, aber sie ist auch reich an religiösen Legenden, Mythen, Gleichnissen, Bildwerken. Wenn wir die Pali-Texte lesen – die in der Pali-Sprache geschriebenen heiligen Schriften, die im Theravada-Buddhismus als Norm gelten –, bekommen wir ein seltsames Bild der Person, die in unserem Zeitalter (andere Zeitalter hatten andere Buddhas) die erlösende Lehre verkündete.

In diesen Schriften ist der Buddha nicht Gott, aber auch nicht lediglich ein Mensch. Sein Leben ist durchsetzt von merkwürdigen und märchenhaften Geschehnissen. Vor seiner Geburt stieg er von einem Himmel nieder, vom Tushita-Himmel, und betrat in Kapilavastu im Lande der Shakya den Leib seiner Mutter, der Königin Maya. Seine Ankunft auf Erden war für eine Zeit angesetzt, in der die

Erde reif war für die Verkündung des befreienden Dharmas, denn von Zeit zu Zeit, wenn die Lebendigen es brauchen, kommen immer Buddhas, um die Wahrheitslehre zu erneuern. Und als er unter dem Bo-Baum seine große Vision hatte, schien die ganze Natur in Ehrfurcht und Freude zu widerhallen. Natürlich traten bei anderen Einschnitten seines Lebens und bei seinem Tode noch weitere Zeichen und Wunder auf. Auch hat er einen transzendenten Aspekt, der sich dem Verstehen der Menschen entzieht. Er wird daher nicht nur als der Buddha bezeichnet, sondern auch als Tathagata, der »so Gekommene (und Gegangene)« (wie viele Buddhas vor ihm), als jemand, der über die Existenz hinaus gegangen ist. Auch als der gewöhnliche Jaina oder Sieger, der die Leiden der Welt besiegt hat, wird er gesehen. Und obwohl er nicht Gott ist, spricht man von ihm als einem, der »jenseits der Götter« ist. Buddha lehrte in einer Atmosphäre religiöser Bewegungen, die auch einige einschloß, welche später in das Gefüge des klassischen Hinduismus Eingang fanden. Er stritt sich unter anderem mit den Brahmanen, den Hütern der alten heiligen, auf die Götter und den großen Schöpfer Brahma orientierten Überlieferung. In den buddhistischen Schriften nimmt Brahma neben Buddha den zweiten Platz ein: jedoch ist Brahma, auch wenn er sich selbst für den Schöpfer hält, nicht der Schöpfer, das ist Illusion. Der Buddhismus behandelt die Götter mit Ironie. So begegnet in moderneren Zeiten die Theravada-Schule dem christlichen Gott reserviert und mit Skepsis. K.N. Jayatilleke, ein bekannter Philosoph des modernen Ceylon, konnte behaupten, Freud habe ganz recht, wenn er in dem westlichen Gott eine Projektion der Vaterfigur sehe, und der Buddhist brauche einen solchen Gott nicht ernstzunehmen. Christen und andere, die an einen persönlichen Gott glauben, fühlen sich leicht gekränkt durch eine solche Geringschätzung, aber sie übersehen auch häufig den Grund für die buddhistische Bevorzugung anderer Themen. Buddha leugnete die Berechtigung der Religion von anderen nicht, bestand aber darauf, daß das Dharma, die wahren Pflichten, alles beherrschen müsse, auch wenn die Menschen sonst ihre althergebrachten Sitten und Religionen beibehielten.

Ist Buddhismus pessimistisch?

Buddhas Lehre vom Leiden und Unbefriedigtsein kam vielen westlichen Menschen bei ihrer ersten Bekanntschaft mit dem Buddhismus pessimistisch vor. Neigt der Buddhismus wirklich dazu, die Welt zu verneinen, eine negative Einstellung zu den guten Dingen um uns zu haben?

Pessimismus bedeutet, unrealistisch trübsinnig zu sein. Es ist nicht pessimistisch, zu sagen, daß man in einer Welt, in der es Zahnverfall gibt, Zahnärzte braucht. Es ist auch nicht pessimistisch, zu sagen, daß wir alle sterben, denn das tun wir in der Tat. Hingegen ist es, meine ich, pessimistisch, zu glauben, daß ich, ganz gleich, was ich tue, arm und krank sein werde. Wenn ich glaube, es kann niemals eine

Heilung für Krebs geben, ist auch das Pessimismus. Wir müssen also Buddhas Lehre an folgender Fragestellung prüfen: Ist seine Diagnose der Leiden dieser Welt – seine Grundlehre – realistisch?

Kunst der Mission

Buddha wird in den heiligen Schriften nicht nur als der große Lehrer geschildert, obwohl sie ihn gewiß auch als diesen beschreiben: er ist außerdem der geschickte Diplomat und einsichtige Psychologe. Er versucht nicht, rücksichtslos über die Sorgen der Menschen hinwegzugehen. Diese Art des Umgangs mit den kulturellen und psychologischen Anliegen der Menschen liegt dem Buddhismus fern, der die Götter toleriert – und zähmt. Es gibt einen Schlüsselbegriff im Buddhismus, der »Schicklichkeit der Mittel« bedeutet und für die Vorstellung steht, daß der Glaube den Verhältnissen derer angepaßt werden muß, mit denen er in Berührung kommt. Auf individueller Ebene heißt das: Gautama Buddha verfügte über die Kenntnis der Motive und Konstitution des Menschen. Auf kulturellem Niveau besagt es, daß sich der Buddhismus behutsam ausbreitete, nicht durch die Vernichtung von Göttern, sondern indem er sie für sich selbst einsetzte. Die beherrschenden Höhen einer buddhistischen Gesellschaft müssen von der Lehre besetzt sein, jedoch können die Menschen ihre Religionen und Sitten behalten, die dann nur kaum merklich durch die buddhistische Umgebung transformiert werden. Das ist eine Missionstechnik, die sich als höchst wirksam in ganz Asien erwiesen hat. Noch heute können wir in Sri Lanka, das viele Aspekte des frühen Buddhismus bewahrt hat, einiges von dieser Toleranz erleben.

Die Götter in Ceylon

Ceylon, eine strategisch interessant gelegene Insel, ist immer Invasionen ausgesetzt gewesen. Auch die Singhala, welche die Mehrheit des Landes darstellen und weitgehend praktizierende Buddhisten sind, kamen ursprünglich übers Meer von Indien auf die Insel. Die zweitgrößte Bevölkerungsgruppe, die hinduistischen Tamilen, kam aus Indiens tiefem Süden über die Meerenge. In neueren Zeiten trafen dann die Portugiesen ein, was Namen wie Fernando und de Silva, im heutigen Ceylon oft vertreten, zur Genüge bezeugen. Danach kamen die Holländer, die Kanäle bauten und den Handel entwickelten. Und schließlich die allgegenwärtigen Engländer, denen es nicht nur gelang, wie ihre Vorgänger die Küstenebenen zu kontrollieren, sondern die auch das Hochlandkönigreich von Kandy eroberten. All diese Entwicklungen überlebte der Buddhismus mit Erfolg, zumal in den Bergen, und er gab weiterhin der singhalesischen Kultur Gestalt und geistige Sub-

stanz. Die durch die grüne Landschaft verstreuten weißen Tempel, die Höhlentempel, die alten Städte Anuradhapura und Polonarruwa, die Monumente von Kandy – sie alle sind beredte Zeugen einer tief verwurzelten buddhistischen Kultur. Obwohl mehr als zweitausend Jahre vergangen sind, seit das buddhistische Dharma auf die Insel kam, haben die Mönche, zuerst durch mündliche und danach durch schriftliche Überlieferung, die Normen der heiligen Texte aufrechterhalten. Wichtiger noch, sie haben auch die Überlieferung der Meditation und des Predigens für das einfache Volk fortgesetzt. Mönche, Meditation und Ethik – das sind wohl die Essentia des buddhistischen Glaubens. Der Orden oder Sangha blüht, in Klöstern und Eremitagen werden die höheren Regionen des Bewußtseins erforscht, das Volk wird belehrt. Aber es gibt noch anderes, z.B. die Götter. In dem Komplex von Gebäuden, aus denen die meisten buddhistischen Tempel bestehen, wird man immer eins finden, das den Göttern gewidmet ist. Die buddhistische Kultur akzeptiert sie. Astrologie existiert weiterhin, ebenso wie Zauberformeln zur Abwehr des Bösen; Mönche singen Teile des Palikanons, der heiligen Schriften, die in oft magischer Verkleidung gegen Ängste wirken sollen. Es gibt große Prozessionen, bei denen der Zahn Buddhas, eine zugkräftige Reliquie, die in dem sogenannten Tempel des Zahnes aufbewahrt wird, feierlich mitgetragen wird. Es scheint, als seien Mönche, Meditation und Moral durch ein Gewölk von Göttern und Zauber umhüllt. Dieses Gewölk kann uns eine Menge über die Natur des Buddhismus verraten. Was soll man wohl davon halten, daß die Götter derart gastfreundlich im Umkreis des Buddhismus aufgenommen werden? Vielleicht ist Kataragama der volkstümlichste und mächtigste der Götter heutzutage im südöstlichen Teil der Insel, wo beim jährlichen Hauptfest Männer durch das Feuer gehen und Pilger aus allen Teilen der Insel herbeiströmen. Die Volkstümlichkeit des Gottes hat sogar ausgesprochen zugenommen durch die Autobusse, von denen Ceylon per capita mehr hat als jedes andere vergleichbare Land in der Welt. Arme Leute, Kabinettsminister, Studenten, manchmal sogar Mönche (die es eigentlich nicht sollten) unternehmen die Reise und baden in dem kleinen Fluß unterhalb des Tempels, bevor sie dem durch schrilles Glockengerassel äußerst geräuschvollen Gottesdienst beiwohnen. Für die alltäglichen Schwierigkeiten und das Streben nach den Gütern dieser Welt ruft man die Macht des Gottes an. Es ist daher nur natürlich, ihm Opfergaben zu bringen. Dem Studenten, der ein Examen bestehen will, dem Händler, der einen Handel abschließen möchte, oder dem jungen Mann, der demnächst heiratet, kann Kataragama vielleicht beistehen. Und nur für die eher geistigen Gaben, für Heiterkeit und Befreiung, wenden sich die Gläubigen dann lieber an die Lehre Buddhas. So jedenfalls sieht meist die Unterscheidung der Singhalesen aus, wenn sie die Beziehung zwischen den Göttern und Buddha erläutern möchten. Sie deuten auf einen sehr wichtigen Aspekt der Götter hin, den auch westliche Menschen bei ihren säkularisierten Göttern vorfinden könnten. Versuchen wir diesen Aspekt mit einer Analogie zu erklären:
Vergleicht man die Welt der Götter mit einem Gebiet üppigen Dschungels, dann

geht die Einstellung von Islam und Christentum als Missionsreligionen dahin, daß dieser Dschungel gerodet werden müsse, um den einen Baum des einen wahren Gottes zu pflanzen. Im Gegensatz hierzu hält der Hindu Bäume für göttlich, so daß es in der Tat möglich sein mag, dem einen wahren Baum zu begegnen, wenn man durch den Dschungel wandert. Für Buddha wiederum gibt es den achtfachen Pfad, der ins Nirvana führt; er verläuft in der Nähe, wenn auch nicht durch den Dschungel. Man kann zwar durch den Dschungel wandern, wenn man es wünscht, aber das bringt einen nicht zur Befreiung und birgt die Gefahr, daß das geistige Fortschreiten aufgehalten wird. Buddha verwirft also die Götter nicht. Sie sind psychische Kräfte, die auf die Menschen einwirken, und Symbole für die irdischen Hoffnungen des Menschen. Aber sie müssen den zweiten Rang hinter der Wahrheitssuche einnehmen, welche auf die Entlassung aus dem Zyklus der Wiedergeburten und der Übel der Welt gerichtet ist.

Buddhistische Meditation soll Frieden und Einsicht herbeiführen. Derartige Elemente sind für das Nirvana wesentlich und ebenso für die Befreiung vom Zyklus der Wiedergeburten.

Buddhistische Meditation strebt einen Zustand an, in dem es kein Bewußtsein von irgend etwas anderem gibt: eine Art seliger Einheit, aber nicht eine Vereinigung mit irgend etwas, nicht einmal mit Gott »dort draußen«. Es ist eine Form von Yoga oder Reinigung des Geistes, aber es handelt sich nicht um eine bewußte Beziehung zu irgend etwas oder irgend jemandem. Der Buddhist empfindet die Kontemplation als Bringer des höchsten Friedens und ist nicht mehr interessiert am Individuellen, weder an den Schwierigkeiten des eigenen Egos noch an dem Bedürfnis, mit dem überragendsten Individuum, Gott nämlich, in Kommunion zu treten. Um Erleuchtung an sich handelt es sich, wenn man will, um göttliche Erleuchtung; ihr entströmt Heiterkeit und Weisheit; so besteht in der höheren buddhistischen Erfahrung keine Notwendigkeit, Gott einzubeziehen. Unter der Leitung von Buddhas Lehre können wir unsere eigene Befreiung erringen, indem wir dem Pfad folgen.

Eine Gottesvorstellung steht also nicht im Mittelpunkt des Buddhismus, der Buddhismus wächst aus einer anderen Wurzel als jene Religionen, welche die gewaltige Majestät des Gegenstandes ihrer Anbetung zum Ausdruck bringen.

Buddhistische Meditation in der Theravada-Schule

Meditation ist, nach einfachsten Maßstäben betrachtet, ein Weg, den Geist zu beruhigen. Man versuche, einen Augenblick lang mit geschlossenen Augen die gewöhnlichen Gedanken und Bilder auszuschließen, die einem durch den Kopf gehen. Einfach Leere herzustellen. Wissen Sie, was dann passiert? Alle möglichen Vorstellungen tauchen auf, gänzlich ohne Zusammenhang, ob man will oder nicht. Man versuche es mit offenen Augen! Das Ergebnis ist noch schlimmer, und

PRIESTER

Auch Religionen haben ihren Berufsstand. Der Priester oder Mönch ist jemand, der ordiniert wird, um dem Glauben durch Rituale und bestimmte fachliche Kenntnisse zu dienen. Obwohl man vom Priester erwartet, daß er ein von den übrigen Menschen etwas abgetrenntes Leben führt und ein gewisses Maß an Heiligkeit wahrt, ist seine Autorität nicht in erster Linie in der Qualität seiner Person begründet, sondern eher in der Gemeinde, die ihn beauftragt, die wichtigen heiligen Handlungen vorzunehmen.

Anhänger von Amos Shembe, des Führers einer afrikanischen zionistischen Bewegung, hören seiner Predigt zu. Sein Bruder, Moses Shembe, war der Prophet. Beim Tod eines Propheten besteht das Bedürfnis nach einem priesterlichen Nachfolger.

△

Katholische Priester nehmen traditionell die Beichte ab, ein Mittel, die Schuld im Namen Gottes zu tilgen. Im kommunistischen Polen stellen sich die Gläubigen an, um dem Priester ihre Sünden zu beichten und Reue zu zeigen. Der Beichtstuhl soll die Anonymität gewährleisten.

In bezug auf die Sakramente verfügt der Priester über eine besondere Autorität. Vor allem im Katholizismus vermittelt er zwischen Gott und Mensch durch die Kommunion, die Messe. Hier beim Spenden der Kommunion.

Strenggenommen gibt es im Islam keine Priester. Aber es gibt Lehrer, die speziell für die Unterweisung geschult sind. Hier in der Türkei spricht ein Imam zu den gläubigen Männern in einer Moschee und verkündet die Botschaft des Koran. Der Islam hat keine eigentlichen Priester, weil die Beziehung zwischen Gott und dem Menschen direkt ist und keine Vermittlung außer derjenigen benötigt, die im heiligen Koran enthalten ist. △

Ein schwedischer Pfarrer predigt seiner Gemeinde. Die Kanzel ist reich verziert als Symbol für die Lebenskraft des Evangeliums, zu dessen Auslegung der Pastor berechtigt ist. Der schwedische Protestantismus hat viele Elemente der äußeren Form des Katholizismus behalten, wenn sich auch der Schwerpunkt verlagert hat. Da der Pastor ein berufsmäßiger Prediger ist, wird auf eine lange und gründliche Ausbildung als Grundlage seines priesterlichen Wirkens viel Sorgfalt verwandt. ▷

MIN

Indessen ist Theologie nicht alles. Der Shinto hat seine eigenen besonderen Rituale und Priester, aber er kümmert sich bemerkenswert wenig um irgendeine systematische Theologie. Hierin ist er dem protestantischen Christentum diametral entgegengesetzt.

am schlimmsten, wenn das Radio an ist. Die Sache ist die, daß wir alle seit frühester Jugend geschult sind, die Dinge um uns herum zu katalogisieren, sie mit Namen zu versehen und ihnen besondere Bedeutung beizulegen. Ich kann nicht aus meinem Fenster auf einen Baum sehen, ohne zu denken, das ist ein Baum und, im besonderen Fall, ein Holunder oder eine Weide. Wir drängen der Welt unsere geistige Aktivität auf. Sieht sich aber der Holunder als Holunder oder die Weide als Weide? Unsere Umwelt ist einfach da, unsere Klassifizierungen sind konventionell und brauchbar für uns. In gewisser Weise liegt das buddhistische Ideal in dem Zerschlagen aller unserer Bezeichnungen für die Dinge und der Wolke von Worten, die wir der Wirklichkeit aufzwingen. Sie verzerren, so nützlich sie sein mögen. Weil ich das Wort »ich« benutze, kam ich zu der Annahme, es gebe ein permanentes Ich, und deshalb zerlege ich das unbegrenzte Gehege der Natur um mich herum. Dieses Vorhaben, Sprache und Gedanken zu durchbrechen, ist kühn und mühevoll. Aus diesem Grunde braucht man Techniken der Konzentration und wahrscheinlich die Anleitung eines geistigen Meisters. Das Ziel kann nicht durch das Lesen eines Buchs erreicht werden, auch wenn man aus einem Buch lernen mag, *warum* man das Ziel nicht durch ein Buch erreichen kann. Um den Everest zu besteigen, muß man Bergsteiger sein, aber zumindest kann einem eine Landkarte verraten, wo sich der Berg befindet. Ich kann daher bei dem Versuch, etwas von der Natur buddhistischer Meditation zu vermitteln, nur in die richtige Richtung zeigen.

Stadien der Meditation

Ziel der Meditation ist in der Theravada-Schule also nicht die Kommunion mit Gott. Das heißt aber nicht, daß es sich lediglich um eine negative Bemühung handelt, obwohl, wie man berichtet, der reinen Bewußtheit eine gewisse schwindelerregende Leere anhaftet. Es handelt sich nicht einmal um ein wirklich individuelles Bemühen. Mit Ausnahme einiger Dichter sind Buddhisten nicht sehr an Autobiographie interessiert, und die Texte über Meditation sind in ihrer Objektivität nahezu klinisch und haben eine eher erfreuliche leistungsbezogene Qualität. Wenden wir uns also kurz den acht Stadien der Versenkung *(jhana)* zu, wie sie in der Theravada-Überlieferung geschildert werden.
Es ist ein achtfacher Pfad eigener Art, buddhistische Texte haben eine Vorliebe für das Gruppieren von Dingen nach Zahlen. Nur statt, wie beim achtfachen Pfad, in drei Abteilungen, fallen bei den acht *jhanas* im wesentlichen jeweils vier unter eine Gruppe. Bei den ersten vier geht es um das Reich der Form und bei den anderen vier um das Formlose. Was bedeutet das? Es bedeutet nur, daß der meditierende Mensch der ersten vier Stadien noch mit irdischen Erscheinungen befaßt ist, mit den Farben und Formen, die er um sich wahrnimmt. Wie wir sehen werden, tut er das aber auch nur auf höchst eingeschränkte Weise. In den formlosen Sta-

dien läßt er jedoch dieses begrenzte Interesse hinter sich und bewegt sich über das Sichtbare hinaus in eine abstraktere Dimension. Sehen wir uns aber zuerst den Meditierenden im Reich der Formen an. Er sollte sich an einen angenehmen und ruhigen Platz setzen, der frei von Ablenkungen ist. In Reichweite stellt er eine Hilfe für die Meditation vor sich, ein einfaches Objekt wie eine blaue Blume oder eine Form aus Ton. Nun konzentriert er sich auf die blaue Form und schließt allmählich alle anderen Gefühle und Gedanken aus. Ganz allmählich kommt er soweit, sich in der blauen Form zu verlieren. Die ersten vier Stadien repräsentieren zunehmende und zunehmend verfeinerte Erfolge darin, das Bild des blauen Flecks im Bewußtsein auf Abruf zu erzeugen und dies so reibungslos, daß der Vorgang, der zu Beginn eine große Anstrengung erfordert, mühelos wird. All dies bereitet den Weg vor für die nächsten vier Stadien.

In diesen Stadien werden bestimmte Formeln benutzt. Im ersten formlosen Stadium wiederholt der Meditierende: »Alles ist unendlicher Raum.« Die innerlich wiederholten Worte helfen ihm, jede sichtbare Form aus dem Bewußtsein zu verbannen. Die blaue Blume und alle anderen Bilder lösen sich auf, und die Welt wird einfach leer vorgestellt, nichts als Raum. Indem er aber die Wirklichkeit auf diese Weise wahrnimmt, muß der Meditierende das eigene Bewußtsein erkennen, wie es sich in die Leere des Raums senkt. Die nächste Formel, »Alles ist unendliches Bewußtsein«, hilft ihm dann, den leeren Raum aus seinem Geist abzuziehen, so daß nichts außer dem Bewußtsein übrig ist, und zwar nicht differenziert in das eigene und das Bewußtsein anderer – es bleibt nichts als ein grenzenloses Bewußtsein. Indessen reicht auch dieser höchst subtile Zustand noch nicht aus. Die nächste Formel im Stadium drei der formlosen *jhanas* lautet: »Nichts ist da.« In diesem Stadium soll selbst die vorangegangene Erkenntnis des Bewußtseins verschwinden. Schließlich gelangt dann der Adept zum höchsten Stadium, dem Stadium, in dem es weder Wahrnehmung noch feinste Unterscheidungen gibt, die der Geist treffen könnte. Selbst der Gedanke: nichts ist da, wird transzendiert.

Das ähnelt in seiner Leere einem traumlosen Schlaf. Und dieses Bild ist auch in den Schriften der Mystiker verwendet worden, vor allem in den Upanishaden; aber diese Dunkelheit blendet, sie blendet wie die Wolke des Nichtwissens und die leuchtende Helligkeit der Seele, auf die sich christliche Mystiker bezogen haben. Auf eigene geheimnisvolle Weise soll dieses Blendende den Heiligen zu einem Stadium der Erkenntnis des Transzendenten bringen. Es ist ein Vorgeschmack auf die Seligkeit des Nirvana. Wenn es tatsächlich ein Reich jenseits dieser Welt gibt, dann ist es nur logisch, daß der Geist versuchen sollte, es dadurch zu erreichen, daß er sich aller irdischen Bilder und Gedanken entleert. Ein Verfahren, das uns negativ erscheinen muß, aber es wird von der positiven Voraussetzung her unternommen, daß ein reines Bewußtsein uns das vermitteln kann, was unsere gewöhnliche Erfahrung übersteigt.

Der Meditierende, der zum hellen Gipfel der *jhanas* gelangt ist, steigt diesen wieder hinunter wie auf einer Leiter, bis er sich erneut auf dem Boden befindet, und von nun an lebt er in unseren staubigen Niederungen mit einer erfrischend leichten Bewußtheit und der Erinnerung an die Einsicht vermittelnder Höhen des Bewußtsein.

Andere Möglichkeiten

Jhanas sind vielleicht nicht für jedermann geeignet. Aber der Buddhismus hält eine Fülle anderer hilfreicher Übungen bereit. Man teilt beispielsweise die Welt im Geiste in vier Viertel auf, stellt sich nacheinander die Lebewesen in jedem Viertel vor und umgibt sie mit Mitgefühl. Und im täglichen Leben gibt es die Übung des rechten Überdenkens oder der Selbsterkenntnis (das siebente Element des achtfachen Pfads), mit der man ein ständiges Wissen um die eigene körperliche und geistige Verfassung erringt. Eine eher düstere Übung ist das Meditieren an dem Leichenplatz, auf dem die Toten verbrannt werden; hiermit soll man sich an die Allgegenwart von Tod und Vergänglichkeit erinnern. Man kann sich selbst oder andere aber auch im Geiste in verschiedene physische Bestandteile zerlegen, um einer zu großen Verzauberung durch die Freuden des Körpers zu begegnen. Kurz, Buddha zeigte einen Weg zur Reinigung des Lebens und des Bewußtseins, damit man schließlich die Übel der Welt und den endlosen Zyklus – endlos, so man nicht rechtes Handeln übt – der Wiedergeburten überwinden kann. All dies untermauerte er durch eine subtile Analyse der menschlichen Psyche und durch eine Fülle anschaulicher Lehrbeispiele.

Indra und Brahma

Bis zu einem bestimmten Grade kam die Ironie, mit der Buddha den Begriff eines höchsten Wesens umgab, aus der Skepsis gegenüber einer Religion, die von einer privilegierten Priesterschaft vertreten wurde. Der Buddhismus, obwohl volkstümlichen Göttern gegenüber stets so gastfreundlich, entpuppt sich gewissermaßen als aufgeklärter Atheismus. Aber man muß die Meditation auch als Mittel der Befreiung ansehen, vor dem Hintergrund des Glaubens an Wiedergeburt und Reinkarnation.

Die buddhistische Theorie der Wiedergeburt

Auf volkstümlichem Niveau können Freuden und Kummer, Glück und Unglück mit der Wiedergeburtstheorie erklärt werden. Geht es jemandem gut, dann hat er höchstwahrscheinlich in einem früheren Leben Gutes getan. Wird ein Mensch schwer krank, ist das vermutlich eine Folge irgendeiner früheren bösen Tat. Diese Vorstellungen herrschen noch in vielen Ländern und bieten eine Möglichkeit rationaler Erklärung von Schicksalsschlägen und Ungerechtigkeiten in diesem Leben. Die Lehre Buddhas ging über derart volkstümliche Vorstellungen hinaus, aber wir wollen uns erst einmal der kosmischen Bühne zuwenden, auf der sich die Dramen der Wiedergeburt abspielen, in deren Verlauf die Menschen von einem Leben ins nächste wandern.

Der Glaube, daß ein Mensch wiedergeboren werden kann, schließt naturgemäß die Vorstellung ein, daß er in ganz anderer Gestalt wiedergeboren werden kann. Er könnte zum Beispiel ein Gott im nächsten Leben sein, ein himmlisches Reich betreten wie den Tushita-Himmel, aus dem Buddha auf die Erde herabstieg (denn auch er war durch zahllose frühere Leben gewandert) und wo der künftige Buddha Maitreya wohnt. Er könnte wiedergeboren werden als Mensch, wenn auch eine Textstelle in den Pali-Schriften zu erkennen gibt, dies sei auf lange Zeit hinaus unwahrscheinlich. Wenn eine blinde Schildkröte, die am Grunde des Ozeans lebt, einmal alle hundert Jahre an die Oberfläche kommt, und wenn auf der Wasseroberfläche ein hölzernes Joch schwimmt, ist die Chance, daß die Schildkröte innerhalb des Jochs auftaucht, ungefähr ebenso groß wie die eines Menschen, als menschliches Wesen wiedergeboren zu werden. Ein Mensch kann als Tier, in einer niederen Form des Lebens, als Insekt, wiedergeboren werden. Oder schlimmer, er kann als Geist wiederkommen, oder noch schlimmer, in eine der Höllen oder Vorhöfe der Höllen kommen, in denen die Individuen ihre schlimmsten Sünden abarbeiten. Diesen Vorstellungen zufolge wird unser Schicksal durch unsere Taten bestimmt, durch das Karma. Indessen ist kein Zustand von Dauer, ob in der Seligkeit des Himmels oder in den Qualen der Hölle. Im richtigen Zeitpunkt wird die gottähnliche Person auf die Erde herab- und die gequälte aus der Hölle aufsteigen. Alles ist im Fließen, und die einzige Möglichkeit, den ständigen Veränderungen von Leben zu Leben Einhalt zu gebieten, liegt im Erlangen letzter Befreiung. Erst dann wird die Flamme der Begierde, welche die Lebewesen verbrennt, erlöschen. Und erst dann sind die Bande, die uns an die Existenz fesseln, zerbrochen.

Vor diesem Geschehen der Wiedergeburt oder Reinkarnation muß das Ziel buddhistischer Meditation gesehen werden. Das Bild eines gewaltigen, überschäumenden und sich wandelnden Universums, in dem die Individuen durch alle Stufen der Existenz von Leben zu Leben wandern, wird im traditionellen Buddhismus verstärkt durch den Glauben, daß es viele Weltsysteme gibt (andere Galaxien), jedes dem unseren ähnlich und jedes voller Himmel, Höllen, Welten und Buddhas. Der praktisch unendlichen Weite des Universums im Raum mit seinen unzähligen Weltsystemen entspricht seine praktische Unendlichkeit in der Zeit. Das Universum dehnt sich aus und zieht sich zusammen über riesige Zeitalter hinweg, Kalpas genannt, die jeweils Millionen von Jahren umfassen. Die großen Zeitalter setzen sich fort und trotzen gewissermaßen der menschlichen Vorstellungskraft. Dieses gewaltige und einschüchternde Bild appellierte stark an die indische Phantasie, und die buddhistische Kosmologie wurde daher auch vom traditionellen Hinduismus übernommen.

Selbstverständlich können wir nicht wissen, wieviel von diesem Bild in Buddhas Geist lebte oder was hinzugefügt worden ist, aber von früher Zeit an hat der Buddhismus bei der Entwicklung der Begriffe Wiedergeburt und Karma einiges von diesen kosmologischen Vorstellungen einbezogen. Andere Denker der Zeit hatten vielleicht ähnliche Theorien, aber Buddha lieferte eine sehr besondere Analyse sowohl des Individuums wie der Wiedergeburt. Denn vor allem fällt, auch unter Berücksichtigung seiner kunstvollen Handhabung von Gleichnissen und des Charismas, über das er zweifellos verfügte, die ganz originale Philosophie auf, die sein Erlösungssystem auszeichnet.

Wiedergeburt und Seele

Es ist leicht, sich die Reinkarnation in der Form vorzustellen, daß die Seele beim Tode den einen Körper verläßt und in einen neuen Körper hinüberwandert. Das war es auch, was eine Reihe von religiösen Denkern im großen und ganzen zu Buddhas Zeit glaubten. Angenommen, mein Sohn George war in einem früheren Leben Winston Churchill: heißt das nicht, daß es eine Seele gibt, die ein Leben nach dem anderen lebt, erst in Churchills Körper und dann in dem meines Sohnes? Wie können wir sagen, daß Churchill und mein Sohn der gleiche Mensch sind, wenn es da nicht etwas gibt, das hinüberführt, eine einzelne Seele, die in zwei verschiedenen Individuen existiert? Aus diesem Grunde ist im Westen die Lehre von der Wiedergeburt manchmal Seelenwanderung und dann wieder Metempsychose (aus dem Griechischen) genannt worden. Die Vorstellung von der Seelenwanderung besagt, daß es etwas Dauerhaftes gibt, das wandert, und auch Metempsychose bedeutet wörtlich die Verlegung der Seele (in einen anderen Körper). Buddha jedoch dachte anders. Zum Teil, weil er in seiner Erleuchtung sah, daß nichts in der Welt von Dauer ist, sondern alles veränderlich und vergänglich. (Das ist einer der Gründe dafür, daß nichts wahre, dauerhafte Befriedigung geben kann außer dem Nirvana.) Infolgedessen gibt es keine permanente Seele – Buddha wies immer wieder auf die geistigen wie die moralischen Gefahren eines Glaubens an die Seele hin – und somit nichts, das von einem Körper in den nächsten hinüberwandern könnte. (Übrigens gibt es, da es keine ewige Seele gibt, auch keinen ewigen Gott hinter dem Universum.) Diese Gedanken faßte er zusammen in der sogenannten Lehre von den drei »Zeichen« oder Charakteristika jeder Existenz: alles ist vergänglich, alles ist ohne ewige Seele, und alles ist voller Mangel (was meist mit »Leiden« übersetzt wird, jedoch geht das über Buddhas Absicht hinaus). Durch all dies ist Buddhas Lehre von der Wiedergeburt einzigartig und schöpferisch. Es gibt kein ständiges Ich, sondern nur einen Wirbel von Geschehnissen, die herkömmlicherweise durch meinen Namen bezeichnet werden. Hört dieser Wirbel von Ereignissen auf, dann beginnt ein neuer, in irgendeiner anderen Gestalt. Der Tod bezeichnet demnach lediglich die Grenze eines besonderen Bündels vorübergehender Geschehnisse. Aber die Taten, die während des Wirbels in meinem Leben stattgefunden haben, werden neue Geschehnisse in der Zukunft erzeugen, und das ist gemeint mit dem Ausdruck Wiedergeburt oder Reinkarnation. Was zwischen dem einen Leben und dem nächsten geschieht, ist schließlich und endlich dem ganz ähnlich, was innerhalb dessen geschieht, das wir als ein Leben betrachten.

Wenn ein Mensch auf die Welt kommt, ist er ein winziges Baby, das wenig Ähnlichkeit mit dem Erwachsenen hat. Was beide verbindet, ist die Tatsache, daß die Baby-Geschehnisse die Kinder-Geschehnisse auslösen, die Kinder- die Jugendgeschehnisse und so fort. Sogar die Substanz des Körpers verändert sich. Nur die Form und die Kette der Ursachen bleibt. Ähnlich mag sich also nach dem Tod die Gestalt eines Menschen verändern, aber die Wirksamkeit der Ursachenkette setzt sich fort. Und der Name, der dem Gesetz jener Ursachen gegeben wurde, lautet Karma. Nichts Dauerhaftes also wird weitergegeben. Dies war die difficile und originelle Lehre von Buddha. In vieler Hinsicht befindet sich die Analyse Buddhas in Übereinstimmung mit der modernen Wissenschaft, denn für die Physik ist der scheinbar feste und dauerhafte Tisch oder Baum ein Bündel flüchtiger Ereignisse. Dieser kosmologische und metaphysische Aspekt des Buddhismus, begleitet von einer subtilen Psychologie, bringt moderne Buddhisten dazu, in ihrer althergebrachten Überlieferung einen großen Vorläufer moderner Wissenschaft zu sehen. Aber Buddhas Lehre über die Vergänglichkeit und das Karma hatte nicht lediglich rein theoretische Bedeutung, sondern schuf darüber hinaus die praktische Grundlage für seine Methode der Befreiung.

Das Nirvana als Ziel

Wenn das Individuum nur ein Bündel von Ereignissen darstellt, dann können wir in dem Augenblick, in dem diese Ereignisse aufhören, nicht mehr von dem Individuum sprechen. Aus diesem Grunde entzieht sich Buddha selbst und jeder buddhistische Heilige *(arhant),* der das Nirvana erlangt, jeder weiteren Beschreibung. Deshalb ist Buddha »der so Gekommene und Gegangene« – wir können in die Richtung zeigen, in der er sich fortbegeben hat, aber wir können weiter nichts über ihn aussagen. Streng genommen verehrt die Frau in Sri Lanka, die in dem Raum der Statuen eines Tempels vor die große Buddha-Figur Blumen als Opfergabe legt, Buddha nicht, noch tritt sie in eine Beziehung zu ihm, denn er ist kein Individuum mehr, an das man sich mit Gebet und Lobpreisung wendet. Jedoch lassen sich über das Nirvana, das von uns aus gesehen wie eine Art Auslöschung erscheint, auch positive Dinge sagen. Denn das Nirvana ist nicht nur das, was sich einstellt, wenn der Heilige oder Buddha seinen letzten Atemzug getan hat. Es stellt sich auch in und nach dem Augenblick ein, wenn hier und jetzt in diesem Leben Erleuchtung stattfindet. Als also Buddha unter dem Bo-Baum die Erleuch-

HEILIGE FESTE

Ebenso wie die Religionen bestimmte Orte als heilig ansehen, Wallfahrtsstätten und Kirchen- oder Tempelgebäude, so gibt es auch bestimmte Zeiten, die sakrale Bedeutung haben, z.B. den Sabbat oder andere religiöse Festtage. Während derartiger heiliger Zeiten unterziehen sich Männer und Frauen manchmal besonderen Reinigungsritualen. Jedenfalls wiederholt man in diesen Zeiten stets die großen Ereignisse der Glaubensüberlieferungen und vollzieht sie nach. So erinnert der Sabbat an den siebenten Tag der Schöpfung, an den Tag, an dem Gott ruhte, während Ostern die Auferstehung Christi von den Toten immer wieder neu vergegenwärtigt.

Griechisch orthodoxe Gläubige tragen eine Ikone in der Prozession, um der Verkündigung zu gedenken: Des ersten Aktes in dem erstaunlichen Drama der Inkarnation Gottes. Maria wird die große Ehre verkündet, sie werde den Erlöser der Welt gebären.

Der Islam wählte den Freitag als besonderen Tag der Woche. Hier sieht man die Gläubigen in festlicher Stimmung an einem Freitag vor Delhis berühmtester und beliebtester Moschee Jama Masjid. △

Der Buddhismus ist an sich eine Philosophie mit weitreichender ethischer Wirkung. Aber er bietet auch eine Methode, die Menschen zu überzeugen und ihnen zum Pfad der Befreiung zu helfen. Ein Teil dieser Überzeugungsmethode besteht in Festlichkeiten und Formen der Frömmigkeit, in denen die Menschen ihre Bestrebungen konkret und mit Gefühl ausdrücken können. Das geschieht beispielsweise in Ladakh, einem abgelegenen nordindischen Gebiet, in dem sich eine Form des tibetanischen Buddhismus erhalten hat und die Menschen zu bestimmten heiligen Zeiten an die transzendenten Werte des Buddhismus durch Symbole erinnert werden. ▷

Das Judentum ist fest verankert in seiner offenbarten Geschichte. Das Pesachmahl stellt eine wirkungsvolle Art dar, des ergreifenden Ereignisses zu gedenken und es gewissermaßen nachzuvollziehen, durch das das jüdische Volk von der Knechtschaft befreit wurde und unter der Führung von Moses in das gelobte Land aufbrechen konnte. Die Kerzen, der Wein, die besonderen Speisen, die Thora, Ablauf und Gebete des Mahls sind alle sorgfältig geregelt als Mittel, der Treue von Familie und Gruppe zu der traditionellen Beziehung zu Gott sinnvollen Ausdruck zu verleihen. △

Eine der großen heiligen Festlichkeiten Indiens ist die religiöse Kirmes Kumbh Mela, die grundsätzlich alle zwölf Jahre in Prayag, Allahabad, abgehalten wird, wo die Flüsse Yarmuna (Jumma) und Ganges zusammenfließen. Kumbh Mela ist Anlaß für Millionen von Laien, die glückbringende Wallfahrt zu unternehmen, sowie für die Zusammenkunft von Yogis und Asketen, die das Fest zu Gesprächen über die verschiedenen Auslegungen der hinduistischen Überlieferung nutzen. ▷

Für Christen ist der wichtigste Festtag Ostern. Es ist die Zeit, in der sich die Menschen die Auferstehung Christi von den Toten und damit seinen Sieg über die Kräfte des Todes und des Bösen vor Augen führen. Dieses Bild von den Osterfeierlichkeiten in Guatemala vermittelt etwas von der ehrfürchtigen und freudigen Stimmung des Festes. △

Wenn das rituelle Nachspielen glückbringender oder schicksalhafter Ereignisse ein Charakterzug der traditionellen Religionen ist, so ist das auf andere Weise auch bei den weltlichen Ideologien der Fall. Dieses Bild zeigt die Feiern zum 1. Mai auf dem Roten Platz in Moskau. Hier im Herzen des Sowjetreiches, in der Nachbarschaft des alten Zentrums russischer Macht, veranstalten Arbeiter und andere eine große Parade, um die Werte des Sozialismus zu feiern, in dem die Arbeit als heilige Betätigung gilt. Ganz im Sinne des Labour Day, des amerikanischen »Tages der Arbeit«. ▷

ЗАВЕТЫ

△ *Manchmal werden bestimmte Zeiten zu heiligen Zeiten erklärt, weil sie von allgemeiner Bedeutung für die Menschen sind. Dieses Bild zeigt einen Aspekt des anglikanischen Erntefestes, an dem die Gaben Gottes, die er den Menschen durch die Fruchtbarkeit der Erde beschert, gefeiert und einige der Früchte von des Menschen Arbeit ihrem Schöpfer symbolisch zurückgegeben werden.*

◁ *In Indien gibt es eine Fülle von Festlichkeiten, nicht nur Kumbh Mela, sondern auch lokale Feste und lokale Feiertage. Im nördlichen Bihar preisen die Dorfbewohner Sarasvati, die Göttin der Weisheit. Es ist ein Freudentag für Schulkinder und ihre Eltern. Die Figur hat nur ein kurzes Leben. Die in fröhlichen Farben aus Ton für den einen Tag gefertigte und geschmückte Göttin wird nach den Riten und der Prozession in einem nahen See versenkt und zerbrochen.*

Manchmal gelten die religiösen Feste den Schriften, welche die zentralen Wahrheiten des jeweiligen Glaubens verkörpern. Hier erweisen Juden in Djerba, einer Insel vor der Küste Tunesiens, der Thora oder dem Gesetz rituelle Verehrung; sie repräsentiert das Wesentliche der Bibel und deshalb die göttliche Richtschnur, die das Leben der Juden und des Universums sowie den Lauf der Geschichte festlegt. So ist es das Fest der Feste.

Die Geburt eines Menschen ist immer ein Ereignis, das gefeiert wird, aber der Tag der Geburt Christi ist ein besonders heiliger Tag, der hier in dem Ritual der syrischen orthodoxen Kirche zelebriert wird. ▷

tung hatte, erlangte er das Nirvana, lebendige Befreiung und die Gewißheit fortdauernder Heiterkeit und Einsicht für den Rest seines irdischen Daseins. Die Schönheiten der Befreiung führt uns das friedvolle, selige und weise Verhalten der Heiligen vor Augen. Einiges davon kommt in einem der frühen buddhistischen Gedichte zum Ausdruck:

Während der Wind süß und kühl weht,
Während ich auf dem Gipfel des Berges sitze,
Werde ich die Macht der Unkenntnis durchbrechen
In dem blütenreichen Wald und in der kühlen Höhle:
Ich bin der Freude voll auf dem Berg Giribajja,
Berauscht vom Erlangen der Befreiung.
Meine Wünsche sind mir gewährt wie
Der Mond am fünfzehnten Tag.
Ich habe mich der Gifte für den Geist entledigt,
Und nun wird es keine Wiedergeburt mehr geben.

Wir stellen uns dabei einen Mönch vor, der im Walde auf einem Berg gewohnt hat, sicherlich in der Nähe eines Dorfes, damit er täglich Nahrung betteln konnte. Und es besteht auch kein Zweifel, daß er die erlösende Lehre gepredigt hat und die Menschen aus seinem Gesichtsausdruck ersehen konnten, daß er in der Tat die Gifte von Selbstsucht und Sinnlichkeit, von Begierde und Unkenntnis, von sich geworfen und ein tiefes und dauerhaftes Verständnis der Wirklichkeit und deren vergänglicher Natur erreicht hat.

Die Vorstellung, daß der Heilige bereits in diesem Leben befreit ist, gehört zu einer umfassenderen indischen Überlieferung, zu *jivanmukti,* was »lebendige Befreiung« bedeutet. Der Yogi, der die höchste Klarheit des Bewußtseins erreicht hat und gewiß ist, keiner weiteren Wiedergeburt zu unterliegen, gilt als schon in diesem Leben erlöst; er wartet nur noch auf sein Hinscheiden, und sein Leben gleicht einer Töpferscheibe, die sich weiterdreht, auch wenn der Töpfer selbst sie nicht mehr in Bewegung setzt. Der Heilige gleicht einem Motor, der langsam ausläuft, wenn der Treibstoff des Karma ihn nicht mehr antreibt.

Von unserer Seite aus mag das Nirvana, wie gesagt, wie eine Auslöschung scheinen. Aus welchem Grunde sollte man eine solche anstreben? Wenn das Nirvana den Verlust des individuellen Wesens bedeutet, ist sein Gewinn das Gegenteil von Selbsterfüllung, und ist es nicht eigentlich natürlich und richtig, daß sich ein Mensch selbst erfüllen sollte? Buddhas Antwort ist sehr schlicht, aber subtil: Wenn ich als Ich um das Überleben kämpfe, dann habe ich keinen wahren Frieden gefunden. Wenn ich wahren Frieden gefunden habe, mache ich mir keine Sorgen um die Zukunft. – Das heißt jedoch nicht, daß der Heilige den Gegensatz des Lebens wählt oder verwirft. Er befindet sich auf dem Mittelweg, auf dem Weg zwischen der Bejahung und der Zurückweisung des Lebens. Und was den Selbstmord angeht, so sagt folgendes Gedicht aus der *Theragatha,* dem Gesang der Älteren, etwas darüber aus:

Vor einem Vierteljahrhundert
Verließ ich die Welt, aber nicht für einen Augenblick
Habe ich wahren Frieden erlebt.
In Verzweiflung über den Mangel an
Sinn und noch im Griff der Sinnlichkeit, verließ ich
Meine Zelle. Sollte ich das Messer nehmen oder nicht?
Welchen Sinn hat es zu leben? Lehne ich die Zucht ab,
Wie soll ein Mensch wie ich sterben?
Mit dem Rasiermesser in der Hand saß ich da,
Und das Messer war bereit, meine Ader zu zerschneiden.
Da war es, daß sich in mir die Einsicht erhob.
Die Gefahr stand lebendig vor mir, und Widerwille
gegen das Leben kam über mich. Mein Geist war befreit.
Ich erkenne die wesenhafte Wahrheit des Dharma,
Und so ist die Lehre von Buddha verwirklicht.

Sich selbst zu töten, ist also ebenso falsch wie sich ans Leben zu klammern. Daher kam es während des Vietnamkriegs zu heftigen Auseinandersetzungen, als sich Mönche und Nonnen selbst verbrannten, um zu protestieren. Ein weiser Mönch in Ceylon sagte dazu: »Es ist besser, sich selbst als andere zu verbrennen.« Kurz, das Nirvana ist nicht Selbstmord, es scheint vielleicht nur denen so, die sich noch auf diesem Ufer befinden. Nirvana ist eine Quelle stiller Freude für jene, die über den Strom des Lebens zum anderen Ufer übergesetzt haben.

Die Ausbreitung des Buddhismus

Der Weise der Shakyas inspirierte den Sangha, den Mönchsorden, den er gründete und der große missionarische Früchte trug. Vielleicht trug in frühen Zeiten ein wachsender städtischer Wohlstand in den nordindischen Gebieten um Benares und Patna dazu bei. Fürsten und Kaufleute förderten den Glauben, indem sie den Mönchen und Nonnen praktisch beistanden, außerdem wirkte sich vielleicht auch die verhältnismäßig geringe Zahl von Brahmanen in diesen Gegenden günstig aus, verglichen mit dem Kerngebiet der Arier nordwestlich des modernen Delhi. Ferner knüpfte Buddha wahrscheinlich an einiges aus der früheren Überlieferung an, an einen Buddhismus vor Buddha sozusagen. So scheint der Kult von grabhügelartigen Monumenten, die sich später zum Stupa des buddhistischen Tempels entwickelten, bereits vor Gautama Buddha bestanden zu haben und von seinen Anhängern übernommen worden zu sein. Jedenfalls hat Gautama Buddha niemals den Anspruch erhoben, der Gründer einer neuen Religion zu sein, er sah sich im Gegenteil gerade als Wiederentdecker einer alten Wahrheit. Aber es kann kaum bezweifelt werden, daß der Sangha immer Hauptträger der Verbreitung des Glaubens gewesen ist, der Beispiele und dadurch Symbole gab, durch Predigen beeindruckte und von der allgemeinen Verehrung für den reinen und heiligen Mann profitierte, der über die Welt hinausblicken und jenen von seinen Verdiensten abgeben konnte, die ihn grüßten und ihm Nahrung und Trank boten.

Der Buddhismus breitete sich am Ganges entlang und westlich zum Indischen Ozean aus. Von den Küsten sprang er über nach Ceylon, das erste große Missionsunternehmen jenseits des Subkontinents. Sehr viel später trugen dann die Meereswege den Buddhismus nach Burma und Südostasien, hinunter bis Java und sogar die chinesischen Küsten hiauf. Die bedeutendste Route lag indessen im Nordwesten, über Afghanistan hinaus, wo der Glaube mit den reichen Kulturen Zentralasiens in Berührung kam, die Seidenstraße nach China kreuzte und westlich in die römische Welt gelangte. Im ersten Jahrhundert n. Chr. war er nach China durchgesickert und wurde in Gebiete getragen, deren Kultur unter chinesischem Einfluß stand, nach Vietnam im Süden, Korea im Osten und übers Meer nach Japan, wo er bis auf den heutigen Tag eine starke Präsenz aufweist. Es war dem Buddhismus bestimmt, Asien mit zwei Armen zu umfassen. Der eine, der Arm der Theravada-Schule, legte sich um die südlichen Länder bis Vietnam, der Arm der Mahayana-Schule umfaßte den Norden und traf hinter den Grenzen Chinas wieder auf den Theravada-Buddhismus.

Der große Kaiser Ashoka, der dreihundert Jahre nach dem Tode Buddhas den überwiegenden Teil Nordindiens beherrschte, förderte den Glauben. Er litt unter der Schuld an dem Massaker an seinen Feinden während eines blutigen Feldzugs in Ostindien gegen die Kalinga und hing fürderhin der Lehre der Gewaltlosigkeit an, soweit ihm das seine Position gestattete. In Erkenntnis der Wahrheit von Buddhas Botschaft sandte er Missionare in mehrere Richtungen, darunter seinen jungen Verwandten Mahinda nach Ceylon. Einige Missionare schickte er auch nach Europa, aber der in aufsehenerregender Weise in Asien erfolgreiche Glaube erreichte wenig im Westen. Erst im zwanzigsten Jahrhundert machte er hier echte Fortschritte.

Die Entstehung des Mahayana-Buddhismus

Bereits zur Zeit von Ashoka begannen sich die Tendenzen zu zeigen, die sich zu jener Schule des Buddhismus entfalten sollten, die als Großes Fahrzeug bekannt ist. Obwohl auch andere Überlieferungen nach Osten weitervermittelt wurden, war es vorwiegend der Mahayana-Buddhismus, der Ostasien überflutete. Auch dort, im Einklang mit Buddhas Methode der geschickten Wahl der Mittel, entwikkelte er sich schöpferisch weiter.

Von den Schulen des sogenannten Buddhismus des Kleinen Fahrzeugs hat die Theravada-Schule überlebt, während eine Variante des Mahayana-Buddhismus, das »Diamant-Fahrzeug«, später die Kultur Tibets und der Mongolei durchdrang. Heute müssen wir uns vor allem in Japan umsehen nach lebendigen Botschaften des Großen Fahrzeugs, denn aus guten wie aus nicht so guten Gründen haben verschiedene Typen des totalitären Marxismus, die mit alten Religionen nichts im Sinne haben, die Länder des Diamant-Fahrzeug sowie große Gebiete des Mahayana-Buddhismus in China und bei seinen Nachbarn erobert. Die Länder, in denen die Theravada-Schule vorherrscht, Kambodscha und Laos, sind ebenfalls von Revolutionen überrannt worden, die Buddhas Lehre gleichgültig oder feindselig gegenüberstehen. Es wäre jedoch unklug zu vergessen, daß das Große Fahrzeug eine gestaltende und wahrhaft schöpferische Rolle in den meisten Kulturen Ostasiens spielte und Indien wie den von ihm beeinflußten Zivilisationen einen bleibenden Stempel aufgeprägt hat.
Der Name der Mahayna-Schule, Großes Fahrzeug, bringt zum Ausdruck, daß ihre Anhänger glaubten, sie böte ein größeres umfassenderes Mittel der Erlösung als die begrenzteren Vorstellungen der konservativen klösterlichen Richtungen, die wie die Anhänger der Theravada-Schule zu der Ansicht neigten, die Erlösung sei in der Hauptsache oder sogar ausschließlich Mönchen vorbehalten. Mahayana gab der Beteiligung des Laientums am Buddhismus mehr Raum, und obwohl zweifellos vieles in seiner Lehre weit über den ursprünglichen Buddhismus, den Buddha lehrte, hinausgeht, so verdankt sie doch viel von ihrer Vitalität der alten Lehre. (Wobei wir aber nicht aus den Augen verlieren dürfen, daß wir hinsichtlich der Frage »früher« oder »später« weitgehend auf Vermutungen angewiesen bleiben, denn über die frühe Geschichte einer Religion, die über zweieinhalbtausend Jahre alt ist und deren Überlieferungen während einiger Jahrhunderte nur mündlich weitergegeben wurden, kann es zwangsläufig kaum gesicherte Fakten geben.)

Das Bildnis des Buddha – eine Lektion

Einer der Impulse bei der Bildung der Lehre vom Großen Fahrzeug kann in dem Bildnis von Buddha erkannt werden. Vielleicht stellen die Buddha-Statuen, die häufig von unwirklicher Schönheit sind, wie die herrlichen Skulpturen aus Sandstein in Mathura und Sarnath, den erstaunlichsten Aspekt buddhistischer Kunst und Frömmigkeit dar. In Sarnath, außerhalb von Benares und in der Nähe des Wildparks, in dem Buddha seine erste Predigt hielt, gibt es ein Museum. Und wenn dort auch die Buddha-Skulpturen recht beschädigt sind – denn leider begriffen die Moslems nicht, daß im Buddhismus Götzendienerei nicht möglich war –, so wird doch die geistige Kraft der Botschaft Buddhas transparent in ihnen. Viele dieser Skulpturen erinnern den westlichen Betrachter an die Griechen, und das nicht ohne Grund, denn die hellenistische Kunst legte im Gefolge Alexanders des

Großen manchen Keim in den indischen Geist und trug in der Gandhara-Schule zu einer wunderbar proportionierten und harmonischen Synthese zwischen Ost und West bei. Das Buddha-Bildnis sollte dann durch ganz Asien wandern und verschiedene Züge annehmen, die aber immer die gleiche geistige Grundstruktur behielten. Es repräsentierte indessen mehr als Kunst, es repräsentierte auch etwas von einer Revolution, die für die Mahayana-Frömmigkeit entscheidend war. Denn in den frühesten Zeiten buddhistischer Skulptur, in den Friesen, die den buddhistischen Tempel von Sanchi schmückten, trat Buddha gar nicht in Erscheinung. Es gab Bäume. Es gab verführerische weibliche Geister. Es gab Elefanten und Schüler. Wo der Buddha selbst jedoch hätte sein müssen, gab es nur Spuren, beispielsweise seinen Fußabdruck. Sein Bo-Baum war vorhanden, er aber nur wie Robinsons Mann Freitag, der lediglich durch seine Spuren im Sand sichtbar war. Was bedeutet eine derart betonte Abwesenheit? Warum wurde Gautama selbst nicht abgebildet und nur Symbole, wie etwa das Rad des Gesetzes? Die Gelehrten sind unterschiedlicher Meinung. Eine Theorie geht dahin, das Nichtvorhandensein Buddhas stelle sozusagen sein Verschwinden ins Nirvana dar. Er ist da, und doch nicht da. Er ist kein Individuum mehr. Er ist der geheimnisvolle »so Gekommene und Gegangene«, der Tathagata. Indessen, ganz gleich, welches die wahre Antwort ist, die spätere buddhistische Kunst hat den großen Lehrer dann doch unmittelbar dargestellt. Indem sie das tat, konkretisierte sie die Anbetung des Buddha, die während der folgenden Jahrhunderte zunahm. Es war außerdem die Zeit, in der die hinduistische Umwelt Indiens eine dauerhaftere und unmittelbarere Darstellung ihrer Götter entwickelte. Die neue buddhistische Kunst bot eine Anregung mehr für die andachtsvolle Einstellung Buddha gegenüber. Er wurde nun zu einem sichtbaren Wesen, an das man sich in Verehrung wenden konnte.

Frömmigkeit und die Vielzahl an Buddhas

Die neue Betonung von *bhakti,* liebender Verehrung, war außerdem einer der Faktoren für die Multiplizierung der Buddhas. Die Aufmerksamkeit konzentrierte sich keineswegs auf Gautama Buddha allein, so wichtig er auch gewesen war. Die Vorstellung von himmlischen Buddhas, die in etwa den Hindu-Göttern entsprachen, war zum Teil von außerhalb Indiens, vom Zoroastrismus und anderen Quellen beeinflußt und durchdrang allmählich die ganze buddhistische Frömmigkeit. So gehört der Buddha Amitaba (im Japan Amida genannt, wo ihm noch der ganze Zauber und das Attribut des Erbarmens anhaftet) zu den großen Idolen der Frömmigkeit; er hält für die Getreuen ein himmlisches Paradies bereit, das mit glitzernden Edelsteinen, funkelnden Flüssen und jeder Art Wonnen ausgestattet ist. Wenn sich jemand gläubig auf seinen Namen beruft, wird er beim Tode in dieses Paradies geleitet, in das Reine Land, in dem alles nicht lediglich wunderschön,

MITTEL UND WEGE

Religion besteht nicht nur aus Theorie, sie bedeutet auch Praxis. Um dem Gläubigen zu helfen, das höhere Leben zu erreichen, werden die verschiedensten Wege gewählt. Von heiligen Riten oder Sakramenten bis zur Durchführung geistiger Exerzitien. Auf einer sehr einfachen Ebene ist auch das Anzünden einer Kerze ein Ausdruck für religiöse Bestrebungen. Mit Hilfe solcher äußerlichen Mittel sucht die Religion häufig das innere Leben zu konkretisieren.

Ein tibetanischer Mönch mit der Gebetsmühle. Die Gebetsmühle ist einerseits ein mechanisches Instrument, andererseits jedoch ein Mittel, die buddhistische Botschaft auszudrücken, die häufig im Rad (Buddha, heißt es, habe das Rad des Gesetzes in Bewegung gesetzt) symbolisiert wird. Auch andere materielle Symbole des Gebets, wie Flaggen, werden im Buddhismus verwendet.

Sogar Gurus kann man als Mittel und nicht als Subjekte betrachten. Die Verzückung in den Mienen dieser Gläubigen während der Verehrung ihres Gurus deutet an, daß ein geistiger Lehrer ein Werkzeug der Erhebung sein kann. Aber wie andere von der Religion genutzte Mittel, die das Fortschreiten auf dem Weg hinauf fördern sollen, kann der Guru ebenso gefährlich wie hilfreich sein. △

In vielen Religionen dienen vor allem Bilder oder Gebäude zur Vermittlung der Heilsbotschaft. Diese orthodoxe Christin küßt ein heiliges Bild. Im Akt des Küssens der sichtbaren Ikone wird der unsichtbaren, himmlischen Welt Liebe und Verehrung erwiesen. Hier wie auch anderswo soll die vertikale Höhe das Transzendente symbolisieren. Unsere Sprache ist reich an derartigen Symbolismen, man denke an »höhere Dinge«, »erhaben« u.ä. ▷

BANKERS
TRUST

△ *Heiliger Tanz. Der langsame Rhythmus der Derwische, moslemischer Mystiker, die das Kreisen als Weg empfinden, sich in die höhere Erfahrung Allahs hineinzubegeben. Viele Religionen verwenden den Tanz als kontrollierbares Mittel zur Erlangung von Ekstase.*

◁ *Die Hare Krishna-Sekte geht auf die von dem bengalischen Heiligen Chaitanya (geb. 1485) gegründete religiöse Bewegung zurück und legt den Akzent vor allem auf das Preisen des göttlichen Namens, um die Liebe zu Gott auszudrücken. Rhythmische Wiederholungen tragen dazu bei, den Gläubigen in das Reich des Göttlichen zu versetzen. Dieser Singsang ist eine Variante des allgemeinen Gebrauchs des Gesangs, um den Geist der Menschen himmelwärts zu lenken.*

△ *In einem Eisenbahnzug in Israel vollziehen Juden traditionelle Gebete. Um den Arm des Betenden ist der Gebetsriemen geschlungen, in dem kleinen Behälter ist ein Thoratext enthalten. Eine materielle Manifestation orthodoxer jüdischer Hingabe an das von Gott durch Moses überlieferte Gesetz. Auch im Bedecken des Kopfes wird die Verehrung für den Allmächtigen ausgedrückt; im Christentum gilt seltsamerweise das Gegenteil: zumindest die Männer entblößen in der Kirche den Kopf.*

Für einen buddhistischen Mönch in Japan ist der streng stilisierte Garten, karg und mit geheimnisvollen Steinen, ein Ort, Ruhe und Harmonie mit der Natur zu finden. Diese Überlieferung rührt zum Teil aus dem chinesischen Taoismus, in dem eine Art Kommunion mit der Natur als wichtig für die Schulung zum Erlangen von Unsterblichkeit gilt. ▽

Betende Menschen bei einer Evangelisation in London. Man beachte, daß im Christentum ein sehr einfaches Mittel, das Schließen der Augen, gebräuchlich ist. Das bedeutet die Hinwendung zu einer unsichtbaren Welt. Auch das Falten der Hände ist symbolisch gemeint und soll anzeigen, daß Beten über der Alltäglichkeit steht, wo man die Hände als Werkzeuge zum Lebensunterhalt benützt.

sondern auch auf das endgültige Erreichen des Nirvana ausgerichtet ist. Buddhas Erbarmen mit allen Lebewesen wird in die Sphäre der Gnade erhoben, der sonst unwürdige Gläubige kann die höchste Belohnung durch die schöpferische Macht und Gunst des himmlischen Buddhas gewinnen. Ein derartiges Ideal hat gewisse Bezüge zu den strengeren Lehren des Kleinen Fahrzeugs, scheint aber weit von dieser entfernt und trifft auch auf den großen Widerstand dieser Schule. Trotzdem kann die Macht der Frömmigkeit unwiderstehlich sein, und die Mahayana-Schule setzte alles Geschick ein, um diese Macht in ihrem Rahmen fruchtbar werden zu lassen. Kurz, es hatten also nicht nur die irdischen Buddhas, vor allem Gautama, dessen Lehre zu erlösen vermochte, sondern auch das Buddha-Prinzip als solches eine himmlische Dimension, die eine Befreiung über Glauben und Frömmigkeit ermöglichte.

Noch einen weiteren Faktor, der in das Große Fahrzeug integriert wurde, bildeten die Bodhisattvas, Menschen, die zum Buddhatum berufen sind.

Das Ideal des Bodhisattva

Vor seiner Erleuchtung war Buddha, sowohl in diesem Leben wie in den früheren unzähligen Existenzen, der künftige Buddha, der Bodhisattva. Er war zum Buddhatum berufen, jedoch waren seine Motive die der Selbstaufopferung und des Erbarmens und nicht Stolz auf seinen künftigen herrlichen Status. Der Legende zufolge mußte Gautama vom Himmel heruntersteigen, um den Lebenden zu helfen. In den Pali-Schriften gibt es eine ganze Reihe von Geburtsgeschichten, *Jatakas* genannt, die von Buddha in den früheren Leben erzählen. Häufig schildern sie, wie er sich zugunsten anderer opfert, zum Beispiel, als er sich als Hase auf das Feuer eines einsamen, hungernden alten Mannes im Wald warf, um diesem zu Nahrung zu verhelfen. Der Mahayana-Buddhismus baute dann auf diesen Gedanken auf und verlieh ihnen eine neue Dimension. Denn er ging von der Vorstellung aus, daß ein Bodhisattva seine eigene Erlösung hinausschieben könne, was das letzte, höchste Opfer bedeutet, um die Erlösung anderer lebender Wesen mitfühlend zu erwirken. Der Bodhisattva wurde somit zu einer Inkarnation des Erbarmens. Und der Mahayana-Buddhismus traf sich in dieser Beziehung mit etwas, das er eigentlich als das Paradoxon des Erbarmens im Kleinen Fahrzeug empfand.

Das Paradoxon des Erbarmens

Den Formeln des klassischen Buddhismus entsprechend muß ein Mensch Ethik besitzen, wenn er dem achtfachen Wege folgt. Ein Mensch wird keine wahre Einsicht erreichen, wenn er nicht die eigenen schlechten Triebe besiegt und an ihre Stelle die entsprechenden Tugenden setzt. Da die Menschen aber sich so häufig in

gegenseitigem Haß und Feindschaft verzehren – ein Haß, der in Töten, Krieg, Brutalitäten, dem Schlachten von Tieren und in Demütigungen für Unglückliche ausarten kann –, werden natürlicherweise Liebe und Mitleiden als Haupttugenden empfunden. Wenn es eine Einstellung gibt, die vor allen anderen das Wesen der buddhistischen Ethik zusammenfaßt, dann ist es *karuna,* Erbarmen – und doch sind wir damit bei einem Paradoxon. Denn gerade die Praxis des Erbarmens dient den Interessen des sich Erbarmenden, da sie dazu beiträgt, ihn auf den richtigen Weg zum Nirvana zu bringen. So gebietet uns einerseits das buddhistische Ideal des Erbarmens ebenso wie die christliche Liebe, auf das Wohlergehen der anderen Rücksicht zu nehmen, die eigenen Interessen zurückzustellen, um anderen zu helfen, andererseits aber ist es sehr die Frage, wie der Heilige, der sich auf dem Wege ins Nirvana befindet, sein eigenes Wohlergehen vergessen könnte? Verfolgt er nicht, sogar durch seine mitfühlenden Taten, das Ziel der eigenen höheren Glückseligkeit? Es liegt im eigenen Interesse, Erbarmen zu üben, Aufopferung wird selbstbezogen. Dies ist das Paradoxon des Erbarmens, wie es die Mahayana-Kritiker des Kleinen Fahrzeugs empfinden. Der Theravada-Buddhist wird entgegnen, daß diese Kritik auf einem Mißverstehen beruht.
Der Theravada-Buddhismus sieht dieses Problem vom entgegengesetzten Pol her. Ziel ist nicht, den Menschen zu wandeln, weder in einen Gott noch ins Nirvana, sondern die Individualität während des Vorgangs der Befreiung auszulöschen. Das Streben nach Glück stellt wie die Sorge um das eigene Interesse in den Augen des Theravada-Gläubigen ein Mißverstehen der Wirklichkeiten des Pfades dar. Es existiert kein »Ich«, das etwas erreichen will. Es existiert in der Tat ein Pfad, aber niemand, der ihm folgt, und es existiert Befreiung, aber niemand, der in sie eingeht. Wenn das Nirvana das höchste Glück ist, dann ist es ein Glück, das niemandem eigen ist. Auf diese Weise schafft Buddha sowohl Schmerz wie Freude ab, und das bedeutet die wahre Heiterkeit, Gelassenheit; er kommt, um das Ego auszulöschen, und nicht, um es zu erfüllen. Allerdings war im Kleinen Fahrzeug die Gefahr von Selbstsucht durchaus gegeben, und um diese zu bekämpfen, wurde das Bodhisattva-Ideal errichtet. Denn der Bodhisattva opfert sogar die eigene Befreiung, um für die leidende Menschheit und überhaupt für alle Lebewesen zu wirken.

Bodhisattva, Glaube und Verdienst

Es war dann nur ein kleiner Schritt zu der Vorstellung, daß ein Bodhisattva andere im Zuge seines himmlischen Fortschreitens mit sich nehmen könne. Denn gerade das Aufgeben und Aufschieben der Befreiung und die damit zusammenhängenden Prüfungen und heroischen Taten, mittels welcher der künftige Buddha durch viele Leben für das Wohlergehen der Welt wirkt, muß einen ungeheuren Vorrat an Verdiensten anhäufen. Auf diese Weise haben große Boddhisattvas wie Avalokiteshvara (der Eine, der auf die Welt mit Barmherzigkeit blickt, wie sein Name besagt) grenzenlose Schätze angesammelt, von denen sie den Gläubigen abgeben können. Andererseits kann das sich mühende Volk dafür sorgen, die eigenen mageren Verdienste zu ergänzen, indem es die Gnade des Boddhisattva anruft. Indem sie also fromm den Namen der Buddhas und Bodhisattvas rufen, können viele Menschen die Segnungen von diesen himmlischen Wesen erwerben. Die Logik des Bodhisattva-Ideals führte zu einer Art Devotionalismus, der dem des christlichen Glaubens und der hinduistischen *bhakti* nicht fern ist. In der Gestalt von Buddhas und Bodhisattvas züchtete der Buddhismus in der Tat seine eigenen Götter, Götter, die etwas ausrichteten, im Gegensatz zu den sekundären Wesen, denen wir in Ceylon begegnet sind. Bevor wir jedoch den vorschnellen Schluß ziehen, daß der Geist des Buddhismus sich irgendwie aufgrund dieser Entwicklungen so gewandelt hat, daß der Glaube verzerrt worden sei, wollen wir einen anderen, subtilen und abstrakten Bestandteil des Großen Fahrzeugs näher betrachten.

Philosophie und Leere

Der Mahayana-Buddhismus war weit gefaßt und billigte allen Menschen die Erlösung zu, aber er war außerdem subtil in seinem philosophischen Kern. Den wichtigsten Aspekt seiner Philosophie verdanken wir dem Weisen Nagarjuna aus dem 2. Jahrhundert n. Chr., der die Lehre von der Leere oder dem Nichts, das *sunyavada* verkündete. Diese besagt, daß alles leer ist, und sie radikalisiert im übrigen einige Motive von Buddas Lehre. Buddha hatte beispielsweise darauf hingewiesen, daß die Vorstellung von *Dingen* irreführend sei. Er sah die Welt ja als eine wirbelnde Menge vergänglicher Ereignisse. Was wir für fest halten, ist fließend und verändert sich, ein Bündel separater Ereignisse des Augenblicks. Unsere gewöhnliche Sprache verbirgt das jedoch, und deshalb ist es notwendig, daß wir unsere normalen Wegen des Denkens und Sprechens durchbrechen. Soweit kennen wir das bereits als Teil der Theravada-Lehre und der Lehre des Buddha selbst. Nagarjuna verwendete nun Argumente, die parallel zur Meditationspraxis unsere gewöhnliche Sicht von der Welt durchbrechen sollten, damit wir diese dann ihrem Wesen nach als leer erkennen würden. Seine Argumente bewegten sich ungefähr auf folgender Linie: Da wir in dieser Welt leben, müssen wir sie als von Gesetzen, durch die normale Kette von Ursachen und Wirkungen regiert sehen. Wenn ich ein Streichholz an einer rauhen Oberfläche reibe, wird es entflammt. Wenn Wasser genügend abgekühlt ist, wird es zu Eis. Wenn ich einen schweren Gegenstand aus meiner Hand fallen lasse, wird er schwer zu Boden stürzen. Wir verallgemeinern ständig und nehmen an, daß jedes Ereignis eine Ursache hat, daß es Regeln gibt, die allem zu Grunde liegen und alles regieren. Das ist schließlich und endlich die Grundlage aller wissenschaftlichen Forschung. Wenn wir eine bestimmte Wirkung beobachten, wollen wir wissen, weshalb sie eingetreten ist. Die Welt ist demnach durch kausale Gesetzte regiert. Jedoch sind – so lautete das erstaunliche Ar-

gument von Nagarjuna – alle Vorstellungen kausaler Vorgänge, von Ursache und Wirkung, auf Widersprüche gegründet. Betrachten wir eine Ursache, die eine bestimmte Wirkung hervorbringen soll. Sie ist, wie wir schon festgestellt haben, ein höchst kurzfristiges Ereignis, das vielleicht nur den winzigsten Teil einer Sekunde dauert. Sie existiert schon nicht mehr, wenn die Wirkung existent wird. Das heißt also, daß die Ursache nicht mehr existiert, sobald die Wirkung eingetreten ist. Wie kann etwas, das eine Wirkung ist, von etwas verursacht sein, das gar nicht existiert? Das Modell des Kausalgesetzes bricht damit völlig zusammen.
Nagarjuna befaßt sich sodann kritisch mit weiteren möglichen Modellen des Kausalgesetzes. Jedoch, sämtliche diesbezüglichen Theorien sind widersprüchlich, und da sämtliche Theorien über die Welt in irgendeiner Weise Ursachen einschließen, brechen alle Theorien über die Welt zusammen. Darüber hinaus beruht sogar die Sprache, die wir zur Beschreibung der Welt anwenden, auf der Voraussetzung, daß es Regeln gibt; so setze ich voraus, wenn ich das Wort ›Katze‹ für ein Tier benutze, daß sich dieses Tier nicht im nächsten Augenblick in einen Strauch verwandeln wird, das heißt mit anderen Worten, ich setze eine gewisse kausale Ordnung in der Wirklichkeit voraus, um in der Lage zu sein, Sprache überhaupt zu benutzen. Nagarjunas Kritik zeigt aber, daß der gesamte Komplex unserer Vorstellungen auf kontradiktorischen und absurden Voraussetzungen beruht. Deshalb kann über die Welt an sich gar nichts ausgesagt werden. Wenn wir einen Ausdruck benutzen wollen, um die Situation anzudeuten, dann müssen wir sagen, die wahre Natur der Welt sei Leere. Diese Wahrheit war es, die Buddha in seiner Erleuchtung erkannt hatte, und an diesem Punkt tritt ein Zusammengehen von Philosophie und Kontemplation ein. Denn die Leere, zu der Nagarjuna durch geistiges Argumentieren kommt, ist übereinstimmend mit der leuchtenden Leere, die in den höheren Bereichen des Bewußtseins erschaut wird. Das ist dann die höhere Wahrheit, die eine, die nicht adäquat ausgesagt, sondern nur angedeutet werden kann. Selbstverständlich leben wir unser gewöhnliches Leben weiter. Für den praktischen Gebrauch benutzen wir die Sprache und setzen Gesetze in der Welt voraus. Für Nagarjuna indessen repräsentiert all dies die konventionelle, weltliche Ebene der Wahrheit, etwas rein Provisorisches. Es ist nicht die höhere Ebene, die wir vielleicht anstreben. Auf paradoxe Weise ergibt sich daraus, daß Buddhas eigene Lehre, soweit sie das Dharma in Worte faßt, ebenfalls provisorisch und im Grunde sogar widersprüchlich ist. Sie stellt lediglich ein Mittel dar, die Menschen zu bewegen, den Blick in höhere Regionen zu lenken. Seine Worte gleichen Fingern, die auf den Mond weisen.

Aspekte Buddhas

Die verschiedenen Seiten des Mahayana-Buddhismus – der Kult von Buddhas und Bodhisattvas, die Philosophie, Meditation, die Lehren von Gautama Buddha – werden zusammengefaßt in dem, was manchmal als Theorie von den drei Körpern oder Drei-Aspekte-Doktrin Buddhas bezeichnet wird. Sie stellt einen Weg dar, den verschiedenen Ideen, durch die das Große Fahrzeug Frömmigkeit, Erbarmen, Geist und Mystik vereint, einen Zusammenhalt zu verleihen. Danach kann Buddha auf der einen Ebene als irdische Figur gesehen werden, zum Beispiel als der Gautama Buddha, der in unserem Zeitalter das Dharma uns zuliebe verkündete. Dies ist der Wandlungsaspekt Buddhas (in dem er sozusagen in einen menschlichen Zustand verwandelt ist). Auf einer anderen Ebene sind Buddhas himmlische, unserer Anbetung würdige Wesen, die Verdienste übertragen und das Paradies erschaffen. Drittens jedoch, auf der höchsten Ebene, ist Buddha das Nichts. Der wahre Kern der Erleuchtung, welche die Essenz der Buddha-Natur darstellt, ist die Erkenntnis der Leere, in der es keinen Unterschied gibt zwischen dem Erkennenden und dem Erkannten. Auf der höchsten Ebene gibt es demnach keine Unterschiede, und alle Buddhas sind vereint in dem undifferenzierten Nichts. Und indem wir alle die unaussprechliche Vision des Nichts erlangen können, sind wir alle im Prinzip mögliche Buddhas. Ein Teil dieser Botschaft wird durch ein berühmtes Gleichnis des Mahayna-Buddhismus vermittelt, das dem vom verlorenen Sohn verglichen worden ist, obwohl seine Botschaft naturgemäß recht anders lautet.

Der buddhistische verlorene Sohn

Ein junger Mann verläßt, nachdem er das Mannesalter erreicht hat, seine Heimat und wandert in ein anderes Land aus, um zu arbeiten. Als er jedoch älter wird, gerät er in immer schlechtere Zeiten und wandert umher auf der Suche nach Gelegenheitsarbeiten. Schließlich kommt er zurück in sein eigenes Land, in eine Stadt. In der Zwischenzeit hat nun sein Vater gute Erfolge in Geschäften gehabt und einen großen Schatz an Reichtümern angesammelt. Er lebt in der gleichen Stadt, in der sein gebrochener und hungriger Sohn eingetroffen ist. Er hat lange Zeit über seinen seit langem verlorenen Sohn gegrübelt. Nichts läge ihm mehr am Herzen, als einen Sohn und Erben zu haben, dem er seine Reichtümer und sein Geschäft hinterlassen könnte. Wenn er doch nur seinen umherstreifenden Sohn zurückbekäme! Und tatsächlich kommt der Sohn, um an seiner Tür zu betteln. Kein Wunder, daß er seinen Vater nicht erkennt. Sein Vater ruht auf einem prachtvollen Divan, umgeben von Priestern und Bürgern der Stadt, gekleidet in vornehme und kostbare Gewänder, behangen mit Juwelen, bedient von hübschen und wohlproportionierten Dienerinnen unter einem Brokat-Baldachin, der mit frischen Hängepflanzen geschmückt ist, um ihn vor der Sonne zu schützen, und sanft in der duftenden Brise schaukelt. Der Sohn ist beunruhigt. Vielleicht ist dieser vornehme Mann ein König, und man weiß, zu was diese Rajas imstande sind, sie zwingen einen in ihren Dienst, wenn man nicht aufpaßt, und lassen einen schlagen, wenn man nicht hart genug arbeitet. Also schleicht sich der Sohn davon. Jedoch nicht, bevor ihn der Vater gesehen hat.

Er schickt Diener aus, um den Sohn zu verhaften, der sich heftig wehrt, als er in den Palast des reichen Mannes zurückgebracht wird. Vor Schreck wird er ohnmächtig. Der alte Mann befiehlt seinen Dienern, ihn mit Wasser zu sich zu bringen und ihn freizulassen. Der Sohn ist überglücklich, wieder frei zu sein und macht sich zu einem Dorf in der Nähe auf, um Nahrung und Obdach zu erbetteln. Aber der Vater schickt ihm ein paar Diener nach, die ihm sagen sollen, eine Stellung warte auf ihn, für die er den doppelten Lohn empfangen würde. Der Sohn ist einverstanden. Es ist eine ganz gewöhnliche Arbeit und besteht aus dem Zusammenkehren von Dung und Abfällen, aber sie gibt ihm etwas Sicherheit.

Der reiche Mann legt alte Kleider an und überwacht das Räumen des Abfalls als Vorwand, in die Nähe seines Sohnes zu gelangen. Und er sagt seinem Sohn, der ihn noch immer nicht erkennt, daß er ihn als eigenen Sohn adoptieren möchte. Er gibt ihm einen neuen Namen. Aber die Arbeit bleibt noch viele Jahre lang die gleiche. Jedoch hat der junge Mann zunehmend Vertrauen. Schließlich wird er zum Buchhalter des alten Mannes befördert und macht sich auf diese Weise vertraut mit allen Geschäften und allen Einzelheiten des Millionenvermögens des alten Mannes. Er kann an sein Glück kaum glauben. Aber es kommt noch besser. Als der Alte sein Ende nahen fühlt, ruft er sein Gefolge und seine Ratgeber zu sich und verkündet in aller Öffentlichkeit, daß sein Sohn in der Tat sein leiblicher Sohn sei. Und der Sohn, dessen Denken sich inzwischen allmählich erweitert hat, erkennt die Wahrheit. Er erbt alle Reichtümer, jedoch sind ihm diese Segnungen nicht durch eigene Mühen zugeflossen. Es geschah durch die gütige Weisheit des alten Mannes, daß der Sohn zu den Reichtümern gelangte, die er selbst nicht gesammelt hatte.

Das Gleichnis hat natürlich einen weltlichen Sinn: der alte Mann bereitet den jüngeren ganz allmählich auf die Erbschaft vor. Ein zu plötzlicher Zugang ist eine Gefahr, was viele, die riesige Summen durch Fußballwetten oder Lotterien gewonnen haben, bitter erfahren mußten. Im besonderen jedoch illustriert das Gleichnis die Theorie des Großen Fahrzeugs über Buddhas Methode der Erlösung. Wenn sich der alte Mann als Vorarbeiter verkleidet und dem jungen Mann Garantien und das Versprechen gibt, ihn als Sohn zu behalten, so entspricht das dem Buddha, der als Gautama menschliche Gestalt annimmt. Es ist verständlich, daß der junge Mann eine nur begrenzte Vorstellung von seinem Glück hat. Es gibt eben eine breite Skala von Möglichkeiten, zu den Herrlichkeiten und Reichtümern des befreiten Zustands zu gelangen, zum Buddhatum selbst. Dies ist der Weg des Mahayana, des Großen Fahrzeugs.

Man beachte, wie die verschiedenen Werte des Buddhismus in der Parabel verarbeitet sind. Da der Kern der Erleuchtung das Nichts ist, ist Nirvana eben dieses Nichts. Von diesem Standpunkt her bedeutet es Befreiung, ein Buddha zu werden. Daher betritt derjenige, der die Mahayana-Lehre akzeptiert, einen Pfad zum Buddhatum, und das bedeutet nichts anderes, als ein Bodhisattva zu sein. Er sollte deshalb die mitfühlende Sorge zum Ausdruck bringen, welche die großen Bodhi-

sattvas ausüben, die er verehrt. In der Verehrung Buddhas verehrt er die eigene ideale Verfassung. Und da das Nichts auch der Natur von allem zu Grunde liegt, kann er das Nirvana sogar im Ablauf des täglichen Lebens finden. Von daher gesehen ist der Zirkel der Wiedergeburten, *samsara,* schlicht das Nirvana. Dieses scheinbare Paradoxon besagt, daß man die Wahrheit nicht durch Rückzug von der Welt erlangt, sondern durch die Welt. Und obwohl Mönch und Sangha Schlüsselinstitutionen in der sich entfaltenden und verbreitenden Mahayana-Lehre bleiben, steht die Suche nach der Befreiung jedermann hier und jetzt offen.
Trotz der Erneuerungen, die das Große Fahrzeug brachte, und trotz seinem Sinn für erfindungsreiche Ausgestaltung der ursprünglichen irdischen Lehren von Buddha, behält es die Kontemplation des Nichts als zentralen Wert. Die alles beherrschenden Höhen sind noch immer von jenem Ideal der Einsicht und Weisheit besetzt, die das Leben des Buddha selbst durchdrangen und für die der Therava-da-Buddhismus ein recht andersgeartetes Zeugnis ablegt.

Der Mahayana-Buddhismus als große Kraft in Ostasien

Seit dem 1. Jahrhundert n. Chr. begann sich also der Buddhismus in China auszubreiten. Sowohl die Werke des Kleinen wie des Großen Fahrzeugs wurden ins Chinesische übertragen, aber letztere sollten die tieferen Wirkungen auf die chinesische Kultur ausüben. Sie wurden außerdem zu einem höchst einflußreichen Faktor in der Kultur Japans. Einer der Gründe für ihren Erfolg in China bestand darin, daß die Verheißung des Reinen Landes stark an die Massen der Bevölkerung appellierte. Ein weiterer war, daß einer der Rivalen des Mahayana-Buddhismus, der Konfuzianismus, weitgehend als ethische Lehre für die herrschende Klasse und als Theorie des Kaisertums geeignet war, weniger jedoch für den gewöhnlichen Bauern. Ein zweiter Rivale, der Taoismus, enthielt viele Vorstellungen, die denen des Buddhismus ähnelten. Er hatte im Grunde in China den Boden für das Kommen des Buddhismus bereitet. Ein Verschmelzen von Tao und buddhistischer Meditation brachte dann auch die Ch'an-Schule hervor, die im Westen in der japanischen Version des Zen bekannter ist. Wieder spielte es eine Rolle, daß in einigen Mahayana-Schulen dem ganzen Komplex von Wiedergeburt und Karma nicht übermäßiges Gewicht beigelegt wurde, denn der Glaube an die Wiedergeburt gehörte nun einmal nicht zum Wesen der chinesischen Kultur; jeder konnte unmittelbar ins Paradies kommen. Ein weiterer Grund für den Erfolg des Buddhismus, zumal in der Mahayana-Form, war die Subtilität seiner philosophischen Vorstellungen und die Faszination, die von seinen metaphysischen Ansprüchen ausging. Wenn auch die frühere chinesische Philosophie durchaus eigene Tiefe gehabt hatte, so war sie doch weniger komplex und umfassend. Der Buddhismus appellierte daher nicht nur an das Herz der Bauern, er übte auch auf den Geist der gebildeten Klasse große Anziehungskraft aus.

Außerdem erwies sich die mönchische Struktur des Buddhismus als einflußreiches Mittel für die Verbreitung des neuen Glaubens. Der Buddhismus erlangte einen derart starken Einfluß in der chinesischen Vorstellungswelt, daß er häufig als eine der drei großen Religionen gilt, eine der drei Strömungen von Geistigkeit und Ethik, die sich in dem traditionellen chinesischen Denken über das Leben verbinden, und er brachte eine gegenseitige Befruchtung indischer und chinesischer Kultur hervor, die reiche Früchte auf den Gebieten von Religion, Philosophie, Kunst und Literatur zeitigte. Wo immer der Geist von China wirksam war, bis nach Vietnam im Süden, östlich in Korea und jenseits des Meeres in Japan, war auch der Geist des Buddhismus präsent. In den Kapiteln über China und Japan werden wir sehen, wie der Buddhismus zur erfolgreichsten Missionsreligion in Asien, vielleicht in der Welt wurde. Indessen waren dem Buddhismus noch zwei andere entscheidende Erfolge, aber ebenso eine Tragödie beschieden.

Der Buddhismus und Indien

Buddha war Inder. Nirgendwo gelangte der Buddhismus in den großen Zeiten des Mahayana herrlicher zur Wirkung als in Nordindien. Die reichen Städte und landwirtschaftlichen Gebiete östlich und nördlich des Gebietes, in dem heute Delhi liegt, unterhielten unzählige Tempel, große Klöster und riesige Zentren des Wissens wie die Universität von Nalanda; außerdem heilige Schreine und Wallfahrtsorte wie Bodhgaya, wo Buddha seine Erleuchtung hatte und der ursprüngliche Bo-Baum verehrt wurde.

Die buddhistische Kunst präsentiert sich prachtvoll, geradezu atemberaubend in ihrem kühnen und erfolgreichen Bemühen, Weisheit, Gelassenheit, Einsicht und Barmherzigkeit in Stein zu bannen; sie bezaubert in der Darstellung der köstlichen und sinnlichen Herrlichkeiten der Welt, die der Buddha durchdrang, um ihre Verwandlung zu vollbringen. Selbst heute, teils beschädigt und zertrümmert, erfüllen diese Kunstwerke den Betrachter mit Bewunderung und Sympathie. Wenn man die Buddhastatuen, häufig ohne Nasen, in dem Museum von Sarnath oder in Mathura betrachtet, so scheint sich vor den eigenen Augen das Wesentliche des Predigens Buddhas erneut zu vollziehen, und doch überfällt mich stets Trauer und bitteres Bedauern, daß soviel zerstört worden ist – im Namen der Religion. Die Buddhas ohne Nasen sind Symbole für das Aussterben des buddhistischen Indien, für die Tragödie, die den Buddhismus in seinem Heimatland ereilte.

In Indien ist der Buddhismus praktisch am Verschwinden. Warum?

Es gibt verschiedene Gründe dafür, daß der Buddhismus fast aus Indien verschwunden ist und sich nur noch im Gebiet der Vorgebirge des Himalaya hält, sowie in Nepal als Anhängsel des tibetischen Lamaismus, der hinter den hohen Bergen fest etabliert war. Eine der Ursachen war das Eindringen der Moslems in Nordindien seit dem 11. Jahrhundert. Die Errichtung von islamischen Königreichen im nördlichen Indien beraubte die buddhistischen Klöster ihrer Förderer und Schutzherren, während der fromme Eifer der Moslems gleichzeitig zur Zerstörung vieler buddhistischer und jainistischer Tempel und zur Zerstreuung der Mönche führte. Wie zeitgenössische Ereignisse in den kommunistischen Ländern Asiens beweisen, ist es für feindselige Herrscher leicht, den Buddhismus, vor allem wegen seiner klösterlichen Basis, zu entmachten. Aber auch abgesehen vom Islam befand sich der Buddhismus im Niedergang. Der Devotionalismus des Mahayana-Buddhismus hatte sich im Laufe von Jahrhunderten mit der hinduistischen *bhakti* verschmolzen. Darüber hinaus hatte der Hinduismus seinerseits viel vom Buddhismus entliehen, sogar den Buddha selbst, der seltsamerweise als Inkarnation oder *avatar* von Vishnu betrachtet wurde und dessen Aufgabe auf Erden hauptsächlich darin bestehen sollte, den Glauben von Vishnu-Anhängern auf die Probe zu stellen. Der Buddhismus verlor seine Kontur und damit die Möglichkeit für eine separate Existenz, er war in gewisser Weise ein Opfer seines Erfolgs. Mit dem Christentum teilt er nun das merkwürdige Schicksal, in seinem Geburtslande schwach, aber dafür sehr einflußreich an anderen Orten zu sein. Indessen konnte er noch während der Zeit seines Niedergangs einen eindrucksvollen Erfolg hinter den Himalaya-Bergen verbuchen.

Der Bhuddismus begibt sich nach Norden

Buddha selbst kam aus dem Gebiet südlich des heutigen Nepal. Von den frühesten Zeiten an war der Buddhismus in den Grenzbezirken der Ganges-Ebene sowie im Dschungel und den nördlichen Vorgebirgen einflußreich, aber erst in der Zeit zwischen dem 7. und 12. Jahrhundert n.Chr. gelang ihm der entscheidende Vorstoß nach Tibet und in die Gebiete dahinter. (Auf dem Weg nach China war der Buddhismus nördlich am Himalaya-Massiv vorbeigezogen.) Gegen Ende dieser Periode gaben die islamischen Einfälle in Nordindien der Verbreitung des Buddhismus nach Tibet neue Anstöße, da die Mönche nach Norden auswanderten. Vom 12. Jahrhundert an wurde Tibet gänzlich bekehrt und zwar zu einer Form des Buddhismus, die als Vajrayana-Schule oder Diamant-Fahrzeug bekannt wurde. Damit wurde Tibet zur Bastion einer dritten Kraft des buddhistischen Geistes.

Das Diamant-Fahrzeug war aus dem Mahayana-Buddhismus hervorgegangen; die Betonung lag auf Sakramenten und Ritualen als Mitteln der Schulung und Selbstreinigung. Diese Form des Buddhismus hatte auch Elemente der ursprünglichen Bon-Religion aus dem vorbuddhistischen Tibet absorbiert. Doch obwohl es sich bei dieser Religion um ganz einzigartige Formen handelte, schrieb doch ihr größter Heiliger, der Guru und Dichter Milarepa sehr im Geiste des frühen Buddhismus. Nachstehend ein Gesang, der als Antwort auf die Fragen der jungen Menschen komponiert ist, die zu ihm als Novizen gekommen waren.

> Wenn du danach trachtest, in diesem Leben ein Buddha zu werden,
> Dann nimm deine Wünsche und Abneigungen nicht zu ernst.
> Wenn du sie ernst nimmst, wirst du jede Art Gutes und Böses tun.
> Und wirst in einen schlimmen Zustand geraten...
> Wenn du die heiligen Schriften studierst,
> Übe keinen geistigen Hochmut:
> Solche Gedanken werden die fünf Gifte von Täuschung,
> Zorn, Leidenschaft, Neid und Haß hervorbringen.
> Und dergestalt vergiftet, werden deine Tugenden
> und guten Neigungen verwirrt werden.

Abgesehen von dem Ausgangspunkt, ein Buddha werden zu wollen, stimmt die Botschaft Milarepas ganz mit dem Denken der Theravada-Schule überein. Aber Milarepa kannte die höhere Wahrheit der eigenen Erfahrung und bezog sich auch auf diese:

> Der weiße Leopard der schneebedeckten Gipfel,
> Der Herrscher in den weißen Wüsten des Schnees,
> Hat nichts von anderen zu fürchten.
> Der Leopard, der König im Schnee ist,
> Findet seine Stärke dort.

Hier ist der Leopard das Symbol für Unabhängigkeit und Weisheit. Aber das Diamant-Fahrzeug schloß auch magische Praktiken ein, in deren Mittelpunkt heilige Diagramme, Mandalas, standen. In dieser Hinsicht gelang es dem tibetanischen Buddhismus, die frühere ländliche Religion und die höheren Regionen buddhistischer Theorien und Kontemplation zu vereinen. Darüber hinaus zog er die sexuelle Bilderwelt der nordindischen Religion heran. Der beherrschte Gebrauch des Sexuellen galt bereits an sich als ein Schritt zur Erleuchtung.

Die Anhänger der älteren Sekte des tibetanischen Buddhismus nannte man die Rotmützen. Nach den Reformen im 11. Jahrhundert wurde ein neuer Typus gereinigten Vajrayana-Buddhismus' eingeführt, und dessen Anhänger nannten sich dann Gelbmützen oder Gelugpa (Tugendhafte). Aus ihrer Mitte wurde das geistige Oberhaupt des Staates gewählt. Der Theorie zufolge mußte der Herrscher ein Bodhisattva sein, daher die sorgfältige Suche nach einem Jungen, der die richtigen Charaktermerkmale aufwies, um die Nachfolge des vorangegangenen Dalai Lama anzutreten.

Unter diesem mittelalterlichen System, das erst zerschlagen wurde, als die Herrscher des roten China beschlossen, die tibetanische Gesellschaft zu verändern, was zur Flucht des Dalai Lama und vieler anderer Mönche nach Indien führte, lebte das tibetanische Volk weitgehend in Frieden und verhältnismäßigem Wohlstand.

Rückblick

Der Buddhismus paßte sich vielen Kulturen Asiens an; er ist jedoch, da er sich in der Hauptsache auf mönchisches Leben stützt, feindlichen Regierungen gegenüber verwundbar, und seine Zukunft in Südostasien und China sieht nicht rosig aus. Er macht indessen heute andere Wandlungen durch, während er sich der westlichen Welt anpaßt, die sich zunehmend gefesselt zeigt von dem Reichtum buddhistischer psychologischer und geistiger Schulung und von den Herrlichkeiten buddhistischer Kunst.

3. CHRISTENTUM

Das Christentum ist die geheimnisvollste der großen Religionen. Wir glauben es zu verstehen. Wir identifizieren es mit gewissen Heilsbotschaften aus der Bibel. Es hat indessen viele Gesichter. Es umfaßt eine ganze Reihe von Strömungen, von den griechisch Orthodoxen über den Katholizismus bis zu einer Vielzahl von protestantischen Kirchen und Sekten. An seiner Peripherie sind eine Fülle von Bewegungen angesiedelt, die alle den Anspruch erheben, christlich zu sein (wie die Mormonen oder Kirche Jesu Christi der Heiligen der letzten Tage). Das Christentum ist also keineswegs so gradlinig, wie es manchmal aussieht. Es kann Kriege und Pazifismus billigen, Klöster und weltliche Standpunkte, Hierarchien und Demokratie, Predigt und Ritual, Philosophen und solche, die Philosophie ablehnen. Vielleicht ist das Teil der Logik seines Glaubens. Es kann sein, daß es im Neuen Testament viele Gesichter Christi gibt und daß Jesus die unterschiedlichsten Rollen spielte und daher in verblüffender Weise allen Versuchen widersteht, ihn in konventionelle Kategorien einzuordnen. Wäre das möglich, so hätte sich das Christentum kaum in so verschiedenen Richtungen entwickeln können. Wir müssen, wenn wir miteinander ins Gespräch kommen wollen, für den Augenblick alle selbstverständlichen Vorstellungen, positive wie negative, die wir von dieser vitalen Mutter der europäischen Kultur und ihrer ungebärdigen Kinder wie Wissenschaft und moderner Humanismus haben, beiseite lassen. Aus diesem Grunde beginne ich mit einer für die meisten Menschen ungewohnten Manifestation dieses Glaubens – nämlich der rumänischen Kirche, deren Blüte in einem kommunistisch gewordenen Land erstaunlich ist. Ist dieser Glaube in Rumänien ebenso sehr wahrer Glaube wie die evangelische Botschaft der »zweimal geborenen« Baptisten? Wenn wir den Ahnen der östlichen Orthodoxie nachspüren, werden wir zurückgeführt zu den Ereignissen, die zur Spaltung der Kirche führten. Denn im wesentlichen hat sich das Christentum in drei Strömungen geteilt: in die griechisch-orthodoxe, die römisch-katholische und die protestantische, und die erste große Spaltung trat ein zwischen Ost und West.
Diese Spaltung war vielleicht bereits in der frühen Geschichte der Kirche angelegt. In den ersten drei Jahrhunderten verbreitete sich der Glaube über das weite römische Reich. Das römische Kaiserreich, zwar häufig feindselig eingestellt, bot das Milieu, durch das der Glaube weitergetragen werden konnte. Danach erlangte

die Kirche mit Konstantin ihren ersten offiziellen Erfolg. Aber das Imperium selbst begann in zwei Hälften auseinanderzubrechen, die eine Hälfte hatte ihre Basis in Konstantinopel, die andere in Rom – die eine war griechisch, die andere lateinisch. In den nachfolgenden Jahrhunderten wurde der Westen von den Westgoten und anderen Gotenstämmen aus dem Norden überrannt. Die Kirche wurde zum Träger der lateinischen Kultur und rang mit Erfolg um die Bekehrung der Eindringlinge. Ein neues Westeuropa wurde geboren, eine Synthese zwischen dem lateinischen Süden und germanischen Norden. Aber Konstantinopel fiel erst 1453, viele Jahrhunderte später. Die historische Situation der östlichen und westlichen Christen war somit sehr verschieden. Darüber hinaus trugen die plötzlichen Eroberungen durch den Islam im 7. und 8. Jahrhundert dazu bei, viele Kirchen im Osten vom Christentum als Gesamtheit zu isolieren.

Dann, als Europa im frühen 16. Jahrhundert anfing, neue Kräfte zu zeigen und seine erstaunlichen Eroberungen in Übersee zu machen, wurde die römische Kirche durch die Reformation auseinandergerissen. Große Teile Nordeuropas und Nordamerikas sowie, im 19. Jahrhundert, Afrikas wurden protestantisch. Diese Ereignisse beschleunigten schließlich auch die Entwicklung des modernen Kapitalismus, der naturwissenschaftlichen Revolution und des modernen Humanismus.

Ich werde bei meiner Behandlung des Christentums nicht nur den entscheidenden Phasen seiner Geschichte nachgehen, sondern auch verschiedene Themen aus Gebieten und Aspekten seiner Entwicklung auswählen. Etwas vom erstaunlichen Reichtum des Christentums wird daraus zu ersehen sein, seine helle wie seine dunkle Seite, und auch, daß es überraschender und mannigfaltiger ist, als man meint.

Der römische Glaube: eine Frage

Kirche und Kloster Neamt in Nordrumänien sind eingebettet in eine wunderschöne hügelige Landschaft in der Nähe der Karpaten, die wie eine gebogene Rippe oder ein Bumerang mitten durch das Land laufen. Es gibt auf Schritt und Tritt Zeugnisse der lateinischen Kultur, denn Menschen und Sprache befinden sich noch deutlich, und gegen jede Wahrscheinlichkeit, im Banne der römischen Vergangenheit. Hierher wurde Ovid verbannt, und Erinnerungen an seine Gedichte klingen in den rumänischen Hügeln und an der Küste auf. Aber es ist ein Land mit vielen Überlieferungen – die Ukraine liegt im Norden und die Türkei im Süden. Es gibt Ungarn und Deutsche in Siebenbürgen, und Deutsche außerdem in den Ostkarpaten, die ihrem christlichen Glauben in den entsprechenden lutheranischen Kirchen anhängen.

Jeder in Rumänien scheint zur Kirche zu gehen. In Neamt gab es Bauern und Seminaristen im Habit, während junge und alte Priestermönche die Liturgie, diese göttliche Oper, derart himmlisch zelebrierten, daß drei Stunden wie zwanzig Mi-

nuten vergingen (im Himmel vergehen die drei Stunden zweifellos im Nu). Später erklärte draußen ein kerzengerade aufrecht stehender Bauer in dunklem Anzug mit Hut und Schnurrbart, für ihn bedeute die Liturgie, daß die Baptisten nicht an ihn herankönnten. Ein anderer berichtete von seinem Kampf im Kriege gegen die Deutschen (die Rumänen haben wie die Italiener auf beiden Seiten gekämpft, worauf die Denkmäler indirekt hinweisen). Ein Mädchen bäuerlicher Herkunft sagte, ihr gäbe die Liturgie »ein erschreckendes Gefühl von Glauben«. Gott kommt in Gold und Gepränge zur Erde, und die Jungfrau und die Heiligen werden auf juwelenbesetzten Bildnissen geküßt. Die Welt des Himmels ist hier auf Erden, und die Bücher der Protestanten (denn die Protestanten berufen sich auf die Heilige Schrift und deren immerwährende Gültigkeit) haben angesichts der Herrlichkeiten der rumänischen Liturgie nicht allzuviel Gewicht.
Aber diese Herrlichkeiten rumänischen Christentums müssen in einer kommunistischen Gesellschaft existieren, in der die Partei und die Porträts des Genossen Präsident allgegenwärtig sind. Welche Bedeutung hat nun diese Verbindung zwischen Kirche und Staat – nicht nur für Rumänien, sondern für die Christenheit ganz allgemein?
Ich erzählte einem Bischof in Bukarest, daß die Kinder in England, die man in der Schule das Christentum lehrt, als Atheisten aufwachsen, während sie in Rumänien in der Schule den Atheismus lernen und als Christen aufwachsen. Das ist als Witz ganz brauchbar, um aber die Entwicklung und gegenwärtige Situation des orthodoxen Geistes zu begreifen, müssen wir in die Vergangenheit zurückgehen und ihn im weiteren Rahmen der christlichen Erfahrung zu erfassen suchen. Die Verbindungen von Bukarest gehen zurück bis nach Bethlehem, dann aber auch nach Rom und Indianapolis. Ihr Studium kann uns helfen, die Enge westlicher Kirchengeschichtsforschung zu korrigieren, die sich schon immer nur mit der frühen Kirche und der Reformation beschäftigt und viele entscheidende spätere Entwicklungen außer acht gelassen hat.

Der Kern des Glaubens

Bevor wir uns der Entwicklung des Geistes des Christentums zuwenden, wollen wir uns sein Herz betrachten. Wir sind im allgemeinen dermaßen gewöhnt an den christlichen Glauben, daß wir vergessen, wie ungewohnt sein zentraler Mythos und Ritual in Wirklichkeit waren und sind.
Der Mythos hat ungefähr folgenden Inhalt: Der Mensch war von Gott erschaffen, aber er war ungehorsam; nur zum Teil konnte er mit Gott wieder versöhnt werden. Diese teilweise Versöhnung vollzog sich durch den Bund oder Vertrag, den Gott dem Volk Israel anbot. Gott half nun diesem Volk auf wundersame Weise; er inspirierte auch gewisse Propheten, die, als Gegenleistung, für die Treue des Volkes sorgten. Aber dem Volk wurde klar, daß die Erlösung in der Zukunft liegen

müsse, in der Wiederkunft des Gesalbten. Und die hebräischen Schriften legitimierten die Suche nach einem derartigen Messias. Er kam, in der Gestalt von Jesus. Jesus erlöste den Menschen, denn er war ja Gott, der Sohn Gottes. Nur Gott konnte das vollkommene Opfer bieten, das den Ungehorsam des Menschen sühnte. Dieses Opfer vollzog sich auf dem Kalvarienberg, wo Christus, der Prototyp der Märtyrer, sowohl von den Juden als auch von der römischen kaiserlichen Macht abgelehnt wurde. Aber Jesus stellte seinen Sieg unter Beweis, indem er von den Toten auferstand und den Jüngern erschien. Ähnlich können auch wir in Christus den Tod besiegen. Christus war der neue Mensch, der zweite Adam, und er wird wiederkehren, um das Jüngste Gericht zu veranstalten am Ende der uns bekannten Welt. Auf diese Weise wird ein neuer Himmel und eine neue Welt erschaffen werden.

Es gibt Urbilder und Nachklänge von diesem Mythos. So fiel der erste Adam in Ungnade wegen einer Jungfrau, wegen Eva; der zweite Adam hingegen erlöste die Menschen, weil er von einer Jungfrau geboren war, von Maria. Der erste Adam starb eines Baumes wegen, von dem er die verbotene Frucht aß. Der zweite Adam erlöste die Menschen mittels eines Baumes, nämlich des Kreuzes. Der erste Mensch befand sich in einem Garten der Seligkeit, den er verlassen mußte. Jesus befand sich in dem traurigen Garten Gethsemane, von dem aus er Schmerz und Verklärung entgegenging.

In irgendeiner Weise war Jesus der Nachfolger von Johannes dem Täufer. Deshalb wurden Christen des Glaubens durch die Taufe teilhaftig, die an sich ein Durchspielen von Tod und neuem Leben bedeutete. Ähnlich wurden die Gläubigen durch das Sakrament des Abendmahls mit Christus vereint und damit in seinen Sieg über den Tod einbezogen. Auf diese Weise wurde ihnen versichert, daß Gott sie wieder auferstehen lassen und ihnen leibliche Erneuerung gewähren würde, mit dem Jüngsten Gericht, wenn ein neuer Himmel und eine neue Erde kommen würden. Kein Wunder, daß die frühen Christen ziemlich geheimnisvoll mit ihren Ritualen umgingen. Schließlich sollte durch diese Riten die Erlösung stattfinden, und die Erlösung durfte nicht beiläufig geschehen, ohne den Glauben an Christus und an den Gott, der die Welt regierte.

Diese merkwürdige Geschichte hat außerdem Dimensionen eines kosmischen Dramas. Die Christen glaubten, Jerusalem sei der Mittelpunkt des Universums und das Kreuz der Treffpunkt von Himmel und Erde und außerdem zeitlich der dramatische Höhepunkt der gesamten Menschheitsgeschichte. Die Kreuzigung war der zentrale Akt in diesem kosmischen Drama, das den Plan Gottes, des Schöpfers und Herrschers über Menschen und Materie, entfaltet hatte. Es war also dem sich heranbildenden christlichen Geist nicht schwer, den Mythos Jesus mit der Struktur des Universums zu verbinden. Philosophie und heilige Geschichte waren dazu ausersehen, sich zu vermählen, wenn auch vielleicht zuweilen in etwas unsicherer Weise. Wenn es später Konflikte zwischen beiden gab, war das stets schmerzlich.

Die jüdische Überlieferung hatte sich zu einer ähnlichen Synthese vorgetastet, zu einer ähnlichen Verbindung von Geist und Herz. Man betrachte beispielsweise das Denken von Philo von Alexandria, der in der Philosophie eine besondere Gabe seitens des Himmels sah, die im allgemeinen viel von dem vermitteln konnte, was in der schriftlichen Offenbarung genauer erkannt werden konnte. Er vermählte Griechenland mit Jerusalem. (Später, im 3. Jahrhundert, konnte der Kirchenvater Tertullian fragen: »Was hat Athen mit Jerusalem zu tun?«, aber der Grundstein für die große Vermählung war gelegt.)
Ägypten war das Milieu von Philo und des Christen Origenes sowie anderer großer Schriftsteller und Denker. Viele Gelehrte nehmen an, daß es Ägypten war, über das Gedanken aus dem Osten einströmten. Der Lehrer von Plotin, dem größten religiösen Denker im römischen Reich, der im Neuplatonismus den Lehren Platos eine neue geistige Form gab, mag sehr wohl von Indien beeinflußt gewesen sein. Die Ähnlichkeiten zwischen dem Denken von Plotin und dem einiger wichtiger indischer Systeme ist jedenfalls auffallend. Zwar treten oft Gedanken in verschiedenen Kulturen unabhängig voneinander auf, aber es ist durchaus möglich, daß ein unsichtbarer Suezkanal bestand, der östliches Gedankengut ins christliche Europa transportierte.

Die Identität von Christus

Wir haben zwar die Evangelien und andere Teile des Neuen Testaments als Zeugnisse, aber es wäre naiv, zu glauben, sie vermittelten ein wirklich zutreffendes Bild von Jesus. Zahlreiche Chronisten waren am Werk, und die Worte wurden zu einer Art liturgischem Mosaik zusammengesetzt – und das zwei Jahrhunderte, bevor der Kanon wirklich innerhalb der Kirche festgelegt wurde.
Das heißt nicht, daß die Christen unrecht hatten, den heiligen Schriften, so wie sie nun einmal waren, zu vertrauen. Sie lasen bei den Sakramenten aus ihnen vor, weil sie Christus, den Erlöser der Menschheit, vorstellten. Sie lasen eine gute Botschaft heraus, weil sie diese für relevant für die eigene Situation hielten. Außerdem mußten sie irgend etwas zusammentragen, das von gleicher Bedeutung war wie die Bücher, die sie unterdessen als das Alte Testament bezeichneten. Die Heilige Schrift war damals, obwohl sie auf wirkliche Ereignisse, zumindest teilweise, hinwies, nicht in erster Linie ein Geschichtsbuch in unserem modernen Sinne. Es handelte sich um mythische inspirierende Erzählungen von dem Drama der Erlösung, wie es im Leben von Israel und Jesus gesehen wurde. Sie standen Shakespeare näher als der Historie. Sie wurden vor allem als Teil der göttlichen Liturgie verstanden, aber sie vermittelten kein definitives Bild. Statt dessen erhalten wir aus dem Neuen Testament und der christlichen Geschichte Bilder Christi, die sich überschneiden: das Bild vom Lehrer – er war in der Tat Rabbiner –, vom moralischen Führer, vom Zeloten-Aufrührer, der bereit ist, die Autorität zu stürzen,

und der die Geldwechsler aus dem Tempel jagt, oder von dem göttlichen, siegreichen Christus der östlichen Ikonen. Christus kann gesehen werden als der Mann, der am Kreuz hängt, an Nägeln, die durch die Hände geschlagen sind (obwohl es sich vermutlich um Stricke handelte). Er kann gesehen werden als der Stifter einer Religion.
Wahrscheinlich ist jedem Bild ein gewisser Wahrheitsgehalt eigen. Aber wir werden bald erkennen, daß es nicht vernünftig ist, Jesus nur aus einem einzigen Blickwinkel zu betrachten. Alle unsere Scheinwerfer haben farbige Strahlen. Was nutzt es also, danach zu fragen, welches die wirkliche Farbe Christi ist?

Das Neue Testament

Aber wir müssen unbedingt begreifen, daß das Neue Testament bei all seiner Bilderfülle eine Art Prüfstein des Glaubens darstellt. Zu recht oder unrecht – und das ist im Grunde Ansichtssache – haben manche Christen im Neuen Testament einen praktisch unfehlbaren Zeugen der Wahrheit gesehen. Das brauchen wir allerdings nicht unbedingt zu akzeptieren, um zu erkennen, daß man, jedenfalls um ein Bild von der Person Jesu zu gewinnen, auf die Bücher des Neuen Testaments als erste Quelle zurückgreifen muß.
Etwas fällt sofort auf. Unglaublich viel Raum nimmt die Gefangennahme, der Tod und der Prozeß ein; die Geschichten über die Auferstehung sind viel fragmentarischer. Die Berichte von den letzten Tagen im Leben Jesu sind zusammenhängend und ausführlich. Das Evangelium scheint weniger Gewicht auf die moralischen, ja sogar die geistigen Lehren von Jesus als auf seine Taten und Leiden zu legen, wenn auch die Darstellungen seiner Gleichnisse sich wie ein roter Faden durch die Berichte über seine öffentlichen Auftritte ziehen. Das Neue Testament erzählt von einer neuen Reihe von Erlösungsakten. Und natürlich ist die Frage, ob Jesus der Erlöser ist, nicht so sehr eine Sache der Geschichte als eine des heiligen Dramas beziehungsweise des Mythos.

Der »obere Saal«

Das heilige Drama findet seinen physischen Ausdruck in den Worten und der Musik der Liturgie. Um zu ihrem Ursprung zu gelangen, zum Ursprung der zentralen christlichen Sakramente, müssen wir uns in den »oberen Saal« begeben, dorthin, wo das letzte Abendmahl stattfand. Vielleicht sollten wir es auch das erste Abendmahl nennen. Denn wenn es auch die letzte Zusammenkunft von Jesus mit seinen Jüngern war – so man die Begegnungen nach der Auferstehung nicht mitzählt –, leitete es doch eine neue Ordnung ein. Das im Neuen Testament aufgezeichnete Ritual war schlicht. Es hat wiederholte Versuche gegeben, den Vollzug im Christentum wieder zu vereinfachen. Aber in diesem Ritual waren auch die Samen der goldenen Ernte der östlichen Liturgie enthalten. Im Christentum, der Religion mit der größten Selbstkritik, wird der Gedanke, daß Pracht und Herrlichkeit verderblich sind, immer wieder aufsteigen; davon abgesehen jedoch barg das Abendmahl Hinweise auf künftige Dramen.

Zunächst, weil Jesus die Jünger seinen eigenen Tod als Opfer erkennen ließ, indem er dem Brot und dem Wein eine bestimmte Bedeutung verlieh. Er sah das Brot und den Wein als etwas, das sie wortwörtlich nicht waren, als den eigenen Körper und das eigene Blut. Und er sah den eigenen Körper und das eigene Blut als das, was sie dem Buchstaben nach nicht waren, als eine Opfergabe an Gott zugunsten des Menschen. Vielleicht war er das neue Opfertier. Aber er war nicht tot: der innere Sinn des letzten Abendmahls konnte sich erst in der Zukunft enthüllen. Das ist der Grund, weshalb sich dieses Ritual (in unseren Augen) stets immer weiter entfaltete und warum es bis zu einem solchen Endergebnis dieser Entwicklung kam, wie es die orthodoxe Liturgie darstellt. Wenn Christus jedoch der Same des heiligen Dramas war – was war der Boden für diesen Samen? Theoretisch war der Boden Israel. Jesus stand in einer besonderen Beziehung zur jüdischen Überlieferung, und sein Vorgänger und Verwandter Johannes der Täufer war eine jüdische Figur seiner Zeit. Als sich dann aber das Christentum durch das römische Reich verbreitete, erwarb es sehr bald eine griechische Dimension. Hatte Jesus das vorausgesehen? War seinen Jüngern klar, was sich da anbahnte, nämlich daß sich das vom Ursprung her jüdische Christentum durch griechische und lateinische Medien ausbreitete? Die östliche Orthodoxie hat sehr geschickt die Klänge der Synagoge mit der Musik von Byzanz verschmolzen.

Das rein jüdische Christentum jener, die auch die Christen beschneiden wollten und die Jerusalemer Kirche gründeten, wurde weitgehend im Jahre 70 n.Chr. vernichtet. Inmitten des Holocausts, den die Römer dem widerspenstigen hebräischen Volk auferlegten. Man könnte sagen, daß der Islam die universalistische Bestimmung der jüdischen Christen übernahm, als sich das Christentum gen Westen und Norden wandte und, während es doch alles für alle Menschen sein wollte, griechisch und lateinisch wurde.

Die Pax deorum

Das römische Reich beherbergte ein buntes Gemisch von Religionen, wurde aber durch den einigenden Gedanken gestützt, daß eine harmonische Beziehung zwischen Göttern und Menschen, die *pax deorum,* für sein Wohlergehen notwendig sei. Seiner Toleranz lag sozusagen ein religiöses, wenn nicht magisches Prinzip zugrunde. Der eigentliche Ärger mit den Christen war, daß sie, wenn sie sich weigerten, dem Kaiser zu opfern, und die Götter ablehnten, diese himmlische Harmonie empfindlich störten und den Frieden auf Erden im siegreichen römischen Reich

bedrohten. Wenn der Tiber das Land überschwemmte oder die Ernte in Ägypten ausfiel, dann brachen die Bürger Roms, naß oder hungrig, leicht in den Ruf aus: »Werft die Christen den Löwen zum Fraß vor!«. So gab es Progrome in Hülle und Fülle, wie während der großen Christenverfolgungen, die 303 n.Chr. mit der begeisterten Billigung der kaiserlichen Regierung selber begannen.
Konstantin scheint gespürt zu haben, daß die Throne der alten Götter wackelten und daß man diesem Umstand die ständigen Bürgerkriege im Kaiserreich zuschreiben mußte. Ein neuer Gott könnte die *pax deorum* vielleicht wiederherstellen. Es würde dann der Friede eines einzigen Gottes sein. Das Blatt wendete sich, ein kaiserliches Edikt (438) gestattete es jetzt, Juden, Samariter, Heiden und Ketzer zu verbannen, deren Mangel an Anpassung offensichtlich die Ursache von Dürreperioden und Mißernten war. Der neue Gottesfriede war systematischer und letztlich vielleicht auch rücksichtsloser als der des alten Systems. Paradoxerweise indessen gelangten die Christen nicht durch Kampf und Angriff auf den Thron, sondern durch Selbstaufopferung. So konnte Lactantius schreiben, daß die Religion durch Sterben und nicht durch Töten verteidigt werden sollte.
Das Christentum war damals in keiner Weise politisch, auch wenn es die politischen Mächte beleidigte. Der Widerstand gegen die Opfer für das Kaiserreich war eine religiöse und keine politische Aktion. Deshalb war nach dem Sieg des Glaubens eine Symbiose zwischen Kirche und Staat leicht zu bewerkstelligen. Das Christentum selbst hatte schließlich keine der kaiserlichen Macht entgegenstehenden Prinzipien, nur vielleicht eigene Ansichten hinsichtlich der Moral und der Kulte. So entstand der Caesaropapismus, der im Osten von so entscheidendem Gewicht sein sollte. Mit anderen Worten, Kaiser und Priesterschaft konnten sich gegenseitig stützen, während im Westen der Papst und der Caesar gut zusammenarbeiteten, selbst wenn das Papsttum im Falle des Zusammenbruchs des Reichs durch innere und äußere Kräfte die Hauptlast der Vermittlung von lateinischer und christlicher Kultur zu tragen hatte in jener wirren Zeit, die etwas dunkel und irreführend als finsteres Mittelalter bekannt ist.

Caesaropapismus

So war im Ostreich der Hof von Byzanz auch das Zentrum, von dem aus das Christentum ausstrahlte. Selbst als die Türken im Jahre 1453 das alte Kaiserreich überwältigten, übten sie zum Teil die Herrschaft über die Christen weiterhin durch den Patriarchen aus. Die große Kirche war zwar in Gefangenschaft, ihre Identität jedoch blieb gewahrt.
Ein weiterer Grund dafür, daß die jüdische Sekte mit ihrem seltsamen Mythos von einem sterbenden und auferstehenden Christus soviel Erfolg hatte, lag darin, daß sie eine kraftvolle Gedankenwelt entwickelte. Letztlich kann eine Bewegung unmöglich Erfolg haben, wenn sie nicht die Köpfe derjenigen gewinnt, die Verstand

und Bildung besitzen. Diese befinden sich immer in den Schlüsselpositionen von Macht und Einfluß innerhalb der Bürokratie und des technischen Verwaltungsapparats, der das Gebäude eines Reiches oder eines modernen Staates aufrechterhält. Das ist ebenso einer der Gründe für den Erfolg des Marxismus: er verfügt über eine zusammenhängende Philosophie und damit über eine zusammenhängende Politik; über Dynamik und Stoßkraft sowie über die Plausibilität der Logik.

Das Christentum und die Mysterien

Worin bestand nun das Geheimnis des Erfolges des Christentums gegenüber den Geheim- und anderen Kulten? In erster Linie darin – und das war wichtig –, daß das Christentum wie ein Geheimkult wirkte, da diese Kulte stets irgendeine Art Initiation und geheime Wandlung des einzelnen durch Rituale und Sakramente vorsahen. Denken wir an Eleusis bei Athen. Das Nachspielen der Geschichte Demeters, einst eine Sage zur Feier der Ernten und von tiefer Bedeutung für die Fruchtbarkeit, gewann dort eine mehr psychologische und geistige Bedeutung. Die Erde, die nach der Phase des Todes wieder Leben hervorbrachte, schuf auch neues Leben in den Körpern der Eingeweihten. Ziel eines Mysterienkultes war, wie Aristoteles feststellte, *ou mathein alla pathein:* der Mensch soll nicht Wissen ansammeln, sondern sich ändern. Es gab überdies dynamischere, universalere Kulte, wie den Mithras- und den Isis-Kult, über den wir den berühmten und bewegenden Bericht von Lucius Apuleius in seinem Buch *Der goldene Esel* besitzen. Der Erzähler wurde von der Göttin verwandelt: »Ich nahte mich der Grenzscheide zwischen Leben und Tod und schritt über Proserpinas Schwelle, ich fuhr durch alle Elemente und kehrte zurück, ich erschaute um Mitternacht der Sonne weißes Licht, ich sah die Götter des Himmels und der Unterwelt von Angesicht zu Angesicht und verneigte mich vor ihnen.«

Dies also die Wirkungen der Zeremonie. Und symbolisch bedeutet die Verwandlung des Apuleius vom Esel in einen Menschen die sakramentale Erlösung von den niederen Dingen. Aber die Mysterien waren eine Angelegenheit der Wahl. Die griechisch-römische Welt hatte Raum für eine ganze Reihe von Kulten, die nur ab und zu von einer zusammenhängenden Philosophie gestützt wurden. Es war ähnlich wie im heutigen Hinduismus, nur daß die einzelnen Gruppen noch lockerer miteinander verknüpft waren. Das Christentum hingegen war auf eigene Art kompromißlos und trug von Anfang an den Keim für ein System in sich.

Die Kompromißlosigkeit leitete sich von seinem jüdischen Hintergrund her. Es konnte keine anderen Götter neben Gott geben. Jesus war zwar der Herr und wurde im Sakrament der Eucharistie und durch diese angebetet, jedoch wurden mit der Zeit die Identitäten (und Unterschiede) von Christus und dem Vater festgelegt und erhielten aufgrund der Trinitätslehre spirituellen Gehalt. Die Christen konnten in keinem Fall den Kaiser anbeten, obwohl sie ihm gehorsam waren.

Aber Isis wurde weder angebetet noch wurde ihr Gehorsam erwiesen. Indem sich das Christentum allgemein verbreitete, gelangte der strenge Monotheismus der Juden in alle Teile des römischen Reiches und über dieses hinaus. Und wenn auch die Christen zunächst unbedeutend wirkten, wie ein Ableger eines sonderbaren Minoritätenkults, so erwies sich ihr kompromißloser Widerstand gegen andere Götter als durchschlagend und das Blut der Märtyrer düngte den Boden der Kirche.

Katholizismus, Orthodoxie und Protestantismus

Das Christentum war schöpferisch. Vielleicht war die Vermählung von Jüdischem und Griechischem, vom Osten mit Rom, von Charisma mit Sakrament, von Jesus und seiner göttlichen Berufung, des einen Gottes mit der Aura der vielen Götter und von Mysterium und Metaphysik die Ursache für den erstaunlichen Erfolg.
Man könnte meinen, die Ursächlichkeit sei eindeutig. Sie geht aus von Jesus als göttlichem Wesen und Mittelpunkt des Evangeliums. Welcher Christ würde das nicht letzten Endes akzeptieren? Dennoch mußte der Glaube durch menschliche Kanäle wirken. Die christliche Welt brach auseinander. Während der Jahrhunderte des 1. Jahrtausends entwickelte sich die byzantinisch-griechische Überlieferung fort von derjenigen der zerfallenden Hauptstadt und des an Macht zunehmenden Vatikans. Die Gewässer des Christentums flossen in der Hauptsache in zwei mächtigen Strömen, von denen sich einer später noch einmal teilte. Bei den beiden Hauptströmen handelt es sich natürlich um die Ost- und Westkirche. Ihre abweichenden Charaktere bildeten sich ganz allmählich heraus. Im 11. Jahrhundert war die Spaltung praktisch vollständig, aber in Wirklichkeit hatte die Ostkirche die Autorität Roms bereits schon viele Jahrhunderte früher zurückgewiesen. Zum Teil war es eine Frage kaiserlicher Gerichtsbarkeit (Konstantinopel gegen Rom), zum Teil eine Angelegenheit der Lehre, ein Streit um die berühmte *filioque*-Formel, auf die wir noch zurückkommen werden. Die Teilung wurde gefördert durch die politischen Veränderungen in Ost und West. Rom unterlag den Barbaren, während Byzanz die Idee des römischen Reiches weiter bewahrte. Später wurde dann die griechisch-orthodoxe Welt so gut wie endgültig vom ottomanischen Reich überrannt (was, wie wir sehen werden, einer der tieferen Gründe für die Verflechtung von Partei und Kirche im heutigen Rumänien ist), während die westliche Kirche, über ein halbes Jahrhundert nach dem Fall von Konstantinopel (1453), in die Krise geraten war, die zur Errichtung der protestantischen Kirchen führte. Sie sollten in Nordeuropa und Nordamerika vorherrschend werden.
Es lohnt sich, einen kurzen Blick auf die Weltkarte zu werfen, um den Verlauf der drei Ströme des griechisch-orthodoxen, katholischen und protestantischen Christentums auf unserem Planeten zu verfolgen.
Der Katholizismus strahlt aus von Rom, aber jenseits der Alpen läßt sein Einfluß

nach mit Ausnahme von Süddeutschland und Österreich, wo er vorherrschend ist, und von Polen, wo er zur nationalen Identität gehört. Durch den großen Zustrom von Europäern in die neue Welt wurde der Katholizismus auch nach Amerika gebracht. Wichtiger noch, die imperialistischen Eroberungen von Spanien und Portugal machten ihn zur dominierenden Religion in Lateinamerika. Vielleicht hat das den Charakter des Katholizismus als einer südeuropäischen Religion verstärkt, denn in den Gebieten um das westliche Mittelmeer hat er am konsequentesten sein Ethos bewahrt. In Afrika und Asien hat Rom einige Erfolge zu verzeichnen, jedoch liegt seine Hauptmacht im wesentlichen entlang einer Linie von Litauen südwestlich bis Trafalgar sowie, auf einer anderen Linie, vom Rio Grande bis Feuerland. Das sind also die Bastionen des Katholizismus. Eines seiner lebendigsten Zentren liegt indessen im Nordwesten, in Irland, mit einer ganz eigenen Mischung von Strenge und Wärme und einem großen Einfluß auf die katholische Welt in Amerika. Selbstverständlich muß man auch das Gewicht der katholischen Minoritäten erkennen, das, wie z. B. in England, wachsende Bedeutung erlangt, während der Einfluß des Protestantismus zurückgeht.

Der Dynamo der orthodoxen Ostkirche war Griechenland. Von hier aus drang sie tief in den Balkan hinein und weiter nach Moskau, das sich als das dritte Rom empfand. Die orthodoxe Ostkirche war die spirituelle Führungsmacht im Nahen Osten, bis ihr Gewebe durch die Explosion des Islam zerrissen wurde und sie zur Randerscheinung in diesem Gebiet machte, wenn sie sich auch noch in Armenien gehalten hat und in Abessinien in Form von koptischen und geheimen Sekten weiterexistiert. In Indien faßte die orthodoxe Richtung nur in kleinem Umfang Fuß, und ihr Eindringen nach China erwies sich letztlich als erfolglos. In der modernen Welt befindet sich der Hauptteil der Orthodoxie hinter dem eisernen Vorhang. Sie lebt dort weiter, aber als eine isolierte Kirche, denn wir dürfen nicht vergessen, daß der Islam die Kirche nicht nur im gesamten Nahen Osten so gut wie ausgelöscht, sondern auch auf dem Balkan regelrecht eingekesselt hat. Ausnahmen waren das katholische Ungarn und Rußland, wobei die russische Kirche praktisch die einzige überlebende unabhängige Kirche der griechisch-katholischen Orthodoxie gewesen ist, frei geblieben vom Zugriff der ungläubigen Türken. Das Herz der orthodoxen Kirche befindet sich in Griechenland, ihre Macht jedoch liegt weitgehend nördlicher. Ihr Einflußgebiet erstreckt sich von Archangelsk bis Kreta. Ferne Ausläufer finden sich in Sibirien, Äthiopien, Uganda, Indien und in Teilen von Kanada und der Vereinigten Staaten.

Der Protestantismus fand seine Verbreitung in den flacheren nördlichen Teilen von Europa. Vielleicht hatte die magisch-kultische Seite des Christentums niemals völlig bei den Germanen, Kelten und Wikingern Fuß gefaßt. Jedenfalls errang die neue protestantische Form des Christentums ihre größten Erfolge in Frankreich, Deutschland, England und Skandinavien. Und deshalb war der Protestantismus auch die Religion, die den neuen europäischen Übersee-Nationen vor allem vermittelt wurde. So wurde die protestantische Ethik zum Nährboden

Amerikas und großer Teile des weißen Commonwealth. Der Rhythmus Europas fand sein Echo in der neuen Welt. Im Süden also lateinische Sprachen und vorherrschend Katholizismus, im Norden germanische Sprachen und vorherrschend Protestantismus.
Die Art und Weise, in der sich die drei Ströme manifestieren, ist ebenfalls unterschiedlich. Die griechisch Orthodoxen sind für Autokephalie, für die Unabhängigkeit der einzelnen Nationalkirchen; jede Nationalkirche soll ihr eigenes Oberhaupt, jedoch in Verbindung zu Konstantinopel, haben. Die römisch katholische Kirche ist eher für Monokephalie – ein Oberhaupt für alle, der Papst in Rom. Die Protestanten wiederum ziehen ein schöpferisches Chaos vor, manchmal – in der lutherischen und englischen Tradition – etwas Autokephalie, und dann wieder eine betonte Unabhängigkeit, ja Neigung zum Sektentum, das sich in ein Spektrum vom Methodismus bis zu den Mormonen aufteilt. Aber: können diese noch als Christen gelten? (Eine hochwichtige Frage, wenn wir nach dieser schwer faßbaren Substanz suchen – nach dem Wesen des Christentums.)

Die Kinder des Christentums

Schöpferisches Chaos ist eins der Vermächtnisse des Christentums an das schwarze Afrika, an jenen stark christianisierten Kontinent, der fieberhaft unzählige neue unabhängige Bewegungen mit dem Christentum als Vater und der afrikanischen Kultur als Mutter ausbrütet. Zwar mögen die Lebensrhythmen der Völker Afrikas zueinander nicht harmonisch sein, aber in den Klängen grollt ein Donnern, das gewaltige neue religiöse Kräfte ankündet, die auf die Welt losgelassen werden sollen. Es wäre möglich, daß in der schwarzen Welt ein neues Christentum im Entstehen ist und die Mission vielleicht eines Tages vom Süden nach Norden und nicht mehr umgekehrt vonstatten gehen wird, wie es bisher die Geographie der Eroberungen diktierte.
Der Protestantismus hat sich trotz harter Mühen in Asien nach außen hin nicht durchgesetzt, indirekt hingegen spürt man seine Kraft. Denn eines der ungebärdigen Kinder des Protestantismus, der Marxismus, stellte den Mechanismus für die Neustrukturierung der Nationen im Fernen Osten nach der Kolonialherrschaft zur Verfügung; am durchgreifendsten in China. Und wenn der Marxismus auch antichristlich und antireligiös orientiert ist, so zeigt doch seine kämpferische Einstellung gegenüber den Glaubenstraditionen seine protestantische Herkunft an. Nur unter Verwandten kann man sich so hassen wie sich das überlieferte Christentum und die marxistische Ideologie hassen – obwohl sie auch zuweilen Regungen von Sympathie zueinander verspüren.
Die Achse des Katholizismus verläuft also von Litauen bis Trafalgar und darüber hinaus, diejenige der Orthodoxen von Archangelsk bis Kreta und die Achse des Protestantismus von Berlin nach Vancouver. In der südlichen Hemisphäre ist der

amerikanische Kontinent weitgehend katholisch, Australien und Neuseeland eher protestantisch und weltlich ausgerichtet, während Afrika unter heftigen Wehen neue ungeahnte Arten des Christentums hervorbringt. Von Marokko bis Indonesien indessen herrscht der Islam, der für das Christentum so gut wie immun ist, während die Vettern des Christentums sich ihre Haßliebe von Moskau bis Peking erweisen.
Wie jedoch ist es um die Geographie des christlichen Geistes bestellt?

Drei Haltungen des Denkens

Wir werden uns drei Personen betrachten: Athanasius, Thomas von Aquin und Luther. Sie kamen zu drei verschiedenen Denkhaltungen. Die erste war ein Versuch, griechische Vorstellungen zu nutzen, um eine lebendige, aber schwierige Wahrheit christlichen Dienstes an Gott auszudrücken. Die zweite präsentierte eine große Synthese von griechischen und christlichen Gedanken in der aufblühenden römischen Kirche, die auf wunderbare Weise die Zertrümmerung des Imperiums überlebt hatte, das von ihr mit Klugheit durchdrungen worden war, und die nun die Grundlagen für eine neue christliche Kultur legte. Die dritte Haltung führte zu einem Zusammenbruch der römisch-katholischen Kirche, die sich zu sehr bemüht hatte, den zentrifugalen Kräften eines Europa, dessen Kraftfeld sich vom Mittelmeer nach Norden verschoben hatte, ihre Autorität aufzuzwingen. Eine neue Kultur entstand, aber man könnte sagen, daß sie aus der älteren geboren war, die sie bekämpft hatte. Eine kulturelle Dialektik bewegte das unsichtbare Herz der Reformation.
Bei der Charakterisierung der drei Geisteshaltungen werden wir einige der Richtungen der christlichen Doktrin kennenlernen. Die doktrinäre Dimension des Glaubens bleibt stets stark, aber ihre Entwicklung beruht natürlich auf der besonderen Geschichte, die in der Liturgie repräsentiert und in der Spiritualität der Christen gegenwärtig ist: auf der Geschichte von Christus. Sie wurde von neuem interpretiert: es war Augustinus, der der Erlösungsgeschichte ganz neue Aspekte abgewann. Augustinus wirkte überdies grundlegend für die christliche Philosophie, er war eine Persönlichkeit, von der später auch Martin Luther sehr angeregt wurde. Augustinus war es schließlich, der eine Geschichtstheorie entwickelte, die dem westlichen Menschen sehr entgegenkam. Er ist somit einer der Väter von Hegel und Marx und stellt einen der Keime dar, aus welchen die ungebärdigen Kinder des christlichen Glaubens entstanden, die jetzt, erwachsen geworden, unserer zeitgenössischen Welt ihr Gepräge geben. Aber auch die persönliche Geschichte von Augustinus ist interessant, nicht nur die Geschichte, die er sich über die Geschichte ausdachte.

Augustinus wurde in Tagaste im heutigen Algerien geboren. Die Südküste des Mittelmeers war altes römisches Gebiet, bevor die Moslems sie eroberten, und zur Zeit von Augustinus, also in der zweiten Hälfte des 4. Jahrhunderts n. Chr., wurde sie gerade christianisiert. Monika, die Mutter von Augustinus, war Christin, aber obwohl er noch als Kind mit christlichen Gedanken und Gefühlen vertraut gemacht wurde, war es eine andere Religion, die ihn als jungen Mann fesselte. Er war nach Karthago gegangen, um Rhetorik und anderes zu studieren, und lebte mit einer Maitresse, von der er einen Sohn hatte. Die Schriften des Christentums waren ihm bekannt, aber sie konnten kaum bei jemandem Anklang finden, der wie er in den Feinheiten der griechischen Philosophie geschult war. Das Christentum schien ihm eher grobschlächtig. Attraktiver fand er die Manichäer, bei denen Bildung und Selbstdisziplin eine große Rolle spielten. Sie verschmolzen Elemente östlichen und westlichen Denkens, christliche und buddhistische Vorstellungen (auf die wir in Kapitel 2 eingegangen sind). Indessen wuchsen Unzufriedenheit und Enttäuschung in ihm. Im Alter von dreißig Jahren begab er sich nach Mailand, um dort eine Stellung als Lehrer für Rhetorik – oder, wie wir heute sagen würden: Literatur – anzutreten. Mailand war damals die Hauptstadt der Westhälfte des römischen Reiches und eine blühende Metropole. Hier geriet er unter den Einfluß des faszinierenden Bischofs Ambrosius und außerdem, unmittelbarer, der Schule des Neuplatonismus, die mystische Einsicht mit gewissen Aspekten der Philosophie Platos verband. Augustinus verschmolz später diese Elemente mit seinem neu gefundenen christlichen Glauben und bezog sie in seine Philosophie ein. Er wurde im Jahre 386 auf recht dramatische Weise zum Christentum bekehrt. Eines Tages vernahm er eine göttliche Stimme, die ihn drängte, die Heilige Schrift zu lesen, und als er sich an die Lektüre begab, stieß er auf den Vers: »...zieht an den Herrn Jesus Christus und pflegt den Leib nicht zur Erregung mit Begehrlichkeit.«

Im Jahr darauf erfolgte seine Taufe und anschließend die Ordination zum Priester. Er wurde ein großer Kirchenlehrer, ein *doctor*. Er kehrte zurück nach Afrika, wo er während der Belagerung von Hippo durch die Vandalen Ende August 430 starb.

Unterdessen hatten die Anhänger des Donatus in Nordafrika großen Einfluß gewonnen. Die Donatisten waren der Ansicht, daß alle, die in ihrem Widerstand gegen Verfolgungen schwach geworden waren, exkommuniziert werden sollten. Was sollte also mit den Bischöfen und Priestern geschehen, die in Verfolgungen nachgegeben hatten? War ihre Ordination gültig? Die Kirche entschied, daß auch die Ordination unwürdiger Priester Gültigkeit behalten sollte. Das im Kampf des Augustinus gegen die örtlichen Donatisten aufgeworfene Problem regte ihn zu seinem (nach den *Confessiones*) größten Werk: *De Civitate Dei* oder *Der Gottesstaat* an. In diesem Werk erwies er sich als genialer Interpret der Geschichte.

RITEN FÜR ÜBERGÄNGE

Es gibt eine Gruppe von besonderen Ritualen, nämlich diejenigen, die einen Übergang im Leben markieren: eine Taufe, eine Beschneidung, eine Trauung, eine Prüfung, ein Begräbnis. Sie sind in den meisten Gesellschaften wichtig, da sie einen Wandel im Status des einzelnen anzeigen, und die Gesellschaft soll dem einzelnen die gebührende Aufmerksamkeit erweisen. Diese Übergänge sind auch von großer gefühlsmäßiger Bedeutung. Der Priester, der seine Ordination empfängt, fühlt das Gewicht und die Bedeutung des Augenblicks des Wandels, ebenso wie man bei einem Begräbnis den gefühlsmäßigen Verlust erkennt, den der Tod des Menschen seinen Angehörigen zugefügt hat. Religion ist ganz offensichtlich ein wesentlicher Bestandteil dieser »Übergangsriten«; eine der Funktionen der Religion ist es, die bedeutungsvollen Einschnitte, die Frauen und Männer in ihrem Leben erfahren, zu feiern und festzuhalten.

Geburt und Tod sind die wichtigsten Anlässe für die »Übergangsriten«. Ein Mensch tritt ein in die Gemeinschaft der Lebenden oder er verläßt sie. Dieses Bild zeigt, wie eine Trauernde getröstet wird, aber auch die Banalität eines Begräbnisses in der Grafschaft Mayo, Irland, 1973.

Im allgemeinen verbrennen Hindus ihre Toten. Bezeichnenderweise werden heilige Männer und kleine Kinder jedoch nicht verbrannt, da sie außerhalb der Normen der Gesellschaft stehen und anderen Freuden entgegengehen. Hier der Verbrennungsplatz in Benares, ein heiliger und glückbringender Ort des Sterbens für Inder (oder für jeden?). Die Leichen werden unter der Aufsicht von Verwandten, möglichst vom ältesten Sohn, auf Scheiterhaufen verbrannt. Die Knochen werden in den heiligen Ganges geworfen und die Asche in ihn gestreut. Eine Kuh, Symbol der Heiligkeit, besieht sich die Szene. Welchen Ursprung haben Leichenverbrennungen? Das ist ungewiß, aber die um die Mitte des zweiten Jahrtausend v. Chr. nach Indien gekommenen Arier waren Nomaden, und für wandernde Völker ist das Verbrennen eine logischere Lösung als das Begraben. △

In den vergangenen Zeiten verbrannte sich eine gute hinduistische Witwe selbst, um mit ihrem Mann zusammen in die nächste Existenz einzugehen. Die Engländer haben diese als »suttee« bekannte Sitte ausgerottet. Das Wort kommt aus dem Sanskrit und bedeutet wörtlich »eine gute Frau«. Während die meisten westlichen Menschen Selbstmord als Sünde betrachten, gibt es in den östlichen Kulturen Anlässe, bei denen er als richtig und edel gilt: die liebende Ehefrau, der protestierende Mönch, der geschlagene japanische Admiral usw. Ein sicher schrecklicher Abgang – aber in einem Strahlenglanz von Ruhm. ▷

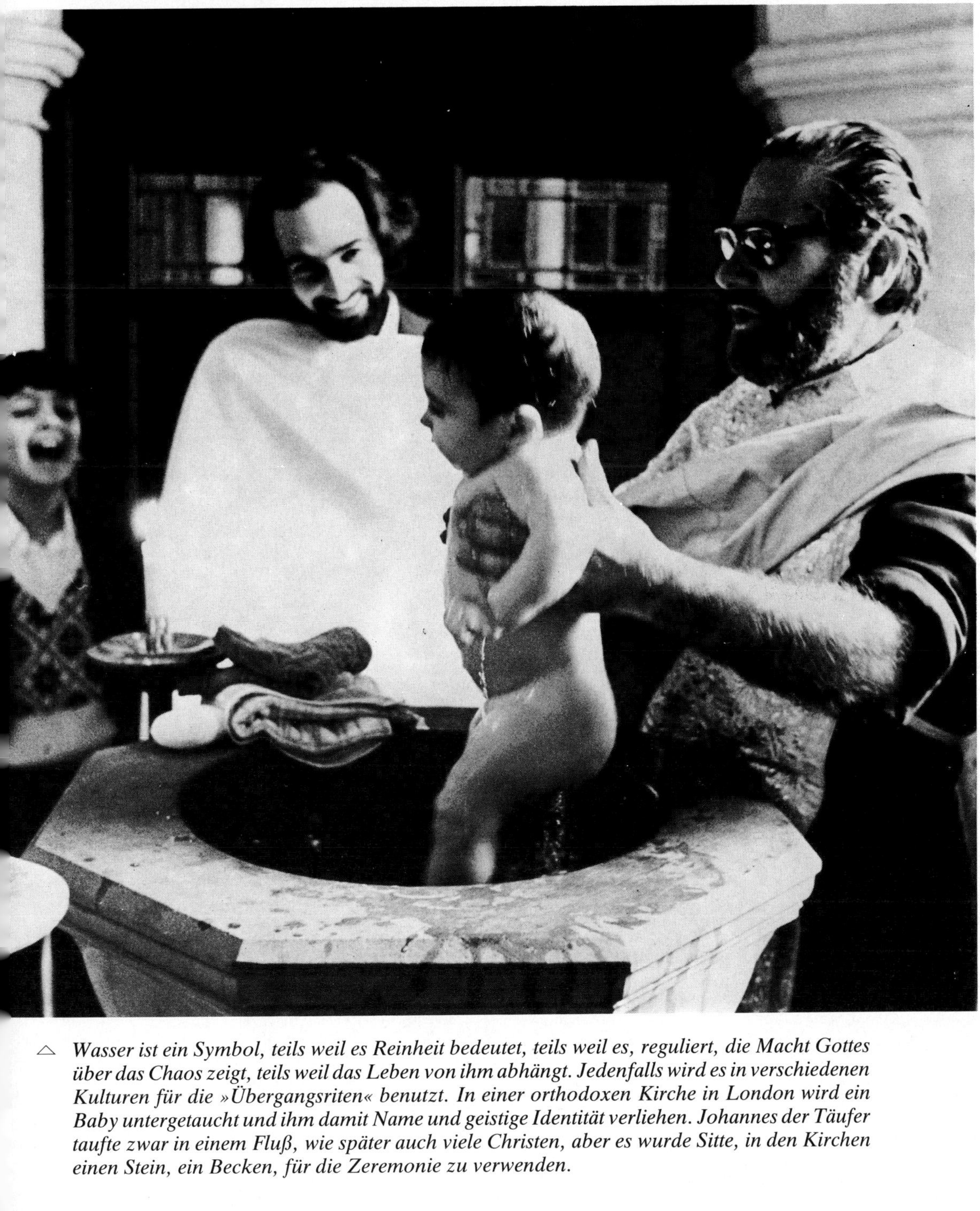

△ *Wasser ist ein Symbol, teils weil es Reinheit bedeutet, teils weil es, reguliert, die Macht Gottes über das Chaos zeigt, teils weil das Leben von ihm abhängt. Jedenfalls wird es in verschiedenen Kulturen für die »Übergangsriten« benutzt. In einer orthodoxen Kirche in London wird ein Baby untergetaucht und ihm damit Name und geistige Identität verliehen. Johannes der Täufer taufte zwar in einem Fluß, wie später auch viele Christen, aber es wurde Sitte, in den Kirchen einen Stein, ein Becken, für die Zeremonie zu verwenden.*

◁ *In Rhodesien findet als afrikanischer Ausdruck des Christentums die Taufe in einem Teich statt, der dem Jordanfluß entspricht. Afrikanische Formen des Glaubens halten sich häufig enger an die Atmosphäre biblischer Zeiten.*

△ *Auch für Laien gibt es im Christentum viele Einschnitte; den in mancher Hinsicht denkwürdigsten stellt die erste Kommunion dar. Diese findet im Katholizismus in einem früheren Alter als in den meisten protestantischen Bekenntnissen statt. Hier sieht man Jungen und Mädchen festlich angezogen, die Mädchen gekleidet wie kleine Bräute. Neue Kleider bedeuten bei religiösen Zeremonien überhaupt oft einen Wandel des Status, denn Kleider sind die wahre Haut des Menschen: der Leopard kann seine Flecken nicht ändern, der Mensch kann es.*

◁ *Sterben bedeutet im wörtlichen Sinne, die sichtbare Welt zu verlassen. Einige Riten jedoch haben die Bedeutung eines symbolischen Todes, was im Christentum stets eine große Rolle spielte. Christus starb, um wieder aufzuerstehen, und die Christen haben die Taufe auch als eine Art Tod betrachtet, um zum wahren Leben aufzuerstehen. Hier eine besondere Form des »Sterbens«: Priester haben sich zu Boden geworfen, während ihres Übergangs in das Priestertum, durch das sie der Welt »absterben«. Das Liegen am Boden ist ein Symbol für Demut und außerdem ein geheimnisvolles Vorspiel zu der neuen geheiligten Existenz, in der sie die Sakramente des katholischen Glaubens spenden dürfen.*

Die Anzeige des Beginns einer Ehe ist wichtig für die Gesellschaft, denn die Ehe ist der Rahmen, in dem sich die Erzeugung neuer Mitglieder der Gesellschaft in vorbildlicher Form vollzieht. In vielen Überlieferungen hat sie auch sakramentale Bedeutung, die Ehe gilt dann als äußerliches Zeichen innerer, unsichtbarer Gnade. So hat das Christentum die Ehe geheiligt als eins seiner Sakramente (die beiden anderen wichtigen sind das eucharistische Mahl und die Taufe). Diese Braut in Rotherhithe, Südostengland, hat das traditionelle Brautkleid an, dessen Weiß Symbol für Jungfräulichkeit ist. Wie so häufig bei religiösen Ritualen fällt das Kleid aus dem alltäglichen Rahmen (die Frau würde es nicht zum Einkaufen anziehen und zieht es im übrigen vielleicht niemals mehr an). Darin allein wird schon der besonderen Natur des Ereignisses und des Hochzeitstages Ausdruck verliehen.

Der neue Mythos des Augustinus

Warum hat er die Geschichte neu erzählt? Im Jahre 410 eroberte und plünderte Alarich die heilige und kaiserliche Stadt Rom. Zwei Jahre danach schrieb Augustinus seine Antwort auf dieses erschreckende und ernüchternde Ereignis nieder. Eine neue Geschichtstheorie war notwendig geworden. Es dauerte vierzehn Jahre, bis sie fertig war. Sie stellt vielleicht den eindrucksvollsten Entwurf einer Theorie der in der Geschichte wirksamen Kräfte bis zu Hegel dar, wobei es eine ganz andere Frage ist, ob Augustinus oder Hegel recht haben.

In gewisser Weise ging diese neue Theorie des Heilsaspekts der Menschheitsgeschichte auf den Gedanken der *pax deorum* zurück. Für Augustinus war der Ersatz der alten Götter durch den einen Gott – seit Konstantin und früher – ein großer Fortschritt. Die früheren Numina und göttlichen Geister hatten Rom letztlich nichts eingebracht, die *pax deorum* dem Reich weder Stärke noch Tugend noch Glück gesichert. Und der Grund dafür? Der Fall des Menschen. Als Adam gegen Gott rebellierte, vererbte er seinen Nachkommen seine Sünde durch geschlechtliche Fortpflanzung – aus diesem Grunde beurteilte Augustinus den Geschlechtsverkehr eher unfreundlich; trotzdem bewahrte er sich bis ins hohe Alter hinein die Liebe für »die vergängliche Schönheit des Körpers, für die Helle des Lichtes, die sanften Klänge der Gesänge, den lieblichen Duft der Blumen und für Glieder, die zum Umarmen des Fleisches gemacht sind«. Die menschliche Geschichte ist beherrscht von Selbstsucht und von der Gier nach Macht. Die Herrscher dieser Welt sind üblicherweise böse, obwohl es auch einiges Gute gibt, auf dem sie beharren müssen. Aus dieser Vorstellung heraus entwickelt Augustinus den Gegensatz zwischen dem Gottesstaat und dem irdischen Staat, den die Gestalten von Kain und Abel zu Beginn der Menschheitsgeschichte repräsentieren. Im Verlauf der Geschichte gab es zwei Höhepunkte des irdischen Staates: Babylon und Rom. Um eine Stadt kreiste das Denken des Alten Testaments, die andere entschied über das Schicksal des Neuen Bundes. Waren nicht Petrus und Paulus nach Rom gegangen? Beide Städte waren jedoch auf der Macht von Menschen erbaut und nicht auf der Erfahrung der göttlichen Gnade, die jene Pilger auf Erden charakterisiert, die den Gottesstaat bewohnen und Mitglieder der unsichtbaren Kirche sind, die Gott durch die Vorsehung erschaffen hat.

Wie steht es also um den Weg, den die Geschichte genommen hat? Trotz Alarichs Plünderungen der Kapitale hatte sich die göttliche Führung in dem großartigen Imperium zu erkennen gegeben, dem Augustinus soviel verdankte. Der böse irdische Staat muß zwar durch Zwang den Egoismus eindämmen; aber er kann hierbei von der Kirche beeinflußt werden und damit vom Gottesstaat. Diese Entwicklung der Geschichte ist es, die Gottes Voraussicht anzeigt bei der Wahl von Rom als dem Ort, an dem beide Staaten koexistieren konnten. Daß Rom einer Plünderung zum Opfer fiel, beweise, so behaupteten manche Leute, daß seine Gewaltherrschaft nur auf Schwäche beruht hatte. Aber unter dem Einfluß des himmlischen

Staates werde es eines Tages geschehen, daß der Staat sich in einer ganz anderen Weise auflöse: dann nämlich, wenn als Höhepunkt der Geschichte der himmlische Staat in seiner ganzen Fülle plötzlich kommen würde. So erweiterte Augustinus die Erlösungsgeschichte über das biblische Geschehen hinaus und ebnete den Weg für neue Geschichtstheorien: einer der Keime des Marxismus kam aus Afrika. Augustinus machte den christlichen Mythos universaler und lieferte den Bezugsrahmen für geschichtliche Ereignisse. Abgesehen jedoch vom historischen Mythos gibt es einen mehr individuellen in Gestalt der Geschichte von der Jungfrau Maria, die, wie wir später sehen werden, eine noch größere, aber weniger politische Bedeutung im weiteren Leben der Kirche gewinnen sollte.

Athanasius und Christus

Athanasius hatte seinen großen Tag beim Konzil von Nicäa im Jahre 325. Diese Versammlung von Bischöfen und Kirchenmännern wurde einberufen durch Konstantin, den damaligen Herrscher des Reiches, der die Kriegsstandarte Christi bei seinem Sieg an der Milvischen Brücke benutzt hatte und, durch Visionen von Christus bestärkt, zu der Vorstellung gelangt war, der christliche Glaube sei wesentlich für die *pax deorum.* Es war sein Wunsch, die spirituelle Seite seines Reiches ebenso geordnet zu sehen wie die bürokratische. Aber tiefe Spaltungen zerrissen die christlichen Gemeinden und erzeugten große Bitterkeit. Es war das Zeitalter des arianischen Streits, eine Zeit der Entscheidung, welche die gesamte Zukunft des Dogmas prägen sollte. Die Auseinandersetzung ging um die Frage, ob Christus Gott sei. Athanasius, der untersetzte militante Diakon, siegte über Arius, der schon gefoltert und ein halber Märtyrer war, in einer Versammlung von zerstrittenen adeligen und zuweilen recht wankelmütigen Bischöfen, die von einem ehrfurchtgebietenden und dynamischen Kaiser geleitet wurde. Zweifellos dachte jeder Anwesende an die eigene Diözese, das eigene Kloster, das eigene Reich, sei es Ägypten, sei es Bithynien. Das Griechische war wohl vorherrschend, aber Schwierigkeiten konnten durch Übersetzungen ins Lateinische und umgekehrt sowie durch Mißverständnisse in Kleinigkeiten entstehen. In gewissem Sinne war es nur ein Tüpfelchen, das die beiden Hauptparteien trennte.

Es ging um Monotheismus und um Christus den Herrn. Konnten beide im Einklang miteinander bestehen? Viele von uns im Westen sind derart an den Gedanken gewöhnt, daß Gott der Vater, Sohn und Heilige Geist gleichzeitig ist, daß uns die Spannungen des frühen Christentums nicht mehr nachvollziehbar sind. Wie konnte man aufrichtig einen Gott anbeten, den alten Gott Israels, der die Welt erschaffen hatte und die Menschheit wie das auserwählte Volk mit dem wiederauferstandenen Messias ihrer Bestimmung zuführte, wenn man sich – im Ritus der Eucharistie – auch an Jesus als den Herrn wandte? Arius fand zu einem Kompromiß, indem er sagte, daß Christus dem Vater nicht wesensgleich und nicht immer bei dem Vater sei; es gab eine Zeit, in der er nicht bei ihm gewesen war, wie die arianische Menge in Alexandria herausfordernd sang (denn der Arianismus war wie die meisten einflußreichen Bewegungen sowohl politisch wie religiös ausgerichtet). Athanasius kämpfte mit Erfolg in Nicäa für einen Glauben, der dem Vater und dem Sohn gleiche Macht zuschrieb, Wesensgleichheit. Sie waren gleichen Wesens (griechisch: homousios) und nicht von ähnlichem Wesen (homoiusios: man beachte das zusätzliche *i* oder Jota). Kurz, sie waren nicht, wie z. B. ich und ein Landsmann, von ähnlichem Wesen, sondern eher, wie ich und der Vater meiner Kinder, von identisch gleichem Wesen. Auf diese Weise entstanden die Mysterien und Feinheiten der Dreifaltigkeitslehre, eines Dogmas, das besagt, Gott sei drei Entitäten (Wesenheiten) in einem. Athanasius sprach letztlich für die Mehrheit. Das Glaubensbekenntnis von Nicäa nahm Gestalt an. Es unterstrich den Glauben an Christus:

> »Ich glaube an den Einen Gott, den Vater, den Allmächtigen,
> Schöpfer des Himmels und der Erden,
> alles dessen, das sichtbar ist und unsichtbar.
> Und an den Einen Herrn Jesum Christum,
> Gottes einzigen Sohn,
> der vom Vater geboren ist vor aller Zeit und Welt,
> Gott von Gott, Licht von Licht,
> wahrhaftiger Gott vom wahrhaftigen Gott,
> geboren, nicht geschaffen, mit dem Vater eines Wesens,
> durch welchen alles geschaffen ist,
> welcher um uns Menschen und um unsrer Seligkeit willen
> vom Himmel gekommen ist,
> und ist leibhaft geworden durch den Heiligen Geist
> und die Jungfrau Maria,
> und Mensch geworden,
> auch für uns gekreuzigt unter Pontio Pilato,
> gelitten und begraben,
> und am dritten Tage auferstanden nach der Schrift
> und ist aufgefahren gen Himmel
> und sitzet zur Rechten des Vaters
> und wird wiederkommen in Herrlichkeit,
> zu richten die Lebendigen und die Toten,
> des Reich wird sein ohn Ende«.

Der Schwerpunkt liegt auf der Göttlichkeit Christi und auf seinem Menschsein (»und Mensch worden«). Beides war notwendig für die volle Entfaltung der christlichen Vorstellung von der Erlösung des Menschen dadurch, daß Christus sein menschliches Leben, das völlig dem unseren gleicht, Gott opferte, und daß er durch jenes demütige Opfer unbegrenzte Vollmacht und Verdienste erlangte sei-

ner göttlichen Natur wegen. Oder anders, vom östlichen Standpunkt ausgedrückt: Christus zeigt durch seine Auferstehung die Möglichkeiten des Menschen auf, selbst göttlich zu werden, durch ihn und eins mit ihm. Wir werden wie Gott.
So ging von Athanasius mit kaiserlicher Billigung die endgültige Lehre aus, die das Christentum prägte. Alles übrige war Ketzerei, dem Untergang bestimmt. Athanasius focht seinen heiligen Kampf aus, als sich die Kirche in einem Übergangsstadium befand. Neunhundert Jahre später erarbeitete Thomas von Aquin, ein welterfahrener Dominikaner, die vollkommenste geistige Synthese zwischen der Offenbarung des Glaubens und dem intellektuellen Denken.

Thomas von Aquin und die griechische Welt

In den früheren Jahrhunderten mußte sich die christliche Kirche mit der griechischen und hellenistischen Welt auseinandersetzen. Augustinus (dem wir in Kürze wiederbegegnen werden) hatte das Denken Platos in die Formulierung eines Glaubens verwoben, der die Philosophie brauchte, um die Bedeutung der Offenbarung im intellektuellen Rahmen der damaligen Welt verständlich zu machen. Die Synthese von Augustinus war zwar sehr einflußreich gewesen, wurde dann aber von einer Renaissance des Glaubens im 13. Jahrhundert abgelöst. Es war eine Zeit, in der die europäische Welt sich erneut ihr klassisches Erbe zu eigen machte. Die großen Werke griechischen Denkens gelangten, zum Teil durch die Araber, ins christliche Italien und nach Frankreich – das harmonische Zusammenleben von Islam, Christentum und Judentum in Spanien und anderenorts bereicherte das Denken aller –, und Thomas von Aquin gab dem katholischen Christentum einen neuen Rahmen, für den er Aristoteles mehr als Plato heranzog und der erdverbundener und kräftiger war als jedes frühere christliche Glaubenssystem.
Thomas von Aquin, von adliger Abstammung und in Roccasecca bei Neapel geboren, war wie ein Ochse gebaut – daher sein Spitzname »tumber Ochs«. Aber dieser Ochs hatte ein großes Hirn und eine Leidenschaft für die Wahrheit, vor allem für die Wahrheit Gottes. Er entschloß sich, an die Universität in Paris zu gehen, zum damaligen geistigen Mittelpunkt der westlichen Welt. Seine Erfahrungen dort und der Einfluß dieser Atmosphäre formten sein Lebenswerk. Dreißig Bücher, viele davon umfangreich, wurden von ihm diktiert oder geschrieben, gekrönt von der berühmten *Summa Theologica.* Diese *Summa* ist streng in der Form, besitzt jedoch eine Poesie eigener Art, einen auf das Göttliche zugeschnittenen Rhythmus der Logik. Sie wurde zu einem Vorbild und einer Norm christlicher Philosophie. Sie verband Offenbarung und Vernunft. Thomas von Aquin bemühte sich mit Macht, das Vernünftige des Glaubens an Gott zu beweisen, zum Teil indem er sich dabei auf die Metaphysik des Aristoteles stützte, beispielsweise bei seinen berühmten *Quinque Viae,* den fünf Wegen. Es sind fünf Wege, vom Glauben an Gott zu überzeugen. So argumentierte er z. B., daß das Universum von einer er-

sten nichtverursachten Ursache oder einem »ersten Beweger« bewegt sein müsse, und Zweck und Organisation der Natur deuteten auf einen weisen Beherrscher des Universums. Die Tatsache, daß wir die Dinge in verschiedene Stufen von Wert oder Vollkommenheit gegliedert vorfinden, spricht für ein höchst vollkommenes Wesen. Und so weiter. Diese Beweise für die Existenz Gottes wurden von Thomas von Aquin auf bemerkenswert subtile Weise durchgeführt. Sie haben große Überzeugungskraft behalten, wenn auch viele moderne Philosophen in der Beweisführung Fehler oder Problematisches sehen. Auf Grund derartiger Schlüssel war es Thomas von Aquin nicht nur möglich zu vertreten, Gott existiere in der Tat, sondern auch, daß seine Natur von ganz bestimmter Beschaffenheit sein müsse. Die Vernunft kann also Menschen im Verständnis Gottes sehr weit bringen, sie muß aber durch das Wirken der Gnade ergänzt werden, nämlich durch Gottes Offenbarung seiner selbst in der Bibel und in Christus.
Das Gebäude, das Thomas von Aquin errichtete, übte tiefen Einfluß auf das katholische Denken bis zum heutigen Tag aus, denn es präzisiert die Vorstellung, der Mensch könne Gott, sei es auch nur unvollkommen, durch eigene natürliche Hilfsquellen erkennen. Was wiederum bedeutet, daß das Christentum auch auf menschlicher Basis aufbauen kann und es nicht notwendig ist, Philosophien und Religionen in Bausch und Bogen zu verwerfen, die nicht spezifisch in der christlichen Überlieferung und Offenbarung wurzeln.
Am Ende seines Lebens, als Thomas krank war und ihn die Kräfte verließen, hatte er Visionen, unter anderem auch eine Ekstase während der Messe. Daraufhin legte er seine Feder aus der Hand, denn nach dem, was er gesehen hatte, schien ihm das, was er geschrieben hatte, weniger wert als leeres Stroh. Vielleicht hatte er recht, ich möchte es aber bezweifeln. Denn die Schönheit seines Gedankengebäudes ist und bleibt, jedenfalls auf dieser Seite des Himmels, ein Wunder.

Der Erfolg von Christus

Warum sollte Christus schließlich und endlich nicht erfolgreich sein? Die Sehnsucht nach der kompromißlosen Reinheit jener Zeit, in der den Christen das Knurren der Löwen und das Tropfen des Pechs, mit dem sie zu lebenden und sterbenden Fackeln eingerieben wurden, in den Ohren klang, brachte zwar in späteren Jahrhunderten Sekten hervor. Aber in der großen Zeit der Kirche im Osten wie im Westen wurde, zweifellos nicht in bewußter Absicht, im Zeichen des triumphierenden Christus ein anderer Weg eingeschlagen.
Als schlimme Folge ihrer Zusammenarbeit mit der weltlichen Autorität ließ die Kirche nun die Kräfte des Staates auf diejenigen los, mit denen sie nicht einverstanden war. Auf diese Weise konnten die zeitweise auftretenden Ketzereien ganz anders verfolgt werden. Allerdings brachte die neue *pax deorum* auch Stabilität. Nur führte sie zu Exzessen und schließlich zur Inquisition. Denken wir an das

Schicksal der Albigenser, in deren Untergang sich so manche Züge der religiösen Geschichte des Nahen Ostens und Europas manifestieren.

Die Albigenser

Das eigentliche Einflußgebiet der Albigenser war Südfrankreich, der Name leitet sich von der Stadt Albi her, eines ihrer Zentren. Aber sie nannten sich Katharer, die Reinen. Ihre Wurzeln gingen auf den Manichäismus zurück, der in früheren Zeiten eine große Religion gewesen war. Auch Augustinus hatte ihr einmal angehört. Die Manichäer beriefen sich auf Mani, einen 276 gekreuzigten Perser. Er verband Gedanken von Zoroastrianismus, Buddhismus, Gnosis und Christentum. Die Synthese erwies sich über viele Jahrhunderte hinweg als einflußreich, wenn auch Manis Lehren ziemlich streng waren. Seiner Religion zufolge ist Materie böse und der göttliche Funke in der Seele des Menschen in ihr gefangen; er kann sich nur selbst durch größte Anstrengungen befreien. Auch gewöhnliche Menschen können sich (im Laufe ihrer Reinkarnationen) in eine Position hinaufarbeiten, in der sie Zutritt zu den Auserwählten erhalten. Im frühen Mittelalter gelangte dieser Glaube nach Rumänien. Unter der Gemeinschaft der »Bogomilen« lebte er fort, von der Kirche als Häresie bezeichnet. Von dort aus kam er nach Westeuropa und hatte Einfluß auf die Waldenser in Italien sowie, wichtiger noch, auf die Albigenser in Südfrankreich. Obwohl er eine Häresie darstellte, übte dieser Glaube im französischen Südwesten große Anziehungskraft aus, und sogar in Florenz folgte bis zu einem Drittel der Bevölkerung, wie man annimmt, seinen Lehren. In Zeiten kirchlicher Korruption und Laschheit, in denen trotz aller Bemühungen, die früheren Ideale durch die Gründung neuer mönchischer Orden zu kräftigen, Kirchenfürsten sich wie weltliche Fürsten aufführten und ein großer Teil der Geistlichkeit mit Konkubinen lebte, war die große Reinheit und der spirituelle Ernst der Elite der Albigenser, der *perfecti* (Vollkommenen), für viele gewöhnliche Menschen anziehend, die deshalb *credentes,* d. h. Gläubige, wurden. Für die Vollkommenen kam weder Ehe in Frage (denn Fortpflanzung würde nur Seelen in eine böse Welt bringen) noch Töten oder Krieg – hier zeigte sich der alte Einfluß des Buddhismus – noch das Essen von Fleisch oder Eiern, nicht einmal das Trinken von Milch, alles Dinge, die mit fleischlicher Fortpflanzung in Beziehung stehen.

Die Katharer waren theoretisch Christen, die Laien unter ihnen paßten sich häufig den äußeren Praktiken der Kirche an, die Bibel wurde viel gelesen, und es gab eine Rückkehr zur Schlichtheit des früheren Ritus der Kirche –, aber sie stellten eine Bedrohung für die kirchliche Autorität dar. So kam es, daß 1208 vom Papst ein Kreuzzug gegen sie ausgerufen wurde. Der König von Frankreich zeigte sich einverstanden: der Adel im Süden war ihm ohnehin zu unabhängig. Nach einem brutalen zwanzigjährigen Krieg war die Häresie zermalmt. Symbol dafür war das

Massaker von Montségur (1244), wo sich eine der stärksten Festungen der Katharer befand. Hunderte der Vollkommenen schritten damals friedfertig zu ihrer Hinrichtung auf dem Scheiterhaufen. Der grausige Gestank verbrannten Fleisches stellte noch einmal die Standhaftigkeit jener Frommen unter Beweis. Indessen genügte die physische Niederwerfung nicht. Die Aufgabe, die Vorstellungen der Katharer durch die neu eingerichtete Inquisition auszurotten, wurde weitgehend den Dominikanern anvertraut, aber die Behörden und später die Folter leisteten ihnen Hilfsdienste.

Strömungen

Wieviele Strömungen religiösen Denkens sind durch Mani und die Katharer miteinander verschmolzen worden! Die alte Vorstellung von der Welt als einem Ort des Kampfes zwischen Gut und Böse ging zurück auf Zarathustra und damit auf eine der größten prophetischen Religionen des alten Nahen Ostens, der es bestimmt war, in Persien vom Islam überrannt zu werden. Ihre ritualen Feuer wurden aber von den Parsen weiter erhalten und verlöschten niemals. Der Gedanke vom Körper als Gefängnis der Seele hingegen hatte seinen Ursprung im griechischen Orphismus und den gnostischen Bewegungen, die zur Zeit des Hellenismus so bedeutsam waren. Sie alle strebten nach der Gnosis, d. h. der Erkenntnis Gottes, die durch die Mysterien und Meditation erlangt wird. Daß den Katharern vor allem das Johannes-Evangelium teuer war, ist einleuchtend, denn dessen erster Vers »Im Anfang war das Wort« war in geheimnisvoller Weise ein Widerhall auf gnostische Vorstellungen. Bei der Initiation der Vollkommenen wurde das Johannes-Evangelium dem Initianden auf die Brauen gelegt. Die Lehre von der Seelenwanderung kam nicht nur aus der indischen Religion, sondern ging auch auf die Überlieferungen der antiken griechischen Welt zurück. Es ist übrigens interessant, daß dieser Glaube niemals wirklich von der orthodox-christlichen Vorstellungswelt Besitz ergriff.
Selbstverständlich jedoch war das ganze Gedankensystem im Katharertum vollkommen unvereinbar mit dem Geist des Christentums. Es ist traurig, daß die Kirche Soldaten und Folterbank einsetzte, um den albigensischen Geist auszurotten, sie hatte aber recht in der Erkenntnis, daß sich die Lehre von der bösen und gefallenen Natur der Welt nicht mit jener positiven Wertung der erschaffenen Ordnung vertrug, wie sie von der Genesis überliefert ist und im Leben von Jesus selbst zum Ausdruck kommt. Das moderne »weltliche Christentum« bekräftigt dieses positive Bild von Natur und Welt.

Die neue Blüte des Christentums

Paradoxerweise erlebte das Jahrhundert, das die Qualen von Montségur sah, gleichzeitig eine Renaissance christlicher Spiritualität. Das 13. Jahrhundert war das Jahrhundert des großen Thomas von Aquin, dessen umfangreiche und meisterhafte Neuformulierung der christlichen Philosophie sich bis ins 20. Jahrhundert auswirkte. Und es war zu Anfang des 13. Jahrhunderts, daß der heilige Franziskus einen Ruf von Gott empfing, der zur Bildung des Ordens führte, der seinen Namen trägt.

Der Pomp der großen Kirche in Assisi und die Fresken von Giotto stellen eine fromme Ausschmückung der Armut dar, die Franziskus predigte; sein Orden jedenfalls wirkte als belebender Strom echten Christentums in einer unsicheren und wirren Zeit. In den zwanziger Jahren des 13. Jahrhunderts erkannte Papst Honorius ferner den dominikanischen Orden an. Die predigenden Bettelmönche des heiligen Dominikus waren einem Wortspiele zufolge die *domini canes,* die *canes* (Hunde) *domini* (des Herrn). Diese Hunde wurden aber zuweilen auch als Jäger eingesetzt, um die Hasen und Füchse der Häresie im Namen der Inquisition zu zerreißen; doch waren die Ideale von Dominikus edel und führten zu einem neuen geistigen Konzept des römisch-katholischen Glaubens. Der Orden der Dominikaner war es, welcher der Welt nicht nur den stämmigen, mystischen, kraftvoll philosophischen Thomas von Aquin bescherte, sondern auch Mystiker wie Tauler und Meister Eckhart und Savonarola, den grimmigen Reformer der Verhältnisse in Florenz.

Dennoch bestanden ohne Zweifel große Probleme, mit denen sich die Christenheit und Europa konfrontiert sahen. Sowohl der Osten wie der Westen der Kirche waren noch immer vom Islam bedroht. Die Wucht des islamischen Vorstoßes nach Frankreich mehr als zwei Jahrhunderte vorher war zwar in der entscheidenden Schlacht von Poitier gebrochen worden. Auch wurden die nördlichen Gebiete Europas nicht mehr durch die Erinnerung an den Verlust der südlichen Mittelmeerküste an den Islam beunruhigt. Aber dieser blieb südlich der Pyrenäen durchaus stark. Und zweihundert Jahre später fiel das Ostreich an die wilden und prachtliebenden Ottomanen. Die Kreuzzüge hatten dem Islam freilich ein paar Schläge versetzt, jedoch hatte Saladin gegen Ende des 13. Jahrhunderts Jerusalem zurückerobert, und der dritte Kreuzzug endete unentschieden.

Nordeuropa und das Kreuz

Unterdessen waren in Nord- und Osteuropa große Veränderungen vor sich gegangen. Die nördlichen Nationen waren in den Jahrhunderten zwischen dem Abtreten des alten römischen Reiches und der Renaissance des Christentums im 13. Jahrhundert durch verschiedene missionarische Unternehmen sowie politische Schikanen und auch durch eigene Wahl weitgehend christlich geworden. Die Barbaren, als die sie bei den Römern galten, waren zum Träger eines starken Glaubens geworden. Wie konnte das geschehen? Das ist bis heute nicht in vollem Umfang geklärt. Wie kam es, daß Wikinger und rauhe Skandinavier sogar im fernen Island, daß Iren, Sachsen und Kelten in Britannien, daß germanische Stämme in ganz Nordeuropa dem religiösen Zauber eines zerbröckelnden Roms verfielen, das viele von ihnen niemals als imperiale Macht kennengelernt hatten, wie kam es, daß die griechisch-orthodoxe Religion durch die Länder des Balkans nach Norden drang und Rußland spirituell eroberte? Die zweite große Welle der christlichen Mission – die erste hatte innerhalb des römischen Reiches stattgefunden – war verblüffend erfolgreich gewesen. Sie war auch die Voraussetzung für die dritte, denn es waren letztlich die Seefahrer des Nordens, welche die Heilsbotschaft auf Meereswegen rund um die Welt trugen. Auch Spanien, dem Katholizismus mehr denn je verpflichtet, nachdem es das islamische Joch abgeworfen hatte, und das zum Ozean orientierte Portugal öffneten der christlichen Botschaft viele Türen, zumal in Südamerika.

England

Die Art und Weise, in der die zweite Missionswelle vonstatten ging, war komplex. Betrachten wir kurz, was sich auf den britischen Inseln abspielte, die stets ein Gebiet zusammenfließender und widersprüchlicher Strömungen gewesen sind.

Die Kelten kamen als erste, danach die Sachsen: zuerst St. Patrick (Patricius), Ninian und Kolumban; dann Augustinus, um es kurz zu sagen. Und im Nordosten wirkte der außerordentliche Beda Venerabilis. Das keltische Mönchtum kam vor allem in Irland und in Teilen von Mittel- und Südwestschottland zu großem Einfluß.

Man muß sich in Erinnerung rufen, daß in der großen Zeit der frühen keltischen Heiligen, der soeben erwähnten, wie auch Davids und anderer in Wales, im 4., 5. und 6. Jahrhundert und auch später noch, das Meer – und Wasser ganz allgemein – die einfachste Verkehrsmöglichkeit bot. Erst mit der Eisenbahn holte der Überlandverkehr an Geschwindigkeit auf. Deshalb sollte man die Irische See nicht als eine Lücke zwischen Landmassen sehen, sondern eher als ein Meer, das von anziehenden Küsten gesäumt ist. Innerhalb dieses Gebietes hatte sich eine keltische Kultur entwickelt, in der sich das Christentum, meist vermittelt durch Mönche, verhältnismäßig rasch und wirksam ausbreitete. Es war ein Christentum, das mit Rom durchaus verbunden war, aber nicht sehr eng. Aus diesem Christentum entstand eine Kultur, die etwas vom griechischen Erbe wußte, wie sich an dem großen irischen Gelehrten Johannes Scotus Erigena, einem der großen frühmittelalterlichen Philosophen und Scholastiker zeigte.

Süden und Osten der britischen Inseln waren vom europäischen Festland aus leichter zugänglich. Daher die Invasionen von germanischen und nordischen Völkern, die England und Teilen von Schottland einen dänischen und sächsischen Stempel aufdrückten. Diese Bevölkerung war es, die dann in den Bann der von Rom ausgesandten großen Missionen geriet – also im Sinne eines augustinischen Christentums geprägt wurde. Wenn es heute in England zwei Erzbistümer, in Canterbury und York, gibt, so zeigt das die Vorherrschaft des Südens und Südostens durch die Eindringlinge vom Festland, die über den Kanal und die Nordsee gekommen waren. Die Angelsachsen wurden durch die Bekehrung ihrer Könige missioniert: waren die Könige einverstanden, wurden ganze Stämme und Nationen christianisiert. Vielleicht war die Mission unter den Kelten von mehr Inbrunst getragen, vollzog sich mehr aus dem Geist des Mönchtums heraus. Beide Bewegungen verschmolzen schließlich in einem englischen Christentum, das dann später durch die Reformation wieder zerspalten wurde.

Nord-, Ost- und Südeuropa

Auf das in Nord- und Osteuropa, Rußland inbegriffen, erstaunlich erfolgreiche missionarische Bemühen im Frühmittelalter und auf die spätere Wiedereinsetzung des Katholizismus am nördlichen Mittelmeerrand westlich von Griechenland (durch die Albigenserkriege und die allmähliche Niederwerfung des Islam in Spanien) folgte die Auseinanderentwicklung von Ost und West sowie die große Explosion der Reformation, die in Europa eine dreigeteilte Situation schuf. Die nördlichen Länder zeigten sich vom Standpunkt Roms aus als unzuverlässig; die östlichen, ostwärts von Polen, gingen für Rom verloren.

Die mittelalterlichen Päpste

Eine große Epoche der Christenheit, das 13. Jahrhundert, hatte den Päpsten zu weltlicher Pracht und Herrlichkeit verholfen. Das heißt nicht unbedingt, daß die Päpste ausschweifend lebten, sie waren durchaus manchmal den Idealen des Glaubens fest verbunden; aber sie rechtfertigten, wie jedes Establishment in der Welt, den Pomp mit seiner Wirkung. Nehmen wir Innozenz III. als Beispiel: Seine Ideale waren rein. Er hatte Universitätstitel aus Paris und Bologna und kannte sich in Philosophie und Recht aus. Er war jung, als er gewählt wurde. Er war der beste Diener der christlichen Welt, ein John F. Kennedy des Papsttums. Als er in die heilige Stadt kam, um sein hohes Amt anzutreten, ritt er ein auf einem Pferd mit einer scharlachroten Decke. Eine große Parade wurde veranstaltet, die für gut organisierte Zeremonien an bestimmten Punkten anhielt. Rom war stolz, Mittelpunkt der Aufmerksamkeit zu sein. Das 13. Jahrhundert stand vor der Tür. Die Stadt stank, hatte jedoch noch Phantastisches zu bieten, auf das sie stolz sein konnte. Ihre armseligen Bewohner hielten Rom nach wie vor für den Nabel der Welt, und der Papst hatte noch immer das Sagen. Der Mittelpunkt der politischen Macht lag in Trümmern, aber das Zentrum der kirchlichen Macht behielt seine Stärke. Immer wieder konnten verrückte, schwächliche und dumme Päpste den Stuhl des Stellvertreters Christi besetzen, das bedeutete aber keineswegs, daß das Papsttum an sich ausgespielt hatte. Sogar für unsere heutige Zeit gilt das. Stalins Frage: »Und wieviel Divisionen hat der Papst?« war im 20. Jahrhundert eine ungeschickte Bemerkung und wäre es noch mehr im 13. Jahrhundert gewesen. Indessen konnte Rom seine Macht auch auf törichte Weise mißbrauchen; dies wurde später eine der Ursachen für die Reformation. Aber vom gesellschaftspolitischen Gesichtspunkt aus funktionierte die Integration von Weltlichem und Heiligem, von Staat und Kirche, wie sie im Papsttum impliziert war, durchaus. Die Menschen konnten sich für ihr gewöhnliches Leben auf eine Ideologie berufen und die Fürsten auf eine Theorie für ihre Aktionen (selbst wenn diese nur zu häufig von Machthunger und Eigennutz diktiert waren).

Immerhin gab es auch viele, die den westlichen Katholizismus für eine sonderbare historische Deduktion aus den Lehren Christi hielten. War dies die Art gesellschaftlicher Ordnung, die für den Verkünder der Bergpredigt annehmbar gewesen wäre? Einer dieser Früh-Reformatoren war Johannes Hus. Er war einer der Wortführer der tschechischen Reformation, aber der Haß gegen das fromme, doch arrogante und korrupte Rom, den er hegte, sollte auch an vielen anderen Orten aufschäumen, zumal im nördlichen Europa. Hus kannte Wyclifs Vorstellungen – er war ungefähr zehn Jahre vor Wyclifs Tod 1384 geboren. Jedoch war er ganz eindeutig nicht allein ein Werkzeug zur Vermittlung der fremden, englischen Gedanken, er war auch der Brennpunkt der sozialen Erhebung in seinem eigenen Land und vor allem ein Leitstern des böhmischen Nationalismus. Er wurde wiederholt verurteilt, endgültig 1415 vom Konzil zu Konstanz, und am 6. Juli desselben Jahres verbrannt. In seinem Leben und seinen Lehren veranschaulicht er, wie ausschließlich an der Bibel orientiertes Christentum sich den Haß einer etablierten Ordnung zuziehen kann. Der Konflikt zwischen der Autorität der organisierten Kirche und der Autorität der Heiligen Schrift war (und ist) für Christen ein Dilemma. Geht man zurück auf die Bibel, dann geht man zurück zu einem gewissermaßen primitiven Leben, das möglicherweise mit dem von Jesus selbst nicht in Einklang steht. Die Fortsetzung und Weiterentwicklung der Überlieferungen hingegen kann zur Korruption führen. Die Kirche erzitterte (und erzittert weiterhin) unter dieser Art religiöser Fragen.

Inzwischen hatte sich noch ein anderer, innerlicher Rhythmus ergeben: die Christenheit brachte viele Mystiker hervor, Männer wie Meister Eckhart, Johannes vom Kreuz und Jakob Böhme; außerdem war ein großer Teil des Mönchtums auf das Leben der Kontemplation ausgerichtet.

Die Reformation im Westen

Bereits vor Luther hatte es Anzeichen gegeben, daß das Gefüge der westlichen Christenheit zerrissen werden könnte. Die Ideen des John Wyclif beispielsweise waren einigermaßen revolutionär. Er wirkte, das trifft zu, innerhalb des Rahmens der vorhandenen politischen Strukturen (was für jemanden, der 1384 starb, in der Blütezeit des Feudalismus, ganz natürlich war), die im wesentlichen feudalistisch waren. Aber er verkündete, daß Gottes Mandat an die Kirche und Staatsmächte durchaus widerrufen werden könnte. Hohe Stellungen müßten sich aus der Fähigkeit zur Verwaltung eines Amtes ergeben, nicht aus Besitztümern. So war es nicht verwunderlich, daß er sich als Radikaler scharfer Kritik aussetzte. Er war nur einer unter mehreren Herolden der Reformation, die später unabsichtlich von Martin Luther ausgelöst wurde, aber seine Tat, dem Volk die Bibel in der Umgangssprache zu geben, erwies sich als große Zeitbombe, die unter dem Gebäude der Hierarchie weitertickte. Die Bombe explodierte dann überraschend im Jahre 1517, als der eher unauffällige deutsche Dozent einer theologischen Fakultät seine Unzufriedenheit mit der Praxis einer recht geldgierigen und übertrieben selbstsicheren Kirche öffentlich bekanntmachte. Der Überlieferung nach schlug er seine berühmten fünfundneunzig Thesen (oder Vorschläge) an die Tür der Schloßkirche zu Wittenberg und lieferte damit den Funken für Chaos, Reform, den Dreißigjährigen Krieg und für den Protestantismus, wie wir ihn kennen. Er veränderte den Lauf der Geschichte. Er trug außerdem, wieder ohne eigentliche Absicht, zur Formung der deutschen Nation bei, und zwar durch seine Bibelübersetzung, mit der er überdies eine allgemeine literarische Hochsprache schuf. Es löste sich also im Laufe der Zeit Nordeuropa von der Bindung an Rom.

Die Bedeutung der Reformation

Reformation war zum Teil Politik. Zum anderen Teil jedoch bezog sie sich auf Glaubens- und Religionsausübung. Die Reformatoren legten den Akzent auf die Gnade, womit sie vor allem auf Paulus zurückgriffen. Sie vertraten die Ansicht, der Mensch werde nicht durch seine Werke – nicht einmal durch die heiligen – erlöst, sondern allein durch die Gnade Gottes. Sie entdeckten die Bibel neu und fanden im Neuen Testament einen Jesus, der die Menschen nicht auf Grund ihres Gut-Seins erlöst, sondern sie von den Sünden befreit. Gleichzeitig gaben sie den Laien das Alte Testament zurück, das die römische Kirche dem Volk vorenthalten hatte. Mit großem Eifer traten sie für die Priesterschaft aller Gläubigen ein. Sie demokratisierten den Puritanismus. Es ging nicht um Enthaltsamkeit nur in den Klöstern, sondern um verhältnismäßige Enthaltsamkeit aller. Mönche verließen ihre Orden, auch Nonnen, wie z.B. Martin Luther und seine Ehefrau. Er war ganz und gar mit der Erde verbunden, aber auf den Himmel ausgerichtet. Natürlich stritten sich die Protestanten untereinander. Warum sollte das denen verwehrt sein, die dem Papsttum die Autorität genommen und den regionalen Kirchen gegeben hatten? Und schließlich, warum sollte nicht jeder für sich selbst entscheiden? Der papierene Papst, die Bibel, konnte das Volk nur bis zu einem gewissen Grade einigen.

Luther und die Gnade

Mit Martin Luther beginnt eine geistige Revolution, die von einer völlig neuen Sicht der Natur und der Gnade ausgeht, und von einer ungewöhnlichen Auffassung über die Wechselbeziehung zwischen Gott und den Menschen. Wir Menschen von heute, in den letzten Jahrzehnten des 20. Jahrhunderts, sind vielleicht erstaunt, wie sehr sich alles einmal um die Religion gedreht hat. Wir brauchten es nicht zu sein. Denn auch wir erleben ständig neue Beispiele von doktrinären Kämpfen – nur daß es sich dabei eher um Auseinandersetzungen im Rahmen des Marxismus handelt als im Rahmen der traditionellen Religion. Wenn Mao Breschnew im Namen der Weltrevolution und des Kommunismus abkanzelte, dann tat er das in einer ähnlichen Einstellung wie damals die Streiter der Reformation, als das Christentum in Westeuropa anfing, eine moderne pluralistische Form anzunehmen, und dabei Freiheit und Angst, Nationalismus und wissenschaftliches Denken, Königreiche und Kommunen und der Himmel weiß wieviel schöpferische, aber auch quälende Wirren auslöste. Luthers Gedankengänge zur Gnade und zur Natur des Menschen, die recht verschieden von denen des Thomas von Aquin verliefen, sind von entscheidender Bedeutung für das Verständnis des modernen Europa. War es ein Zufall, daß er Deutscher war? In gewisser Weise schon. Doch war er auch einer der Ahnen des modernen Nationalismus. Jenseits der Alpen wirkten sich die Erlasse aus Lateineuropa schwächer aus; daher löste er durch seine Revolte politische und kulturelle Echos aus und bewirkte so eine Revolution, die größer als alles wurde, wovon er geträumt haben mochte.
Beschreiben wir das Denken dieses Mannes. Wogegen protestierte er, als er seine Thesen an die Kirchentür schlug? Es war ein ganzes Bündel von Anklagen. Ohne Zweifel war das letzte auslösende Moment der Ablaßhandel zur Finanzierung der Baukosten von Sankt Peter in Rom gewesen, aber hinter diesem ziemlich weltlichen Problem lag eine größere Sorge, der Martin Luther Ausdruck verlieh. Ich glaube, es war ein Gedanke, der uns allen vertraut ist. Versuchen wir, eine allgemeine Form für ihn zu finden: Wenn es einen Gott gibt oder ein transzendentes Reich irgendeiner Art – lassen wir im Augenblick die Frage offen, ob persönlich regiert oder nicht, ob es sich um Christus oder das Nirvana handelt –, dann muß dieses »andere Reich« durch Menschen, wie wir es sind, vermittelt werden. Ich kann Gott vielleicht schauen, aber ich muß anderen berichten, was ich gesehen habe. Vertrauen sie mir? Bin ich ein guter Mensch? Ich bin es nicht. Damit beginnt

das Mißtrauen gegen den Vermittler. Für Gott besteht also das Problem, sich verständlich zu machen. Wenn man jedoch an Gott glaubt, akzeptiert man, daß er vermittelt wird. Und dann erhebt sich die Frage: welche Mittler kann man akzeptieren? Luther kam zu einem Punkt, wo er die in Rom konzentrierte priesterliche Hierarchie der katholischen Kirche nicht mehr akzeptieren konnte. In ihr sah er eine Usurpation der Macht Gottes durch die Menschen. Wenn Gott der Höchste ist, dann liegt die Macht bei ihm und nicht bei den menschlichen Institutionen, auch nicht bei der Kirche mit ihren eindrucksvollen Organisationen und dem mächtigen Papst. Der Bau von Sankt Peter belastete die Ökonomie der westlichen Kirchen und zerbrach sie durch diese Belastung. Luther war der Anlaß des Bruchs, seiner Lehre von der Gnade wegen, die den Theorien von der menschlichen Dimension des Glaubens diametral entgegenstand, wie sie vom Papsttum aus praktischen und von Thomas von Aquin aus theoretischen Gründen vertreten wurden. Aristoteles und Rom mußten beide Niederlagen seitens des lästigen, aber entschlossenen Luther hinnehmen. Gottes Erlösung kommt durch den Glauben und nicht durch die Vernunft, und sie wird erwirkt durch die Gnade Gottes, nicht durch Werke des Menschen. Letztlich kann kein Priester irgend etwas erreichen. Der Autor dieser explosiven Lehre war der Sohn eines Bergmanns. Er begab sich nach entsprechender Schulbildung an die Universität Erfurt. Nachdem er dort sein juristisches Examen als Magister abgelegt hatte, setzte er seine Studien nicht fort, sondern trat in den Orden der Augustinereremiten ein, der damals den hervorragenden Ruf hatte, bestes Mönchtum zu repräsentieren. Dort wurde er von dem geistig und intellektuell überlegenen Johann von Staupitz sehr gefördert, der sechs Jahre nach den entscheidenden Ereignissen starb, die zu dem großen Ausbruch der Reformation führten. Luther war überrascht von der Wirkung seiner fünfundneunzig Thesen, die er am 31. Oktober 1517 in Wittenberg bekanntmachte, wo er inzwischen einen Lehrstuhl für Theologie innehatte. Es war eine große Zeit des Wandels. Amerika, die neue Welt, war, von Europa aus gesehen, weniger als drei Jahrzehnte alt. In dem alten Gebäude des Heiligen Römischen Reiches zeigten sich Risse. Aber Luther handelte nicht aus politischen Motiven heraus. Er handelte der eigenen Philosophie und dem Glauben entsprechend. Seit der Universitätszeit war er von einem starken Gefühl der Sünde belastet gewesen und von dem Bedürfnis nach Erlösung. Aber er kam zu dem Schluß, Gott als die Liebe und nicht in erster Linie als einen Strafenden zu sehen.

Zwei Erfahrungen insbesondere hatten ihn beeindruckt. Die erste war eine Reise aus seiner strengen klösterlichen Umgebung in Deutschland zu der legendären Stadt Rom. Die Pracht des Papstes schien ihm nicht unbedingt den kärglichen, wenn auch zuweilen sorglosen Lebensformen von Christus und den Jüngern zu entsprechen. War es richtig, daß der Stellvertreter Gottes auf einer Sänfte getragen wurde? Die Keime deutlichen Zweifels an der Entwicklung, die das Christentum genommen hatte, reiften in Luthers feurigem Geist. Die zweite Erfahrung fand statt, als er blitzartig die Essenz der christlichen Lehre über die Erlösung in den Worten »Der Gerechte wird seines Glaubens leben«, erfaßte. Paulus hatte sie somit nicht nur den Römern vermittelt, sondern auch den neuen Reformatoren. Wie Augustinus wurde Luther die große Erkenntnis oder, wie wir sagen würden, Bekehrung unmittelbar durch die Heilige Schrift zuteil. Jetzt wollte er die scholastische Theologie herausfordern, die Augustinus zu einer so großartigen Synthese gebracht hatte, die jedoch im Augenblick die ideologische Grundlage für den Ablaßhandel abgab, durch den man sich angeblich mit irdischem Geld Vorteile im Leben nach dem Tode sichern konnte. Der Ablaßhandel war die logische Weiterführung des Gedankens, daß die Gläubigen Verdienste von Christus durch Vermittlung der Kirche erwerben könnten. Wie viele andere logische Weiterführungen in der Praxis durchbrach auch diese eine moralische Schallgrenze; in unseren Tagen meinen die Leute manchmal: wenn Panzer in Ordnung sind, sind es H-Bomben ebenfalls.

Jedenfalls gab Luther also an jenem Vorabend von Allerheiligen seine Gedanken auf dem öffentlichen Platz bekannt, der den Intellektuellen der Universität Wittenberg als Forum diente. Und damit begannen die Schwierigkeiten. Die römische Kurie schlug zurück. Eine Periode von Debatten und Verwirrungen fand ihren vorläufigen Höhepunkt im Auftritt beim sogenannten Reichstag zu Worms, wo Luther unter sicherem Geleit seine reformatorischen Gedanken verteidigte. Er wurde zwar verurteilt, doch beschützte ihn sein Landesfürst, der Kurfürst Friedrich von Sachsen. Luther lebte eine Zeitlang versteckt auf der Wartburg, wo er seine einflußreiche deutsche Übersetzung des Neuen Testaments abfaßte. Was für ein gefährliches Unternehmen! Die Druckerkunst ermöglichte es jetzt jedem Menschen, der lesen konnte, selber die Heilige Schrift zu lesen, die bis dahin wegen des Lateinischen und der von der Geistlichkeit so gut wie monopolisierten Bildung praktisch unzugänglich gewesen war. Luther leistete nicht nur einen entscheidenden Beitrag zur Herausbildung eines deutschen literarischen Stils, er erschloß außerdem den Menschen den freien Zugang zur Bibel und damit im weiteren Sinne zu jeglicher Literatur in der modernen Welt.

Ein weiteres Opfer der Reformation waren die Klöster. Dort, wo sich die neuen Ideen verbreiteten, verließen Mönche und Nonnen die Orden. Luther hatte fünf Kinder von einer ehemaligen Nonne. Schließlich war ja nach seiner Lehre zur Erlangung der Erlösung auch das gute Werk des Zölibats umsonst. Luther war eben etwas ungezwungener als Thomas von Aquin.

Durch die Reformation war die Sprengkraft der Bibel wieder unter Beweis gestellt worden. Aber man hatte keinen sicheren Weg zu einer Übereinkunft in bezug auf die Wahrheit gefunden. Luther war durch tiefes Nachdenken sowohl über das Alte wie das Neue Testament, über die er Vorlesungen vorzubereiten hatte, dazu gekommen, die Lehren und die Praxis der Kirche in Frage zu stellen, aber es erwies sich sehr bald, daß andere Reformatoren zu ganz anderen Auslegungen kamen – Männer wie Zwingli und später Calvin, der große Begründer des strengen Presbyterianismus. In jedem Fall hing der Erfolg der Reform in Nordeuropa, ebenso wie in früheren Zeiten die Erbfolge des Glaubens selbst, weitgehend von den Entscheidungen der Fürsten und Könige ab. Diejenigen, deren Vorfahren in den nördlichen Landen einmal das Kreuz genommen und Christus an die Stelle von germanischen und nordischen Göttern gesetzt hatten, wandten sich nun dem neuen Christentum der Reform zu. Ohne sie hätte es keine lutherischen Kirchen gegeben. Luther hatte in der Tat etwas gepredigt, das den Landesfürsten sehr gelegen kam, er predigte im Grunde die Unterwerfung unter das Establishment, unter den Staat. Das bedeutete, daß der Glaube lediglich geistiger und moralischer Natur und das Regieren Sache der Fürsten sei. Kein Wunder, daß der treue Diener der katholischen Kirche, Heinrich VIII. von England, in Versuchung geriet! Klöster aufzulösen, war für Fürsten, die sich in Geldnöten befanden, ein ausgezeichnetes Geschäft. Später brachte die Reformation selber weitere neue Glaubensrichtungen zur Welt, den Protestantismus in seiner erstaunlichen Vielfalt, eine neue Ethik und den Humanismus in den modernen Formen. Wenden wir uns aber nun ein paar praktischen Aspekten des christlichen Lebens vor und nach der Reformation zu.

Wallfahrten

Daß es heilige Stätten und heilige Zeiten gibt, ist nicht erstaunlicher als daß es heilige Menschen oder heilige Bücher gibt. Das moderne Christentum hat allerdings viel von diesem Sinn für das Heilige von Raum und Zeit verloren. Die entsprechenden Festlichkeiten sind häufig in Vergessenheit geraten oder heruntergekommen.

Canterbury z.B. ist heute eher ein Architektur-Denkmal als ein Ziel für Pilger. Der Tourismus hat die Wallfahrten weit überflügelt. Dennoch war die Wallfahrt integraler Bestandteil sowohl des westlichen wie des östlichen Christentums. Man kann sogar die Kreuzzüge als militärische Wallfahrten betrachten: die heiligen Stätten Palästinas hatten in der Vorstellung der Christen einen hohen Rang. Von allen Wallfahrtsorten in Ost und West übte jedoch ohne jeden Zweifel Rom die größte Anziehungskraft aus. Von allüberall wallfahrtete das Volk in frommer Andacht dorthin, und wenn die Pilger endlich den Gipfel des letzten Hügels erreicht hatten, von wo aus sie die heilige Stadt sehen konnten, die Stadt des Petrus und Paulus, des Kaiserreichs und des Papsttums, des heiligen römischen und des weltlichen Rechts, die Stadt der Kirchen und des Tiber, der Verheißung der Ewigkeit – wenn sie also die ewige Stadt schließlich vor sich hatten, dann stimmten sie in feierlicher Freude den Gesang an:

O Roma nobilis orbis et domina
Cunctarum urbium excellentissima
Salutem dicimus tibi per omnia
Te benedicimus salve per saecula.

(O edles Rom, du Herrin der Welt,
erhaben über alle Städte,
wir bieten dir unseren Gruß für all deine Segnungen,
wir preisen dich, segnen dich, für alle Zeit.)

Das Rom jener Zeit ähnelte ein wenig einer heutigen toskanischen Kleinstadt. Im Mittelalter gab es die große Kuppel von Sankt Peter noch nicht. Überall aber waren Türme und Zinnen zu sehen, es war wie ein Miniatur-Manhattan. Glockentürme wie Wehrtürme in Mengen. Sehr angenehm zum Leben war Rom nicht – Parteienzwistigkeiten, Mücken, Abwässer, Ruinen. Aber es war die heilige Stadt des Glaubens. Rom war mehr als nur ein Ort, es war eine Idee. Wenn auch das Mittelalter mit dem wiederaufgebauten Rom und einer geistig gespaltenen Kirche enden sollte, die Stadt Rom überlebte alles, um neuen Siegen entgegenzugehen. Warum kamen die Pilger nach Rom? Teils weil ihnen die Pilgerreise ein Echo auf das Leben schien, das selbst eine Wallfahrt war. Wir reisen durch die Zeit zur Ewigkeit und durch den Raum zur ewigen Stadt. Teils kamen die Pilger, weil Rom in christlicher Sicht den Rang von Jerusalem eingenommen hatte. Sie kamen, weil Rom alle Wunder der Kultur aller anderen Städte in sich zusammenfaßte. Die christliche Religion war zu Anfang von Stadt zu Stadt vermittelt worden und erst später zu den Bauern und in primitive Länder gekommen. Die Pilger kamen, weil die Menschen des Westens den Bischof von Rom als über alle anderen Bischöfe erhoben ansahen und die Stadt deshalb eines frommen Besuchs für wert erachteten. Und in der Art von Menschen, die substantiell an einer Sache teilhaben, indem sie sie miterleben, kamen sie, um Verheißungen späterer Herrlichkeit und sogar irdischen Wohlergehens zu erhalten. Wie Buben heute ehrfürchtig die großen Sportler betasten, so berührten die mittelalterlichen Menschen im Geiste die Heiligen, die unsichtbar in Glorie über der lebhaften alten Stadt schwebten.
Rom war der Mittelpunkt. Aber viele Wallfahrten gingen zu Stätten am Rande; der Mensch ist nicht von dieser Welt, sagt sich der Pilger, vielleicht ist spiritueller Trost nicht immer im geographischen Zentrum zu finden. Der wirkliche Broadway ist »off-Broadway«, das wirkliche Rom vielleicht fern von Rom. Vielleicht macht das den Reiz von Lourdes und Walsingham und der Madonna del Soccorso am Comer See aus, und vielleicht den der anderen Roms – Konstantinopel, der Mutter der Orthodoxie, und des dritten Roms, Moskau, des Sitzes des Patriarchats und Stalins. Aber Rom, die ewige Stadt, behält ihre Macht über die Herzen und ist vor allem immer und unbestritten der Hauptsitz des Papsttums.

Kriegermönche

Das 12. Jahrhundert war ein Jahrhundert der Entscheidungen. Der Adel des Nordens war brutal, wenn auch nicht ohne ihm eigentümliche Ideale. Für die Kirche im Westen war es somit keineswegs unvernünftig, die Schaffung von neuen elitä-

ren Mönchsorden, die buchstäblich Soldaten Christi rekrutieren konnten, zu begünstigen. Es waren Mönche, die einmal in der Kapelle die Kapuze trugen und dann wieder als Berittene in Stahlrüstungen auftraten; manchmal voller Demut, manchmal gleichsam als Panzer des Mittelalters. Es waren heilige von Mansteins, heilige McArthurs, die sich auf Kreuzfahrt nach Palästina begaben, sowie nordöstlich in die heidnischen Länder, die heutigen Gebiete von Danzig bis Lettland. Palästina sollte, so lautete die Losung, vor den Ungläubigen, den Moslems, errettet werden, die zwar aus Ländern semitischer Religion stammten, aber das semitische Herz des Christentums überrannt hatten. Der nordöstliche Feldzug der deutschen Ritter setzte die Bekehrung Nordeuropas mit neuen Mitteln fort. Zwischen den Moskowitern und den bekehrten Norddeutschen bestand ein großes Vakuum, dessen Bewohner eine (in den Augen ihrer Feinde) heidnische und rohe Kultur besaßen. Die deutschen Ritter ritten wie eiserne Festungen in das »Vakuum« hinein, aber dieses wollte sich nicht verdrängen lassen und brach Widerstand leistend immer wieder aus heiligen Wäldern hervor.
Der zündende Funke bei all diesen Unternehmungen war der Kreuzzugsimpuls. Die Idee, das heilige Land zurückzuerobern war zum Teil ein Versuch, die Unruhe der Zeit zu kanalisieren. Die Konzeption eines heiligen Ordens, der sich im Interesse der Sache des Christentums dem Krieg widmete, war keineswegs absurd, obwohl sie mancher Vorstellung der frühen, aus Märtyrern hervorgegangenen Kirche zuwiderlief.
Die Kreuzzüge nach Palästina waren ein Strom dieser Bewegung: ein anderer waren die Kreuzzüge gegen die Albigenser, auf die wir schon einen Blick geworfen haben; aber die Kreuzzüge in den baltischen Gebieten sind vielleicht die interessantesten, denn sie zeigen, wie die Christen die Furien des Krieges zuerst zähmten und dann losließen. Erwähnenswert ist übrigens, daß einiges von der Ideologie des alten *Drangs nach Osten* in das Bewußtsein des Autors von *Mein Kampf* geriet. Gegen Ende des 12. Jahrhunderts wurde der Deutschritter-Orden (Orden des Hospitals Sankt Marien vom Deutschen Hause [in Jerusalem], um den vollen Titel zu nennen) gegründet. Er hatte seine Blütezeit vor allem unter einem Nachfolger des ersten Hochmeisters, Hermann von Salza. Die Führer, die Ritterbrüder, mußten von adeliger Geburt sein. Auch Priesterbrüder und dienende Halbbrüder gab es in dem Orden, der Kern jedoch bestand aus Ordensbrüdern, die schwer gepanzerte Pferde ritten. Sie waren es, welche die Hauptmacht der militärischen Feldzüge bildeten, die den Nordosten Europas unter christliche (und bis zu einem gewissen Grade deutsche) Kontrolle brachten. Bis 1407 hatten diese rauhen Krieger die Gebiete erobert, die später zu den baltischen Republiken wurden, Litauen, Lettland und Estland. Zuvor hatten sie sich Ostpreußen herausgeschnitten. Es ist eine ironische Vorstellung, daß der russische Nationalismus in Gestalt des Stalinismus und von einer gänzlich anderen Ideologie inspiriert, diese Gebiete seinen Feinden wieder abgenommen hat.
Desmond Seward hat über die Ideale der »Kriegermönche« geschrieben und ge-

zeigt, was für einen sonderbaren Kontrapunkt sie zu den Idealen der frühen Märtyrer darstellten:

»Nach den Worten des heiligen Bernhard war das Töten für Christus ...die Ausrottung von Ungerechtigkeit, nicht der Ungerechten, und daher wünschenswert: ›einen Heiden zu töten, heißt in der Tat, Ruhm zu erlangen, denn es verleiht Christus Ruhm.‹ Jeder Kavalleriesoldat kennt die typischen Geräusche in einer Schwadron, das Quietschen des Leders und das Rasseln des metallenen Geschirrs, vor allem aber das verhaltene Fluchen der Reiter, wenn die Pferde unruhig sind. In der heiligen Schwadron der Tempelritter waren es freilich eher Stoßgebete als Flüche ...Tod in der Schlacht bedeutete Weihe als Märtyrer.« *(Monks of War,* S. 39)

Die Jungfrau Maria

Die Geschichte von Jesus und den Jüngern ist zum großen Teil eine Geschichte über Männer. Aber die Fruchtbarkeit der Frauen barg für die Alten wie die Heutigen immer ebenso viele Geheimnisse wie die Kraft der Männer. So war es kaum überraschend, daß die Jungfrau Maria im 4. Jahrhundert n.Chr. zu einer beherrschenden Gestalt unter den Heiligen wurde. Sie war die Mutter Gottes – welche Frau konnte fruchtbarer sein? Indessen hatte sie, wie man behauptete, den göttlichen Samen des Vaters merkwürdigerweise nicht auf natürlichem, menschlichem Wege empfangen, sondern geheimnisvoll über den Heiligen Geist. Auf diese Weise wurde sie zu einem recht brauchbaren Ersatz für die älteren Muttergottheiten. Zum einen war sie selbst keine Gottheit – lediglich ein menschlicher Träger göttlichen Handelns, zum anderen besaß sie als Mutter Gottes, als die Theotokos, das Numinose ebenso wie Rivalinnen, etwa Isis. Die Rolle, die sie in der christlichen Religion spielen sollte, wurde auf dem Konzil zu Ephesus (415) in etwa geklärt, als ihr Rang als Theotokos offiziell bestätigt wurde. Es war ein Rang, der im Widerspruch zu der Ansicht stand, Maria sei nur die Mutter der menschlichen Seite von Jesus. Viel früher schon, im 2. Jahrhundert (wenn nicht vorher), hatten ausführliche Berichte über Marias früheres Leben und ihre Mutterschaft Gestalt angenommen. Sie wurden in verschiedenen Versionen des sogenannten *Buches Jakobus* verbreitet, das vermutlich vom Bruder Jesu stammte.

Demzufolge war Anna, die Mutter Marias, ebenso wie Sarah, unfruchtbar – Anklänge an Sarahs, der Frau Abrahams, Geschichte sind spürbar – und zu schüchtern, um mit ihrem Mann bei den Festlichkeiten des »großen Tags des Herrn« zu erscheinen. Aber man überredete sie, sich hübsch anzuziehen, und am Nachmittag ging sie in den Garten, um ihr Schicksal zu beklagen. Ein Engel hörte ihre poesievolle Klage und sagte ihr, sie werde empfangen. Sie versprach ihr Kind dem Herrn. Das Baby wurde nach neun Monaten geboren, und das Buch beschreibt dann Annas Freuden der Mutterschaft und das frühreife Wissen und die Tugend der kleinen Maria. Wir erkennen hier eine bestimmte Linie von Samuel über Maria zu Jesus. Marias eigene Geburt wurde später ebenfalls für unbefleckt gehalten. Sie unterlag deshalb nicht der Erbsünde, was die Theorie der Weitergabe der Erbsünde seit Adam sonst gefordert hätte. So wurde die Geburt Jesu aus einer Jungfrau schon vorweggenommen. In einigen Versionen des *Buches Jakobus* war Maria sowohl Josefs Mündel wie seine zweite Frau, so daß dieser Sicht entsprechend Jakobus der Halbbruder von Jesus wäre. Schließlich führte der Marienkult dann zu dem Dogma ihrer leiblichen Himmelfahrt. In Wirklichkeit aber sind die Dogmen und Geschichten weniger wichtig als die leuchtende, liebliche Gegenwart Marias in den Gedanken und Bildern der aufblühenden Kirche und in den Kulten, die ihren geheiligten Namen umgaben. Sie konnte so viele Erwartungen erfüllen. Sie konnte das heilige Ideal der Jungfrau sein: die Kirche hatte immer zum Zölibat tendiert. Wie wir später sehen werden, entwickelten sich auch noch andere Vorstellungen über das Verhältnis von Kirche und Geschlechtlichkeit, aber die hohe Bewertung des Zölibats bildete einen Anreiz, Mönch zu werden, und damit für die Verbreitung und Vergeistigung des Glaubens. Maria war also eine Jungfrau für Jungfrauen. Sie war außerdem für Mütter eine Mutter, und die Liebe zu Jesus, die sie hegte, diente als Beispiel für das Leben der heiligen Familie, das von der Kirche gepriesen und liebevoll in vielen Bildern von der Jungfrau mit dem Kinde gestaltet wurde. Das Ideal ist in der gar nicht so rhetorischen Frage eines englischen Kirchenliedes zusammengefaßt: »Gibt je ein Weib ihr Kind verloren, das sie mit Schmerzen hat geboren?« Aber Maria war auch die Idealmutter für fromme Männer; sie gab die mütterliche Liebe, nach der sich männliche Wesen besonders sehnen. Und dazu war sie, wie wir sahen, eine Rivalin der Muttergottheiten der hellenistischen Welt, ein Mittel des Sieges über die anderen, eher irdischen Gottheiten. Kein Wunder, daß ihre Ikonen in den östlichen Kirchen in sakramentaler Anmut glühen, und daß der Klang des *Ave Maria* für soviele Fromme der westlichen katholischen Welt eine Quelle des Entzückens bleibt. Nicht umsonst ist Ferragosto, Italiens größter Feiertag im Sommer, die Feier des Festes der Himmelfahrt der Jungfrau. Ein italienisches Sprichwort sagt: »Wer zu Jesus ohne Maria geht, kommt in Schwierigkeiten und braucht länger.« Wenn also die Mutter Gottes das Haupt der Heiligen ist – wozu sind dann die Heiligen da? Nun, sie sind rein menschliche Mittler zwischen uns und der ehrfurchtgebietenden Erhabenheit des göttlichen Thrones, auf dem der menschgewordene Jesus jetzt in Herrlichkeit sitzt.

Die Christen und das Geschlechtliche

In früheren Zeiten waren die Christen wie die meisten anderen Menschen einigermaßen verwirrt hinsichtlich der Rolle des Geschlechtlichen. Die Schöpfung war gut, deshalb mußte es der Körper ebenfalls sein. Christus war Mensch und nicht reiner Geist, und war nicht Abraham geboten worden, sich zu vermehren? (Daher das Problem mit Sarah und später mit Marias Mutter.) Andererseits jedoch drang Paulus auf Keuschheit wenn irgend möglich; die Ehe war nur brauchbar, insofern sie einen Schutz gegen Schwierigkeiten bot, die sich aus leidenschaftlichem Begehren ergaben: es sei »besser zu heiraten als Brunst leiden«, hieß es. Ziemlich früh schon in der Entwicklung der Kirche hielt man es für gut, das Zölibat einzuführen. Ebenfalls schon früh versuchte die Kirche, die Frauen zu Sprödigkeit anzuhalten: sie sollten nicht allzu anziehend für Männer sein, und Geschlechtsverkehr war vor allem zur Fortpflanzung gedacht. Die Einrichtung von Klöstern, die teils aus dieser Einstellung heraus geschah, führte zu einer gewissen Entspannung. Denn wenn bestimmte Leute sich darauf spezialisierten, Jungfrauen und Junggesellen zu sein, dann konnte sich die übrige Menschheit dem Eheleben um so fröhlicher hingeben. Die Reformation zerstörte die Klöster und zeigte sich wieder gar nicht entspannt in sexueller Hinsicht.

Die asketische Einstellung in der frühen Kirche zog wohlwollende Kommentare der Zeitgenossen auf sich, da die Christen ziemlich allgemein das durchführten, was die berühmten Philosophen der Zeit empfahlen; in jenen Tagen war Philosophie eine Art intellektueller Alternative zur Religion, manchmal auch ein gewisser Überbau. In gewisser Weise demokratisierten die Christen eine elitäre Ehtik – wobei sie doch nicht immer artig bleiben konnten, was die Briefe von Paulus an die Korinther recht klar erkennen lassen. Sehr früh schon begann sich der Gedanke des Zölibats für die Geistlichkeit durchzusetzen, zumal in der Westkirche. Im Osten entwickelte sich der Brauch dahin, daß die Geistlichen eigentlich bereits verheiratet, die Mönche Junggesellen sein und die Bischöfe sich allgemein aus letzteren rekrutieren sollten. Zur Zeit der Reformation wurde die Frage erneut akut. Es gab Probleme von Scheidung und zweiter Eheschließung. Die Geistlichen hatten häufig Konkubinen, woraus ersichtlich ist, daß die Ethik irgendwie nicht ganz mit den Möglichkeiten in Einklang stand, menschliche Wünsche und Gefühle zu disziplinieren. Die Gegenreformation brachte der römisch-katholischen Kirche Reformen und einen neuen Sinn für Disziplin. Andererseits bevorzugten ein paar radikale Gruppen wie die Wiedertäufer von Münster die Polygamie, die ja schließlich auch im Alten Testament vorkam; ähnlich wird im modernen Afrika von neuen christlichen oder halbchristlichen Gruppen die gesellschaftliche Bedeutung des Alten Testaments wiederentdeckt. Der Reformation waren neue und zuweilen beunruhigende Gedanken über die Neugestaltung der Familienmoral keineswegs fremd.

Dennoch zieht sich durch alles ein interessanter und positiver Faden. Man sah die Ehe als Sakrament. Es war eine heilige Verbindung zwischen zwei Menschen, sie heiligte die Erzeugung von Kindern. Sie war ja auch schon in vorchristlichen Zeiten gleichsam ein »natürliches« Sakrament gewesen. Immer hatten sich die Gedanken der Menschen damit beschäftigt, und ihre Gesetze und Versuche, diese Gesetze zu umgehen, hatten seit altersher Probleme aufgeworfen. Doch das Christentum verherrlichte im wesentlichen den Stand der Ehe. Auf unterschiedliche

Weise hatte aber der Komplementärzustand, das Mönchstum, ebenfalls sein Gutes. Junggesellen waren heilige Kontemplative, Beichtväter, wundertätige Äbte und geistliche Ratgeber, Züchter von Karpfen, Eremiten und Landwirte, Winzer; sie kümmerten sich um die Kranken, waren dünn oder fett, Bettelmönche; und ähnlich die Nonnen: sie hielten sich allerdings mehr in Garten und Küche auf, trippelten an hohen Festtagen hinter Bischöfen einher und hatten ihre Freude an Weihrauch und Liturgie.
Aber das mönchische Ideal konnte auch seltsame Wendungen nehmen, wie etwa im mittelalterlichen Japan. Und wie wir sahen, brachte auch das mittelalterliche Europa kriegerische Mönche hervor; die Deutschordensritter, die mönchischen Kreuzfahrer. Und so gewinnt der bekannte englische Choral eine neue Bedeutung: »Vorwärts, christliche Soldaten, das Kreuz des Heilands zieht uns voran.«

Rückblick

Vielleicht sollten wir an diesem Punkt kurz innehalten, bevor wir uns den Entwicklungen in der Neuzeit zuwenden.
Die Kriegermönche gehörten im wesentlichen zum Christentum des späten Mittelalters, das durch Reformation und Gegenreformation große Veränderungen durchmachte. Mönche, frühe christliche Vorstellungen über Sex und Ehe, Marienkult, Wallfahrten, Inquisition, die Synthese zwischen griechischem und jüdischem Gedankengut, Vernunftehe zwischen Staat und Kirche – in diesen Aspekten des christlichen Lebens bis zu der großen Reform sahen wir etwas von dem komplexen, widersprüchlichen Charakter des klassischen Christentums. Es gab auch noch andere Aspekte wie etwa die Mystik, eine Strömung innerhalb des Christentums, der im allgemeinen zu wenig Gewicht beigemessen wird und zu der wir noch kommen werden; sie lebte trotz und neben der Reformation weiter. Die Vielschichtigkeit des klassischen Christentums, das überlagert wurde von den durch Luther ausgelösten Veränderungen, brachte viele neue Werte in die moderne Welt; die europäische und amerikanische Kultur sind von der Ethik und Strenge des christlichen Erbes in vieler Hinsicht sowohl heimgesucht wie auch angeregt worden.
Ferner bewirkten die kulturellen Leistungen des westlichen Katholizismus eine Kontinuität mit Griechenland und Rom, die einem erneut aufblühenden Europa erst die Renaissance und dann die ungeheuer problematischen, durch die Reformation entfesselten Kräfte bescherten. Vielleicht ist es aber im modernen Bewußtsein vor allem die ethische Komponente des Glaubens, die den größten Einfluß behält. Allerdings hält auch der Glaube an die letzten Dinge – an die Vollendung der Geschichte – die Vorstellungswelt der Menschen stark in Bann, freilich häufig in säkularisierter Form: in Gestalt des Marxismus und in bestimmten Formen nationaler Utopie. Außerdem war der Protestantismus in gewissem Maße

der Vater des modernen europäischen Nationalismus. Sehen wir uns zunächst an, wie christliche Ethik und Erwartungen dazu beitrugen, unsere moderne Welt zu gestalten.

Ethik und Sünde

Die christlichen Kirchen machten viel her von der Sünde. Sie bot eine gute Möglichkeit, Moral, Frömmigkeit und Glauben auf einen Nenner zu bringen. Die erlösenden Taten Christi wurden vor dem dramatischen Hintergrund des ersten Adam und der Nachwirkungen seines Sündenfalls gesehen, und Moralgesetze wie alles übrige im Lichte von Gottes Erlöserwerk betrachtet. So ist gerade die Vorstellung von der *Todsünde* mit der Theologie der Erlösung verbunden. Denn hier wird der Tod nicht unbedingt als physischer Tod verstanden. Es ist vielmehr die unheimliche Vorstellung einer letzten Entfremdung von Gott, einer ewigen Trennung von ihm in der Hölle, die erschreckt. Bestimmte Formen moralischen Fehlverhaltens, ohne Reue zum Zeitpunkt des Todes, konnten den Sünder dem ewigen Tode überantworten; das Christentum dachte an sieben solcher Möglichkeiten. Der Gedanke, daß moralisches Verhalten bei Gott entscheidend sei, kann zu der Ansicht führen, gut sein an sich sei unmittelbarer Dienst an Gott, und natürlich kann man Christus in jedem Menschen sehen. So empfand der schlichte, kontemplative und gütige Klosterbruder Laurentius jeden Vorgang im Leben, gewöhnliches Tun wie Abwaschen oder sonst etwas, als einen Weg, Gottes Gegenwart zu realisieren: als einen Weg der Frömmigkeit und Meditation. Alle Religionen neigen dazu, das Weltliche unter himmlischem Vorzeichen zu sehen. Das Christentum sieht Gut-Sein als göttlich an; Frömmigkeit, Verehrung Gottes, kann also auf alles ausgedehnt werden. Aber was ist Frömmigkeit? Ihr Herz ist das große Sakrament – die katholische Messe oder die östliche Liturgie, im Protestantismus das Hören von Gottes Wort. Ethisches Verhalten projiziert dann die Frömmigkeit in das gewöhnliche Leben. Darin besteht die Heiligkeit.

Raum, Zeit und das Tausendjährige Reich

Das Bild eines Heiligen, zumal das von Maria, konnte eine Vorstellung davon vermitteln, was jenseits des Himmels und des Ritus lag: es transzendierte sozusagen den Raum. Das Bild der letzten Tage konnte den Graben überbrücken zwischen der menschlichen Geschichte und Hoffnung einerseits und der Zeitlosigkeit hinter der Geschichte, jenseits der Zeit, andererseits. Die Bilder in der *Offenbarung des Johannes* und anderswo sind daher begierig aufgegriffen worden als Berichte über die Zukunft, die zur Rechtfertigung der gegenwärtigen Formen des Lebens herangezogen werden konnten (ebenso wie Berichte aus der Vergangenheit unsere

Schwierigkeiten und die Natur der Welt erklären helfen können). Wenn Christus den Mittelpunkt darstellte, dann waren Schöpfung und endgültige Erlösung der Anfang und das Ende der Menschheit. Ebenso aber wie Christus zwei Naturen hatte, eine göttliche und eine menschliche, hatte die Schöpfung und Vollendung zwei Aspekte: Gott, jenseits von Zeit, schuf die Zeit und nahm dann die Beziehungen zu Adam auf; ähnlich geht dem Ende die Auferstehung und ein tausendjähriges Reich Christi voraus. Man bedenke, daß das lange Warten auf die Wiederkunft Christi die Kirche der Illusion beraubt hatte, Christus würde in unmittelbarer Zukunft wieder erscheinen. Aber das Mittelalter erlebte mehrmals ein Wiederaufleben der Hoffnung auf das Millennium, und die Reformation entdeckte die Zukunftsbilder ganz neu auf den Seiten des wieder zugänglich gewordenen Evangeliums. Die Bilder tauchten auch aus den Herzen der Menschen auf, denn die Reformation hatte den Antipapisten auch ein Gefühl für die Zuverlässigkeit individueller Offenbarungen gebracht.

Die Anhänger einer der durch die Reformation ausgelösten Bewegungen nannten sich etwas unbestimmt »Wiedertäufer«; wie der Name besagt, glaubten sie an eine zweite Taufe oder Erwachsenentaufe. Die lutherischen Autoritäten, die in der Tradition von Augustinus für enge Beziehungen zwischen Kirche und Staat eintraten, bevorzugten als Strafe für diese Wiedertäufer, sie schlicht zu ertränken. Das war dann allerdings auch eine »Wiedertaufe«. Warum war das Taufen so wichtig? Aus einem doppelten Grund. Erstens bedeutete es Voluntarismus: man entschied selbst, ein Mitglied der Kirche, der wahren Kirche, zu werden. Und zweitens zeigte die Taufe, daß es nicht darum ging, wohin man auf Erden, sondern wohin man im Himmel gehörte. Hier stand nicht das jeweilige Heimatland zur Diskussion, sondern eine Verpflichtung. Das war nun keineswegs der Stoff, aus dem das Luthertum gemacht war. Es war schließlich so rasch gediehen, weil es den Bedürfnissen und Wünschen der Fürsten entgegenkam. Die politischen Erfordernisse waren ausschlaggebend gewesen. Selbst der sehr katholische König Heinrich VIII. von England, der die Reformation wie eine Frau in die Arme schloß (ohnehin ein Bigamist), behielt das Prinzip der Bindung zwischen Staat und Kirche bei. Und Elisabeth, seine Tochter, besiegte die große, für den Katholizismus streitende Armada unter anderem auch, um die eigene Religion als politisches Hoheitsgebiet zu verteidigen. Gegen all diese Systeme verstieß der Gedanke unmittelbarer religiöser Verpflichtung in bedrohlicher Weise. Dies waren die Gründe, weshalb die Taufe so wichtig war. Zweitens war von größter Bedeutung, wer sich für die Erwachsenentaufe entschied: daran zeigte sich ganz konkret, wer zuverlässig und wer es nicht war. Das wiederum lieferte Brennstoff für Märtyrer auf beiden Seiten. So wurden die Wiedertäufer grausam gefoltert, verbrannt, ertränkt oder zumindest verbannt. Nur Philipp von Hessen duldete sie wirklich, nach dem Prinzip, das sich dann auch als richtig erwies, daß Gewalt den Widerstand erhöht, während Milde zu neuen Bekehrungen führen kann. Viele Wiedertäufer seines Territoriums kehrten als zornige, aber sich anpassende Schäflein zur Herde zurück. Das

Etikett Wiedertäufer war also zwar gefährlich, aber die Bewegung wuchs zum Teil gerade aus diesem Grunde.
Angesichts dieser Umwälzungen in Nordeuropa in den ersten zwanzig und dreißig Jahren des 15. Jahrhunderts war es nicht weiter merkwürdig, daß die Sehnsucht nach dem Tausendjährigen Reich aufblühte: die Menschen hatten das Gefühl eines sich nähernden Endes. Wenn Augustinus der Theoretiker der Geschichte und Maria die Hauptfigur der Liebe war, so löste die Millenniums-Hoffnung von Wiedertäufern und anderen eine neue dramatische Entwicklung der Geschichte aus. Wir können das an den traurigen Ereignissen von Münster ablesen. Die Radikalen der Reformation (Vorläufer von Gruppen wie der Anhänger Franz von Huttens und der Mennoniten in den Vereinigten Staaten und Kanada, die heute ein beschauliches gewinnbringendes Gemeindeleben mit den Möglichkeiten und sündigen Freuden des modernen Kapitalismus genießen) waren Männer wie Melchior Hoffmann und der holländische Bäcker Jan Matthys, der mit großer und alarmierender Wirkung den Gedanken einer kurz bevorstehenden Wiederkunft Christi predigte. Ein neues Zeitalter stehe bevor, wiederholten sie unermüdlich. Und besonders die Angehörigen der niederen Klassen glaubten ihnen gern. Matthys war ein primitiver Lenin; die von ihm ausgehende Revolution überrannte 1534 Münster und warf die Gegner aus der Stadt. Sie war sieghaft und apokalyptisch. Aber die konservativen Kräfte brauchten nicht lange, um sich zu formieren. Obwohl die Wiedertäufer im allgemeinen friedfertige, sogar pazifistische Leute waren, wurde die Kommune von Münster zu einem bewaffneten Konflikt gezwungen. Matthys wurde getötet, aber es gelang dem neuen Führer (der als König David proklamiert wurde; Münster galt als das neue Jerusalem gegen die babylonischen Städte Rom und Straßburg), die Unterstützung evangelischer Parteien für die Erhebung in vielen Teilen von Deutschland und Holland zu finden. Das Volk wurde aufgerufen, in Scharen nach Münster zu eilen, zur Ausrufung des Millenniums, der tausendjährigen Herrschaft Christi. Doch wurde die Erhebung in Münster blutig niedergeschlagen. Die Führer wurden gefoltert und ihre toten Körper in Käfigen ausgestellt. Das war das Ende der beunruhigenden sozialen Veränderungen, von ein bißchen Kommunismus und ein wenig Polygamie (das Alte Testament hatte eine große Rolle gespielt, in ihm waren Vorbilder für alles zu finden). Interessant ist, daß radikale Gruppen gelegentlich zu den gleichen Themen zurückgekehrt sind, sobald eine neue gesellschaftliche Ordnung als Vorbote der Vollendung der Geschichte empfunden wurde. Für die Wiedertäufer handelte es sich um die irdische Realisierung eines alten Mythos. Heute haben wir ebenfalls Leute, die an ein Tausendjähriges Reich glauben, nur in anderer Verkleidung.

Christliche Mystik war eigentlich ein Paradoxon. Das Zeugnis vieler Religionen und vieler Kontemplativer lautet, daß in der inneren Vision von der letzten Realität die Unterscheidung zwischen dem, was erschaut wird, und dem, der schaut, entfällt; die Seele fühlt, daß sie in ein größeres Ganzes aufgenommen ist, oder, anders ausgedrückt: es gibt eine Erfahrung tiefster Identität. Indessen ist das christliche Erbe fest mit einer ganz anderen Vorstellung verbunden: daß nämlich Gott der ganz andere ist. Er steht dem Menschen gegenüber als der Schöpfer, der über alles zu fürchten ist. Und der Mensch handelt unrecht, wenn er versucht, Gott zu sein, oder auch nur Unsterblichkeit erlangen will – was sonst demonstriert die Geschichte von Adam? Daß Gott heilig ist, bedeutet, daß er vom Menschen verschieden ist. Was also sollen Christen zu der mystischen Erfahrung der Vereinigung mit der letzten Realität, mit, möglicherweise, Gott selbst, sagen? Drei in einem göttlichen Wesen: das ist noch in Ordnung. Aber zwei in einem, wobei der eine Partner ein Mensch ist – das muß ein Problem für das Dogma aufwerfen. Doch ließen sich die mystischen Erfahrungen nicht aus der Welt schaffen. Wie sind die Christen mit diesem Paradoxon fertiggeworden?

Eine der erstaunlichsten mystischen Bewegungen stellt der sogenannte Hesychasmus dar, ein Terminus, der sich aus dem griechischen Wort für »ruhig, still« ableitet. Kontemplation meint stille und schweigende Konzentration auf das Letzte. Obgleich sich die orthodoxen Hesychasten auf die Lehren der frühen Kirchenväter beriefen, forderten sie im 14. Jahrhundert zur Kritik heraus. Die besonderen Techniken, die sie verwendeten, schlossen die Kontrolle des Atems ein (sie erinnern damit an Yoga und Taoismus) und wurden als materialistisch angeprangert. Für die mehr weltlich eingestellten Kirchenmänner der Zeit stellten die Hesychasten vielleicht eine gewisse Gefahr dar, aber ein echtes Problem waren sie für die Theologie, die ja die Entfernung zwischen Gott und Mensch betont. Wenn die Mystiker ein Licht sahen, waren sie dann berechtigt, es als das göttliche Licht anzusehen? Im heiligen Gregorius Palamas erwuchs ihnen ein großer Verteidiger. Er erkannte, daß die Mystiker vielleicht nicht die Essenz Gottes schauen konnten, jedoch deren Energien oder Ausläufer, durch die sein Werk ausgeführt und angelegt war. Schließlich ist die Welt die Summe der wirkenden Energien Gottes. Sie ist gut und wunderschön, sie ist dynamisch; und wenn wir Gott im Wald und im brennenden Dornbusch sehen können, warum dann nicht in diesem inneren Licht?

Auch der Mystiker Meister Eckhart geriet in Schwierigkeiten. Er entwarf aufgrund der eigenen inneren Erfahrung ein Bild von Gott, das vom Gesichtspunkt des Katholizismus aus nicht ganz orthodox war. Seine Begründungen waren denen der (ihm unbekannten) Hesychasten und anderer Mystiker ähnlich. Er sah Gott sowohl als Person wie auch jenseits der Kategorien des Personalen. Er sah ihn als nicht zu beschreiben und jenseits des Seins, und das Ziel des kontemplativen Lebens war ja in der Tat die mystische Vereinigung, dadurch daß der befreite göttliche Funke im Menschen zu seinem Ursprung und seiner Heimat zurückkehrt. Eckharts Denken ist sehr hinduistisch – das wußte er freilich nicht. Die Mystiker der christlichen Überlieferung führen uns überhaupt auf verschiedene Weise nach Osten. Es ist unrichtig, das Christentum im Gegensatz zu den sogenannten orientalischen Religionen zu sehen. Es ist ausgesprochen verkehrt, eine große Kluft zwischen beiden Religionsformen anzunehmen, vor allem für die Zeit vor der Spaltung des Christentums durch die Reformation. Mönchtum, Kontemplation, Hesychasmus, Liturgie, Messe, Neuplatonismus, Devotionalismus, Magie, Kerzen, Bilder – all dies wäre einem Buddhisten oder Hindu sehr vertraut gewesen. Und obgleich man den Unterschied zwischen der Religion Europas und der Asiens erst klar erkennen konnte, als der Protestantismus sich entfaltete, waren auch viele Protestanten dem tiefinnerlichen Leben hingegeben; ein Beispiel ist Jakob Böhme.

Jakob Böhme

Böhme wurde 1575 in Schlesien, in einem unbedeutenden Ort namens Alt-Seidenberg geboren. Er war im lutherischen Glauben unter Bauern aufgewachsen und sollte Schuhmacher werden. Als er ungefähr fünfundzwanzig Jahre alt war, hatte er ein erschütterndes Erlebnis, das er als göttlich empfand. Die helle Sonne fiel eines Tages auf eine blank polierte Zinnschüssel; im gleichen Augenblick wurde er in eine Art von Ekstase versetzt. Er spürte, daß er den Mittelpunkt des Universums, den Seinsgrund, die Natur Gottes erlebte. Er hatte in seinem früheren Leben lange nach der Wahrheit gesucht. Jetzt kam sie zu ihm, für die Dauer eines kurzen Moments, aber, wie er spürte, für die Ewigkeit. Von da an dachte er über seine Erfahrungen nach und wartete, bis er sich bereit fühlte, sie aufzuschreiben. Das tat er dann in einer Reihe von tiefgründigen Werken, die später die Quäker nachhaltig beeinflussen sollten.

So stellen wir ähnliche innere Erfahrungen fest: im Osten, im Westen, bei Katholiken und bei Protestanten. Die Mystiker stellten den fast universalen Impuls zur Unmittelbarkeit in der Liebe zu Gott heraus, um den es auch der offiziellen Kirche bei allem äußerlichen Pomp und Ritual ging. Verglichen mit den Erfahrungen der Mystiker waren die Schriften der Theologen vielleicht tatsächlich nur leeres Stroh, wie Thomas von Aquin fand. Möglicherweise jedoch wollte er lediglich sagen, daß die Religion besser im Herzen und in der Erlebniswelt als in einem Gedankensystem aufgehoben ist, so wunderbar ein solches auch sein mochte.

Einstweilige Schlußfolgerungen

Das Christentum, die am wenigsten begriffene Religion im Westen, hat sich in seiner klassischen Zeit auf drei Schwerpunkte konzentriert: auf die Sakramente, vor allem Messe und Liturgie; auf das Mönchtum und die damit zusammenhängende kontemplative Lebensform; und auf das Ideal eines Reiches, auf die Beziehung zwischen Staat und Kirche. Also Sakrament, Mönchtum und Macht. Von daher strahlte die Zauberkraft aus, die ihm die Treue und Ehrerbietung der Bauern und Massen sicherte. Das Christentum war so die große Inspirationsquelle Europas im gesamten sogenannten »dunklen« Mittelalter. Es konnte dem Islam die Stirn bieten. Bei der Reformation brach neues, heftiges und zuweilen bösartiges Leben aus ihm hervor: der Dreißigjährige Krieg zeigte die Kehrseite. Ob es wohl ein Glück war, daß das Christentum zu eben dieser entscheidenden Zeit hinüberströmte in die Neue Welt und in das neue Spanien?

Nationalkirchen nach Luther: Schweden

Eine der dramatischen Konsequenzen der Reformen Luthers war die Profilierung von nationalen Kirchen in Nordeuropa, eine andere die Freisetzung protestantischer Vielfalt in einer hoffnungslosen Fülle von Sekten und Konfessionen. Unterdessen führte die römische Kirche ihre eigene Reformation in gerade der Zeit durch, in der sie sich in gewaltigem Maße in der Neuen Welt ausbreitete. Betrachten wir Schweden und England als Beispiele für die erste dieser Konsequenzen der Reformation.

Für Schweden war der Anfang des 16. Jahrhunderts keine glückliche Zeit. Es war der dänischen Krone zugefallen, und König Christian II. hatte überraschend und blutig einen großen Teil der Aristokratie ermorden lassen, um seine Macht über das Land zu festigen. Aber seine Methoden erwiesen sich als Bumerang, denn ein junger Adliger, Gustav Wasa, der selbst aus dem Gefängnis entflohen war, nachdem man einige seiner engsten Verwandten ermordet hatte, betrieb unter massiver Unterstützung seitens der Bauern eine Erhebung. Er wurde König, und das zu einer Zeit, in der Monarchen und Fürsten in ganz Nordeuropa in den Streit um die Reformation eine politische Komponente einbrachten, indem sie versuchten, die Kirche unter ihre Kontrolle zu bringen. Wasa war von einem der ersten schwedischen Reformatoren, von Olaf Petersson, beeindruckt, der in Wittenberg studiert hatte, als Luther dort seine Thesen an die Tür schlug. Dazu kam, daß der höchste Prälat Schwedens, der Erzbischof von Uppsala, der Christian II. unterstützt hatte, geflohen war. Für Wasa, der chronisch unter Geldmangel litt, stellten die finanziellen Mittel der Kirche eine erhebliche Versuchung dar.

Die Kollision mit Rom trat ein, als Rom von seinem Recht Gebrauch machen wollte, einen Nachfolger für den erzbischöflichen Stuhl in Uppsala zu ernennen.

Der Papst ernannte einen gefügigen Italiener. Im Jahre 1523 wurde das Band zu Rom zerschnitten und eine nationale Kirche errichtet, die zwar im Prinzip lutherisch, jedoch entschieden schwedisch geprägt war. Olaf und seine Mitarbeiter brachten eine schwedische Bibel heraus, ein Gesangbuch und eine schwedische Version der Messe. Mit einiger Überraschung stellte Olaf fest, daß die Bischöfe sehr viel mehr Unabhängigkeit zeigten, als er erwartet hatte, und so faßte er eine radikalere Reform ins Auge. Aber die Kirche ließ keine weiteren durchgreifenden Änderungen zu. Auffallend ist, daß heute das schwedische Christentum nur eine kleine Minderheit der Bevölkerung erreicht, trotz beträchtlichem intellektuellen und missionarischem Einsatz vor allem im 19. und im ersten Teil des 20. Jahrhunderts. Obwohl es in das Gefüge der Gesellschaft in der Weise eingebaut ist, daß der Pastor Geburten, Todesfälle und Eheschließungen registriert und daher jeder früher oder später offiziell Kontakt mit ihm hat, sind die Kirchen weitgehend leer. Möglicherweise ist das in der Art und Weise begründet, in der Schweden ursprünglich zum Luthertum bekehrt wurde, und in der Natur der Reformation selber. Die alte Religion der Wikinger befand sich zwar im Auflösungsstadium (gerade durch die Erfolge der Nordmänner im Sieg über andere Kulturen, die sie stark beeinflußten), aber die tatsächliche Christianisierung der nördlichen Länder fand durch königliche Erlasse statt. Es waren die Könige, die den entscheidenden Schritt taten. Missionare von England und anderswo begaben sich zwar immer wieder nach Schweden, um die neuen christlichen Gebiete spirituell zu versorgen, aber es war stets unsicher gewesen, wie tief der neue Glaube dort wirklich Wurzeln gefaßt, und wie viel er von der alten Magie der noch lebendigen vorchristlichen Religion entlehnt hatte. Die Reformation fegte nicht nur viel von jenem Kompromiß zwischen Christentum und Heidentum fort, sondern wurde außerdem wie nirgends sonst von oben her durchgeführt, vom König und den Kirchenmännern. Diese Tatbestände waren es, welche die Entfremdung der schwedischen Massen vom Christentum vorbereiteten. In vieler Hinsicht war das allgemeine Bild ähnlich der Lage in England, wo allerdings der Erfolg der Reformation bis nach dem Bürgerkrieg unentschieden war.

Die Church of England / Die Anglikanische Kirche

Die Church of England verdankt ihre Unabhängigkeit von Rom zwar in großem Maße Luther, ist deshalb aber nicht lutherisch. Sie erhebt den Anspruch, sowohl katholisch als reformiert zu sein, und besitzt ein eigenes Ethos, das man mit dem Namen Anglikanismus bezeichnen kann. Sie legt ihren Stolz in die Vielfalt ihrer Lehren, in die Verschiedenheiten der Frömmigkeitsformen innerhalb ihres Rahmens und in die relative Freiheit von dogmatischer Uniformität. Sie ist das, was man orthopraktisch nennen könnte. Hält man sich an die richtigen Praktiken, vor allem natürlich an die Konformität mit dem Gebetbuch, darf man mehr oder weniger glauben, was man will. Interessant ist, daß eine Lehr-Kommission der Church of England vor dem Zweiten Weltkrieg einen großen Bericht (einen übrigens ausgezeichneten) veröffentlichte mit dem Titel: *Die Lehre in der Church of England.* Wohlgemerkt *in* und nicht *von.*

Wie war es zu dieser Situation gekommen? Die englische Reformation war ein Zusammenspiel von zwei Kräften gewesen, zwischen denen schließlich ein Kompromiß gefunden werden mußte. Die eine Kraft war politisch: der Wunsch nach nationaler Unabhängigkeit. Unter Elisabeth I. konnte beispielsweise die Tatsache, römisch-katholisch zu sein, bedeuten, daß man ein geheimer Staatsfeind war. Guy Fawkes Pulververschwörung von 1605 war papistisch. Die nationale Kirche mußte von der Monarchie kontrolliert sein. Heinrich VIII. war nicht gerade ein großer Reformator, wenn seine Begehrlichkeit nach dem Reichtum der Klöster auch groß war (nach der neuen Lehre gerieten Zölibat und Mönchtum in den schlechten Geruch der »Erlösung durch gute Werke«, was ein nützliches Argument für die Plünderung der Klöster bot). Vom Instinkt her war er katholisch und, trotz einer oder zwei Scheidungen, orthodox. Das wirkliche Problem war die päpstliche Rechtsprechung und, zur Zeit Elisabeths, als weitere Komplikation die Notwendigkeit, ein dynamisches und expandierendes Spanien zurückzuschlagen. Das war die politische Dimension. Die andere Kraft war religiöser und ideologischer Natur. Es hatte bereits vor-reformatorische Bewegungen gegeben, und die neuen Lehren von Luther, Calvin und anderen trafen in England auf fruchtbaren Boden. Für Leute mit echten reformerischen Motiven konnte das Leben allerdings recht gefährlich sein. Thomas Bilney, Mentor des jungen William Tyndale, wurde 1531 in Norwich verbrannt, und Tyndale selbst, der energische Bibelübersetzer, wurde 1536 in den Niederlanden gehängt. Aber der Drang zu Veränderungen war nicht aufzuhalten, und die englische Frömmigkeit erhielt vor allem durch die Arbeit von Thomas Cranmer, den Erzbischof von Canterbury, neue Gestalt. Später waren dann Karl I. die Puritaner zu radikal, und das Commonwealth, die Republik unter Cromwell, unterdrückte die Bischöfe. Aber schließlich wurde die Church of England nach der Restauration durch einen notwendig gewordenen historischen Kompromiß in ihrer gegenwärtigen Form geboren. Sie verband katholische und reformerische Elemente und fand zu einem Ausgleich zwischen politischen und religiösen Aspekten. Es darf aber nicht vergessen werden, daß es eine Staatskirche war. Und erst im 19. Jahrhundert wurden Nachteile, Beschränkungen für Nonkonformisten, Katholiken und Juden aufgehoben. Selbst Disraeli, Englands erster jüdischer Ministerpräsident, mußte Anglikaner sein.

Interessanterweise schlossen sich andere Teile von Großbritannien dieser Entwicklung nicht an. Schottland zeigte eine verhältnismäßige Unabhängigkeit, indem es kalvinistisch wurde; Wales pflegte seine eigene Version von Nonkonformismus, wenn es auch formal anglikanisch war; Irland kämpfte um die Bewahrung seiner katholischen Vergangenheit, und sei es auch nur, um die Engländer zu är-

DAS ANTLITZ DES HIMMELS

Was göttlich ist, was diese Welt transzendiert, was himmlisch ist, das versuchen die Menschen durch Symbole auszudrücken. Weil es jedoch nur indirekt mittels irdischer Analogien ausgedrückt werden kann, widersetzt sich häufig eine Religion, zum Beispiel das Judentum, der Islam und einige Richtungen im Protestantismus, aus Furcht vor Götzendienerei der sichtbaren Darstellung des Göttlichen. Häufig kann der Geist einer Religion in ihrer Kunst klar erkannt werden. Das Studium dessen, was ich »Antlitz des Himmels« nenne, ist gemeinhin als Ikonographie bekannt.

Diese große Statue in Ceylon stellt Buddha dar, wie er sich niedergelegt hat; in den Augen der Welt schläft er. Mit anderen Worten, sie zeigt ihn während seines letzten Hinscheidens oder im Nirvana. Da er jetzt aller Individualität und allen Wiedergeburten entronnen ist, kann man sich eigentlich nicht mehr auf ihn beziehen. Er gleicht einer Flamme, die verlöscht ist. Es gibt also keine Flamme mehr, von der man sprechen könnte, keine Spur mehr von ihr. Im frühen Buddhismus ließ man den Buddha selbst zuweilen aus einer Szene heraus (in der er beispielsweise mit seinen Schülern sprach), um dieses letztendliche »Erlöschen« des Buddha und sein geheimnisvolles Verschwinden ins Unsagbare anzudeuten.

Die Bibel vermittelt uns den Eindruck der Männlichkeit Gottes. Jedoch feiert der überwiegende Teil der Christenheit in Ost und West die Herrlichkeiten der Mutterschaft in der Gestalt der Jungfrau Maria. In dieser bayrischen Mutter mit Kind ist viel von der europäischen Frömmigkeit und Kultur enthalten: eine keusche Mutter und ein bezauberndes Kind. Aber im Gefolge der Reformation wurde die Anbetung der Jungfrau Maria weitgehend verworfen; einige Reformatoren sahen darin eine Form von Idolatrie, die Maria einen Rang neben Gott gab. Vielleicht enthielt diese Beschuldigung einige Wahrheit. Andererseits jedoch verlieh die Gestalt Marias dem Himmel eine feminine Dimension. △

Dieses afrikanische Kruzifix macht deutlich, wie das katholische Christentum die Szene von Christi Tod als zentrales Symbol eingesetzt hat. Es ist sein Opfertod am Kreuz, der die Sünden sühnt und den durch Adams Sündenfall entstandenen Bruch zwischen dem Menschen und Gott heilt. Das griechisch orthodoxe Christentum hingegen hebt mehr die Auferstehung Christi hervor, des siegreichen Herrn, der in seiner Auferstehung den Tod überwunden hat. ▷

◁ *Im Hinduismus ist die weibliche Dimension auffälliger, denn das Weibliche wird als die mächtige Kraft der Fruchtbarkeit betrachtet. Ein Gott wird häufig mit seiner Gefährtin dargestellt. In dieser Szene sehen wir Vishnu, einen der beiden größten Repräsentanten des höchsten Wesens im Hinduismus, und seine Gefährtin Lakshmi. Vishnu spielt in der hinduistischen Frömmigkeit eine besonders dynamische Rolle, da er in verschiedenen Formen, vor allem in der Gestalt des verliebten und edlen Krishna, verkörpert wird.*

▽ *Indessen fehlt auch im Westen der siegreiche Christus nicht. Hier ein wunderschönes Beispiel aus dem Münster zu Konstanz aus der Zeit um 1000.*

In China wurde vom Göttlichen häufig in den Begriffen des Himmels gesprochen. Selbst Mao bezieht sich in seinen Gedichten auf den Himmel, meint dabei aber im Grunde das Volk und den Geist Chinas. Der Kult von Mao-Bildnissen wie hier in Peking stellt die sozialistische und nationalistische Projektion einer alten Überlieferung dar: das Antlitz des Himmels auf die Erde zu bringen.

gern. Und dort, wo Schottland England und Irland aneinandergrenzen, in Ulster, kam es zu erbitterten Auseinandersetzungen, die auch heute noch Gewalt und Tod ausbrüten.

Proteste in verschiedenen Formen

Die Reformation gebar den Begriff der Nationalkirche. In ihm war der Same der Mannigfaltigkeit enthalten. Gerade die Idee, an die Prinzipien der frühen Kirche zu appellieren, mußte die Fragmentarisierung des Protestantismus zeitigen. Aus diesem Grund ist es unmöglich, von einer Essenz des Protestantismus sprechen, von einem allen Gruppen Gemeinsamen, außer vielleicht der Neigung zu Protest, Selbstprüfung und dauernder Bereitschaft zur Revision. Es mag paradox erscheinen, daß einige der aktivsten protestantischen Gruppen fundamentalistisch sind, denn – so heißt es – Fundamentalismus sei in hohem Maße unkritisch. Die Bibel wird zu einem Papier-Papst. Aber der strenge Glaube an die Bibel im wortwörtlichen Sinne stellt ja auch eine geistige Entscheidung dar. Der Protestantismus bildete ein breites Spektrum solcher Entscheidungen heraus. Wenn einmal die äußeren Autoritäten, Papst oder Nationalkirchen, gestürzt sind, ist es nur natürlich, sich wegen Lehre und Lebensform um Auskunft an die Bibel zu wenden, da sich in ihr die frühe Kirche spiegelt, die für den Protestantismus Gegenstand intensiver Sehnsucht ist. Der Schlüssel zur Bibel ist jedoch die Auslegung. So wie Menschen und Gesellschaften nun einmal beschaffen sind, mußten sich die Interpretationen vervielfachen.

Sehen wir uns die Vielfalt des neuen (und angeblich alten) Christentums an, die sich nach einem oder zwei Jahrhunderten Reformation herausbildete. Im frühen 16. Jahrhundert herrschte in der Church of England bei manchen die Ansicht, nur Erwachsene sollten getauft werden und zwar durch totales Eintauchen. (Damit bezogen sie sich auf das heldenmütige Ende von Balthasar Hubmaier, der 1528 auf dem Scheiterhaufen verbrannt wurde und dessen Frau man ein paar Tage später in der Donau ertränkte.) Aus dieser Gruppe in der Church of England leiteten sich die verschiedenen Formen des modernen Baptismus ab. Durch das Eintauchen überschreitet ein Mensch eine entscheidende Grenze: im heutigen Osteuropa und in Rußland rührt der trotz aller Verfolgungen große Erfolg der Baptisten aus der persönlichen Integrität, die durch den Akt des Eintauchens versinnbildlicht wird. Im Süden der Vereinigten Staaten bieten Eintauchen und die Bibel dem kleinen Mann, der sich zwischen dem ehemaligen Sklaven und dem reichen Weißen erdrückt fühlt, die Empfindung sozialer Sicherheit.

Ebenfalls in England wurde im frühen 17. Jahrhundert die Bewegung der Kongregationalisten geboren, hauptsächlich durch das Werk von Robert Browne. Sie zeichnet sich aus durch eine standhafte innere Unabhängigkeit: die demokratische Kirchenverfassung, derzufolge jede Kirche eine unabhängige, sich selbst regierende Kongregation sein soll, war denjenigen ein Dorn im Auge, die eine Nationalkirche befürworteten. Es war für beide Seiten nur gut, daß die Neue Welt offenstand. Der Kongregationalismus gab das Muster ab für die Gemeinwesen von Neu England und wirkte somit als Keim für die Entwicklung der amerikanischen Demokratie.

Mitte des 17. Jahrhunderts entstand eine andere Bewegung, die sich aus dem Gefüge der protestantischen Frömmigkeit in England herauslöste: die Quäker, die von William Penn über Whittier das amerikanische Christentum in besonderer Weise prägten. Die »Freunde« standen in der Tradition von Böhmes Mystik und waren mutige Zeugen für die pazifistische Seite des Christentums. Die Lehre vom Inneren Licht verhalf den Quäkern zu einem besonderen Verständnis für östliche Religionen und bot gleichzeitig eine Alternative zur Autorität der Bibel.

Ein weiterer Ableger der Reformation, der Methodismus, war in der Hauptsache das Werk von John Wesley, hatte aber ebenfalls seine Wurzeln im deutschen Pietismus und in der als Moravier (Böhmische Brüder) bekannten Gruppe, die von dem feurigen Grafen Zinzendorf geleitet wurde. Wesley begegnete einigen dieser Glaubensbrüder bei einem Besuch in Amerika, und die Kombination von Motiven des europäischen Festlands mit englischen brachte ein neues, warmherziges Christentum hervor, das sowohl in England wie in den Vereinigten Staaten beträchtliche Erfolge erzielte.

Der Protestantismus bildete also viele Variationen aus, von denen einige vielleicht die Grenzen des Christentums durchbrachen. Zu der Frage nach diesen Grenzen werden wir noch zurückkehren. Sehen wir uns zuvor an, wie es um die katholische Reform, die »Gegenreformation«, bestellt war.

Die katholische Reform

Formal wurde sie im Konzil von Trient beschlossen, das 1545 begann und bis 1563 sporadisch weitergeführt wurde. Nicht nur definierte dieses Konzil die römische Lehre, insbesondere hinsichtlich des Papsttums, in einer Weise, die sie klar vom Protestantismus abhob, sondern es gab dem Glauben auch seine klassische Form, die im wesentlichen bis zum 2. Vatikanischen Konzil Gültigkeit behielt. Darüber hinaus konzipierte das Konzil neue Lebensnormen und praktische Reformen: Pluralismus war nicht gestattet, eine bessere Ausbildung der Geistlichkeit wurde veranlaßt und der Messe eine würdigere Gestalt gegeben; man machte sich über die Verbesserung der Kirchenmusik Gedanken, dem Ablaßhandel wurden Zügel angelegt, Klöster sollten unter geeignete Aufsicht gestellt werden, Bischöfe wurden mit mehr Macht ausgestattet, die Geistlichen sollten mit festen Bezügen versorgt werden, Duellanten exkommuniziert werden; das Unwesen der klerikalen Konkubinate wurde wieder einmal verurteilt, die Bischöfe wurden aufgefordert, ihre Prachtentfaltung einzuschränken, überall wurde die Kirchenverwaltung gestrafft und, vor allem, die höchste Autorität des Papstes bekräftigt. Kurz, die Kirche schaffte Ordnung im eigenen Haus und verstärkte ihre Hierarchie. Der moderne Katholizismus war geboren. Beim Eintritt in die Zeit des Barock stand die Kirche herrlicher und mächtiger da denn je zuvor. In den überseeischen Gebieten brach die Zeit der großen missionarischen Unternehmen an. Die römische Kirche mußte zwar akzeptieren, daß das nördliche Europa überwiegend verloren war – sogar in unmittelbarer Nähe Italiens traten einige der Schweizer Kantone für die Sache der Reformation ein. Als jedoch die großen spanischen und portugiesischen kolonialen Expeditionen und Eroberungen die Neue Welt und Teile des fernen Ostens öffneten, entfaltete sie dort in immer stärkerem Maße Bekehrungsaktivitäten.

Eine überall gültige Form der katholischen Mission existiert nicht. Die Spanier kamen als Kreuzfahrer mit der noch lebendigen Erinnerung an die christliche *Reconquista* Spaniens in die Neue Welt. Leider waren die Eroberer sehr oft grausam und raffgierig, aber häufig schützte die Kirche auch die Indianer und bekämpfte Mißbräuche. Im heutigen Paraguay und in den umliegenden Gebieten errichteten die Jesuiten ein tiefgreifendes patriarchalisches christliches System. Die Indianer wurden in Musterdörfern zusammengefaßt, jedes mit eigener Kirche, so schön gestaltet wie möglich. Man schulte sie in Landwirtschaft, Viehzucht und nützlichem Handwerk; Milizen schützten die Siedlungen vor plündernden Sklavenjägern. Auf diese Weise wurde unter weißer Jesuitenherrschaft eine indianische Theokratie errichtet. Es war eine der möglichen Lösungen für die Probleme der Neuen Welt.

Auf den Philippinen teilten sich verschiedene religiöse Orden in die Bekehrung, jedem Orden wurde eine andere Provinz oder Region zugeteilt. Sie waren außerordentlich erfolgreich; innerhalb von vierzig Jahren wurden über dreihunderttausend Filipinos getauft. Das Land wurde weitgehend katholisch, es ist das einzige Land Asiens, das überwiegend christlich ist. In Ländern mit starken religiösen Überlieferungen wie Hinduismus oder Buddhismus hat das Christentum keine sehr großen Erfolge erzielt, aber die Religionen der Filipinos waren wenig einflußreich und ortsgebundener. Unter solchen Umständen erreichte die christliche Mission stets am meisten.

Roberto de Nobili (1577–1656), italienischer Aristokrat, ein Neffe des großen Kardinals Roberto Bellarmin, war ein frommer und entschlossener Jesuit. (Kein Wunder, daß manche Länder die Jesuiten verbannten: ihre militärische Disziplin im Interesse friedlicher und evangelischer Ziele war furchterregend. Sie erschienen wie eine Kreuzung zwischen Kreuzfahrern und Verschwörern.) De Nobili fand, daß in Indien, worauf sich die portugiesische Mission konzentriert hatte, die meisten Bekehrten Arme und Ausgestoßene waren, Fischer und Ähnliches. Es war ja auch immerhin günstiger, ein portugiesierter Inder zu sein als ein Unberührbarer. Wie andere Jesuiten legte de Nobili aber Wert darauf, die höheren Schichten zu bekehren. Er wurde der Stadt Madura im Süden zugewiesen, die mit ihrem großen Minakshi-Tempel, den prachtvollen Türmen und Skulpturen, ein weit und breit berühmtes Wallfahrtszentrum war. De Nobili baute sich selbst eine Hütte in dem Gebiet, in dem Brahmanen lebten, und führte ein Leben wie ein Brahmane. Er arbeitete sich in die Theologie seiner Freunde ein und schrieb zu ihrer Unterrichtung christliche Werke. Er wurde wie ein Inder und gestattete seinen brahmanischen Konvertiten, die meisten ihrer Sitten beizubehalten. Im ganzen waren seine Methoden erfolgreich, und er wurde hoch geachtet. Aber diese Methoden mußten auch Diskussionen herausfordern. Damals wie heute war es schwer, zwischen dem Christentum als Glauben und dem Christentum als westlicher Kulturerscheinung zu unterscheiden. De Nobilis Methoden, die zunächst den Segen Roms gehabt hatten, wurden neunzig Jahre nach seinem Tode mit dem Bann belegt. Ein ungewöhnliches Experiment fand so sein Ende.

Protestantische Mission

Im 18. Jahrhundert übernahmen die Nordeuropäer die Seeherrschaft und im 19. die Missionstätigkeit. Protestantische Missionare, zunächst vorwiegend britische, im späten 19. und frühen 20. Jahrhundert auch amerikanische, machten sich auf, um kolonisierte Völker in Indien, China, in der Südsee und, mit dem größten Erfolg, in Afrika zu bekehren. Gleichzeitig auf den Plantagen der Karibik und im amerikanischen Süden entwickelten sich neue Formen christlicher Religiosität unter den afrikanischen Sklaven. So entstand unter den Schwarzen ein neues Christentum, das sich in herzbewegenden Spirituals ausdrückte und ungewöhnlich vitale und charismatische Ausstrahlung besitzt.

Der Marxismus, ein Ableger des Glaubens

Unterdessen waren in den zwei Jahrhunderten nach dem Konzil von Trient zwei schnell wuchernde Ableger des Christentums in Europa herangewachsen: Ideologie und Wissenschaft. Beide wurden getragen von der Woge einer neuen bürgerlichen Kultur, die selbst gleichzeitig Ursache und Wirkung des Kapitalismus und der neuen Technologien war, welche die industrielle Revolution möglich machten.

Der Dichter William Blake stellte sich noch angesichts der qualmenden Fabriken von Lancashire die Frage, ob er hier ein neues Jerusalem vor sich habe. Karl Marx (1818–1883) gelangte hingegen als Gast des englischen Bürgertums und Schützling von Engels zu ganz anderen Gedankengängen. Er entwickelte eine weltliche Ideologie, die eine Reihe von christlichen Themen aufnahm, jedoch in einer Weise, die dem Religiösen feindlich und den zeitgenössischen Dimensionen des Spirituellen gleichgültig gegenüberstand. Der Weg zu Marx führt über Hegel (1770–1831), einen Gelehrten, dessen Sprache barbarisch, dessen Denken zäh und undurchdringlich, dessen Vorstellungskraft schwerfällig war und dessen System barock ausuferte; der dennoch über großen Charme und Lebendigkeit verfügte und, vor allem, ungeheuren Einfluß ausübte. Er war ein hochwichtiger Gestalter des modernen Deutschlands, des europäischen Idealismus, des Marxismus. Seine Wirkung war groß im Guten wie im Bösen. Karl Popper, Vertreter einer modernen Freiheit und eines wissenschaftlich unterbauten Humanismus, kann ihn nicht ausstehen; er ist für ihn der Teufel, der überall in seinem grundlegenden Werk *Die offene Gesellschaft und ihre Feinde* herumspukt. In Hegel könnte man durchaus auch den Ideologen des preußischen Militarismus sehen, und seine Gedanken als seltsame Nachfahren des Ethos des Deutschritterordens nehmen. Aber er gab ein Bild der Geschichte, das den aus der Bibel überkommenen Mythos auf den neuesten Stand brachte und glaubwürdig machte. Wenn Gott in der Geschichte wirksam ist, dann auch der Geist. Der »absolute Geist« schreitet in dialektischen Rhythmen voran, er bewegt sich wie ein Argument zwischen den Aktionen und Kulturen der Menschen. Zuerst Jesus, dann Paulus, in Antithese dazu die Kirche. Später brachten antithetische Spannungen wiederum den Protestantismus hervor. These, Antithese, Synthese, woraufhin die Synthese zur neuen These wird. Das ist die lebendige, fortschreitende Logik der Geschichte. Diese Idee, die dialektische Methode, war es, die Marx übernahm; aber er fing beim anderen Ende an: bei der Materie und nicht beim Geist. Er ging von Feuerbachs Atheismus aus.

Ludwig Feuerbach (1804–1872) war der bedeutendste Vorläufer aller derjenigen, die in unserer Zeit in der Religion eine Projektion des menschlichen Geistes gesehen haben; er kündigte also Marx und Freud, Durkheim und Adorno an. Marx, der aus christianisierter jüdischer Familie stammte, übernahm entschlossen Feuerbachs System und machte sich Hegels Dialektik zu eigen. Er trieb gründliche volkswirtschaftliche Studien, und sein Denken wurde befeuert durch die entsetzlichen Bilder einer Epoche, in der teuflische Maschinen die mageren Kinder der Armen auffraßen und Männern wie Frauen Würde und Tradition nahmen. Ausgehend von gerechter Empörung, einer umfassenden Theorie und den revolutionären Ideen aus der Mitte des 19. Jahrhunderts, bildete Marx ein System aus, das den Grundplan für Revolutionen und neue gesellschaftliche Ordnungen abgeben sollte. Der dialektische Rahmen blieb, nur ging es jetzt um Klassen im schöpferischen Gegeneinander. Die Evolution zu einem höheren Status blieb ebenfalls, aber die Revolution war das Mittel, das zu einer klassenlosen Gesellschaft führte. Damit im Zusammenhang stand die Mobilisierung des Proletariats. Die Arbeiter sollten die Schöpfer der neuen Ordnung sein. Die Theorie lautetete folgendermaßen: Durch Anhäufung von Kapital war die industrielle Revolution möglich geworden. Träger dieser Revolution war das Bürgertum, das den neuen Kapitalis-

mus organisierte. Da jedoch Kapitalismus von der Schaffung und Ausbeutung eines städtischen Proletariats abhängig war (Ausbeutung, weil Profite um so höher lagen, je niedriger die Löhne gehalten wurden), würde die Situation einen Gegensatz zwischen Proletariat und Bürgertum erzeugen, der, wie Marx hoffte, in einer Revolution zum Ausbruch kommen und letztlich zur klassenlosen Gesellschaft führen würde. Auf diese Weise sollte die Arbeiterklasse zum Instrument der Veränderung und einer neuen Synthese werden.
In Wirklichkeit haben sich die Dinge kaum im Sinne dieser Theorie abgespielt. In Rußland kam der Kommunismus durch einen Staatsstreich an die Macht, in China infolge glänzender Strategie und der Mobilisierung der Bauern, in Jugoslawien durch ländliche Partisanen, in den meisten osteuropäischen Ländern durch die Rote Armee, in Vietnam durch erbitterten Bürgerkrieg und einen internationalen Krieg, der von dem zähen, aber wesentlich bäuerlichen Norden geführt wurde, in Kambodscha durch Armeen. Nichtsdestoweniger hat sich die Vision von Marx als lebenskräftig und praktikabel erwiesen. Es ist vielleicht keine sehr wahre Vision gewesen, denn das Volk in den kommunistisch beherrschten Gesellschaften genießt nur wenig Freiheit, und die Kreativität von sozialdemokratischen oder orthodox kapitalistischen Gesellschaften wie die der Vereinigten Staaten ist häufig derjenigen der monolithischen Gesellschaften des Ostens weit überlegen. Aber immerhin hat die Vision in gewissem Sinne funktioniert. Marx brachte neue Hoffnung für viele und außerdem in der Tat eine neue Religion. Inwieweit diese wirklich als eine solche gelten kann, werden wir bei der Behandlung von Maos Denken und Maos China sehen.

Englischer Humanismus

Das England, in dem Marx lebte und arbeitete, war auch der Geburtsort eines neuen Humanismus, eines weiteren ungebärdigen Kindes des Christentums, das sich allerdings wesentlich höflicher und harmloser im Endeffekt gab als die Theorien von Marx. Der Humanismus wollte wissenschaftlich sein, hielt sich aber generell an christliche Moralbegriffe. Es war Christentum ohne Überbau. Er hatte lebhaftes Echo in England, wo man Christsein in der Hauptsache in moralischen Begriffen versteht. Der biedere Arbeiter verachtet häufig Kirchgänger; man kann genügend christlich sein, indem man Gutes tut. Was spielt es schon für eine Rolle, wenn ich an einem Sonntagmorgen meinen Wagen wasche statt die Kommunion zu empfangen? Die geistige Version dieser Einstellung ist der Humanismus, der im 19. Jahrhundert von einigen hervorragenden Gestalten wie T.H. Huxley vertreten wurde.

Östliche Orthodoxie

Die orthodoxe Ostkirche hatte inzwischen einiges an Schwierigkeiten durchgemacht. Im 19. Jahrhundert z.B. die Expansion der russischen Macht nach Zentralasien und durch Sibirien hindurch. Dieser folgten missionarische Unternehmen. Die Türken wurden von dem größten Teil des Balkans vertrieben, und die lange isolierten Kirchen in Südosteuropa konnten sich im nationalem Rahmen neu etablieren. Rußland selbst hatte eine Zeit kultureller Blüte. Unter anderem brachte der Dichter Dostojewski (1821–1881) etwas von dem slawophilen Geist zum Ausdruck, der in Moskau ein drittes Rom sah. Es sollte nach dem Niedergang der Mission von Rom und Konstantinopel dazu ausersehen sein, die Welt spirituell zu befreien. In den *Brüdern Karamasow* ist in der Legende vom Großinquisitor eine ernste Verurteilung der westlichen Kirche enthalten: die Christenheit würde Jesus ablehnen, wenn er plötzlich wieder auf Erden erschiene. Dostojewski gestaltete seine Vision vom vergöttlichten Menschen in höchst eindrucksvoller Form: Christus wird im Antlitz der Prostituierten und des Verbrechers erkannt. Ähnlich könnte das heilige Rußland, dem das Glück weniger hold als dem Westen gewesen ist, durch sein Leiden Europa und die Welt erlösen. Dostojewskis Nachfolger in der literarischen Auslegung des östlichen orthodoxen Geistes ist Alexander Solschenizyn. Rußland leidet, das ist wahr, jedoch unter dem Absatz von russischen Stiefeln. Marx und Dostojewski drehen sich vielleicht sorgenvoll im Grabe herum. Wenn ein unterirdisches Murmeln auf dem Friedhof zu London zu hören ist (in dem Marx begraben liegt), ist das womöglich ein tragisches Echo auf die *Unterhaltungen in einem Totenhaus* (eine der eher makabren Geschichten Dostojewskis, in der die Toten aus ihren Gräbern heraus miteinander Gespräche führen).

Amerika

Jedoch die wirklich große Erfolgsgeschichte des Christentums im 19. Jahrhundert vollzog sich in »Gottes eigenem Land«: Amerika. Gewiß waren freilich die meisten von denen, die an der Freiheitsstatue vorbei an Amerikas Küste landeten und die Straßen nach Westen zogen, nimmt man Katholiken und Orthodoxe aus, nicht praktizierende Christen. Viele der Schweden und Engländer, Deutschen und Finnen, Schotten und Waliser hatten, ebenso wie die Zurückgebliebenen, keinen Kontakt mehr zur Kirche. Weniger als zehn Prozent der zu Beginn des Jahrhunderts bereits in Amerika lebenden Bevölkerung hatte kirchliche Bindungen. Es stimmt zwar, daß die puritanischen Väter der Neuen Welt ein bestimmtes Ethos von Frömmigkeit mitgebracht hatten, aber man konnte nicht erwarten, daß es in den Vereinigten Staaten um diese Dinge soviel anders bestellt war als in Europa. Man muß auch bedenken, daß die Mehrheit der Einwanderer den grauen Atlantik in einem Zustand überquerten, in dem sich Hoffnung mit Verzweiflung mischte.

Sie waren arm, und paradoxerweise gedieh in Nordeuropa die Religion am wenigsten unter den Armen. Dennoch: gegen Ende des Jahrhunderts nahm die Religion in den USA, zumal der Protestantismus, einen großen Aufschwung. Teilweise geschah das der wichtigen Rolle wegen, welche die Religion in der sozialen Orientierung vieler Siedler spielte. Als ich 1965 einmal in Madison, Wisconsin, war, machte ich mir die Mühe, jede einzelne Kirche am Ort zu fotografieren. Das öffnete mir die Augen für die Mannigfaltigkeit des amerikanischen Protestantismus (wenn es natürlich auch katholische und ein oder zwei orthodoxe Kirchen gab). Allein die Anzahl der Denominationen vermittelte Hinweise auf die Zusammensetzung der Siedlung. Es gab Kirchen für die Schwarzen, zwei typisch deutsche, eine lutheranisch, die andere auf die mährische Tradition zurückgehend: die Deutschen waren als Söldner des Königs herübergekommen. Es gab Kirchen, die auf Schweden und Norwegen hindeuteten, es gab eine berühmte unitarische Kirche, die sich auch an die weniger im eigenen Glauben verwurzelten Juden wandte; es gab die sogenannte Christliche Kirche und evangelische Tempel, es gab die nüchterne protestantische Episcopalkirche und andere mehr. Man könnte eine Sozialgeschichte allein mithilfe dieser Kirchen schreiben. Aber ein Aspekt ist ganz deutlich: die Kirchen gaben den Menschen ein Zugehörigkeitsgefühl. Sie boten Inseln in der unruhigen See einer neuen Welt. Sie boten eine moralische Struktur, eine Grundlage für Nachbarschaftlichkeit und erzeugten einen Sinn für christliche Demokratie. Auf ihre vielfältige und zuweilen sehr laute Weise setzten sie die Tradition der *Mayflower* fort. Mit ihren Sonntagsschulen, ihren Gemeindeveranstaltungen, ihren Ausflügen und besonderen Zusammenkünften waren sie wichtige Kraftquellen zur Erschließung des Landes für die Dynamik und den Erfindungsreichtum der Menschen, denen durch die merkwürdigen Rituale von Ellis Island der Weg zur Freiheit, vielleicht auch zur Willkür eröffnet worden war. Die wohlhabenderen Kirchen fielen auf durch ihren altertümlichen Stil, sie wirkten plötzlich alt in einer neueroberten Wildnis und bewahrten den Siedlern Erinnerungen an die Herrlichkeiten der Länder, aus denen die Armut sie vertrieben hatte. Gott hatte Besitz von seinem eigenen Land genommen. Amerika ist die dynamische Heimat des modernen Protestantismus geworden, der somit auf der anderen Seite des Atlantik zu neuer Kraft gefunden hat, während seine Kräfte im nördlichen Europa langsam schwinden. Jetzt schickt Amerika seinerseits die Missionare und Evangelisten übers Meer.

Neue Religionen in der Neuen Welt

Amerika hat viele neue Religionen, neue Sekten geboren. Da sind die *Jünger Christi,* die aus dem Sektenwesen auszubrechen versuchen (ist das möglich?) und in der Veröffentlichung *The Religions of America* auf eine Stufe gestellt werden mit Baptisten, Katholiken, Methodisten. Von den amerikanischen »weißen« Religionen waren möglicherweise Christian Science und die Mormonen (Kirche Jesu

Christi der Heiligen der Letzten Tage) am einflußreichsten. Es gab andere wie Adventisten und Zeugen Jehovas. Aber die Geschichte der Mormonen ist erstaunlich, sehr amerikanisch und, da sie stark an die Werte eines ganz bestimmten Typs des Protestantismus erinnert, ein gutes Beispiel. Es handelt sich um einen Glauben, der die Frage nach den Grenzen des Christentums aufwirft. Ist er wirklich noch christlich? Und außerdem: woran kann man das messen? Und: spielt das überhaupt eine Rolle?

Die Mormonen

Die Geschichte der Mormonen fängt an mit Joseph Smith im Norden des Staates New York. Das war in jenen Tagen noch ein Gebiet mit der ungewissen und hoffnungsvollen Atmosphäre eines Grenzlands der Zivilisation. Es gab Prediger in Fülle, Baptisten und Methodisten vor allem, die hofften, die individuellen menschlichen Atome würden sich durch Bekehrungen zu einer lebensfähigen Gesellschaft zusammenfügen. Joseph Smith wurde 1805 geboren und starb 1844, jung, durch Mörderhand. Was er vor seinem geistigen Auge sah, war ein neues Jerusalem, eine theokratische Gesellschaft, die Gott unterstand und durch seine, des Propheten Gottes, Visionen geführt wurde. Er war erst fünfzehn Jahre alt, als er seine erste Vision hatte. Später folgten andere. Engel leiteten ihn zu goldenen Schrifttafeln, die sich, nachdem sie übersetzt waren, als das *Buch Mormon* herausstellten. Ihre Offenbarungen waren amerikanisch, aber aus alter Zeit. Sie sahen in den indianischen Stämmen die verlorenen Stämme Israels. Sie gaben Amerika eine tiefere Bedeutung. Offenbar hatte Christus, diesen kühnen Chroniken zufolge, die Joseph Smith wunderbarerweise lesen konnte, einmal die westliche Welt besucht. Der Sohn Gottes war einst in Gottes eigenem Land gewesen, und ein neues Israel sollte in den Vereinigten Staaten gegründet werden. Also gründete Joseph Smith am 6. April 1830 seine neue Kirche im Kreis Seneca, New York. Seine Gefolgschaft mehrte sich: er hatte einen Mythos für Amerika gefunden. Er und seine Jünger zogen nach Westen, nach Kirtland bei Cleveland, Ohio, wo ein prachtvoller Tempel errichtet wurde. (Ich pilgerte vor nicht sehr langer Zeit einmal dorthin und war enttäuscht, daß der Tempel nicht mehr dem Hauptzweig der Mormonen gehörte – Protestanten neigten eben schon immer zum Streit.) Von hier aus ging der Treck weiter nach Illinois, wo Smith, der als gefährlich, da theokratisch, galt, im Gefängnis von Nauvoo getötet wurde. Die Mormonen überquerten den Mississippi unter der genialen Führung des polygamen Brigham Young und ließen sich schließlich endgültig nieder: das neue Israel erwies sich als der Staat Utah. Durch ein Wunder wurden sie vor einer Heuschreckenplage gerettet; aber es gab noch weitere Zeichen von Gottes Güte. Der Glaube verbreitete sich. Von Europa, aus Wales und Deutschland, kamen sie, jede Art Menschen aus jeder Klasse, Männer und Frauen, denn die Mormonen waren von Anfang an ausgezeichnete Missionare und fleißige Kolonisatoren. Joseph Smiths Traum wurde

wahr. Es war eine beachtliche Leistung, die unter Mühen und Tragödien noch ausgebaut und befestigt wurde.
Ich denke an Mrs. Moore, die Frau und damals schon Witwe des Philosophen G. E. Moore in Cambridge, einen der sanftesten und gebildetsten Menschen. Sie erzählte mir, daß sie ihr Haus im vergangenen Sommer an einige Mormonen aus Amerika vermietet hätte und wie sehr diese sie als wahre Christen beeindruckt hätten. Sie selbst war, soweit ich das feststellen konnte, Atheistin, ebenso ihr Mann, was er freilich stets leise bedauert hatte. Sie war voller avantgardistischer Ideen und erzog ihre Kinder ausgesprochen zukunftsorientiert. Trotzdem bewunderte sie diese Mormonen, ganz besonders weil sie ihren Glauben so ernstnahmen, nicht rauchten, nicht tranken; nicht einmal Tee oder Kaffee tranken sie. Sie vermittelten ihr etwas vom Wesen des Christentums.

Was ist Christentum?

Vielleicht ist die Frage unwichtig, vielleicht besteht keine Notwendigkeit, den Glauben zu definieren, vielleicht sollte er sich einfach selber fortpflanzen. Tatsache ist jedoch, daß sich die meisten christlichen Gruppen in bezug auf das, was sie unter orthodox oder authentischer Überlieferung verstehen, sehr wohl zu definieren wünschen. Was könnten die Kriterien sein? Blickt man sich unter den Christen um, ist man verwirrt. Ich glaube, es ist am besten, dem Prinzip zu folgen, das ich in Neuseeland gelernt habe. Dort ist eine der wichtigsten Fragen: Wer ist ein Maori? Denn dort hat durch die Begegnung von Nord und Süd, von Maori und Paketha (wie der weiße Mann meist genannt wird) eine gewisse Mischung des Blutes stattgefunden, und es ist sehr zweifelhaft, ob es noch einen einzigen Maori ohne einen winzigen Schuß englischen oder schottischen Blutes gibt (ebenso wie man bezweifeln darf, ob es einen einzigen Schotten ohne ein wenig Wikingerblut in den Adern gibt). Aber die Frage, wer ist Maori, ist wichtig, weil sie etwas zu tun hat mit Rechten, Traditionen, Stolz. Die allgemein anerkannte Antwort lautet: Wenn man etwas Maoriblut in den Adern hat und wünscht, als Maori zu gelten, dann ist man Maori. Ich sage also jetzt: Wenn man irgendwie in christlicher Tradition steht und als Christ zu gelten wünscht, dann ist man Christ.
Damit sind wir bei der Gegenwart. Ich habe nichts über die moderne Theologie geschrieben, über die ökumenische Bewegung, das Zweite Vatikanische Konzil, nichts über die heroischen Taten revolutionärer Christen in Südamerika. Ich habe nicht über die gegenwärtige Verfassung des Glaubens in der westlichen Welt oder in Rußland oder Asien geschrieben. Vieles aus der modernen Geschichte des Glaubens ist bekannt und vieles ist irrelevant. Das Christentum hat vermutlich durch Verluste an den Humanismus und andere Bewegungen Einbußen erlitten. In diesem Kapitel habe ich lediglich versucht, einige Aspekte und Phasen des Glaubens während der wichtigsten christlichen Jahrhunderte vorzustellen.

4. JUDENTUM

Der jüdische Glaube hat sich als äußerst fruchtbar erwiesen, und das nicht nur, weil das Judentum als lebendige Religion immer noch fortlebt, sondern auch, weil es dazu beitrug, dem Christentum und dem Islam Gestalt zu geben. In den tausend Jahren bis zur Zeit Christi hatte es seine einzigartige Form als ethischer Monotheismus gewonnen, hatte Perioden der Erneuerung durch die Propheten erlebt und die Fähigkeit entwickelt, Eroberungen und Exil zu überdauern. Die Zerstörung des Tempels nach einem jüdischen Aufstand gegen die Römer im Jahre 70 n.Chr. führte zu einer weiten Zerstreuung der Juden, wenn auch ein beträchtlicher Teil bis in die Gegenwart hinein weiterhin in Palästina blieb. Während dieser zweiten Hauptphase seiner Existenz überlebte das Judentum aufgrund der Weitervermittlung seiner Überlieferung durch die Synagogen und mithilfe der wöchentlichen und jährlichen Riten an religiösen Feier- und Gedenktagen. Inmitten eines häufig feindseligen Christentums und in den Ländern des Islam entwickelte es neue Formen der Mystik in der Kabbala und vor nicht allzu langer Zeit in Osteuropa im Chassidismus. In der Neuzeit erlebte es eine eindrucksvolle Renaissance. Die französische Revolution bildete einen wichtigen Faktor für die Wiederherstellung der Rechte der europäischen Juden, während im 19. Jahrhundert die Einwanderung nach Amerika neue Energien freisetzte. Das sich an die moderne Welt anpassende Judentum machte Reformen durch und steht nun zwischen Reformjudentum und einer strengeren Orthodoxie. Unterdessen führte der Zionismus zur Errichtung eines jüdischen Staates in Israel, wenn auch die stärkste Gruppe von Juden in den Vereinigten Staaten lebt. Das 20. Jahrhundert hat nicht nur einen grandiosen schöpferischen Aufstieg des Judentums erlebt, sondern auch die entsetzliche Katastrophe in Europa: den Holocaust. Und damit kommen wir zu der großen und furchtbaren Frage: Warum bringt Gott soviel Leiden über Israel? Ist es das, wofür die Juden auserwählt wurden?

Die Hauptfrage heute

Im Grunde verhalten sich traditionsbewußte Juden wie eine indische Kaste. Sie heiraten weitgehend untereinander, und ihre Speisevorschriften machen ihnen unter Umständen gemeinsames Essen mit anderen zum Problem. So war es vor allem in Nord-, Ost- und Mitteleuropa, wo bis zum Zweiten Weltkrieg eine große Anzahl von Juden lebte. Traditionsbewußte Juden empfinden es als Pflicht, in nicht zu großer Entfernung von einer Synagoge zu leben. Die christliche Kirche verurteilte (mit merkwürdigen Argumenten) den Wucher, aber die Juden durften ihn ausüben. So wurde Shylock, als Handel und Produktion zunahmen, im mittelalterlichen und nachmittelalterlichen Europa zur Karikatur, und das unschuldige Geldverleihen für Zinsen zu einem weiteren Stigma. Bis zu einem gewissen Grade ging es den Juden recht gut, obwohl sie wie fast alle Menschen der damaligen Zeit meist arm waren. Doch sie waren anders als die anderen, und da die Bevölkerung, in dessen Mitte sie lebten, die jüdischen Kolonien zu festerer Gruppierung drängte, wurden die Gettos geboren. Sie wurden zu einer Institution. Die Juden lebten als verdächtige, unbegreifliche, vielleicht gefährliche Minderheit in Europa. Man distanzierte sich von ihnen. Das bringt uns zu der wichtigsten Frage unserer Zeit.

Hitler

Hitler war der wilde, gefährliche, begabte, engstirnige, aus sozialen Niederungen aufgestiegene Sprecher eines gedemütigten Volkes, das zuerst durch die totale Niederlage im Ersten Weltkrieg und danach durch eine wirtschaftliche Katastrophe zugrunde gerichtet worden war. Ein solches Volk braucht Sündenböcke. In den Tagen, in denen er in Wien in einem Männerwohnheim vegetierte, gab es in Wien viele Juden. Sein giftiger Haß auf diese Minderheitsgruppe führte ihn dazu, eine Verschwörung zu erfinden. Die Angehörigen dieser Minderheit waren häufig reich und mit Geld und Einfluß gesegnet; außerdem waren sie international, während die deutsche Demütigung im wesentlichen national war. Der Antisemitismus nahm eine neue und erschreckende Dimension an. Über all das schrieb Hitler in *Mein Kampf,* aber man glaubte seinen Absichten nicht, zumindest nicht Neville Chamberlain und viele andere relativ wohlmeinende Leute. Oft sind Gentlemen unfähig, Wahnsinnige zu begreifen. Der Holocaust kam. Und Millionen von Juden (aber nicht nur Juden) wurden durch Gaskammern in den Tod getrieben. Andere Juden überlebten. Die Grauen des Nazismus gaben dann sogar den Anstoß für die Gründung eines jüdischen Staates Israel.

Wie jedoch ist das Schicksal der sechs oder sieben Millionen zu begreifen, die auf entsetzliche Weise vernichtet wurden? Hatte Gott die Juden tatsächlich auserwählt, wenn solches geschehen konnte? Was für einen Sinn hatte unter diesen Umständen ihre Mission, den Nichtjuden eine Leuchte zu sein? Juden sind ein unbequemes Volk; sie stellen vor allem die Frage nach Gottes Wirken in der Geschichte, und in erster Linie stellen sie sich selber, gerade indem sie überleben, eine Frage: Welchem Ziel dient ihr Überleben, und warum mußten sie so viel erleiden? Ja, warum haben sie überhaupt überlebt?

Wie haben die Juden überlebt?

Wir sahen, daß Juden nicht ganz wie andere Menschen sind. Das ist für ihr Überleben als Gruppe außerordentlich wichtig. Wenn man aufgrund von Sitten und Heiratsgewohnheiten sich von anderen unterscheidet, kann man sich leichter eine gesonderte Identität bewahren. Das Gesetz, die Thora, der Lebensrahmen für gläubige Juden, wurde nicht nur zu einem Mittel, Gott zu dienen, denn Gott hatte ja einen Vertrag, einen Bund mit dem Volk Israel geschlossen, sondern auch zu einem Mittel, eine ganze Nation in der Zerstreuung zu definieren. Sie waren zerstreut unter alle Völker; dies bereits vor dem Fall von Jerusalem im Jahre 70 n. Chr., aber vor allem danach und sehr viel später durch weitere Verfolgungen. So wurden die Juden aus dem Spanien Ferdinands und Isabellas ausgewiesen, das sich nach der Vertreibung der Moslems von der Halbinsel schon auf seine erstaunliche Eroberung des größten Teils von Lateinamerika vorbereitete, des Neuen Spanien. Juden aus Spanien wurden zerstreut über Mittel- und Osteuropa und Italien. Die Thora war einerseits die Grundlage des Gottesdienstes, andererseits die Basis für die Bewahrung einer besonderen Integrität. Daß sie existierte, bewies, daß die Zerstörung des Tempels keine nicht wieder gutzumachenden Schaden angerichtet hatte. Selbstverständlich hatte es die Synagoge – die zum Vorläufer des christlichen Kirchenbaus wurde – schon vor den tragischen Ereignissen des Jahres 70 n. Chr. gegeben, nun aber erfüllte sie die Aufgabe, ein Modell für das Leben der Gemeinde zu sein, das im wesentlichen universal war. Wo immer Juden in einem zu Fuß überbrückbaren Umkreis zusammenlebten, konnte es eine Synagoge geben. Dort konnte der jüdische Sabbat gemeinsam gefeiert und die Thora gelesen werden, dort konnten sich jüdische Familien begegnen und die Rabbiner die Grundzüge des Glaubens lehren. Die Thora errichtete die Norm, die Synagoge war Träger dieser Norm und ist das in großem Maße bis heute geblieben. Fassen wir zusammen: Eheschließungen untereinander, Verehrung des Gottes, der mit ihnen einen Bund geschlossen hatte, Beobachtung der Gesetze, Synagoge mit Rabbiner – all dies gab den Juden die Möglichkeit des Überlebens.

Der Traum von Israel

Eine gewisse Zahl von Juden lebte durch die Jahrhunderte hindurch weiterhin in Palästina, für viele andere hingegen war Israel das Ziel der Sehnsucht. Im Zeitalter des Nationalismus, im späteren 19. Jahrhundert, konnte es kaum überraschen, daß auch die Juden an die Errichtung einer nationalen Heimstatt zu denken begannen. Der Zionismus entstand, d. h. die Doktrin, daß Juden in Zion einen Staat errichten sollten. Dieser Gedanke und der Kampf um die Gründung des Staates Israel gaben dem Problem des Überlebens eine neue Dimension. Wie konnte das

1948 nach großem Blutvergießen geborene Israel die bittere (und in gewissem Grade verständliche) Feindseligkeit seiner arabischen Nachbarn überleben? Im Überlebensarsenal der Israelis ersetzte nun der Tank die Thora.

Frühere Aspekte des gleichen Problems

Die heute Lebenden stellen die Frage nach dem jüdischen Überleben unter dem Eindruck des Holocaust, der lebendige Erinnerung bleibt. Frühere Zeugnisse des Überlebens jedoch waren ebenso bemerkenswert. Die Juden hatten mehrere Jahrhunderte vor Christus eine nationale Identität erreicht, die die Eroberung des Landes und das babylonische Exil überdauerte. Was war es, das dieses Volk besonders widerstandsfähig und elastisch machte? Um die Antwort auf diese Frage zu erhalten, müssen wir nach der anderen Seite der jüdischen Existenz fragen. Die alten Israeliten waren nicht einfach nur ein Volk mit einer Identität: sie sahen diese Identität im Rahmen eines Bundes mit Gott, und geheimnisvollerweise war ihr Überleben auch das Überleben einer neuen Vorstellung, der Vorstellung von einem einzigen, alles erschaffenden Gotte – das ist der Punkt, der den jüdischen Glauben von allen übrigen mittelöstlichen Kulturen unterschied, aus denen die Juden hervorgegangen waren.

Götter im alten Nahen Osten

Aus der Überlieferung ist bekannt, daß die Israeliten ursprünglich Nomaden waren; dann siedelten sie sich im Lande Kanaan, oder grob gesagt in Palästina, an. Damit gerieten sie in Berührung und Konflikt mit den lokalen Gottheiten, die weitgehend Fruchtbarkeitsgötter waren. Zum Teil ergab sich der Konflikt aus der Tatsache, daß die Israeliten inzwischen angefangen hatten, sich Gott als einzig vorzustellen, und zum Teil aus Reibungen mit den bereits im Lande befindlichen Völkern ihrer Umgebung. Als die Israeliten von Ägypten nach Kanaan zogen, war das in gewissem Sinne eine Rückkehr. Denn jene Israeliten, die sich in Ägypten niedergelassen und später zwangsweise zu Bauarbeiten herangezogen wurden, um den Ehrgeiz eines Pharaos zu befriedigen, waren Nachkommen jener, die früher, während der Völkerwanderung, die durch indo-arische und andere Invasionen vom Norden her ausgelöst wurde, mit den Hyksos zusammen nach Süden gezogen waren. Das war im 19. Jahrhundert v. Chr. geschehen. Die Israeliten gingen also zurück in ihre ursprüngliche Heimat, das verheißene Land. Dort befanden sich tatsächlich noch Hebräer, die damals nicht nach Ägypten gewandert waren; aber der größte Teil Kanaans war von den Kanaaniten beherrscht, die über eine reiche Landwirtschaft und fest ummauerte Städte verfügten.

HEILIGE SCHRIFTEN

Die Erfindung der Schrift bedeutete eine große Wende in der Geschichte der Menschheit. In religiöser Hinsicht ermöglichte sie es den Menschen, die mündlich überlieferten Traditionen schriftlich festzuhalten und auch das, was ihnen als Offenbarung einer höheren Macht galt, in eine objektive Form zu bringen. Es war nur natürlich, heilige Texte mit Ehrfurcht zu behandeln, und die heiligen Bücher wurden prachtvoll gebunden, illustriert und in jeder Weise ausgeschmückt. So kam es, daß die heiligen Schriften sich zu einer Kunstform entwickelten, einer eigenen Gattung innerhalb des allgemeinen Rahmens schöner Gegenstände. Die heiligen Schriften spielen in den meisten Religionen eine entscheidende Rolle, und die unterschiedliche Art und Weise, in der sie sich präsentieren, gibt uns Hinweise auf die jeweiligen Werte der entsprechenden Überlieferungen.

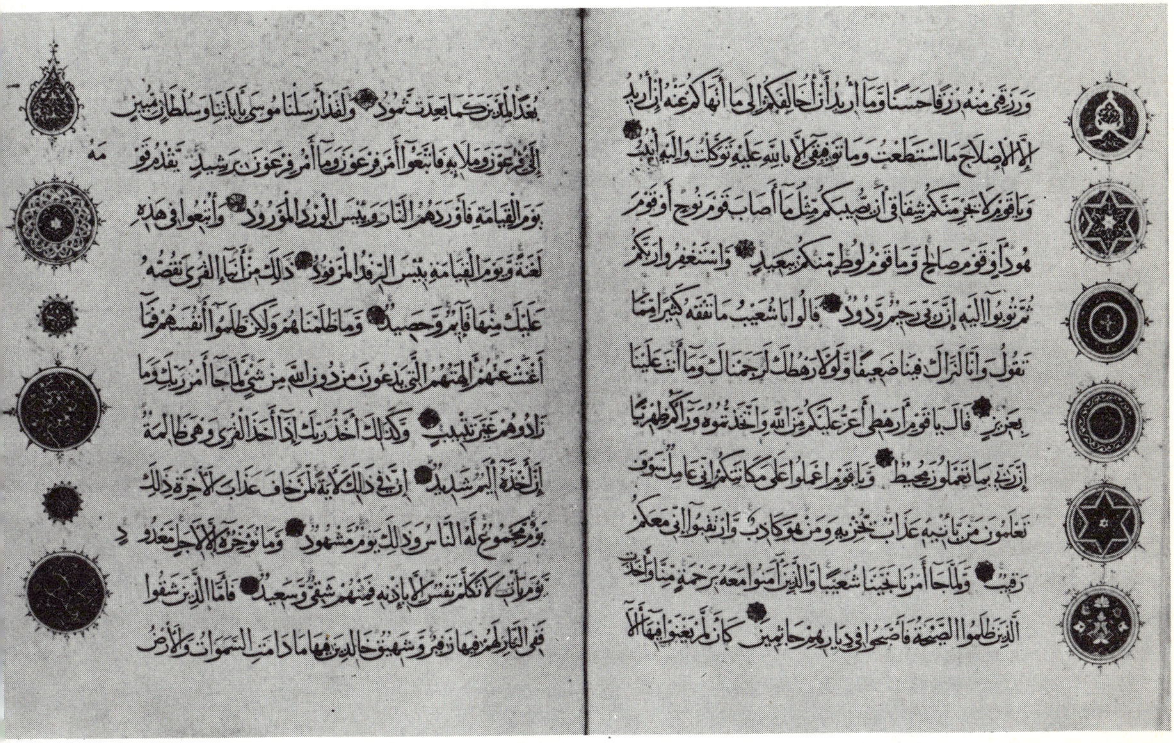

Der Koran hat unter allen heiligen Schriften der Welt den höchsten und erhabensten Status in den Augen der Gläubigen. Dieses Manuskript stellt ein Beispiel unter vielen dar für die verschwenderische Sorgfalt, die für den arabischen Text aufgewendet wurde. Technisch gesehen ist der Koran (qur'an) nicht übersetzbar, denn jede Übersetzung aus dem Arabischen weicht in gewissem Grade von dem ewigen Original ab, das im Himmel ausliegt und von dem irdische Manuskripte nur Abschriften sind. Der Koran entspricht als Verkörperung der Worte Allahs im Islam in mancher Hinsicht der Inkarnation der christlichen Überlieferung in der Bibel.

Die buddhistische Tradition war zu Beginn mündlich überliefert und wurde erst später schriftlich fixiert. In Süd- und Südostasien gebrauchte man vor allem Pali, eine nordindische Sprache dafür. Sie ist in vielen Manuskripten – das oben gezeigte ist ein burmesisches – verwendet und auf Streifen von Palmblättern geschrieben, die zwischen prachtvoll verzierten Deckeln zusammengehalten sind. In der Schule des Großen Fahrzeugs entstanden auch andere heilige Schriften, wie das berühmte Lotus-Sutra, das in einer Variante des Sanskrit geschrieben war und danach ins Chinesische, Japanische und in andere Sprachen übertragen wurde. Im allgemeinen haben die südlichen oder Theravada-Buddhisten eine weniger devotionale Einstellung zu den heiligen Schriften als andere Buddhisten. Aber im Buddhismus wie im Hinduismus gibt es viele, die den heiligen Schriften einen besonderen Status zuweisen, da man sich das, wovon sie sprechen (die letzte Wirklichkeit), als in den Worten selbst gegenwärtig vorstellt. Aber auf einem berühmten Zen-Gemälde zerreißt ein Mönch die heiligen Schriften und zeigt an, daß wir transzendieren und wahrhaft erfahren müssen, wovon die Worte sprechen. Man soll den Mond betrachten und nicht den Finger, der auf ihn weist. △

Der Glaube der Sikhs entstand und entfaltete sich durch eine Reihe von inspirierten Lehrern oder Gurus. Letztlich wurden dann jedoch die Schriften, welche über das Leben von Kabir, Nanak und anderen berichteten, als die höchsten Gurus behandelt und Guru Granth genannt. Dieses Werk hat, wie aus dem Bild ersichtlich, einen zentralen Platz im Sikh Tempel inne, wie hier in dem großen Goldenen Tempel in Amritsar in Indien. So wurden die göttlichen Worte der ersten Gründer des Glaubens in dem heiligen Buch objektiviert. ▷

INCIPIT LIB̄

SAPIENTIAE

ILIGITE IUS
tiam qui iudicatis
terram. sentite
de dn̄o in bonitate
et in simplicitate
cordis quaerite
illum. Qm̄ inue
nitur ab his qui non
temptant illum.
Apparet autem
eis qui fidem ha
bent in illum. per
uersae enim cogita
tiones separant a dō. probata autem uirtus. cor
ripit insipientes. Qm̄ in maliuola anima non in
troibit sapientia. nec habitabit in corpore sub
dito peccatis.

II Sc̄s enim sp̄s disciplinae effugiet fictum et auferet
se a cogitationib; quae sunt sine intellectu. et cor
ripietur a superueniente iniquitate. Benignus ē.

◁ *Die Bibel wurde aus dem Hebräischen und Griechischen während der großen Zeit der Weitergabe des Christentums von Rom an die Randgebiete des alten lateinisch sprechenden Reiches ins Lateinische übersetzt. Dieses Manuskript, der Anfang des Buches der Weisheit, ist von Schreibern in der Benediktinerabtei St. Martin in Tours, Frankreich, ausgeführt. Während im Islam keine Darstellung von Gott oder Mensch gestattet war, wurden die christlichen Texte mit symbolischen und biblischen Figuren illustriert. Nach der Reformation und der Erfindung der Drucktechnik ging die Tendenz dahin, Bibeln ohne Illustrationen herauszubringen. Dennoch spiegelt die Sorgfalt, mit der die christlichen heiligen Schriften so häufig auf bestem Papier und in Leder gebunden gedruckt wurden, die alte ehrfurchtsvolle Einstellung zum Worte Gottes.*

▽ *Für Hindus ist das Sanskrit die heilige Sprache, von dem viele glauben, es stamme aus unendlich ferner und göttlicher Vorzeit. Es wird in der Devanagari genannten Schrift, die der Legende zufolge himmlischen Ursprungs ist, geschrieben. Die wichtigsten heiligen Schriften sind vom theologischen Standpunkt aus die Hymnen der Veden und die Upanishaden, aber das volkstümlichste Werk, der Gesang des Herrn, die Bhagavadgita, wird nach wie vor viel gelesen und von hinduistischen Denkern immer wieder neu kommentiert. Dieser Text hier ist ein gutes Beispiel für die kunstvolle Devanagari-Schrift, und er ist an vielen Stellen verschwenderisch und liebevoll illustriert.*

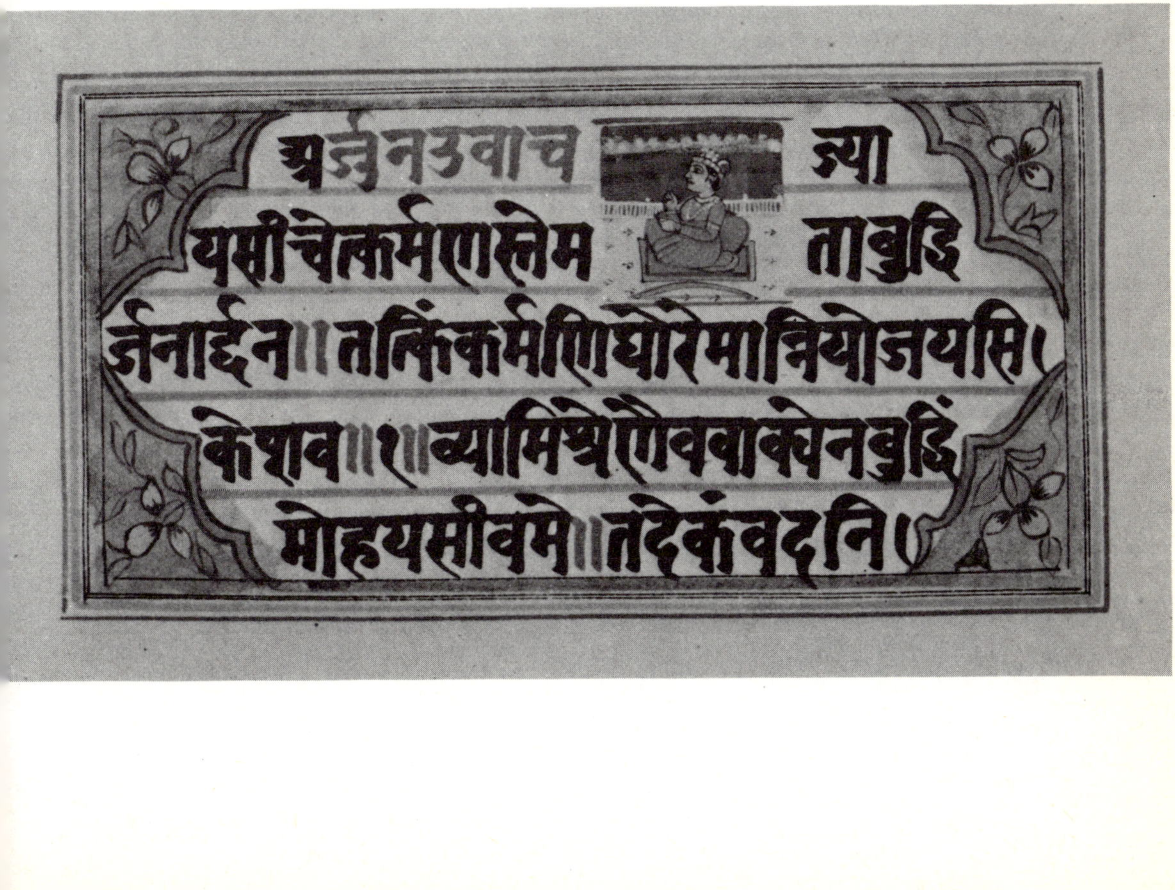

Auch im jüdischen Glauben kommt den heiligen Schriften selbstverständlich essentielle Bedeutung zu. Es handelt sich um die hebräischen Niederschriften der Thora, des Gesetzes und der Lehre, die Gott dem jüdischen Volk und, allgemeiner, der gesamten Menschheit gegeben hat. Bezeichnenderweise sind sie auf eine lange Schriftenrolle geschrieben, häufig mit goldenen, silbernen oder Elfenbein-Griffen zusammengehalten. Der Zeigestock (auch yad, Hand, genannt) dient als Lesehilfe und außerdem als Verschluß, wenn die Rolle geschlossen ist. Die Thora bildet einen der zentralen Brennpunkte im spirituellen Leben frommer Juden. Juden setzen sich mit großem Eifer mit Gott über die genaue Bedeutung des vielschichtigen Textes auseinander. △

Die Neigung religiöser Überlieferungen, eine besondere Sprache als heilig oder maßgebend anzusehen, ist allgemein. Für einen großen Teil der Christenheit war es einmal das Lateinische, für die Moslems das Arabische, für Juden das Hebräische und für Hindus das Sanskrit. Diese Sprachen müssen daher gelehrt werden. Hier lehrt ein traditionsbewußter chassidischer Jude die Kinder Hebräisch. ▷

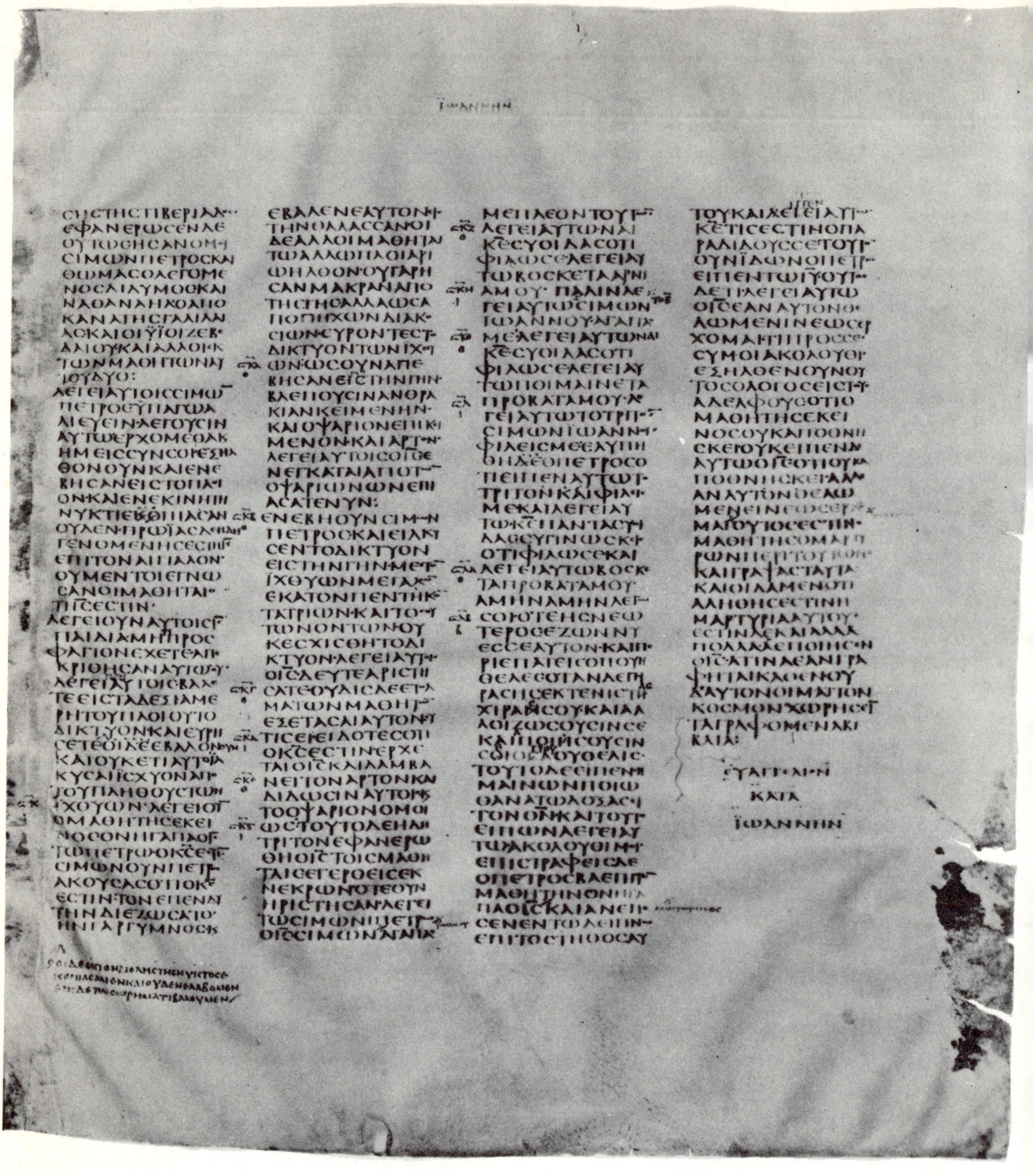

Die Christen übernahmen die hebräische Bibel, entwickelten aber auch ihr eigenes Neues Testament, wie sie es nannten. Dessen wichtigster Bestandteil waren die griechisch geschriebenen Evangelien, obwohl Jesus das dem Hebräischen verwandte Aramäisch sprach; es kann natürlich auch sein, daß er Griechisch gekonnt hat, denn das Palästina seiner Zeit war völlig durchdrungen von griechischer Kultur und griechischen Sitten. Das obige Manuskript, Teil des Johannes-Evangeliums, gehört zu dem als Codex Sinaiticus bekannten Manuskript aus dem vierten Jahrhundert. Die Sprache ist nicht das klassische Griechisch der großen Dichter und Denker von Athen, sondern das sogenannte hellenistische Griechisch der weniger eleganten Umgangssprache.

Sogar weltliche Ideologien bringen ihre eigenen heiligen Schriften hervor. Das sogenannte Kleine Rote Buch von Mao, das von dem später in Ungnade gefallenen Lin Piao zusammengestellt wurde, hat die Form eines Gebetbuchs. Das hier abgebildete Zitat von Lin Piao besagt: »Studiert die Schriften Maos, folgt seinen Lehren und handelt seinen Anordnungen gemäß.« Die Schrift verläuft senkrecht von oben nach unten und endet links unten. Das zweite Schriftzeichen rechts bedeutet den Namen »Mao«.

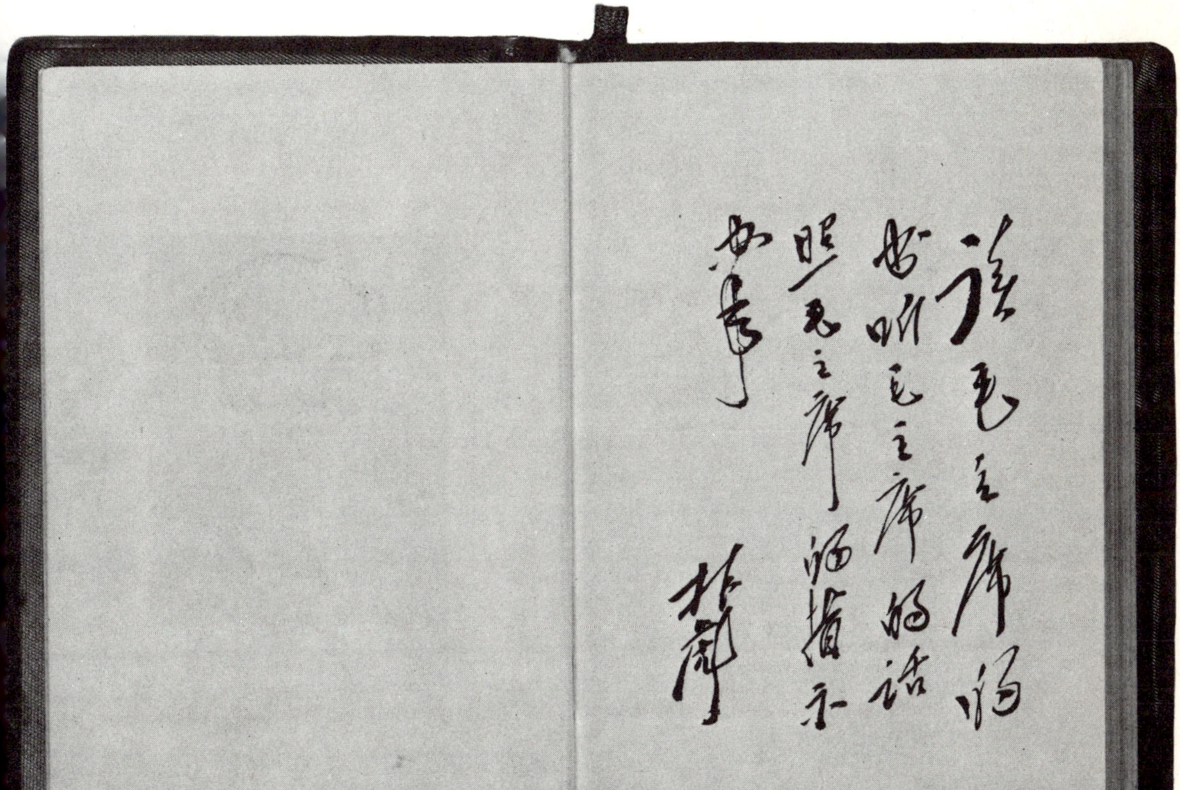

Wie hatten sich die Juden des Exodus aus Ägypten ihren Glauben an den einzigen Gott Jahwe erworben? In der Hauptsache durch die charismatische Führung von Moses, die sich auf dessen persönliche Erfahrung mit Jahwe gründete. Moses, eine etwas nebelhafte Gestalt, sobald man versucht, Legende und Geschichte zu trennen, ragt dennoch als einer der großen Religionsstifter dieser Welt hervor, allerdings unterscheidet er sich im Stil unübersehbar von, sagen wir, Buddha oder Jesus. Er war ein Kämpfer und Führer. Als er von Ägypten nach Midian floh, geschah das, weil er einen ägyptischen Aufseher getötet hatte. Und in Midian heiratete er die Tochter des Priesters Jethro. Vielleicht war es dort, wo er lernte, Gott »Jahwe« zu nennen. In jedem Fall sprach dort Gott mit ihm aus dem brennenden Dornbusch heraus, und dort wurde er berufen, die unterdrückten Israeliten aus Ägypten hinauszuführen. Sie waren das von Jahwe auserwählte Volk, sie ihrerseits wählten Jahwe. Die Beziehung wurde besiegelt nach dem zweiten großen Erlebnis von Moses auf dem Berg Horeb (Sinai), nachdem das Volk die lange Wanderung aus Ägypten begonnen hatte. Auf diese Weise wurde der mosaische Bund geboren und das Gesetz, das Israel und Gott verband.

Ist das Gesetz rational?

In seiner ausgearbeiteten Form legte das Gesetz, das zuerst in den Moses zugeschriebenen Büchern erläutert wurde, die in der hebräischen Bibel vor denen der Propheten stehen, den Gläubigen Jahwes moralische, religiöse Gebote und Bestimmungen des Brauchtums auf. Eine Reihe von Geboten ist rein moralisch, beispielsweise: »Du sollst nicht stehlen.« Aber die Vorschrift der Einhaltung des Sabbats und die Mahnung, sich keine Bilder zu machen, sind eher unmittelbar religiösen Charakters. Damit hängen Fragen wie die Speisevorschriften zusammen. So erklärt Kapitel II des Buches Levi, daß bestimmte Tiere, Schweine und Muscheln, unrein seien.

Das Verbot von Schweinefleisch und anderen Tieren ist vielleicht darauf zurückzuführen, daß das Schwein geteilte Hufe hat, aber nicht wie die Kuh wiederkäut. Für ländliche Rinderzüchter war das Schwein anormal. Schließlich aber trugen diese Gebote, unabhängig von ihrer Herkunft, zur Definition des Judentums und damit zur Absonderung und zum Zusammenschluß der Juden bei. Sie waren Teil einer zunehmend komplizierten und besonderen Gesetzgebung. Zuweilen haben sowohl jüdische wie nichtjüdische Schriftsteller versucht nachzuweisen, daß diese Gebote schlicht rational seien und daß das Essen von Schweinen (wie jedes anderen Tieres) beispielsweise in einem heißen Klima gefährlich sein kann.

Abbilder

Die Religion von Moses war zumindest Monolatrie, wenn schon nicht monotheistisch. Das heißt, nur ein Gott sollte von den Israeliten angebetet werden. Das bedeutete indessen nicht von Anfang an notwendigerweise, daß jedes Volk diesen Gott anbeten mußte. Das nächste Stadium der jüdischen Offenbarung war dann der Universalismus – der Gedanke, daß ein Gott über alle Menschen und über das ganze Universum herrsche. Aber der Gott, zu dessen Anbetung Moses seine Anhänger verpflichtete, war unsichtbar, geistiger Natur und durfte nicht in Bildern oder Skulpturen dargestellt werden. Das verlieh Jahwe eine Sonderposition unter den kanaanitischen Göttern. Die Israeliten, die goldene Kälber (oder vielmehr Stiere) gestalteten, folgten einer landwirtschaftlich orientierten, erdverbundenen Religion. Das goldene Kalb konnte jedoch nicht der wahre Gott oder auch nur ein Teil von ihm sein. Dieser Bann, der auf jedem Abbild lag, übte eine bemerkenswerte Wirkung auf die Geschichte der Menschen aus.

Er wurde erstens zum dominierenden Motiv der jüdischen Vorstellung von Gott: Gott konnte in Worten, aber nicht materiell vorgestellt werden. Somit wurden Worte, die Worte der Bibel und des Talmud, ganz entscheidend, wurden zum Träger der göttlichen Wahrheit. Sodann beeinflußte das Bilderverbot den Islam, der in so vieler Hinsicht das Judentum fortführt. Das Bilderverbot regte auch eine Reihe von christlichen Bewegungen zur Nachahmung an. Es wurde von der östlichen Orthodoxie übernommen, in der zwar Bilder, Ikonen, erlaubt sind, nicht jedoch Skulpturen oder dreidimensionale Kruzifixe und Ähnliches. Vielleicht ist diese alte Überlieferung auch Ursache für den relativen Mangel an großer jüdischer Malerei – im Gegensatz zu dem Reichtum an jüdischer Musik und schöner Literatur. Jedenfalls war das beste Abbild Gottes ein vollständig leeres, es war überhaupt kein Bild – nur eine mahnende Erinnerung an die unbegreifliche, unsichtbare Macht des einen Gottes.

Das Christentum schlug einen anderen Weg ein. Jesus Christus war ein Abbild Gottes. Wenn er wahrhaft Mensch war, durfte er auch wahrheitsgetreu abgebildet werden, und somit durfte auch Gott dargestellt werden.

Beschneidung

Eine weitere Besonderheit des jüdischen Gesetzes war die Praxis der Beschneidung männlicher Kinder. Es ist möglich, daß sich diese Sitte von den semitischen Kulturen aus durch einen großen Teil Afrikas verbreitete, wo diese Form der Initiation beispielsweise bei den Gikuyus in Kenia zu finden ist. Und auch dieser Brauch wurde vom Islam übernommen.

Er stellte einen der wirkungsvollsten Wege dar, Männer in die Gemeinde aufzunehmen, und versah den Körper des Betroffenen mit einem bleibenden Zeichen, durch das er geistig an die Gemeinde gebunden wurde. Mit derartigen Mitteln formte das Gesetz eine Gemeinde, ein Volk, das dann seine beachtlichen Fähigkeiten des Durchhaltens und Überlebens unter Beweis stellte.

Eroberung und Niederlage

Moses erlebte den Einzug in das gelobte Land nicht, aber seinen Nachfolgern gelang es, Kanaan zu erobern und dort schließlich ein Königreich zu errichten. Auf diese Weise kam es zu zwei parallelen Motiven in der jüdischen Geschichte und geistigen Entwicklung: einerseits das göttliche Gesetz, andererseits das politische Königreich. Bis zum modernen Zionismus gab es stets verwirrende Fragen über das Verhältnis der beiden Motive zueinander. Naturgemäß werden solche Fragen besonders akut in Zeiten von Katastrophen. Zwei derartige historische Momente heben sich in der Geschichte dieses Volkes heraus. Der zweite war der Holocaust. Der erste war die Einnahme von Jerusalem und die Exilierung vieler führenden Juden nach Babylon zur Zeit von Jeremias. Der Tempel wurde geplündert und verwüstet. Viele Menschen flohen nach Ägypten. Das südliche Königreich wurde zerstört; das geschah fast ein Jahrhundert, nachdem die Assyrer das nördliche Königreich überrannt hatten und die zehn »verlorenen Stämme« deportiert und assimiliert hatten. Wie würde jetzt die Zukunft von Judäa aussehen? Bewegend klagen die berühmten Zeilen von Psalm 137:

> An den Wassern zu Babel
> saßen wir und weinten,
> wenn wir an Zion gedachten.
> Unsere Harfen hingen wir an die Weiden,
> die daselbst sind.
> Denn dort hießen uns singen,
> die uns gefangen hielten,
> und in unserem Heulen fröhlich sein:
> »Singet uns ein Lied von Zion!«

Jedoch entwickelten die Verbannten, wenn sie auch vom Tempel und dem Opferkult, mit dem sie gewohnt waren, sich Gott zu nähern, abgeschnitten waren, viele Formen der Frömmigkeit und viele Zeremonien, die ihr Gedächtnis frisch und ihre Beziehungen zu Gott lebendig erhielten. Aus diesen Bräuchen – dem Lesen der Gesetzesrollen und der Schriften einiger Propheten am Sabbat, Gebeten und Gesang – entstand der eigentliche Synagogenstil des jüdischen Glaubens.

Die Bedeutung der Synagoge

Der Synagoge, einem Haus der Begegnung, war es bestimmt, sich nicht nur weiterzuentwickeln, sondern auch dem christlichen Kirchenbau und natürlich der Moschee als Modell zu dienen. In der Folge neigten dann semitische Religionen ganz allgemein zur Bildung von Gemeinden in dem Sinne, daß die führenden Leute sich zu festgesetzten Zeiten zum gemeinsamen Gebet trafen. Diese Praxis ist zwar auch der indischen Religion nicht unbekannt, aber dort wird sie wesentlich lockerer gehandhabt. Die Menschen gehen zu Festen in den Tempel, aber auf eine Art, die eher vom Rhythmus der einzelnen und der Familie abhängt. Die zweite wichtige Bedeutung der Synagoge wurde bereits erwähnt. Sie lag und liegt darin, daß in ihr der Glauben in Gemeinschaft genährt und gekräftigt wurde. Die Synagoge wurde zum festen Bestandteil des Diaspora-Judentums.

Denn das babylonische Exil war nur der Vorläufer der Diaspora oder Zerstreuung gewesen, die seit 70 n. Chr. beträchtlich zunahm. Ägypten, Exil und Diaspora, das waren die drei Phasen der Verbannung aus Israel. Die Thora wurde in der Synagoge aufbewahrt, die Synagoge lag inmitten der Gemeinde, aber die Gemeinde lebte in nichtjüdischen Kulturen. Assimilation lag nahe, aber die Synagoge diente als Anker gegen derartige Abtrift und sogar als Magnet, denn es stellten sich viele Proselyten ein, zumal in hellenistischer Zeit. Wie es der große Lehrer Hillel formulierte: »Trennt euch nicht von der Gemeinde.« Das Gesetz und die Synagoge waren also fester Anker, aber zum Segeln auf der stürmischen See der weiten Welt brauchte man auch eine Karte. Von der hellenistischen Zeit an, am Anfang des christlichen Zeitalters, maß sich das Judentum mit der griechischen Philosophie und später mit dem arabischen und europäischen Denken. Die Notwendigkeit, über die Grenzen der Gemeinde hinauszublicken, war immer gegeben, und wenn Israel den Nichtjuden eine Leuchte sein konnte, so konnten die Nichtjuden doch auf eigene Weise leuchten und glänzen. Synagoge und Philosophie, Thora und die Welt, das ergab Spannungen. Im Grunde sogar ein Spannungsverhältnis im Dreieck: Synagoge und Mystik, Zionismus und Kampfgeist, Assimilation und Reform. Betrachten wir die einzelnen Seiten des Dreiecks, vergessen wir aber dabei nicht, daß die aufgezählten Elemente sich zu unterschiedlichen Kombinationen zusammenfügen lassen. Der Zionismus hat zu einem weitgehend weltlichen, »assimilierten« Israel geführt. Die Thora ist häufig in die Philosophie integriert worden, in eine spezifisch jüdische Philosophie. Immer aber hat die Dreiheit der genannten Prinzipien in der jüdischen Geschichte für Spannung gesorgt. Diese Spannungen traten schon in den Zeiten des Neuen Testaments zutage. Pharisäer und Essener lebten in perfektionistischen Wüstengemeinden, unterstrichen persönliche und kollektive Heiligkeit. Die Sadduzäer behielten die Thora bei, machten aber auch Anleihen bei Rom. Die Hellenisten waren nahe daran, sich zu assimilieren, indem sie überzeugende griechische Werte übernahmen. Die Zeloten standen zum Kampfe bereit und waren Vorgänger von Moshe Dayan.

Chassidismus

Ich habe die Synagoge und den Chassidismus zum Teil deshalb in einem Atem genannt, weil einige Aspekte der intensivsten Geistigkeit in der Diaspora mystischer Natur gewesen sind – sowohl in der mittelalterlichen Überlieferung der Kabbala wie in der sehr viel späteren chassidischen Bewegung vor zweihundert Jahren. Schließlich hat das zwar höchst ritualistisch und orthodox ausgerichtete Judentum, das seine Geschichte und die Leitung Gottes dabei in wöchentlichem und festtäglichem Rhythmus immer wieder durchspielte, auch eine mystisch-kontemplative Seite gepflegt, die in vielem dem christlichen, buddhistischen oder Sufi-Erbe vergleichbar ist. Inneres Licht ist an äußerlichen Gebräuchen erkennbar. Die Chassidim waren streng und fest in der rechtlichen, sittlichen und religiösen Praxis, jedoch revolutionär in ihrem Streben nach tieferem Sinn. Der Chassidismus entstand in der Ukraine, wurde zu einem entscheidenden Element im osteuropäischen Judentum und war deshalb auch in den USA, wohin viele osteuropäische Juden emigrierten, recht einflußreich. Bis auf den heutigen Tag sind die Verfolgungen in Osteuropa von besonderer Schärfe. Vorläufer des Chassidismus war die mystische Bewegung, die als Kabbala bekannt ist.

Die Kabbala

Das Weltbild der Kabbala findet sich vor allem in dem Buch *Sohar,* das zuweilen als die dritte Autorität des Judentums nach Bibel und Talmud gilt. Das Buch spricht vom Glanz, Gottes natürlich, der doch auch im Menschen erstrahlt und durch die Schleier und Dunkelheiten, die mit der Schöpfung kamen, hindurchscheint. Es ist ein Buch, das angeblich von Moses de Leon zusammengestellt wurde, der in Granada lebte. Spanien war ein Treffpunkt sondergleichen von islamischem, jüdischem und christlichem Denken, bevor sich die Kreuzzugsidee wie eine Epidemie ausbreitete. Moses de Leon starb zu Beginn des 13. Jahrhunderts; allerdings gab es viele, die den *Sohar* in talmudische Zeiten zurückverlegten, also ins 2. Jahrhundert n. Chr.

Wie sieht sein Weltbild aus?

Gott ist der Grenzenlose, das *En Sof,* der Endlose, aber in ihm existieren alle Dinge, deshalb hat er zwei Formen: die Urform, das Endlose und Verborgene, und die sekundäre Form, die Schöpfung auf allen Ebenen, das Manifeste. Dies ist der Rahmen.

Nehmen wir als Analogie einen Menschen, der Gedanken und Gefühle hat, die tief im Grunde verborgen, schwer zu beschreiben, vielleicht unbeschreibbar sind, der aber handelt, lächelt, die Stirn runzelt, einen Körper, Kleider, Verwandte, eine Stellung hat. In diesen Dingen ist er manifest. Nicht manifest ist er in seiner Seele. Ähnlich steht es um das *En Sof.*

Ist es vermessen, wenn der Mensch eine solche Analogie aufstellt, als seien wir Gott ähnlich? Die Kabbala sagt, der Glanz leuchtet in der Seele, in unserem Nichtmanifesten – die Analogie kann also nicht als Arroganz aufgefaßt werden. Das *En Sof* ist vergleichbar dem verborgenen und dem offenbarten *Brahman* und auch dem, was in den Versen der Upanishaden beschrieben wird: »Es bewegt sich, und es bewegt sich nicht; es ist fern, und es ist nahe.« Ähnlich auch manchen Gedanken, die sich bei Meister Eckehart und bei Shankara finden.

Gott, das *En Sof*, ist derart verborgen, daß er nicht verstanden noch beschrieben werden kann, außer soweit er sich in kreatürliche Attribute und Welten kleidet: es gibt vier Welten oder Universen, von denen unsere Welt die niedrigste ist. Aber sogar hier ist er gegenwärtig, denn er ist überall gegenwärtig und am leuchtendsten in der Seele des Menschen. Er oder es manifestiert sich durch Emanationen, *Sefiroth* genannt, die von seiner schöpferischen Kraft ausstrahlen und die verschiedenen Ebenen der Manifestationen bilden.

An diesem komplexen Bild der Emanationen der *Sefiroth* aus dem Einen ist etwas sehr merkwürdig. Jede einzelne der schöpferischen Emanationen und jede ihrer Wirkungen steht mit jeder anderen in Beziehung. Wie bei einer Schiffsmaschine, bei der die Rohre mit allen anderen verbunden sind. Das Bild der Rohre wird auch tatsächlich im *Sohar* verwendet. Wenn also an dem einen Ort etwas geschieht, wird es das Geschehen an jedem anderen Ort beeinflussen. Im Besonderen wird das, was unten geschieht, eine Aktivität in der Höhe auslösen. Der Heilige auf Erden kann daher ein Mittel sein, um die Harmonie zu erwirken, welche die Welt durch Adam verlor und nach der sie sich selbstverständlich sehnt. Um diese Harmonie und Einheit zu erlangen, ist Israel mit einer kosmischen Berufung ausgestattet.

Jedes Element der Thora wurde von den Kabbalisten unter die Lupe genommen, um seine verborgenste Bedeutung zu durchdringen; und in jedem Fest, in jedem Brauch wurde die äußere Form einer inneren Bedeutung gesehen. Das gesamte Leben war von göttlichen Zeichen erleuchtet.

So kann der Mensch, obwohl er scheinbar unbedeutend ist, mit seiner Kontemplation, seinem Gebet, seinem Gehorsam und seiner Freude durchaus dazu beitragen, die universale Harmonie zu fördern. Die Rohre kanalisieren den universalen Geist. So konnte dieses Bild als Gesetz für den Kosmos ebenso wie als Gesetz stillen Handelns dienen. Und der intellektuelle wie der gewöhnliche Jude konnten sich gleichermaßen daran erfreuen und es nutzen.

Israel Baal Schem Tov

Das war, allgemein gesehen, das Weltbild, auf dessen Grundlage bei den osteuropäischen Chassidim im 18. Jahrhundert eine neue jüdische Geistigkeit erblühte. Die Schlüsselfigur dieser Bewegung war Israel Baal Schem Tov (1700–1760). Unmittelbarkeit und Kraft zeichneten seine Lehren aus, zum Teil deshalb, weil er erkannte, daß Erlösung immer hier und jetzt stattfindet und daß keine Notwendigkeit besteht, auf einen Messias in der Zukunft zu warten. In Osteuropa bis in die Ukraine hinein hatten damals die messianischen Erwartungen ein Höchstmaß an Intensität erreicht, was zum Teil auf die zahlreichen Verfolgungen und Massaker (1648 durch die Kosaken) zurückzuführen war. Daher war zwar Verzweiflung der Motor geistiger Hoffnungen, aber, so lehrte der Baal Schem, diese Hoffnungen sollten nicht immer in die Zukunft projiziert werden.

Den Chassidim ging es vor allem darum, sich Gott ständig zu vergegenwärtigen – das Göttliche zu schauen und nicht nur in der Thora und am Sabbat, sondern zu jeder Zeit und an jedem Ort. Die Liebe zu allen Menschen war wesentlich für das Leben wie für die Erlösung, und diese Liebe wurde durch Demut gefördert. Die Mystik der Chassidim war demnach durchaus lebensbejahend. Nicht umsonst wurde bei festlichen Gelegenheiten immer getanzt. Interessant war auch die Vorstellung vom vollkommenen Menschen, dem Gerechten oder Heiligen, dem *Zaddik.* Wie der heilige Guru, der Marabout in Algerien, der Zen-Meister oder der *pir* im Sufismus war er eine lebendige Verkörperung erlösender Harmonie, und in Osteuropa gab es bald derartige heilige Männer in Fülle. Sie waren nicht notwendigerweise gebildet, aber sie verfügten über charismatische Kräfte. Damit schloß sich das Judentum an eine der wirkungsvollsten Traditionen der Spiritualität an.

Besondere Unmittelbarkeit zeichnete den Chassidismus aus. Der Zugang zu Gott war einfach: der Unendliche konnte unmittelbar erkannt werden. Selbstentleerung und ebenso Demut waren eine Frage der Einstellung, und es gab keine äußeren Barrieren, die den Weg zur göttlichen Erleuchtung versperrten.

War aber die Demut der Chassidim und ihre Sanftmut die richtige Schulung für Juden in moderner Zeit? Sie hatten, glücklicherweise, nehme ich an, keine Vorahnung von Hitler, obwohl ihnen Böses wohlbekannt genug war. Ihr Schicksal führte sie häufiger nach Amerika als nach Zion. Und dort begegneten sie einer rührseligen Aufbereitung ihres Schicksals in dem Musical *Anatevka.*

Das Getto, Napoleon und die jüdische Renaissance

Juden, die gebildeter als die chassidischen heiligen Männer waren, war es bestimmt, Europa und Amerika neue Kräfte zuzuführen. Nachdem einmal die spätmittelalterliche Falle des Gettos aufgesprungen war, waren die Juden in die Kreativität entlassen. Die dunkle Ära der Gettos sollte zwar noch bis Napoleon und später andauern, aber die Ideale der französischen Revolution schlossen Gleichheit für alle Bürger ein, womit als Nebenwirkung die Juden von den rechtlichen Beschränkungen der Vergangenheit befreit wurden, eine Befreiung, die sich durch die explosiven Erfolge von Napoleons Armee weit über Frankreichs Grenzen hinaus ausdehnte.

Diese Befreiung war der Auslöser für eine erstaunliche jüdische Renaissance; Juden durften nicht nur an der europäischen Kultur teilnehmen, sie wurden sehr bald auch auf manchen Gebieten führend. Die Faszination der herrlichen Kultur der europäischen gebildeten Schichten, die Gelegenheit, wieder im Hauptstrom mitzuschwimmen, die Eröffnung neuer gesellschaftlicher Möglichkeiten – all dies führte zu einer weiteren Welle der Assimilation oder zumindest zu einigen radikalen Kompromissen. Während viele Juden in moderner Zeit verweltlichten (jedoch im Bewußtsein ihrer jüdischen Herkunft), bildete sich gleichzeitig die Bewegung des Reformjudentums heraus. Vergegenwärtigen wir uns dabei aber, welch große Rolle Juden im geistigen und künstlerischen Leben des 19. und 20. Jahrhunderts gespielt haben: Mendelssohn, Marx, Freud, Einstein, Chagall – sie stellen nur die Gipfel eines eindrucksvollen Höhenzugs dar.

Reformjudentum

Zum Teil lagen die Ursprünge dieser neuen Bewegung in der philosophischen Vergangenheit. Moses Mendelssohn, der drei Jahre vor der französischen Revolution starb, die einige seiner Hoffnungen verwirklichen sollte, war von den geistigen Fesseln des Gettos durch die Lektüre von Maimonides, dem großen mittelalterlichen jüdischen Philosophen, und von John Locke, dem englischen Exponenten der Toleranz und der empirischen Wissenschaften, befreit worden. In gewisser Weise sah er sich selbst als neuen Maimonides, wenn seine Methode auch wesentlich rationaler war; er glaubte Religion könne man auf die Vernunft gründen, oder jedenfalls: die Essenz der Religion könnte auf die Vernunft gegründet werden. Er reduzierte das Wesen des Glaubens auf drei Glaubensartikel: auf den Glauben an Gott, auf das Wirken der Vorsehung und auf die Unsterblichkeit der Seele. Ähnlich wie die Chassidim den *Sohar* und die Kabbala vereinfachten, vereinfachte Mendelssohn den Maimonides.

Maimonides

Moses ben Maimon, bekannter unter dem Namen Maimonides (die griechische Version von »ben Maimon«) wurde 1134 in Cordoba geboren, ließ sich aber in Kairo nieder, wo er seinen berühmten *Führer der Unschlüssigen* schrieb. Dieses meisterhafte Werk gehört in die gleiche Kategorie wie die spätere *Summa Theologica* des katholischen Lehrers Thomas von Aquin. Auch Maimonides setzte die Logik ein, um den religiösen Glauben mit der Philosophie des Aristoteles zu integrieren, die, weitgehend durch islamische Kanäle überliefert, als das große geistige und wissenschaftliche System für das Verständnis der Natur der Dinge galt. Dem Werk von Maimonides waren dann Thomas von Aquin und andere verpflichtet. Einer seiner originellsten Gedanken war die Verbindung der aristotelischen Vorstellung, die Welt sei ewig oder ewig während, mit dem Glauben an die Schöpfung aus dem Nichts durch Gott. Da ich in dieser Hinsicht der gleichen Ansicht bin, werde ich etwas ausführlicher darauf eingehen. Man kann Philosophie nicht wirklich schätzen, wenn man sie nicht auch ein wenig selber betreibt und dadurch Geschmack an ihr bekommt. Wir werden natürlich auf Maimonides zurückkommen und über ihn zu Mendelssohn und dem Reformjudentum.

Schöpfung und Philosophie

Nimmt man die *Genesis* wörtlich, dann sieht es so aus, als sei die Welt in einem bestimmten Zeitpunkt entstanden. Zuerst war das Nichts, und dann, siehe, schuf Gott die Welt. Also fing er nicht mit Atomen, Lehm oder sonst was an, um aus diesen Materialien die Welt zu formen, die wir kennen. Nein, zuerst gab es gar nichts (außer Gott) und danach, siehe, ward Licht und Schöpfung. In moderner Zeit meinen ein paar Astronomen, daß die Welt als eine dicke Blase anfing, die dann explodierte, um das Universum zu bilden. Das bezeichnet man als die Theorie vom Urknall. Es ist wie in der Genesis, nur braucht man nicht Gott dazu. Aber es hat immer andere gegeben, die aus den verschiedensten Gründen meinen, das Universum sei immer da gewesen. Die meisten indischen Religionen und viele moderne Astronomen teilen diese Sicht. Selbstverständlich mit Varianten. Einige (wie die Mehrzahl der Inder) haben die Vorstellung, das Universum dehne sich aus, falle in Erstarrung, dehne sich wieder aus, und das in einem endlosen Rhythmus: es pulsiere über riesige Zeiträume und unermeßliche Entfernungen. Bevor das Ur-Atom, die bewußte Blase, bei dem großen Knall explodierte, kann es eine frühere Ära gegeben haben, in der ein anderes System da war, das sich vorher ausgedehnt, wieder zusammengezogen und als das große Atom geendet hatte, auf den nächsten Urknall wartete. Andere wieder haben einfach angenommen, die Welt würde ewig währen, ohne sich mit Pulsierungen abzugeben. Aber die meisten Juden und Christen haben dieser Vorstellung widerstanden, weil sie mit der *Genesis* und auch mit der Idee eines Gottes als Schöpfer unvereinbar ist, denn wenn die Welt immer da gewesen ist, wie konnte dann der Kosmos aus dem Nichts von Gott geformt worden sein?

Greifen wir einige der Probleme heraus und beginnen wir mit dem Gedanken, daß die *Genesis* uns sagt, die Schöpfung habe in der Zeit stattgefunden. Müssen wir das wörtlich nehmen? Vieles in der Heiligen Schrift spricht von Gott, berichtet, wie er spricht oder sonst wie ein Mensch handelt. Diese anthropomorphen Schilderungen sind indessen nicht wörtlich zu nehmen. Leute, die zum erstenmal von Radiowellen hören, stellen sich vielleicht vor, sie würden das Donnern der Brandung hören, oder sie hoffen am Ende, in dieser zu baden. Aber wir lernen doch rasch, derartige wissenschaftliche Bezeichnungen nicht wörtlich zu nehmen, warum also sollten wir religiöse Formulierungen so wörtlich nehmen? Maimonides' Antwort lautet, Sprechen über Gott und Sprechen über Menschen spiele sich auf zwei verschiedenen Ebenen ab. (Später sollte Thomas von Aquin das Problem weiterverfolgen und seine berühmte Analogielehre hervorbringen.) Sagt jemand, er sähe Gott, heißt das nicht, daß er ihn mit eigenen Augen sieht, sondern es ist eher der Situation vergleichbar, daß er die Lösung eines Problems erkennt oder auch nur einen Witz begreift. Jedenfalls würden wir Gott, wenn wir ihn im wörtlichen Sinne wirklich begriffen, auf unsere Ebene herunterziehen, was sowohl töricht wie gotteslästerlich wäre. Kurz, es wäre falsch, die *Genesis* wörtlich zu nehmen (und wieviele Menschen haben das getan!). Man kann nicht einfach aus der bilderreichen und mystischen Sprache der *Genesis* auf die Endlichkeit der Welt schließen. Was man hingegen sagen *kann,* ist, daß die *Genesis* die Vorstellung zum Ausdruck bringt, Gott sei der einzige Schöpfer der Welt und habe sie aus dem Nichts geschaffen – und nichts außer der eigenen Kraft dafür gebraucht.

Nun ist Gott selbst ewig. Man könnte daher annehmen, daß er, wenn er überhaupt ein Schöpfer ist, immer ein Schöpfer gewesen ist, wie ein ewiger Geiger eine ewige Melodie ohne Anfang oder Ende spielen würde. Und was bedeutet »aus dem Nichts«? Wie soll man das verstehen? Zunächst eine Antwort für diejenigen, die zwar meinen, Gott hätte nicht immer weiter aus dem Nichts heraus schaffen können, die aber gerne annehmen, einmal habe er es, wie in der *Genesis* geschildert, eben doch getan: das scheint mir unlogisch. Wenn Schöpfung aus dem Nichts überhaupt begreiflich sein soll, muß es bedeuten, daß Gott einfach kein Material benutzte. Plato andererseits glaubte, daß der göttliche Planer mit schwierigem Material habe arbeiten müssen und daß daher das Böse in die Welt kam. Aber Christen und Juden haben das niemals akzeptiert. Die erschaffene Welt ist im Grunde gut, und Gottes Macht kennt keine Grenzen. Nichts ist unmachbar für ihn.

Vielleicht bildet das, was vor sich geht, wenn man eine Inspiration hat oder ein Komponist plötzlich eine neue Melodie erfindet, eine Analogie zu der Schöpfung aus dem Nichts. Es ergibt nicht viel Sinn, sich vorzustellen, ein Einfall werde aus Materiellem, wie geisterhaft das auch immer sein mag, geboren. Vielleicht benutzen wir deshalb den Begriff »schöpferisch« für Künstler, Musiker und Schriftsteller – ihrer Ähnlichkeit mit dem Göttlichen wegen.

So liegt die Schlußfolgerung nahe, daß sich Maimonides' Vorstellung eines ewig währenden erschaffenen Universums durchaus mit dem Verstand verträgt und nicht unvereinbar ist mit dem Sinn der jüdischen Offenbarung. Sie scheint außerdem vom Standpunkt der Astronomie aus logischer. Wenn die Dinge mit dem großen Knall begonnen haben sollen, muß man trotzdem über das nachdenken, was vorher war: über das, was das Ur-Atom hervorbrachte, das zur Explosion drängte.

Maimonides arbeitete seine Lehre von der Schöpfung mit großem Scharfsinn und Gedankenreichtum aus. Aber er verschmolz stets die Gedanken mit der Praxis.

Das Wissen um Gottes Güte, die sich in seinem Handeln offenbart, führt uns zur Liebe Gottes, und diese drückt sich in unseren eigenen Handlungen aus, bei denen wir seinen Geboten und Gesetzesverkündigungen folgen. Von einigen jüdischen Bräuchen, wie dem alten Opferkult, mag man vielleicht annehmen, sie hätten keine rationale Grundlage, aber Maimonides zufolge wählte Gott dieses System als Gegengewicht zum heidnischen Opfer und um sicherzugehen, daß seine Gläubigen auch die Reinheit des Gottesdienstes wahrten.

Die Reform im 19. Jahrhundert

Mendelssohn war der Vorläufer derer, die eine neue Form des Judentums herausarbeiteten, in der kulturelle wie rechtliche Emanzipation möglich würde. Der Jude aus dem Getto durfte damals den gesellschaftlichen Salon nur unter zwei Voraussetzungen betreten: entweder wenn er christlich getauft war, oder wenn er Gebetsriemen und -schal der Orthodoxie und die strengen Fesseln des Talmud abgestreift hatte. Die Taufe war verführerisch, und viele erlagen der Verführung. Vielleicht war etwas Erpressung im Spiel, aber die Reichtümer der christlichen Kultur in ihrer letzten und kritischsten Phase strahlten einen faszinierenden Glanz aus, und nach der Taufe standen weltliche Berufe offen sowie ein Studium an der Universität, das an bestimmte religiöse Voraussetzungen gebunden war. Das Reformjudentum schockierte die Orthodoxen, aber es bot einen neuen Weg des Überlebens durch eine moderne, wenn auch häufig zu lasche Version des alten Glaubens, die ein moderner junger Mensch akzeptieren und schätzen konnte. Die Flucht aus der Synagoge unter den Sirenengesängen des 19. Jahrhunderts wurde so in großem Maße durch die neue Selbstdarstellung des Judentums eingedämmt. Wenn jedoch Philosophie und neues Wissen eine Brücke zu einem Kompromiß-Judentum bildeten und das Erbe kräftigten unter gleichzeitiger Modernisierung des Lebens, dann konnten sie ebensogut den Weg zu einem jüdischen Säkularismus ebnen. Maimonides und Mendelssohn folgten den Spuren des antiken Philo, der zwar Jude blieb, aber griechisch dachte; andere verhielten sich wie manche Juden zur Zeit des Hellenismus, die völlig in der griechischen Kultur aufgingen. Eine Strömung jedoch lief quer durch alle religiösen Spaltungen, wenn auch ohne allgemein akzeptiert zu werden, und das war der Zionismus – die Bewegung, die einen unabhängigen jüdischen Staat in Palästina erstrebte. Es war ein Traum, der an die Stelle des Alptraums der Progrome treten konnte; es war ein Traum, der die Gedanken des Gettos wie der Intellektuellen der Salons zu transzendieren vermochte; es war außerdem ein Traum, der die zunehmenden sozialistischen Ideale unter den Juden und die erblühenden Hoffnungen eines sich bildenden jüdischen Bürgertums miteinander verbinden konnte. Bevor wir uns aber der Geschichte des modernen Judentums zuwenden, die mit jenen schicksalsschweren Tagen am Ende des 19. Jahrhunderts einsetzte, als Theodor Herzl im August 1897 den ersten

Zionistenkongreß nach Basel einberief, wollen wir innehalten, um über das Getto, Israel und die traditionellen Bräuche nachzudenken, die den Juden soviel Kraft gaben.

Das Getto und Israel

Juden sind diskutierfreudige Leute. Nicht von ungefähr ist im Alten Testament das Buch Hiob enthalten. Hiob argumentierte ausgiebig mit Gott und das mit gutem Grund, selbst wenn ihn Gott schließlich mit furchtbaren Geschichten über die Eigenschaften, die er dem Krokodil gab, zum Schweigen brachte. Streitlustig wie sie sind, sind sich die Juden nie einig, nicht einmal in bezug auf Israel. Das Land stellt zwar ein heiliges Ziel, einen Brennpunkt, eine Sehnsucht und eine Erinnerung, eine Wirklichkeit und ein Verlangen dar, aber ob der Staat Israel nun der wahren jüdischen Bestimmung entspricht, ist durchaus eine Streitfrage. Man kann in ihm, sonderbar, wie er in vielem anmutet, eine Erweiterung des Gettos sehen. Mendelssohn meinte, Kirche und Staat sollten wie Religion und Politik getrennt sein. Er hätte sich Israel als eine Art heiliger Enklave vorgestellt (aber das Land ist jetzt in hohem Maße weltlich). Man kann es jedoch selbstverständlich höchstens mit einem kämpfenden Getto vergleichen – dem von Warschau vielleicht –, das aber außerdem weitgehend erfolgreich kämpft; Warschau endete in Blut und Schutt, während es Israel gelungen ist, sich einen einigermaßen sicheren, wenn auch ständig bedrohten Stützpunkt inmitten der arabischen Welt zu schaffen. Aber die Gefahr ist, daß es von seiner eigenen Welt abgeschnitten wird. Israel blickt in beträchtlichem Maße nach Amerika und Europa. Es hat sich noch nicht wirklich als nahöstliches Land etabliert, was allerdings keineswegs seine Schuld ist. Aus der Diaspora und dem Getto hat es Menschen aufgenommen, die in einer weiteren, freieren, schöneren und stärkeren Gemeinschaft leben wollen. Aber es ist noch immer von Feindseligkeit umgeben. Nur kommt jetzt das Anti-Jüdische aus einem semitischen Ethos. Es ist eine traurige Ironie, daß Israel von den semitischen Arabern als Außenposten des Kolonialismus, als Ausdruck jener weißen Arroganz betrachtet wird, die so oft den Nährboden für den Terror abgegeben hat.

Zionismus als ein Traum

In gewissem Sinne ist der Zionismus unter den Juden in der Zerstreuung immer lebendig gewesen, in Form der Sehnsucht nach Israel nämlich, die in den Gebeten und im Ethos der Synagoge zum Ausdruck gelangte. Manchmal glich »Israel« einer vergeistigten Ikone, manchmal hingegen war es ein sehr konkretes Ziel. Ebenso wie die Juden in ihren Riten weiterhin die Erinnerung an konkrete Opfer im Tempel festhielten und fortfuhren, Kommentare über die notwendigen Rituale zu schreiben, nachdem die Opfer längst aus der religiösen Praxis verschwunden waren, befand sich auch »Israel« niemals ganz in den Wolken, wurde niemals so sublimiert wie in mancher christlichen Hymne:

»Jerusalem, du hochgebaute Stadt,
Woll't Gott, ich wär in dir...«

In dieser Hymne ist Zion, Jerusalem, eine Art Himmel; gewiß nicht ein neues Rußland oder die Vereinigten Staaten, die auf ihre Weise ja ebenfalls gelobte Länder sind. Bei Israel, dem herrlichen Sinnbild des Glaubens, war stets eine gewisse fundamentalistische Einstellung im Spiel: das Land selber, konkret und wörtlich, war besonders heilig. Der blaue See von Galiläa, das anmutige Rauschen des Jordan, die Obstgärten bei Jaffa, die ehrfurchterregenden Berge, die Herrlichkeiten von Jerusalem, die glitzernde Küste, sogar die Kreuzritterburgen und die Moscheen, die Oliven und Orangen, die schneebedeckten Höhen und fernen Zedern, die klingenden Namen alter Zeiten, die braungebrannten Menschen – in all dem schien auf geheimnisvolle Weise die Gegenwart Gottes sich anzukündigen. Der Zionismus verband sich also der fundamentalistischen Dimension im jüdischen Verständnis des gelobten Landes.

Der Zionismus als Traum, nach Verfolgung und Verachtung. Freud zufolge ist der Traum ein Mittel, das gestörte Gleichgewicht des Lebens zurechtzurücken. Und obwohl die Juden im 19. Jahrhundert unter dem Einfluß von Napoleon und der europäischen Aufklärung zu einer Emanzipation gefunden hatten, hörten die Schwierigkeiten nicht auf. Rußland blieb periodisch der alten Politik der Progrome treu. In Frankreich überschattete die Dreyfus-Affäre die letzten Jahre des 19. Jahrhunderts. Man glaubt vielleicht, der Antisemitismus hätte im Zuge der Aufklärung nachgelassen, Tatsache ist aber, daß sich noch mehr furchtbarer Wahnsinn und Vernichtungswille regte. Kein Wunder also, daß sich die Juden in einer derartigen Welt sagten, sie müßten zu einer eigenen Nation finden, zumal der europäische Nationalismus, ein beherrschender Zug des 19. wie des 20. Jahrhunderts, den Antisemitismus auf eigene Art schürte.

Es heißt, daß David Ben Gurion, der erste Ministerpräsident Israels und der zähe Erzvater der Heimkehr, es jedem Parlamentsmitglied, vom ältesten bis zum jüngsten, in der ersten Sitzung der Knesset (des israelischen Parlaments) gestattet habe, seine Ansicht zu äußern. Es war eine wortreiche Feier für die Nation in dunkler Zeit. Ein Traum war Wirklichkeit geworden. Als der jüngste Parlamentarier an der Reihe war, erhob er sich und sagte, Israel sollte den Vereinigten Staaten den Krieg erklären. »Warum?« fragte Ben Gurion. – »Damit wir ihn verlieren und auf diese Weise umfangreiche Hilfe von den USA bekommen können«, sagte der junge Mann. – »Aber«, rief jemand aus den hinteren Reihen, »was passiert, wenn wir gewinnen?«

Das Tauziehen

Im modernen Judentum geht ein Tauziehen in drei Richtungen vonstatten. Orthodoxie und Chassidismus repräsentieren zwar nicht die Mehrheit, haben aber noch immer entscheidendes Gewicht. Reformjudentum und Anpassung verhalfen den Juden zu den Vergünstigungen der Emanzipation, aber sie haben auch die Tradition geschwächt, während der Zionismus eine neue Generation von robusteren Israelis hervorgebracht hat, die weitgehend national und politisch orientiert sind und bereits ein gutes Stück Weges in Richtung eines weltlichen Staates Israel zurückgelegt haben.
Eine weitere Polarität verdient Beachtung, die Polarität zwischen der Diaspora und Israel. Jahrhundertelang waren die Juden in der Zerstreuung den Juden in Israel zahlenmäßig weit überlegen. Es gibt mehr Juden in der Stadt New York als im gesamten Israel. In der Sowjetunion leben ungefähr genauso viele. In Frankreich, England, Argentinien und Kanada ist ihre Anzahl beträchtlich. In den arabischen Ländern befinden sich noch immer 50.000 Juden. (Die in früherer Zeit so große Anzahl in Deutschland, Österreich, Polen, in der Tschechoslowakei und anderen Teilen Osteuropas wurde Opfer der Nazis und des Krieges.) Diaspora und Heimat sind zwei Pole, die sich schöpferisch zueinander verhalten können. Ohne die Diaspora würde Israel zu einem engen Nationalstaat werden; ohne Israel würde die Diaspora zerfallen, hätte keinen irdischen Brennpunkt.

Und die Bräuche?

Die politischen und gesellschaftlichen Dimensionen des Judentums sind, wie wir bereits sahen, verflochten mit dem Gesetz und den Bräuchen.
Daß sich Menschen bestimmte Speisen und vielerlei Betätigungen am Sabbat versagen, seltsame kleine schwarze Kästchen auf der Stirn und am Arm tragen (Phylakterien, Gebetsriemen), während der Mahlzeiten und in der Synagoge den Kopf bedecken und einen Schal oder schalartigen Überwurf tragen, daß sie beschnitten werden – diese Bräuche des talmudischen Judentums mögen äußerlich betrachtet störend wirken. Und das waren sie in vieler Hinsicht auch für die Juden, die diese Bräuche durch Reform abschaffen wollten oder die Herde überhaupt verließen, um sich als gründlich »emanzipiert« zu assimilieren. Wenn demnach diese Vorschriften offenbar vielen lästig waren, warum wurden sie dann von so vielen anderen eingehalten? Denn einen jüdischen Papst gibt es nicht, und kein KGB kann die Einhaltung erzwingen. Nun, viele Juden praktizieren den traditionellen Lebensstil, weil sie ihn als sinnvoll und sogar als genußreich empfinden. Vielleicht allerdings unbequem, aber doch mit Frieden und Freuden verbunden. So bringt der jüdische Sabbat nicht nur einfach Gebete, sondern auch Speisen, nicht nur Speisen, sondern auch Wein, und nicht nur Untätigkeit, sondern auch Lichter-

glanz, nicht nur Andacht, sondern familiäres Zusammensein, nicht nur der Gang in die Synagoge, sondern auch Plaudern und Tratschen im Schoße der Gemeinde; und in der Synagoge gibt es nicht nur Worte, sondern außerdem vertraute Musik, nicht nur Predigt, auch Prozession. Und vor allem, der Rhythmus der Wochen wird gegliedert durch die großen Feiertage.

Der Sabbat

Wie feiert man traditionell den Sabbat? Die Männer der Familie gehen außer Haus in die Synagoge. Fällt Ihnen etwas auf? Männer. Nicht unsere moderne Kernfamilie (zwei Eltern und zwei Kinder mit Reihenhaus, Arbeiterwohnung oder Bauernhaus). Juden haben zwar länger als andere, sicher aufgrund der Tradition, an Familienverbänden im weiteren Sinne festgehalten. Aber nur die Männer begeben sich zum Gottesdienst. Die Frauen entzünden zu Hause den Sabbatleuchter. Kerzenlicht im Judentum! Licht ist eins der großen Symbole. Juden sind Licht, Gott ist Licht. Die Welt ist Licht. Licht ist das wunderbare Medium, durch das wir sehen; es ist die brennende Leidenschaft des Glaubens. Es ist eine der Manifestationen Gottes auf Erden. Kein Abbild ist Gott angemessen, aber im Licht kann man ihn schauen. – Wenn dann die Männer zurückkehren, ist der Schauplatz bereit für die Rituale in der Familie.

Vor dem Essen wird gesungen. Der gesegnete und segnende Gesang, mit dem der Sabbat, der heilige Tag, gefeiert wird, an dem der gesamten Schöpfung gedacht wird. *Genesis* am Familientisch. Danach das Essen, ein wenig förmlich und präsidiert vom Familienvater, der den Wein segnet und die Gläser dem Alter der Teilnehmer entsprechend herumreicht. Eine Art Sakrament, aber von wesentlich anderer Bedeutung als die christliche Messe, wenn auch manche Ähnlichkeit anklingt. Ein besonderes Brot wird geschnitten, einige Stücke werden für eventuelle fremde Gäste übriggelassen. Das Brot ist salzig, ein bitteres Symbol dafür, daß sich Juden sogar in der Freude an das Leid erinnern müssen; denn Licht zu sein, bedeutet auch Selbstaufopferung. Anschließend kommt die Mahlzeit und später erklingen fröhliche Sabbatlieder, eine Mischung aus Hymnen und Volksweisen. Am Samstagmorgen geht man aus, hübsch angezogen, in die Synagoge. Im Anschluß daran gibt es häufig ein Zusammensein mit der ganzen Gemeinde. Danach macht man Besuche und nimmt eine Mahlzeit am späten Nachmittag ein, um den Sabbat mit einem letzten Gottesdienst abzuschließen und zu vollenden. Vergnügen, Gespräche und Frömmigkeit, Zusammensein und Nachmittagsveranstaltungen – das ist alles. Für unruhige Seelen vielleicht etwas langweilig. Aber man kann auch die Anziehungskraft empfinden, die darin liegt. Denn in den heiligen Festen wie Jom Kippur und Pesach liegt der geheimnisvolle Zauber des jüdischen Jahresrhythmus und die Kräftigung einer fröhlichen Solidarität, die keine der Katastrophen des Judentums zu untergraben vermochte. Auch wenn wir hier kaum mehr als die Oberfläche des jüdischen Brauchtums streifen konnten, so erzählt es uns doch nicht nur von der jüdischen Familie und dem sozialen Gefüge, sondern auch von der Geschichte oder dem »Mythos«, der das jüdische orthodoxe Denken über so viele Jahrhunderte hinweg gestützt hat.

Von Abraham zum Messias

Es war, milde ausgedrückt, ärgerlich, daß die Christen den Juden den Messias unter merkwürdigen und sogar verdächtigen Umständen entwendeten. Vielleicht sind die Juden auf Jesus als Rabbiner stolz, vielleicht auch als Propheten, aber es erfüllt sie mit Verwunderung, daß man ihn für den Messias halten sollte. War seine Abstammung von David gefälscht? Der Messias sollte in den letzten Tagen Menschheit der König Israels und der Menschheit sein. Aber dieser seltsame Jesus leitete den Glauben in einen Strom, der sich völlig unterschied vom Jordan, der doch jahrhundertelang durch die Adern des Judentums geflossen war. Für die Juden hatte die Geschichte ihren Mittelpunkt nicht in Christus, sie hatte vielmehr ihren Anfang in Abraham. Vor ihm waren Adam und Noah, und die jüdische Berufung war besiegelt worden durch den Bund mit Gott und die Verheißung nicht nur des Landes, sondern einer besonderen Bestimmung. Juden haben ihre Überlieferung immer als den sinnvollen goldglänzenden Faden empfunden, der sich durch ihre Geschichte zieht. Sie haben sie auch als eine besondere Berufung empfunden, ein Beispiel zu geben und anderen eine Hilfe zu sein, den Nichtjuden, deren gesamtes Leben durch die jüdische, göttlich inspirierte Kreativität und Liebe zur Menschheit befruchtet werden sollte. Sie sahen ihre Geschichte nicht nur in diesem allgemeinen Sinne, sondern auch ganz konkret im Lichte der besonderen Warnungen seitens ihrer Propheten wie Jesaja und Jeremia, die den Juden ihre Berufung in Erinnerung brachten und gleichzeitig auf ganz konkrete Probleme hinwiesen. Der Glaube, der glückverheißend, voller Geheimnisse, während der Wanderung Abrahams und der Ereignisse, die zu Moses führten, geboren wurde, blickt erwartungsvoll einer Vollendung entgegen, welche die Symmetrie der Geschichte herstellen würde. Die Vorstellung der Rückkehr eines universalen Königs, des Messias und Friedensfürsten, ist nicht weiter ungewöhnlich und vermittelte den Juden das festliche Bild einer großen freudenreichen Zukunft. Die messianische Hoffnung war zwei Jahrhunderte vor Jesus fest eingebaut in das Gefüge des jüdischen Lebens und Erwartens: die Voraussagen hinsichtlich des Zeitpunktes waren zwar unterschiedlich, aber diese Hoffnung bildete den zentralen Kern im jüdischen Geschichtsmythos und in der Vorstellung der Juden von dem eigenen Ort im göttlichen Plan. Und da der Mythos das Land Israel betraf, mußte die Zukunft irgendwo dort stattfinden. Der Mythos verkörperte Stolz, war jedoch Demut und Leid geöffnet. Im Christentum fand er ein Echo und wurde, transponiert, zu einem der Mythen des Westens.

Die Geschichte des Judentums ist in vieler Hinsicht mit der Geschichte des Islam und des Christentums verklammert; wie aber steht es um die übrige Welt? Es gab selbstverständlich von altersher Juden in Indien und Indochina. Juden waren nicht unbekannt in China und Japan. Aber irgendwie sind sie nirgends wirklich in die Liga der Weltreligionen eingetreten, außer in Europa und im Nahen Osten. Sie waren auch nie sehr missionarisch eingestellt.
Was halten andere Religionen von ihnen? Und was kann das Judentum von ihnen halten?
Meine Antwort lautet folgendermaßen: Das Judentum repräsentiert den uranfänglichen Monotheismus. Es ist eine Herausforderung für die Götterbilder Indiens und den Agnostizismus des Buddhismus. Es provoziert die Frage, ob Loyalität einem einzigen Gott gegenüber notwendig ist. Es entbehrt nicht der Mystik, aber die Betonung liegt auf dem Prophetischen. Darin ist es ein Gegenbild zum Buddhismus. Viele ziehen vielleicht die Subtilitäten und Variationen der buddhistischen Überlieferung vor, aber keine Religion hat das Judentum übertroffen an heroischer und meist sanfter Entschlossenheit, zu überleben und Leiden hinzunehmen. Wenn der Christ in Christus das Opfer für alle sieht, mag er vielleicht auch darüber nachdenken, daß der Jude kollektiv geopfert worden ist. Israel ist auf ganz eigene Weise den Nichtjuden eine Leuchte gewesen. Dem idealen Judentum geht es nicht so sehr um Auseinandersetzung mit anderen oder um deren Bekehrung als vielmehr darum, durch Lebens- und Glaubenspraxis eine bestimmte Art von Religiosität und Heiligkeit vorzuführen. Einem so mutigen Unterfangen kann man nur Glück wünschen! Zu viele Fragen bringen Unruhe in das Leben. Wobei anzumerken ist, daß Juden in bezug auf Fragen geradezu eine Heimsuchung darstellen können. Als Beispiel hier eine der chassidischen Geschichten, die der moderne jüdische Philosoph Martin Buber gesammelt hat:

Ein Mann kam zum Rabbi von Kozk und beklagte sich, daß er ständig grübele und grübele.
Der Rabbi fragte, worüber er denn grübele.
»Darüber, ob es einen Richtspruch und einen Richter gibt«, sagte der Mann.
Der Rabbi fragte: »Was geht das dich an?«
»Aber Rabbi, wenn es keinen Richtspruch und keinen Richter gibt, weshalb dann die Schöpfung?«
»Und was geht das dich an?«
»Wenn es keinen Richtspruch und keinen Richter gibt, wozu gibt es dann die Worte des Gesetzes?«
»Und was geht das dich an?«
»Aber Rabbi, du fragst die ganze Zeit, ›was geht das dich an?‹ – was sonst sollte mich denn angehen?«

»Nun gut«, sagte der Rabbi, »wenn es dich so sehr angeht, dann bist du auf jeden Fall ein guter Jude – und es ist für einen guten Juden gut, zu grübeln: dann kann ihm nichts geschehen.«

Und dabei können wir es vielleicht belassen.

5. ISLAM

Der Islam hatte eine sofortige und weitreichende Wirkung auf Europa und Asien. Er war hervorgegangen aus den Offenbarungen Allahs an den Propheten Mohammed in dem damals recht unbedeutenden Umschlagplatz Mekka im Nordwesten Arabiens und hatte sich wie ein Lauffeuer in die Länder des fruchtbaren Halbmondes und westlich durch Nordafrika hindurch verbreitet. Innerhalb weniger Jahrzehnte erstreckte sich die neue Kultur von Spanien bis Zentralasien. Sie zerschnitt für alle Zeiten die alte Mittelmeerkultur, welche in den Zeiten der Römer zusammengewachsen war. Das Christentum war gezwungen, sich nach Norden zu orientieren und die altgewohnten Kontakte zwischen dem Mittelmeer und dem Osten aufzugeben.
Mohammeds Botschaft war eine religiöse, aber auch eine politische. Der Koran lehrte, daß die Menschen in Gemeinschaft unter Gott leben sollten; wenn das so war, dann mußte diese Gemeinschaft auch ganz bewußt diesem Ziel entsprechend aufgebaut werden. Indem der Islam eine neue Technik der Kriegführung, eine neue Verwaltung und ein neues Steuersystem einführte sowie die Fähigkeit bewies, große Teile der griechisch durchsättigten Kultur des Nahen Ostens zu absorbieren, schuf er ein neues Reich – auf arabischer Basis, aber über Arabien hinausreichend. Nach einiger Zeit, vom 8. Jahrhundert an, brachte er verschiedene Triebe hervor, in erster Linie Sunniten (Orthodoxe) und Schiiten (sie sind vom Irak aus ostwärts bis ins moderne Pakistan hinein vorherrschend), die sich in den Formen der Frömmigkeit und nach ihren Gesetzen unterschieden. Eine weitere Entwicklung war die allmähliche Entstehung von mystischen Orden, Sufis genannt, welche dem Islam, der durch seine Erfolge in Weltlichkeit abgeglitten war, neue Kräfte zuführten.
Obwohl der Islam nach heißen Kämpfen im 15. Jahrhundert aus Spanien vertrieben war und seine Erfolge auf dem Balkan später eingedämmt wurden, blieb er lange missionarisch aktiv: er breitete sich im Gefolge von Handelskontakten nach Malaysia und nach Indonesien aus und wanderte hinunter ins schwarze Afrika hinein. Aber in der Zeit der europäischen Expansion erlitt er dann politische Demütigungen und mußte sich dem schmerzhaften Prozeß der Anpassung stellen. Das Problem indessen bleibt: Kann sich ein starker Glaube, der auf einem unabänderlichen Koran aufgebaut ist, mit den modernen Zeiten wandeln?

Geographie des Islam

Als der Prophet Mohammed 632, zehn Jahre nach seiner Übersiedlung von Mekka nach Medina (die als Gründungsdatum des Islam gilt), starb, kontrollierte die neue Religion die ganze Arabische Halbinsel, ein Gebiet, größer als Indien, mit einer Bevölkerung, die zwar nicht groß, aber geeint war. Wenig zahlreich, aber zäh und gut geführt, waren die Araber mit einer neuen Technologie der Kriegführung und einem neuen Glauben gerüstet, der in sich ein ganzes juristisches und politisches System barg. Sie waren zum Aufbruch nach Norden bereit, hinaus aus der Wüste. Rasch überrannten sie die Nationen des fruchtbaren Halbmondes von Syrien bis zum Persischen Golf und eroberten auch Ägypten in Windeseile. Ein Vierteljahrhundert nach Mohammeds Tod hatte der Islam die Steppen von Afghanistan erreicht, nachdem er die Kernlande des alten persischen Reiches eingenommen hatte. Auf halbem Weg nach Westen, an der Südküste des Mittelmeers entlang, stand er in Tunesien. Er herrschte von Tripolis bis zu den Toren Indiens und vom Nil bis Armenien. Zur Zeit Kaiser Karls des Großen, Anfang des 9. Jahrhunderts, hatte er sich bis hinunter nach Marokko ausgebreitet und war durch Spanien bis an die Grenzen Frankreichs gebraust. Er stand tief in Zentralasien und in Sind (heute Teil von Pakistan), er hatte die nordafrikanischen Berber besiegt und seine Macht im Nahen Osten konsolidiert. Somit beherrschte er Länder und Gebiete, die heute bekannt sind als Spanien, Portugal, Marokko, Algerien, Tunesien, Libyen, Ägypten, Südjemen, Saudiarabien, Oman und die Emirate, Kuwait, Israel, Jordanien, Syrien, Libanon, Irak, Georgien (UdSSR), Iran, Afghanistan sowie Teile von Sowjetisch-Zentralasien und Pakistan. Jahrhunderte später sollten dann nach viel Blutvergießen und Anstrengungen Spanien und Portugal von den Christen zurückerobert werden, während die Kreuzzüge und die Einwanderung in Palästina dem dortigen Islam erste Scharten beibrachten. Praktisch blieb aber alles übrige islamisch. Jene erste rasche Expansion war daher nicht nur eine rein militärische Leistung: Der Islam eroberte auch den Geist der Menschen und prägte die Struktur all jener Gesellschaften, in die er eingebrochen war. Die Expansion ging weiter. Die ottomanischen Türken, die 1453 Byzanz einnahmen, hatten ein eigenes islamisches Imperium errichtet und beherrschten den Nahen Osten und den Süden des Balkans bis hinein ins 19. Jahrhundert. Damit erhielt der Islam eine osteuropäische Dimension, die in Enklaven und in den Erinnerungen der Völker noch heute am Leben ist. Kaufleute nahmen ihn die ostafrikanische Küste hinunter mit, nach Sansibar und weiter, und über die Sahararouten nach Nigeria, zu den südlichen Rändern der Wüste und damit über die Grenzen des schwarzen Afrika. Noch abenteuerlicher war es, daß der Glaube nach Malaya und Indonesien und sogar bis zu den Küsten Chinas getragen wurde. Im fernen Westen Chinas hatten sich arabische Kaufleute niedergelassen und einen chinesischen Islam geschaffen. Auf dem Indischen Subkontinent wuchs seit dem 12. Jahrhundert die Macht der Moguln, die ein moslemisches Reich mit Delhi als

Schwerpunkt errichteten. Von hier aus durchdrang der Islam Indien. Ebenso wichtig für die Bekehrung der Inder war die missionarische Arbeit vieler heiliger Männer oder Fakire, die erfüllt waren vom Geist der islamischen Mystik.
Aber Kernland des Islam war und ist der Nahe Osten. Alles andere dreht sich um ihn. Geographisch liegt der Islam wie ein Keil zwischen Europa und Afrika einerseits und zwischen Europa und Südasien andererseits. Um diesen Keil zu umgehen, segelten die Europäer Ende des 15. Jahrhunderts um Südafrika herum und kamen unerwartet vom Meer her in Südasien an.

Verschiedene Formen des Islam

Die von dem Propheten übermittelte Botschaft Gottes war geistiger, aber auch sehr politischer Natur. Dem neuen Glauben ging es nicht nur um die Beziehung zwischen dem Individuum und Gott, obwohl auch dieser Aspekt sehr stark ausgeprägt ist, sondern es ging ihm vor allem um die Beziehung einer Gemeinschaft zu Gott. Individuen mochten sich zum Islam bekehren. Indem sie das jedoch taten, traten sie gleichzeitig einer neuen gesellschaftlichen Ordnung bei. Theoretisch hätte der Islam daher politisch in der Form eines einzigen Reiches existieren müssen. Aber die Nachfolger Mohammeds konnten sich nicht einigen, und so bekam das neu eroberte Reich sehr bald Risse und begann auseinanderzufallen. Darüber hinaus war es unausbleiblich, daß sich regionale Unterschiede auswirken mußten, trotz der wunderbar einigenden Einflüsse, die vom Koran und der arabischen Sprache ausgingen. Und so tauchten denn Unterschiede im Glauben und im Gesetzeswesen auf. Eine der Folgen war die allgemeine Spaltung des Islam in zwei Hauptströmungen, in die Sunniten und die Schiiten. Die traditionsbewußter ausgerichtete sunnitische Form beherrscht die Kernlande des Islam, während die Schiiten östlich vom Irak ihre Machtsphäre haben. Später traten noch weitere Abzweigungen und Varianten des Glaubens in Erscheinung. Auch in der Auslegung der islamischen Gesetze gibt es verschiedene Schulen. Dennoch bleibt der Islam von allen großen Religionen die geschlossenste. Welches sind die Quellen für diese machtvolle Einheit, die Herz und Geist des Moslems mit einem Gefühl weltweiter Bruderschaft erfüllt?

Quellen der Einheit

Zum ersten gibt es eine einzige Quelle der Wahrheit, einen einzigen heiligen Text, den Koran. Man kann natürlich eine Übersetzung lesen, aber das ist nicht der wahre Koran, Übertragungen sind nur Interpretationen und wahrscheinlich auch Verzerrungen der Reinheit des ursprünglichen Wortes von Allah. Selbst die irdische Version des Koran ist im Grunde nur die Kopie seines ewigen Originals, das im Himmel ausliegt. So wenden sich die Moslems überall an die gleiche Quelle der göttlichen Wahrheit und an Gottes Wort, das sich in arabischer Sprache offenbart. Dies ist die erste Quelle der Einheit.

Zum zweiten sollte jeder Moslem, wenn es die Umstände irgend gestatten, eine Wallfahrt nach Mekka unternehmen. In Richtung Mekka geneigt, beten Moslems mehrmals täglich. Es ist der Ort vor allen anderen, an dem Allahs Offenbarungswerk stattfand, und so ist es der irdische Mittelpunkt seines endgültigen und vollendeten Wortes an die Menschen. Der Islam hat somit nicht nur eine Einheit im Geiste, sondern er verfügt auch über einen geographischen Mittelpunkt.

Zum dritten ist der Islam kompromißlos in seinem Glauben an den einen Gott. Der Koran, unfehlbar und unwandelbar, ist überwältigend eindeutig in diesem Punkt. Kein Handel mit anderen Göttern ist dem Moslem möglich, und Götzendienerei ist die schlimmste Sünde. Kein Wunder, daß in vielen der Gebiete, in denen Moslems die Macht hatten, Götterbilder und Idole zerschlagen wurden. Von dem einen Gott kann kein Bildnis gemacht werden, und Götzenbilder sind ein Symbol für den Abfall der Menschen von der wahren Frömmigkeit. Sogar Christen, mit denen Moslems viel gemeinsam haben, geraten in den Verdacht des Polytheismus durch die Lehre von der Dreieinigkeit, die Moslems so vorkommen mag, als bedeute sie die Verehrung von drei Göttern. Der islamische Mangel an Kompromißbereitschaft setzt dem Glauben scharfe Grenzen und verleiht ihm außerdem Eindeutigkeit.

Zum vierten ist der Moslem Mitglied einer Gemeinschaft; er ist durch ihre heiligen Gesetze und Bräuche gebunden. Später werden wir uns genauer mit seinen Pflichten befassen. Jedoch genügen an sich bereits die Praxis der Beschneidung, das Verbot, Schweinefleisch zu essen oder Alkohol zu trinken, die Verpflichtung zu den täglichen Gebeten und der Gebrauch des Arabischen bei jeder Religionsausübung durchaus, um den Moslem von seiner Umgebung abzuheben. Kurz, die Quelle der Offenbarung, die Bindung an einen irdischen geographischen Mittelpunkt, die Klarheit des Glaubens und die besonderen Pflichten des islamischen Bürgers sind starke Bande der Einheit in einer Welt, die sich von der westafrikanischen Küste bis zu den fernen Inseln des indonesischen Archipels erstreckt. Vom menschlichen Gesichtspunkt aus ist die Leistung des arabischen Propheten, der im 6. und 7. Jahrhundert n.Chr. lebte, einfach verblüffend. Mit menschlichen Augen gesehen war er es, von dem eine völlig neue Kultur ausging. Für den Moslem aber war sein Werk natürlich göttlich und die Leistung selbstverständlich eine Leistung Allahs. Mohammed war lediglich das irdische Werkzeug, durch das die göttliche Botschaft vermittelt wurde.

Wer war nun dieser Gesandte Allahs?

Mohammed wurde um 570 in Mekka geboren, einem verhältnismäßig wohlhabenden Handelszentrum, durch das die Karawanen aus Südarabien zu den Mittelmeerländern zogen. Mohammed selbst war auch im Handel tätig, und seine späte Ehe mit der wohlhabenden Khadidja brachte ihm materielle Sicherheit. Mit ungefähr 40 Jahren kamen ihm die ersten Erleuchtungen. Er vermochte kaum zu glauben, daß die Visionen und Botschaften, die er erhielt, echt seien. Warum hatte Gott ihn auserwählt? Aber die Botschaften kamen wieder, sie wurden ihm vom Erzengel Gabriel überbracht und erwiesen sich als unwiderstehlich. Er erkannte, daß er der Prophet Allahs sein sollte, des einen wahren Gottes. Obwohl ihn die Menschen zunächst auslachten und er den Mut und die Unterstützung von seiten seiner Frau brauchte, um durch eine Zeit der Niedergeschlagenheit hindurchzukommen, wurden seine Weisheit und Charakterstärke schließlich allgemein anerkannt. Es war dann seine unglaubliche Leistung, daß er eine neue Nation aus den sich ständig bekriegenden arabischen Stämmen schmiedete. Man betrachte nur die Welt, in die er hineingeboren war.
Die Religion der Araber bestand aus einem komplizierten Polytheismus, durchzogen von Strömungen des Animismus, beispielsweise dem Kult heiliger Steine. Religiöse Feste in Mekka und anderswo förderten zwar eine brauchbare Einheit der Stammesgruppen, üblicher aber war gegenseitige Feindseligkeit. Die Gesellschaft war polygam (Mohammed sollte diese Sitte später reformieren), und so mancher andere Brauch, wie das Begraben von weiblichen Säuglingen bei lebendigem Leibe, war abstoßend; weshalb die in Nordarabien niedergelassenen Christen und Juden eine ziemliche Verachtung für die heidnischen und barbarisch scheinenden Araber empfanden. Indessen waren diese Araber Semiten wie die Juden, und es war Mohammeds Berufung, dem Judentum, der älteren semitischen religiösen Überlieferung, einen neuen Glauben aufzupfropfen.
Sowohl als Prophet als auch als Reformer der arabischen Gesellschaft sprach Mohammed sein Volk an. Die Gesetzesvorschriften des Koran rührten an die Wurzeln des arabischen Heidentums, aber trotzdem stellten sie eine gewisse Kontinuität zur vorangegangenen Überlieferung dar. Die Begrenzung der Ehefrauen auf nur vier beispielsweise, und das Gebot, diese gleich zu behandeln, beinhaltete nur eine Einschränkung und Verfeinerung des bestehenden Brauchs. Das Begraben von Kindern wurde verboten. Die in der Vergangenheit so verbreitete sorglose Lust am Trinken und Spielen wurde in Acht und Bann getan; aber dem kriegerischen Geist der Araber wurden neue und erstaunliche Ventile geöffnet. Götzendienst wurde untersagt, aber das heilige Zentrum von Mekka als Brennpunkt der Wallfahrt beibehalten. Dem heiligen schwarzen Steingebäude der Kaaba wurde ein islamischer Status und einigen anderen religiösen Bräuchen eine neue Auslegung gegeben. Die latenten arabischen Energien wurden in ein großartiges Abenteuer der Eroberung im Namen Allahs gelenkt. Das gesamte Leben erhielt neue

Kraft und eine neue Struktur. In all dem spiegelte sich beträchtliches Talent, Charme und Voraussicht seitens des Propheten. Verleumdungen von Europäern in der Vergangenheit machten aus ihm vielfach einen polygamen Epileptiker. Das Bild indessen, das die Moslems von ihm zeichneten: das Ideal menschlicher Führung und Tugend, scheint weitaus richtiger zu sein und wird bestätigt durch die ungeheuren Veränderungen, die Mohammed in der arabischen Gesellschaft vollbracht hat, und dies in sehr kurzer Zeit. Indessen zweifelte er selbst, wie gesagt, an seiner Berufung. Wie war diese Berufung nur vor sich gegangen?

Die Berufung des Propheten

Mohammed neigte bereits vor seiner dramatischen ersten Berufung zum Grübeln. Er pflegte sich in eine Höhle des Berges Hira in dem rauhen Gebirge bei Mekka, einer unnahbaren und furchterregenden Landschaft, zur Meditation zurückzuziehen. Eines Nachts sah er den Erzengel Gabriel, wie er sagte, in einer Entfernung von ungefähr zwei Pfeilschüssen vor sich, der ihm Tafeln vorlegte und ihm befahl, sie zu lesen:

> Lies im Namen deines Herrn, der alles geschaffen hat
> und der den Menschen aus geronnenem Blut erschuf.
> Lies, bei deinem Herrn, dem glorreichsten,
> der den Gebrauch der Feder lehrte
> und den Menschen lehrt, was er nicht gewußt hat.

Diesen strengen Befehl wies Mohammed zunächst zurück, denn er war zwar ein ganz erfolgreicher und kluger Kaufmann, konnte aber nicht lesen. (Später jedoch war Mohammed fähig, die gesamte [nach heutiger Zählung] 96. Sure des Korans zu rezitieren.) Er war erschrocken und erregt, aber voller Zweifel. Wie lange die Zeit der Unsicherheit dauerte, läßt sich nur vermuten. Auf jeden Fall stand ihm eine (in Sure 53 festgehaltene) weitere Offenbarung bevor:

> Bei dem Stern, der untergeht:
> Euer Gefährte (Mohammed) irrt nicht und täuscht sich nicht,
> er spricht auch nicht, was bloß Lust ihm eingibt;
> sondern nur (Allahs) Offenbarung ist es, welche ihm zuteil geworden ist.
> Der Mächtige und Starke hat ihn alles gelehrt.
> So ward er der Vollkommene (Prophet).
> Er erschien ihnen am höchsten Horizont
> und näherte sich dem Propheten – und kam immer näher,
> auf zwei Ellenbogen weit, oder noch näher
> und offenbarte seinem Diener, was er offenbarte,
> und das Herz trog nicht in dem, was es sah.

Was wir heute als Koran kennen, ist die Zusammenfassung aller von Mohammed empfangenen Offenbarungen. Sie reichen von den Äußerungen in kurzer gereimter Prosa der ersten Zeit in Mekka bis zu den komplexeren Botschaften aus der Zeit, in der Mohammed die neue Gemeinde in der Stadt Medina gründete. Wegen der Schönheit und Kraft des Originals und weil Mohammed seine erstaunlichen Visionen als wahr bezeugt, sehen die Moslems im Koran die Äußerungen Gottes. Die verbale Inspiration dieser heiligen Schrift bildet den Eckpfeiler der moslemischen Glaubensgewißheit. Als Mohammed zu seinem eigenen Erstaunen die donnernden Wellen von Gottes Offenbarung durch sich hindurchrauschen und aus seinem Munde herausbrechen spürte, gewann er die bestürzende Gewißheit, daß er ein Prophet war.

Der Beginn seiner Laufbahn als religiöser Lehrer war zunächst ganz und gar nicht vielversprechend. Sein eigener Stamm, die Koraischiten, stand ihm weitgehend feindselig gegenüber. Die wenigen Gefährten, die ihn unterstützten, waren Beschimpfungen ausgesetzt, denn Mohammed hatte angefangen, gegen die traditionelle Religion zu predigen, an die seine Landsleute durch Privilegien gebunden waren. Jedoch kam ihm nach einer Zeit der Prüfungen und Niedergeschlagenheit das Schicksal zu Hilfe.

Ungefähr 500 Kilometer nördlich von Mekka, in der Stadt Medina, gab es Einwohner, die nach einem Führer von außerhalb suchten. Er sollte etwas unternehmen, um die gesellschaftlichen Verhältnisse in einer Zeit elender Stammeskämpfe und Blutvergießens neu zu ordnen. Aus Gründen, die vielleicht zu jener Zeit nicht ganz stichhaltig waren, sich nachträglich jedoch als völlig richtig herausstellten, fiel die Wahl der führenden Bürger auf Mohammed, und sie bereiteten insgeheim seine Ankunft vor. Im Jahre 622 verließen Mohammed und sein Begleiter Abu Bakr unter gefährlichen Umständen Mekka und ritten rasch nach Medina (das ihm zu Ehren *Medina al Nabi,* Stadt des Propheten, umgetauft wurde). Dieser Wendepunkt in Mohammeds Leben wurde dann als Gründungsdatum des neuen Glaubens betrachtet; die Zeitrechnung der Moslems setzt mit diesem Jahr 622 ein. In Medina war es, daß die Offenbarungen konkrete geistige und soziale Gestalt annahmen. Dort war es auch, wo die erste Moschee erbaut und eine neue Gemeinde unter Mohammeds Führung gegründet wurde.

So wurde es ihm möglich, nach nur acht Jahren ein Heer von 10.000 Mann auf die Beine zu stellen, welches er gegen Mekka führte. Seine Heimatstadt konnte lediglich Scheinwiderstand leisten, und Mohammeds Sieg führte zur Errichtung einer neuen Theokratie. Götterbilder wurden zerstört, die heiligen Stätten neu geweiht, der Wallfahrt wurde eine neue Bedeutung verliehen, die Gesetze wurden geändert; durch Diplomatie und Erfolg, durch Zähigkeit und Charme gelang es Mohammed, die Mehrheit für den neuen Lebensstil zu gewinnen. Innerhalb eines Jahrzehnts seit der Hedschra, der Übersiedlung nach Medina, war der größte Teil Arabiens für den Islam erobert. Der verblüffende Erfolg der neuen Ordnung lieferte damit einen zusätzlichen Beweis für den göttlichen Charakter von Moham-

meds Inspiration, wenn auch der Islam, den Mohammed seinen Nachfolgern hinterließ, wie wir sehen werden, keineswegs ohne Probleme war.
Aber auch Mohammed selbst war der Erbe einer religiösen Vergangenheit. Der Islam ist ganz bewußt ein Glaube, der sowohl zurück wie nach vorn blickt. Er blickt zurück auf die entscheidenden Elemente im jüdischen und christlichen Erbe. Mohammed sah sich selbst als das Siegel der Propheten, als den Höhepunkt einer Reihe von Erleuchtungen, die aus alter Vergangenheit stammten.

Abraham und Jesus als Vorläufer Mohammeds

Geistig waren sozusagen Abraham und Jesus Vorfahren des Propheten. Das ist nicht die Ansicht von Außenseitern, sondern im Koran selber festgeschrieben, es ist Bestandteil der islamischen Lehre. In anderen Kulturen ist die Frage nach historischen Vorläufern nicht so entscheidend, im semitischen Kulturkreis jedoch haben sie sich als fundamental erwiesen. Juden, Christen und Moslems sehen sich alle in einem bestimmten Rhythmus der Geschichte, die gleichzeitig die Geschichte des göttlichen Handelns ist. Der letzte, allerdings weltliche Ausdruck dieser Art zu denken findet sich in der historischen Dialektik von Marx. Für Mohammed lag der Geschichte ein göttlicher Plan zugrunde, der zurückreichte bis zu Abraham und früher.
Abraham ist im Koran nicht einfach ein Jude oder auch nur ein Prototyp des Juden. Er ist *muslim,* was treu, (Gott) ergeben heißt. Er ist der Prototyp des späteren Moslem. Wir wollen hier betonen, daß man das Wort *muslim* oft besser als Eigenschaftswort denn als Hauptwort verwenden sollte. In religiösen Angelegenheiten ist eigentlich nicht so entscheidend, ob einer als Christ oder Moslem auftritt, sondern ob er wirklich christlich oder *muslim* ist, d.h. ob er sich wie ein Christ oder ein Frommer verhält. Jedenfalls wurde Abraham als die große Gestalt der Frühzeit der Menschheit gesehen, die wahrhaft *muslim* war. Er war jedoch auch derjenige, der die Geschehnisse auslöste, die nach der vorbestimmten Zeit Mohammed auf die Bühne des Weltgeschehens brachten, den Akteur, der in dem Drama, dessen Autor Gott ist, den Höhepunkt bildete. Vielleicht hatte Mohammed auch eine besondere Vorliebe für Abraham als einen Menschen, der mit der Wüste vertraut war. Denn obwohl Mekka und Medina und andere Siedlungen durchaus blühende Städte und nicht einfache Beduinenlager waren, war das Ethos der Wüste niemals sehr fern, und für Mohammed waren sowohl der Handel wie seine mit den felsigen Gebirgen verbundenen Meditationen von der Einsamkeit der Wüste geprägt. Der Abraham der Wanderschaft, der vertraut war mit Opfern, der patriarchalische Gründer von Nationen, war für jene Moslems, die Mohammed in dem großen, neuen religiösen Abenteuer folgten, kein Fremder.
Über Abraham, der für die Moslems also nicht nur irgendein Jude war, kamen viele jüdische Überlieferungen in den Islam. So essen Moslems kein Schweinefleisch

SYMBOLE

Visuell das Wesen eines religiösen oder geistigen Glaubens darzustellen, ist von zentraler Bedeutung bei der Suche des Menschen nach Selbstausdruck. Symbole sind visuelle Äquivalente für Gleichnisse und Mythen und machen die Atmosphäre eines Glaubens sichtbar.

Diese Silhouette stellt einen jainistischen Heiligen dar, nackt, wie um seine vollkommene Unabhängigkeit von weltlichen Gütern zu beweisen. Er ist streng und gelassen heroisch, Symbol von ahimsa oder Gewaltlosigkeit.

Dies ist in der Tat ein Garten, der das Paradies symbolisiert, Resultat jener Mischung zwischen Spanien und Islam, wie sie überall in Granada zu finden ist. Die sorgfältige Anordnung der Gebäude, Wege und Bäume ist eine Form des Bemühens, auf Erden eine sichtbare Analogie zu den Wonnen zu schaffen, die den Gläubigen im Himmel erwarten.

Das Muster des Teppichs hingegen zeigt auf mehr symbolische Weise einen himmlischen Garten.

Im Hinduismus steht der Lingam für die schöpferische Kraft Gottes. Im Westen sieht man im Lingam häufig ein phallisches Symbol, und das stimmt auch in gewisser Weise, aber die Bezeichnung würde die meisten Hindus beleidigen, denn das aufrechtstehende steinerne Objekt (hier im Shiva-Tempel in der Hindu-Universität von Benares) darf nicht wörtlich mit dem menschlichen Fortpflanzungsorgan gleichgesetzt werden. Es handelt sich eher um ein schlichtes, hier mit Girlanden geschmücktes Symbol von Macht, in dem zeremoniell die Schöpfung Gottes verehrt wird. △

Für die Juden gibt es keine Darstellung von Gott. Aber es gibt ein erhabenes Symbol für die Bestimmung des jüdischen Volkes, und das ist das Land Israel, das gelobte Land, das immer das Ziel jüdischer Sehnsucht war. Seine Hügel und Täler bleiben der irdische Mittelpunkt von Frömmigkeit und Hoffnung. ▷

Zuweilen bilden Symbole eine besondere Art der Kurzschrift. Hier wird die hinduistische Kosmologie zusammengefaßt. Gott Vishnu ruht. Das verweist auf die Vorstellung, daß das Universum große Phasen oder Äonen durchläuft. Manchmal wird es von Gott weiterentwickelt, und dann fällt es wieder zurück in eine ruhige, traumartige Periode. Man beachte, daß er auf einer Schlange ruht, dem Symbol für die Ewigkeit, denn hinter Gottes ewigdauernder schöpferischer und vernichtender Tätigkeit liegt die Zeitlosigkeit, jene Ewigkeit, welche die Menschen erstreben und auch erlangen können durch die Gnade Gottes oder durch eigenes selbstloses Bemühen. △

Eine andere Szene des unaufhörlichen Kreislaufs, jedoch in diesem Fall aus der Sicht eines Gemäldes des tibetanischen Buddhismus. Die Betonung liegt auf der Art, in der das Rad des Lebens durchsetzt ist mit Leiden. Im besten Fall sind die weltlichen Freuden vergänglich, und stets ist die Vision des Todes gegenwärtig. Im Hintergrund jedoch bleibt die Gestalt von Buddha, der die Menschen über das Leiden hinaus in zeitlose Freiheit zu führen vermag. ▷

Häufig ist die Leere selbst ein Symbol. Dieses chinesische Gemälde aus dem 13. Jahrhundert ist vielsagend leer und verdankt Wesentliches den Überlieferungen des Taoismus, für den Nichthandeln das beste Handeln ist und das beste Leben jenseits menschlichen Begreifens liegt. Hier ist das Wesentliche die Leere des größten Teiles des Rollbilds. Auch im Leben sind Leere und Harmonie die Werte, die es den Menschen ermöglichen, in Übereinstimmung mit dem Universum zu leben.

und halten ähnlich koschere Speisegesetze ein wie Juden. Sie setzen den Brauch der Beschneidung fort. Sie beten den einen Gott an und meiden Abgötterei. Der Islam übernahm die jüdische Botschaft teils vermittelt durch das Christentum, teils in einer arabischen Schattierung. Jedoch hat der Islam im Unterschied zum Judentum starken universalen Ehrgeiz. In gewisser Hinsicht erinnert er an die erste Gemeinde der Christen in Jerusalem, die sich an die jüdischen Gesetze hielt, aber eine neue, in die Welt hinaus drängende Botschaft predigte. Vielleicht ist der Islam der Nachfolger jener Gemeinde, in universaler Form.

Jesus, Christentum und Islam

Auch Jesus wird im Koran und in der islamischen Überlieferung hoch geachtet. Er hat zwar nicht den Status von Mohammed, aber er ist nichtsdestoweniger ein großer Prophet. In einigen Fällen gibt der Koran Aussagen des Neuen Testamentes eine andere Betonung. Aber von Göttlichkeit bei Jesus (oder irgendeinem Menschen) kann keine Rede sein – das wäre Blasphemie. Und eine etwas dunkle Passage im Koran scheint zu besagen, daß Jesus nicht am Kreuze starb. Darin spiegelt sich vielleicht der Sinn des Islams für den Erfolg, für die Gunst Gottes. Wie könnte ein so großer Prophet ein so schimpfliches Ende nehmen?

Ein großer Teil des im ersten Jahrzehnt der islamischen Eroberungen in Nordarabien überrannten Gebietes war christlich. Die positive Bewertung von Jesus seitens des Islam – der jedoch alle Ansprüche hinter dem unwürdigen theologischen Streit um die Natur Christi ablehnte, der dazu beigetragen hatte, das Christentum im Osten zu schwächen – hatte unter anderem zur Folge, daß viele dieser Christen den Islam als eine saubere neue Religion empfinden konnten. Eine Religion, die sowohl soziale Reformen wie eine neue Einfachheit des Glaubens bringen würde. Es ist verblüffend, wie erfolgreich die neue Religion bei der Bekehrung eines zuvor weitgehend christlichen Gebietes war. Später allerdings, als die Grenzen zwischen der islamischen und der christlichen Kultur vom Mittelalter an deutlich gezogen waren, kamen gegenseitige Bekehrungen nicht mehr häufig vor. Vielleicht wurde der Islam, indem er vieles von der griechischen und der mittelmeerischen Kultur überhaupt absorbierte, dem Christentum mit der Zeit ähnlicher, trotz aller Feindseligkeiten und Reibungen zwischen den beiden Welten. Und wegen derartiger mit Feindseligkeiten verbundenen Ähnlichkeiten ergaben sich ganz besondere Probleme des gegenseitigen Verständnisses. Jede ist der anderen Kultur näher als ihr lieb ist und dabei zu verschieden, als daß die besonderen Vorzüge der anderen ins Auge fallen könnten. Versuchen wir also wenigstens die Vorzüge des Islam zu sehen, wir, die wir an den Islam mit westlichen Voraussetzungen herantreten und zu leicht seinen Zauber übersehen. Mein Katalog seiner Vorzüge ist nur ein Versuch, diesen Zauber eher von außen her zu beschwören. Dabei werde ich mich auch bemühen, einige der Hauptlehren des Glaubens zu schildern. Denn abgesehen von der Autorität der Offenbarungen Mohammeds durch Allah und seine eigene Gewandtheit als ein Führer der Menschen, war es ja der Inhalt des Glaubens, der die frühen Moslems zu Heroismus und Frömmigkeit inspirierte und der das noch heute bei denen tut, die ihr Erbe angetreten haben.

Die Schönheiten des Islam: der Koran

Äußerlich ist der Koran eine Sammlung von 114 Suren oder Kapiteln, die auf arabisch geschrieben sind. Die Reihenfolge ist unwichtig, sie richtet sich mehr oder weniger nach der Länge der einzelnen Kapitel, kürzer am Anfang, länger dem Ende zu. Wer den Koran wie einen Roman lesen will und auf Dramatik oder Handlung hofft, wird enttäuscht sein. Er ähnelt mehr einer Anthologie, nur handelt es sich um eine Anthologie, die von einem einzigen Autor stammt (sei es von Allah, wie die Moslems sagen würden, sei es von Mohammed, was weltliche Gelehrte meinen). Von einem anderen Gesichtspunkt aus ist er indessen geniale Dichtung, die einen hinreißenden Einblick in moslemische Frömmigkeit und Lobpreisung Gottes vermittelt; und außerdem stellt er eine große Kraft dar, denn er bildet die dichterische Gründungsurkunde eines neuen Zeitalters, das mit ihm geboren wurde. Im wesentlichen bietet er das Grundschema für eine neue Gemeinschaft, die Gott unterstellt ist.
Gewiß, manche Aspekte von Gesetz und sozialer Ordnung müssen erst von ihm abgeleitet werden, sind nicht unmittelbar beschrieben, und er muß ergänzt werden durch die Überlieferungen, mit deren Hilfe ihn die Moslems auslegen. Darüber hinaus stellt er nicht nur eine Gründungsurkunde dar, er ist die Verkörperung einer Theologie. Auch in dieser Hinsicht mußte die Poesie der Vision Gottes in ein System gebracht werden, da sich Fragen zum Willen Gottes und seiner Natur in der sich entwickelnden islamischen Welt erhoben. Aber seine große Wirkung als Bild des Transzendenten steht außer Frage. Selbst in Übersetzungen kann der Koran herrlich donnern und die Ehrfurcht in Poesie kleiden wie in dem folgenden Text:

> Wenn die Sonne zusammengefaltet wird
> und die Sterne herabfallen
> und die Berge sich fortbewegen
> und die schon zehn Monate trächtige Kamelstute der Milch entbehrt
> und die wilden Tiere zusammenlaufen
> und die Meere in Flammen aufgehen
> und die Seelen sich mit den Körpern wiederverbinden
> und wenn man das lebendig begrabene Mädchen befragt,
> wegen welchen Verbrechens man es getötet hat,

und wenn die Bücher offengelegt
und die Himmel weggezogen werden (wie die Haut vom Kamel)
und wenn die Hölle lichterloh brennt
und das Paradies nahe gebracht wird,
dann wird jede Seele wissen, was sie getan hat.

So dramatisch wird das Ende geschildert, das Gottesgericht, welches über die Geschichte niederbraust.

Streng genommen kann der Koran, wie gesagt, nicht übersetzt werden. Er verhält sich zum Islam wie Christus zum Christentum, denn er ist die konkrete Manifestation von Gottes Wort. Diese Lehre von der Nichtübertragbarkeit des Korans ist in der islamischen Kunst allgegenwärtig. Da der Prophet bildhafte Darstellungen verbot, besonders die des einen wahren Gottes, und sogar die Darstellung von Menschen (aber nicht die ganze islamische Kunst befolgt letzteres), hat sich die darstellende Kunst im Islam vorwiegend auf die Architektur und die Arabeske verlegt. Die Arabeske ist die dekorative Kunst der arabischen Schrift, sie geht vor allem von den Versen des heiligen Koran aus. Die Wirkung des heiligen Buches wird verstärkt durch den Eindruck der Schriftzeichen auf das Auge. In der gesamten islamischen Welt ist der Zauber der gebogenen und mit Punkten versehenen Windungen der Schrift zum Schmuck von Moscheen und für Malereien verwendet worden. Wenn also der Koran viel Gesetz und Lehre enthält, so doch in einem Sinne völliger Übereinstimmung mit dem Zauber der Sprache, der gesprochenen wie der geschriebenen. Gottes Wort muß für Augen wie Ohren herrlich schön sein, darf nicht nur befehlen. Wer lediglich auf die Gebote des Islam hört, könnte seine Schönheiten vergessen.

Schönheiten des Islam: das Paradies

Treue zu Gottes Gesetz bringt den Moslem ins Paradies, während Treulosigkeit zur Hölle führt. Der Koran malt das Paradies in lebhaften Farben. Die Sprache ist frei und saftig, und ihr Sinn kann leicht mißverstanden werden. Sie muß wörtlich und doch nicht wörtlich genommen werden. In mancher Hinsicht ist das Paradies als Allegorie aufzufassen, in vielen anderen jedoch muß es der Moslem als absolut real nehmen. Etwas von dem Duft des Himmels steigt auf aus dem arabischen Traum:

Die Gottesfürchtigen aber kommen an einen sicheren Ort,
in Gärten mit Wasserquellen,
und sie werden sich, gekleidet in Seide und Samt, einander gegenübersitzen...
Jünglinge in ewiger Jugendblüte werden, um ihnen aufzuwarten,
sie mit Bechern, Kelchen und Schalen voll fließenden Weines umkreisen,
der den Kopf nicht schmerzen und den Verstand nicht trüben wird...

Und Jungfrauen mit großen und schwarzen Augen,
gleichend Perlen, die noch in ihren Muscheln verborgen sind,
bekommen sie als Lohn ihres Tuns.

Interessant ist, daß der Koran zwar den Alkohol auf Erden verbietet, weil seine Nachteile größer als seine Vorteile sind, er ihn im Himmel jedoch als Wonne schildert – der kein Kater folgt. Die Frische dieses Paradieses ist anziehend; so werden sich unsere Träume nach einem Leben der Mühen durch den gütigen Willen Allahs erfüllen. Moslems fühlten sich in der Tat derart inspiriert von diesem Bild des Himmels, daß sie auf Erden sein Spiegelbild schufen. Die stilisierten Gärten im islamischen Spanien, die sonnensatten Höfe, plätschernden Brunnen, die Raffinessen der arabischen Gastronomie, Halbgefrorenes und köstliche Früchte, die Konkubinen, die üppig weichen Lagerstätten und kühlen fließenden Gewänder – manch islamischer Potentat hat sich bemüht, sich ein Paradies zu schaffen. Mancher hoffte, sich auf diese Weise seine Belohnung schon vor dem Himmel zu sichern. Der Traum ist sinnlich, gewiß, aber auch wunderschön und hat einen eigenen Adel. Können wir ihn wörtlich nehmen? Im Grunde liegt das seltsam Bewegende am Koran darin, daß er mit den Worten eines anthropomorphen Gott zu uns spricht und uns dabei erzählt, Gott sei an sich unergründlich: der Koran verfügt über eine Sprache der Oberfläche und über große Tiefe der Bedeutung. Wir können vom Paradies glauben, was wir möchten, aber herrlich und erfüllend ist es mit Sicherheit.

Schönheiten des Islam: Gewißheit

Der Islam ist praktisch, der Gläubige braucht keinerlei Zweifel hinsichtlich dessen zu hegen, was von ihm verlangt wird. Das äußerliche Einhalten der Bräuche ist selbstverständlich nicht genug, jede Pflicht muß mit der richtigen Einstellung erfüllt sein. Immerhin sind die Pflichten eindeutig. Es gibt fünf Hauptpflichten, die sogenannten fünf Säulen des Islam: das Glaubensbekenntnis anzunehmen, die täglichen Pflichtgebete auf vorgeschriebene Weise zu verrichten, Almosen (eine Armensteuer) nach einer bestimmten Regelung zu geben, die jährliche Fastenzeit einzuhalten und, so es die Umstände erlauben, eine Wallfahrt zu unternehmen. Bedenken wir, was die Verpflichtung zum Beten bedeutet, wenn sie getreu befolgt wird! Sie bedeutet täglich fünfmaliges Beten, im Morgengrauen, mittags, nachmittags, nach Sonnenuntergang und bei Einbruch der Nacht. Auf diese Weise wird Allah ständig im Bewußtsein behalten. Wenn die Menschen in der Gemeinschaft der Moslems auch stolz und aufrecht stehen, vor Gott müssen sie sich zu Boden werfen. Außerdem beten sie in Richtung Mekka und werden damit ständig an die Szenen des Lebens von Mohammed und an die Stätte erinnert, an der Gott so dynamisch in die menschliche Geschichte eintrat. Der Ruf des Muezzin zum Gebet ertönt in den islamischen Ländern höchst eindrucksvoll von der Höhe des Minaretts, eindringlich, immer wiederkehrend. Der Klang ist ein würdiger Beginn des Tages, selbst wenn heute die menschliche Stimme des Muezzin durch die billige Elektronik des Tonbandes ersetzt ist. Das Gebet ist indessen nicht nur Klang, es hat auch ein Gewebe, den Gebetsteppich, der den Frommen von der staubigen Erde oder dem schmutzigen Fußboden trennt und einen geheiligten Raum inmitten der Alltäglichkeit des Lebens bezeichnet. In den göttlichen Augenblicken des Gebets befindet sich der Betende daher zwar real in dieser Welt, ist aber kein Teil von ihr. Wer sich im Vorübergehen die Wunderwerke der persischen Teppiche in den Schaufenstern unserer Städte betrachtet, sollte sich stets daran erinnern, daß die gekrümmten Finger der persischen Teppichknüpfer ursprünglich für die Gewißheiten des Glaubens wirkten und nicht für den lässigen Tritt des gut besohlten westlichen Menschen.

Das Gebet als praktischer Ausdruck der Gewißheit zeugt von der ersten Säule des Islam, zeugt mit dem Rezitieren des Glaubensbekenntnisses von der geistigen Zustimmung des Gläubigen. In seiner schlichten klangvollen Form wird das Bekenntnis als *La ilaha illah Allah; Muhammad rasul Allah* zusammengefaßt: »Es gibt keinen Gott außer Allah, und Mohammed ist sein Prophet.« In der arabischen Form hat es eine fast hypnotische Wirkung. Die Einfachheit, die Alliteration und das Zusammenspiel der Silben bedeuten, daß keine Notwendigkeit besteht für eine vermittelnde Priesterschaft zwischen dem Gläubigen und seinem Gott. Daher gibt es im Islam keine der christlichen Hierarchie entsprechende Körperschaft, sondern nur die Menge jener, die gemeinsam glauben und beten. Soweit es sich um einen Gemeindegottesdienst im Unterschied zu individueller Andacht handelt, erfolgt dieser zumeist an einem Freitag, wenn sich die männlichen Erwachsenen in der Moschee versammeln. Nach ihren Waschungen, die den Körper als geheiligte Vorbereitung für das Gebet reinigen sollen, folgen sie dem Führer oder *imam* in der gemeinsamen Andacht, wieder mit dem Gesicht gen Mekka. Der *imam* predigt auch, erläutert einzelne Punkte des Glaubens. Ihm steht die gesamte Überlieferung der islamischen Gelehrsamkeit zur Verfügung, die auf den Koran und auf die ergänzenden Schriften gegründet ist, mit deren Hilfe die Lehre und das heilige Gesetz ausgelegt werden.

Jedoch gehen die vorgeschriebenen Pflichten über die täglichen und wöchentlichen Obliegenheiten hinaus. Der gläubige Moslem möchte auf die Pilgerreise gehen, auf die Wallfahrt zu dem geographischen Mittelpunkt der islamischen Welt, nach Mekka. Ein Mann, der diese Wallfahrt unternimmt, erwirbt sich im frommen wie im weltlichen Sinne einen guten Ruf. In alter Zeit waren die Kosten groß und die Gefahren der Reise ebenfalls. Heute sind die Dinge einfacher, denn billige Charterflüge bringen die Gläubigen von Nigerien und Indonesien und sogar von Chicago nach Mekka. Aber gerade diese Tatsache bedeutet eine Stärkung der Solidarität des Islam in einer Welt, in der starke Kräfte gegen seinen überlieferten Glauben wirken. Wenn die Reise nach Mekka eine heilige Wallfahrt in Raum und

Zeit ist, so gibt es auch eine jährliche Wallfahrt im Geiste während des heiligen Monats Ramadan, wenn die Gläubigen, so sie nicht krank oder unterwegs sind, zwischen Morgengrauen und Abenddämmerung weder essen noch trinken dürfen. Vielleicht sollte man das nicht unter die Schönheiten des Islam rechnen? Nun, Fasten kann auf sonderbar perverse Weise genußreich sein, und von neuem bildet der Glaube für seine Anhänger mit dieser gemeinschaftlichen Praxis ein starkes Band der Gewißheit.
In jedem Fall ist der Islam in all diesen Pflichten – Bekenntnis, Gebete, Fasten, Almosengeben – vollkommen eindeutig. Die Befriedigung besteht darin, daß man genau weiß, was man zu tun hat und wie man Allah erfreut. Tut man die Dinge aus aufrichtigem Herzen heraus, ist man Gott angenehm. Moslems schätzen die lässige Uneinheitlichkeit im modernen Christentum gar nicht.
Was aber ist zu der »sechsten« Säule des Islam zu sagen, zu der Pflicht, am Heiligen Krieg teilzunehmen?

Schönheiten des Islam: Kampf und Krieg

Der Islam ist sich niemals im unklaren gewesen über die Anwendung von Gewalt (er baute sich ja zunächst auf gewaltsamer Eroberung auf), und dies zu Recht, denn bei einer politischen Gemeinschaft geht es immer um Macht. Das Schwert darf im Dienste Allahs benutzt werden, und manchmal muß es sein. Es wird rechtens benutzt, sobald der *jihad* oder Heilige Krieg ausgerufen ist. Diese Kampfbereitschaft stattet den Moslem mit einem gewissen Stolz aus: Als eine Aufforderung zur Demut vor seinen Mitmenschen sieht er seine Religion nicht, ganz gleich, wie tief die eigene Erniedrigung vor Gott sein mag. Aus der Natur seines Glaubens ergibt sich ganz eindeutig, daß es außer vor Allah keine Unterwürfigkeit vor irgend jemandem geben sollte. So zeigt sich in der islamischen Kultur eine zähe und stolze Tapferkeit, und das Bild von der in westlichen Witzen oft auftauchenden moslemischen Dekadenz ist weit von der Wirklichkeit entfernt. Für den westlichen Menschen zeigt sich der kriegerische Geist des Islam im besten Falle in dem Edelmut von Saladin. Es ist für die Araber in moderner Zeit besonderer Anlaß zur Trauer gewesen, daß sich ihre Waffen häufig als unwirksam gegenüber einem bösartigen israelischen David erwiesen haben.
Der Islam, der theokratisch und im Grunde sehr politisch ausgerichtet ist, kann zwar von der Anwendung von Gewalt nicht absehen, hat jedoch den Heiligen Krieg sehr oft gar nicht als wörtliche Aufforderung zum konkreten Krieg verstanden, sondern zum inneren Kampf, zum inneren *jihal,* zu einem Kampf darum, die Gesellschaft wahrhafter moslemisch zu machen und die Menschen zu veranlassen, sich strenger an das soziale und religiöse Ethos des Islam zu halten.

Schönheiten des Islam: Innerlichkeit

Die so klar festgelegten äußeren Glaubenspraktiken müssen von der richtigen inneren Einstellung begleitet sein. Auch in dieser Religion gibt es vieles, das auf den ersten Blick ritualistisch und legalistisch aussieht, aber das heilige Gesetz dient lediglich als Außenhaut der inneren Frucht. Die Disziplin des islamischen Lebens muß in innerer Richtung entwickelt werden. Ein wichtiger Weg, dieses zu erreichen, war durch die islamische Mystik gegeben, die sogenannte Sufi-Bewegung. Hier suchten Menschen Gott in der Tiefe der Seele zu erreichen. Wir werden später die Geschichte der Sufis kurz nachzeichnen. Der Glaube lehrt, daß auf Erden eine göttliche Ordnung herrschen, eine neue Gesellschaft unter Gott existieren müsse, aber jedes Individuum verfügt außerdem in der Tiefe über geistiges Wissen, welches das äußere Leben in der Gemeinde ergänzt. Es ist ein Paradoxon in vielen Religionen, daß die Festigkeit äußerer Gesetze eine wichtige Bedingung für innere Freiheit ist.

Schönheiten des Islam: Allah

Ohne Allah ist der Islam nichts, und all seine Herrlichkeiten bedeuten nichts ohne ihn. Keine Religion hat die Majestät und das ganz Andere an Gott derart betont. Der Glaube an die göttliche Macht Allahs, die intensive Anbetung Gottes, wie sie sich im jüdischen Erbe findet, von dem der Islam einiges übernahm, sowie der ausgeprägte Sinn für die Bestimmung des Menschen unter Gott – all dies ist Zeichen für Gottes schöpferische Herrschaft über die Welt und über die menschliche Geschichte (obwohl Iblis, der Teufel, sich immer durch ein paar Risse und Spalten in das Gewebe des Lebens einschleicht). Allah ist einzigartig auf furchterregende Weise, aber auch voller Gnade und Barmherzigkeit. Es sollte eine Tat der Liebe sein, seinem Willen zu folgen.

Allah ist im Bewußtsein der Moslems sehr viel mehr als eine menschliche Gestalt in Übergröße. Er ist der Schöpfer, die Quelle des Sinnes im Leben und über den Tod hinaus, er hat das Paradies geschaffen, straft die Menschen in der Hölle, er ist ein Führer und Freund für alle Leidenden, die Geißel der Ungerechten, Herrscher der Engel, der Eine, der seine treuen Sklaven belohnt, derjenige, der zu seinen Propheten und durch diese sprach, von Adam über Abraham und Moses und Jesus bis hin zu Mohammed. Als die Araber eine Welt, die von griechischer Philosophie durchtränkt war, überrannten, galt Allah auch als das höchste Wesen, von dem die weisen Griechen geschrieben hatten, und ebenso als das Ziel der Sufi-Mystiker. Und doch reicht keine Beschreibung an ihn heran. Die Worte des Koran sind unmittelbar direkt, deuten jedoch gleichzeitig an, daß Allah in seinem geheimnisvoll anderen Wesen jenseits aller Bedeutungen ist, die wir Sterblichen Worten zumessen. Und so abweisend dieser Gott auch zeitweilig erscheinen mag,

der Mystiker konnte von ihm sagen: »Heil dir, Liebe, süßer Wahnsinn: du kannst all unsere Schwächen heilen.« Gott hat also aus menschlicher Sicht, wie in anderen Religionen manchmal auch, zwei Gesichter: er hat das Antlitz, das Furcht erregt, und das Antlitz der Liebe, das Antlitz der Majestät und das der Süße, das Antlitz des Gesetzes und das der Gnade.
In Gott sind somit alle Freuden des Islam zusammengefaßt, der Ruf zum Gebet, die Hoffnung auf das Paradies, der Plan für die neue Ordnung auf Erden, die Bruderschaft einer weltweiten Gemeinde. Seine Fußspur findet sich in Mekka und auf dem Gebetsteppich und seine Stimme wird im Koran und vom Minarett vernommen. Es ist Gott, der in den aus geronnenem Blut geschaffenen Menschen jene würdevolle Gewißheit erzeugt, die den wahrhaft Frommen, den *muslim,* auszeichnet.

Sunniten und Schiiten

So sahen Glaube und Ordnung aus, die ihren Ursprung in den großen Ereignissen von Mohammeds Leben hatten. Jedoch war der Islam, den dieser hinterließ, keineswegs problemlos. Sein recht unerwarteter Tod warf die Frage der Nachfolge auf. Wer sollte der Kalif oder Herrscher der neuen, von Gott begründeten Nation sein? Außerdem stellten sich gerade aufgrund der Schnelligkeit der frühen Erfolge wichtige Probleme im Hinblick auf Assimilation und Verwaltung. Verschiedene Arten des Gottesdienstes begannen sich abzuzeichnen, ebenso verschiedene politische Kräfte. Tausend Jahre zuvor hatte Alexander der Große gezeigt, daß der Nahe Osten von außen her erobert werden konnte, aber niemand hatte noch gezeigt, wie er zusammengehalten werden konnte. Zunächst jedoch machten sich die Eroberer keine Sorgen in dieser Richtung. Sie besaßen die Genehmigung Gottes für das, was für viele von ihnen ein ungestümes Leben von Abenteuern, Macht und Wonnen bedeutete. Die Beute aus den zerschlagenen Reichen fiel ihnen zu. Die Männer, die auf ihren Kamelen so rasch aus fernen Oasen angeritten waren, konnten jetzt die Throne großer Herrscher einnehmen und sich vollsaugen mit den Wundern alter Kulturen. Es waren Männer, die zu ihrer Überraschung die Entdeckung machten, daß ihre militärische Taktik unwiderstehlich war, daß die Bevölkerungen, die sie überrannt hatten, kaum Schmerz darüber zu empfinden schienen und sich jeder Änderung geneigt zeigten. Das Kamel hat vielleicht, wie man munkelte, den hundertsten Namen Allahs gekannt oder auch nicht, aber ganz sicher kannte es das Geheimnis des Krieges. Während ältere, müdere Nationen zusammenbrachen, brauchten sich die Araber noch keine großen Gedanken um die Zukunft zu machen.
Aber der Tod des Propheten war ein Schock, gegen den man machtlos war. Er veranlaßte, daß man sich das erste Mal Rechenschaft von der Natur und der Richtung des neuen Glaubens ablegte. Unheilvolle Zeichen deuteten an, die neue Nation

könne sich spalten. Der zentrifugale Charakter des arabischen Stammestums war zu tief verwurzelt, als daß er gänzlich verschwunden sein konnte, auch nicht unter der charismatischen Führung von Mohammed und den Offenbarungen des Koran. Glücklicherweise galt Mohammeds erster und treuer Weggenosse Abu Bakr sofort als natürlicher Nachfolger. Und obwohl er nur ein Jahr noch nach Mohammeds Tod lebte, traf er ein paar bedeutsame Entscheidungen. Als erstes brachte er den Koran in eine systematische Form, die ihm noch mehr Autorität verlieh. Denn eine klare Definition der Quelle der offenbarten Wahrheit, auf die sich alle Moslems einigen konnten, war dringend notwendig. Sodann unterdrückte er mit aller Härte jene Dissidentenführer, die im Tode Mohammeds eine Entschuldigung sahen, sich abzusetzen. Der byzantische Kaiser Heraklius wurde entscheidend geschlagen. Mit diesen Taten zeigte Abu Bakr den Nachfolgenden den Weg, und unter dem dritten Kalifen Othman wurde eine endgültige Redaktion des Koran vereinbart, vorbereitet, in Umlauf gebracht und überall akzeptiert.

Jedoch machten sich nach Abu Bakrs Tod einige der Nachteile des Erfolges bemerkbar. Die Reichtümer, die dem Staatsschatz in Medina zuflossen, waren riesig. Omar, Abu Bakrs unmittelbarer Nachfolger, beschloß, einen Teil des neuen Wohlstandes so zu verteilen, daß die Bindungen unter den Moslems zementiert würden. Einiges ging an die Verwandten von Mohammed, einiges ging an jene seiner Gefolgsleute, die mit ihm in Medina und bei der Eroberung von Mekka gewesen waren. Ein anderer Teil ging ganz allgemein an die arabischen Soldaten. Diesen wurde indessen untersagt, Land außerhalb von Arabien zu besitzen, so daß sie an ihre Heimat gebunden blieben. Die monetären Privilegien waren ungeheuer wichtig für die Bewahrung der arabischen Identität, denn durch sie entstand eine neue Aristokratie, trotz aller Betonung der Bruderschaft unter Gott im Islam. Das wirkte sich allerdings nicht notwendigerweise zum besten aus, dann nämlich, wenn die Kalifen dadurch zu starker Macht kamen und Günstlingswirtschaft einriß. Othman, der Schwiegersohn des Propheten und Nachfolger von Omar, wurde in Medina ermordet, eine Ungeheuerlichkeit, die eine Folge des sichtbaren Verfalls der hohen Ideale des Glaubens war. Othman war Omajjade, ein Stammesgenosse des Propheten. Die Wahl seines Nachfolgers Ali wurde Anlaß zu der großen Spaltung des Islam.

Alis Wahl wurde angefochten. Er richtete sich seinen Regierungssitz in Kufah im Irak und nicht in der Heimat Arabien ein. Er traf auf die Feindseligkeit der Omajjaden, und einer von ihnen war es, Mu'awija, inzwischen Statthalter im eroberten Syrien, der sich im Kampf gegen ihn wendete. Das war der erste offene Zusammenstoß von Kräften innerhalb des Islam. Ali, der, wie seine Anhänger später meinten, vielleicht zu weich war, erklärte sich einverstanden, den Konflikt durch Schiedsspruch lösen zu lassen. Auch er wurde in der Folge ermordet.

Damit wurde er zum Mittelpunkt der ziemlich tragischen Legenden der Schiiten. Diese bezogen sich auf den toten Ali und knüpften später an die Niederlage und den Tod von Hussein in der Schlacht von Kerbela (680) an – ein Ereignis, das mit dem im östlichen Islam so wichtigen Fest des 10. Muharram gefeiert wird. Es ist fast so, als hätten die Bewohner der früher christlichen Länder ihren Erfahrungen durch die tragischen Legenden Ausdruck gegeben. Aber der Erfolg von Mu'awija führte zur Konsolidierung der großen Dynastie der Omajjaden, der es bestimmt war, in großem Glanz über die Hälfte der damals bekannten Welt zu Damaskus zu herrschen, als Erbe großer Reiche und Schöpfer einer großen neuen islamischen Kultur, in welcher der arabische Same in dem fruchtbaren Boden der östlichen Hälfte des verfallenden Römischen Reiches mannigfaltige Früchte trug. Ihre sogar noch glanzvolleren Nachfolger, die Abassiden, herrschten von Bagdad aus, und der Islam erwies sich als der Hammer, der die in den verschiedenen Kulturepochen gewachsenen Metalle zusammenzuschmieden vermochte. Die Probleme der dynastischen Nachfolge waren zuweilen wenig erbaulich, aber in dem neuen Glauben ging es schließlich auch um politische Macht, und so waren die Schwierigkeiten, die sich aus dieser Dimension seiner Existenz ergaben, kaum zu vermeiden.

Die Nachfolge des Propheten

Der Sieg der Omajjaden und die Befestigung ihrer Macht bewog die Schiiten, sich auf eine rivalisierende Theorie der Nachfolge des Propheten festzulegen. Sie konzentrierte sich auf den Gedanken eines Führers oder Imams. Ali wurde zum Ersten Imam, Hassan (der die Führung für kurze Zeit nach dem Tode Alis und vor dem tragischen Ableben Husseins übernommen hatte), zum Zweiten, und natürlich Hussein zum Dritten Imam erklärt. Die Mehrzahl der Schiiten spricht von zwölf Führern, einer Reihe, die mit Mohammed al-Muntazar endet, der 878 starb. Dieser Begriff einer alternativen islamischen Führung, die in gewissem Sinne gegen die offene Machtausübung der Kalifen gerichtet war, ob in Damaskus oder in Bagdad oder viel später in Istanbul, traf zusammen mit einem mehr mystischen Akzent in der Schi'a. Er führte außerdem zu der Theorie des geheimen Führers, des »entrückten« Imam, wie er häufig genannt wird. Dieser Theorie zufolge hält sich der letzte Imam verborgen, um als eine Art Messias, als der Mahdi, zurückzukehren. Wieder ist es interessant, sich zu überlegen, in welcher Weise christliche Denkformen in die Entwicklung dieser Hoffnung hineingekommen sein mögen. Der Mahdi, heißt es, wird zurückkehren und eine Epoche der Gerechtigkeit und des Friedens als Vorbereitung Gottes für das jüngste Gericht bringen. Wenn auch manche traditionalistischen Moslems den Glauben und die Bräuche der Schi'a mit leichtem Mißtrauen betrachten, so sollte doch anerkannt werden, daß die Schiiten in ihrer Bereitschaft zur Mystik, zur Übernahme örtlicher Sitten und in der Bereitwilligkeit, den Kult heiliger Männer und Heiligenkulte überhaupt zu akzeptieren, eine anpassungsfähige Form des Islam praktizierten, der es bestimmt war, tiefe missionarische Wirkungen zu erzielen. Immerhin bedeutete jedoch die Spaltung

im weltlichen wie im theologischen Sinne, daß der Traum eines heiligen islamischen Reiches niemals voll zu realisieren war. Andererseits bedeutete aber die fortgesetzte Anerkennung der Hauptgrundsätze des Glaubens in Gesetz und Schrift doch beide Richtungen, daß der Islam niemals so wie das Christentum auseinanderbrechen konnte.
Unterdessen waren vom 8. Jahrhundert an innerhalb des Islams neue geistige Kräfte am Werke. Die mächtigste wurde als Sufismus bekannt. Das mystische Element im Islam war zur Oberfläche durchgebrochen.

Das Mystische im Islam

Wir haben gesehen, als wie unvergleichlich Gott im Koran geschildert wird. Er ist anders als die Menschen, furchterregend, majestätisch, scheinbar »dort draußen«, selbst für den Propheten, durch den er sprach. Aber die Betonung des Inneren war dem Islam ebensowenig fremd, und der Sufismus wurde zum Hauptträger der Suche nach Allah auf dem inneren Weg. Er entsprach der christlichen Mystik, deren Pioniere Gestalten wie der hl. Johannes Cassianus in Ägypten (eine wichtige Referenz für mönchisches Leben) waren. Aber der Islam suchte das Kontemplative nicht im Kloster. Ein Klosterleben lag ihm aus verschiedenen Gründen fern. Erstens war der Islam nicht ohne eigene überschwengliche Sexualität und unterschied sich damit einigermaßen von dem diesbezüglichen Unbehagen im Christentum. Zweitens war die Ehe in vieler Beziehung wichtig für das islamische Recht, für Abstammung-, Eigentums- und andere Fragen. Insbesondere war die Regelung der Abstammung wichtig bei der wahren Nachfolge des Propheten. Außerdem widersetzte sich das islamische Ethos weitgehend einem Rückzug von der Welt, es war, ganz im Gegenteil, darauf gerichtet, die Welt zu kontrollieren, und zwar durch Gehorsam gegenüber Glauben und Gesetz. Indessen gab es, auch wenn Mönchstum nicht Sache des Islam war, in der christlichen Mystik Elemente, die übernommen werden konnten. Das geschah auch – in beträchtlichem Maße unbewußt.
Kein Wunder auch, daß sich mit dem politischen Erfolg religiöse und moralische Probleme einstellten. Trotz aller klaren Richtlinien des Glaubens gab es Korruption. Das Gesetz, das bis in die Einzelheiten ging und den Verhältnissen der ersten Moslems so gut angepaßt war, konnte angesichts des Reichtums der nichtarabischen Welt durchaus gebeugt werden. Zum Teil in Reaktion gegen den offensichtlichen Verfall der alten arabischen Ethik regten sich nun neue Bestrebungen nach strenger Reinheit, und es zeigte sich unter wirklich Religiösen ein neues Interesse an Innerlichkeit. Positiv ausgedrückt: die Reichtümer der griechischen Kultur lagen ausgebreitet vor den arabischen Gebildeten, und die neuen Kenntnisse über die Mystik der platonischen Überlieferung mußten die Aufmerksamkeit fesseln.

Neue Impulse traten innerhalb der islamischen Religion ins Leben, insbesondere der Sufismus, der zu einer neuen Dimension des Glaubens wurde.
Der Name ist abgeleitet von dem Wort *suf,* wörtlich: Wolle. Man nahm an, daß die ersten Anhänger des Propheten schlicht, fromm und streng moralisch waren, noch nicht verdorben durch die Schätze der ausgeplünderten Reiche, und daß sie wollene Kleidung als Zeichen ihres schlichten Geschmacks trugen. So erhoben jene, die an die ältere Strenge anknüpften, Wolle zu ihrem Abzeichen und wurden bekannt unter der Bezeichnung Sufi (»wollig«).

Al-Halladsch

Vielleicht ist al-Halladsch der berühmteste aller moslemischen Mystiker gewesen. Er geriet in Konflikt mit den weltlichen Machthabern. Das war nicht weiter erstaunlich, denn zuweilen schien die Vision der inneren Einheit mit dem Erhabenen im Widerspruch zu stehen zu der ganz anderen Wesenhaftigkeit und Majestät Gottes, die im Koran dargestellt und von den Orthodoxen nachdrücklich verfochten wird. Die Lebensgeschichte von al-Halladsch wirft ein Licht auf die Spannungen, die der Sufismus brachte, und läßt uns verstehen, wie schließlich zwischen dem neueren geistigen Leben der Sufis und den älteren Strukturen der islamischen Frömmigkeit eine Synthese erreicht werden konnte.
Al-Halladsch wurde so etwas wie eine Legende. Es ist schwierig, Tatsachen und Phantasie auseinanderzuhalten, aber man ist sich einig darüber, daß er, zweifellos als Folge einer inneren Erfahrung von der Einheit mit dem Transzendenten, die schicksalsschweren Worte »Ich bin al-Haqq« äußerte, was bedeutet: »Ich bin die schöpferische Wahrheit«. Es klang, als wollte er damit sagen, er sei Gott, und das galt natürlich als Blasphemie. Er war keineswegs der erste oder letzte Mystiker, dessen Ekstase zu derart extremen Äußerungen führte. Außerdem hat er anscheinend Jesus bewundert und hat vielleicht den Ausspruch von Jesus, eins mit dem Vater zu sein, als Echo einer ähnlichen Art innerer Erfahrung betrachtet. Es paßte daher sehr gut zu dieser Affinität, daß er nach einer Haft von acht Jahren in einem Prozeß zum Tod durch das Kreuz verurteilt wurde, und daß man außerdem berichtete, er habe am Kreuz gesagt: »Vater, vergib ihnen...«
Mit Sicherheit waren die Behörden in seiner Heimat Persien mehr mit anderen Dingen beschäftigt als mit seinen offensichtlich ketzerischen Äußerungen; aber da sie Schiiten waren, wollten sie sich vermutlich orthodoxer als die Orthodoxen zeigen. Im Laufe der Zeit wurde der Sufismus dann als normaler Bestandteil des Islam akzeptiert, aber in seinen ersten Äußerungen konnte er die Frommen schon beunruhigen, insbesondere da er sich aus den tieferen Schichten der Religion in den vom Islam bekehrten Ländern speiste. Vielleicht gebührt das größte Verdienst bei der »Einbürgerung« der neuen Mystik dem Philosophen und Theologen al-Gazali.

Al-Gazali

Al-Gazali oder, wie er im mittelalterlichen Europa bekannt war, Algazel, war nicht nur geschult in den strengen Traditionen der frühen mittelalterlichen islamischen Scholastik, er hatte außerdem Erfahrung mit dem Sufismus. Er hatte das islamische Gesetz gründlich studiert, war selbstverständlich Anhänger der moslemischen Theologie, jedoch ebenfalls bestrebt, die geistige Bedeutung hinter den Lehren und juristischen Anforderungen zu begreifen. Er wollte zur Innerlichkeit des Islam vorstoßen. Aus diesem Grunde war er hervorragend dazu geeignet, sich mit dem Sufismus auseinanderzusetzen. In seiner Autobiographie schrieb er: »Seit ich 20 Jahre alt war, und jetzt bin ich über 50, habe ich ständig seine geheimen Lehren (des Islam) erforscht. Ich bin niemals einem Ismaili begegnet, ohne mich zu bemühen, die Grundlage seiner fundamentalistischen Auslegungen zu erforschen. Ich bin nie einem Platoniker begegnet, ohne mich zu bemühen, das Ziel seines Suchens in Erfahrung zu bringen. Ich bin niemals einem Sufi begegnet, ohne zu versuchen, das Geheimnis seines Sufismus zu durchdringen...« Sein Forschen war so eifrig, sein Geist so ruhelos, daß er auf seinen Lehrstuhl an der Universität Bagdad verzichtete und sich als wandernder Asket auf eine religiöse Forschungsreise begab. Indem er einiges von dem Leben der Sufisten an sich selbst erfuhr, lernte er den Wert seiner Reichtümer kennen, aber auch die Gefahren. Bei seiner Rückkehr nach Bagdad schrieb er seine Meisterwerke: *Die Wiederbelebung der Religionswissenschaften; Widerlegung der Philosophen.* Er war ein Thomas von Aquin des Islam und prägte dem islamischen Denken für alle Zeiten seinen Stempel auf. Er begriff den Sufismus innerhalb des Rahmens des islamischen orthodoxen Gesetzes als einen Weg, die innere Bedeutung dieses Gesetzes zu erfassen; er verwendete griechische Quellen, um seine Theologie anzureichern, und indem er das tat, wurde er im Europa des Mittelalters zu einem der wichtigsten Vermittler griechischen Gedankenguts an den lateinischen Westen, der inzwischen von seinen klassischen Wurzeln weitgehend abgeschnitten war.

Wie sah nun die Synthese von al-Gazali aus? Sie hatte weitgehend zu tun mit der erfahrungsmäßigen Dimension der Religion. Er leugnete weder die Notwendigkeit des Gesetzes noch den Wert von philosophischen Gedanken. Aber er war durchaus kritisch all jenen gegenüber, die über Gesetz oder Philosophie schrieben, als wäre das innere Leben unwichtig. Gesetze und Begriffe konnten nur Sinn im Leben und in der Erfahrung haben. So brachte z.B. das Gesetz die Niedrigkeit des Menschen vor Gott zum Ausdruck und kanalisierte sie – eine Demut, die zur Entleerung des Selbst führen konnte, von der einige Sufis sprachen. Zwischen der Kontemplation im Sufismus und den Notwendigkeiten gottesdienstlicher Andacht im Islam besteht in der Tat eine wundersame Übereinstimmung. Die innere Suche des Sufis stellte einen Weg dar, Gott in den Mittelpunkt von allem zu versetzen. Alles andere, eingeschlossen die eigenen Ambitionen und Bedürfnisse, war ganz nebensächlich, reines Nichts. Ähnlich hämmerte die rauschende Poesie des

Koran den Gläubigen die Notwendigkeit der Demut vor dem Angesicht Allahs ein. Der Gott im Mittelpunkt »da draußen« konnte auch im Zentrum, »in mir«, gefunden werden. Die Synthese von al-Gazali spiegelte ähnliche Vorstellungen der Upanishaden und andere mystische Überlieferungen der Welt.

Sufisten-Orden

Die Bewegung der Sufis war nicht lediglich eine Angelegenheit einiger weniger spirituell begabter Einzelner, wenn derartige Einzelpersönlichkeiten auch eine entscheidende Rolle spielten. Die Methoden von Gebet und Meditation wurden wie anderswo in der Mystik vom Meister *(shaikh)* an die Jünger weitergegeben und von derart eingeweihten Jüngern wiederum an weitere Jünger. Gruppen von Sufis lebten häufig zusammen mit ihren Familien in Klostergemeinschaften, die zuweilen von Sultanen oder wohlhabenden Menschen gestiftet wurden. Auf diese Weise entstanden verschiedene Orden im Sufismus, von denen viele noch heute bestehen. Orthodoxe Gesetzgeber und Lehrer blicken zwar häufig mit Argwohn auf sie, aber ihr Einfluß auf die Gefühle des Volkes und ihre unbezweifelbare Tüchtigkeit bei der Verbreitung und Durchdringung des islamischen geistigen Lebens wiesen ihnen vom 11. Jahrhundert an eine entscheidende Rolle im islamischen Glauben zu. Ihnen war auch die Einführung von Musik und Tanz in die religiöse Praxis zu verdanken, woraus sich beispielsweise das langsame Kreisen der sogenannten »tanzenden Derwische« des einst in der Türkei und darüber hinaus mächtigen Ordens der Mavlevi herleitet.

Der Islam in Indien

Es gab, wie wir sahen, klare Verwandtschaften zwischen dem Denken einiger Sufis und manchen Vorstellungen, die in der Überlieferung der indischen Ureinwohner weit verbreitet waren. Darüber hinaus spiegelte sich in der Achtung der Sufi-Anhänger für ihre *shaikhs* – eine Ehrfurcht, aus der sich heilige Legenden und ein Kult derartiger heiliger Männer ergeben konnten – der indische Sinn für die heilige Autorität des Guru. Kein Wunder, daß die Sufi-Orden eine große Rolle bei der Bekehrung Indiens zum Islam gespielt haben. Indessen half die Eroberung unmittelbarer nach. Im 11. Jahrhundert stießen die moslemischen Plünderer schon von Afghanistan ins nördliche Indien vor. Ende des nächsten Jahrhunderts etablierte sich die Dynastie der Moguln mit Delhi als Hauptstadt. Zeitweise sollte sie den größten Teil des Subkontinents beherrschen, aber im Norden, zumal in dem Gebiet östlich von Delhi bis hinunter nach Bihar, Uttar Pradesh, prägte sie sich am kraftvollsten aus: herrlich schön in der wunderbaren Anmut der Mogul-Architektur, z.B. der Festung von Agra, der roten Stadt Fatehpur Sikri und, selbstver-

ständlich, beim Tadj Mahal; zerstörerisch jedoch darin, daß soviele Hindu-, Jain- und buddhistische Tempel geplündert, soviele Bildnisse zertrümmert, soviele Mönche und heilige Männer beraubt oder getötet wurden.
Eroberung ist eine Sache, eine ganz andere ist die Bekehrung. Aber da die Sufis Andachten an den Schreinen von Heiligen und andere Riten, die der eingeborenen Bevölkerung in anderem Zusammenhang vertraut waren, zuließen und die niederen Klassen aufgrund der sozialen Struktur der hinduistischen Gesellschaft einem neuen und brüderlichen Glauben aufgeschlossen waren, schlug der Islam tiefe Wurzeln auf dem Lande. Er war sogar derart erfolgreich in seiner Missionstätigkeit, daß ein ganzer Staat, Pakistan, auf der Basis des islamischen Ethos gegründet werden konnte.
Wenn zwei große Religionen aufeinandertreffen, wird es auch Versuche zu einer Synthese geben. Ein solcher Impuls brachte die Religion der Sikhs (vgl. Kap. 6) hervor. Eine weitere höchst beachtliche Episode in dieser Hinsicht war die Regierung des großen Kaisers Akbar (1556–1605). Er war es, der die neue Hauptstadt Fatehpur Sikri unweit von Agra erbaute. Sie ist noch immer praktisch vollständig erhalten, aber verlassen, denn die Wasserversorgung fiel aus, und der Ort mußte aufgegeben werden. Jedoch kann man noch den genial gebauten Konferenzraum bewundern. Hier präsidierte Akbar bei Streitgesprächen und Dialogen zwischen Vertretern der großen Religionen. Er spürte, daß in jeder von ihnen eine Wahrheit liegen müsse. Er förderte auch die Verbreitung der eigenen Religion, indem er tolerante Vorstellungen in sie einbrachte; aber die Religionen blühen durch Heilige und weniger durch Kaiser, und der Islam brachte es niemals zu so großer Duldsamkeit wie der Hinduismus. Aber Akbar war eine Schlüsselfigur in der Entwicklung des Dialogs und ein Vorläufer der modernen Zeit.

Das Reich der Ottomanen

Inzwischen war aus Asien eine entscheidende Machtverschiebung im Nahen Osten in Gang gesetzt worden. China, Zentralasien, der Nahe Osten und Europa waren immer den Kräften ausgesetzt, welche die Steppen und die großen Handelsstraßen kontrollierten, die nördlich der wichtigsten asiatischen Gebirgszüge verliefen. Große Reiche wurden in den Steppen errichtet, keines größer als das von Dschingis Khan, der mittels seiner beweglichen und gut ausgerüsteten Heere ein Königreich beherrschte, das sich von Rußland bis nach China erstreckte. Sein Enkel Hulagu brachte das entsetzlichste Unglück über den Islam: Er nahm die Stadt Bagdad, Sitz des Kalifats, ein und plünderte sie. Indessen wurden, wie bei der Plünderung von Rom durch die Barbaren, die Eroberer ihrerseits von dem Glauben und der Kultur der Eroberten besiegt. Einige Zeit später, nach dem Fall von Konstantinopel 1453, errichteten die türkischen Ottomanen dort das Kalifat, und es folgte eine neue und glanzvolle Ära der islamischen Geschichte. Jedoch hatte sich das Gleichgewicht der Kräfte unwiderruflich nach Norden verschoben, fort von der alten arabischen Vorherrschaft. Wenn die Plünderung von Bagdad Ursache für Verzweiflung gewesen war, so war die Umwandlung der großen christlichen Kirche Hagia Sofia in eine großartige Moschee ein Symbol für neue islamische Hoffnungen. Der Fall des Byzantinischen Reiches war die überwältigende Rache für die in früheren Jahrhunderten durch die Kreuzfahrer zugefügten tiefen Wunden.

Über vier Jahrhunderte lang sollte die »türkische Frage« in der europäischen Politik akut bleiben. Die Türken durchstreiften den Balkan und bedrohten Wien. (Erst im 19. Jahrhundert wurden sie entscheidend zurückgedrängt.) Die Erinnerung an frühere islamische Bedrohungen für das Christentum bekamen wieder Auftrieb. Dennoch neigte sich dann der Schwerpunkt der Macht, in erster Linie durch den Einsatz von Seekräften, endgültig Europa zu, zuungunsten der islamischen Welt. Diese Schwäche des Islam im 19. und 20. Jahrhundert sollte sich zu einem Trauma für einen Glauben auswirken, der den Erfolg im Rahmen der göttlichen Vorsehung versteht.

Wenden wir uns aber nun weiteren Formen des Islam zu, von denen sich viele aus der Schi'a heraus entfalteten, und beginnen wir, um einen kleinen Eindruck von einer extravaganten Version der Religion zu bekommen, mit der Beobachtung eines der Hauptfeste der Schi'a, mit dem Muharram, wie er sich in Indien abspielt. Der Islam besteht und bestand immer aus drei Schichten. Obenauf die Theologie mit der überaus gepflegten Geistigkeit der religiösen Elite, unten die örtlichen Sitten und Gebräuche, in die sich der Islam einpaßt. In der Mitte liegt die Welt des typischen Islam mit Moschee, Koran, Gesetz. Das Fest des 10. Muharram verbindet diese mittlere Schicht den lokalen Bräuchen.

Muharram

Muharram ist der erste Monat im moslemischen Jahr, das nach »Monden« von 28 Tagen gerechnet wird, weshalb die Jahreszeiten und Feste wie der Ramadan quer zu unserem nach der Sonne ausgerichteten Kalender laufen. Während des Monats Muharram feiert und betrauert der schiitische Islam das Martyrium von Hassan und Hussein in jener schicksalsschweren und blutigen Folge von Ereignissen, aus der die erste große Spaltung des Glaubens hervorging. Im Mittelpunkt des Festes steht der zehnte Tag des Monats. An diesem Tag, heißt es, sind auch Adam und Eva auf Erden erschienen, und Gott schuf Himmel und Hölle. Standarten und Tragbahren werden für die Festlichkeiten angefertigt, um die Gräber der Märtyrer darzustellen. Jede dieser Bahren wird wunderschön dekoriert mit Ketten von Glaskugeln, Papierblumen, mit safrangelbem und rotem Tuch und innen und außen mit unzähligen blauen und gelben Lichtern beleuchtet. Am siebenten Abend des Festes bringen die Leute den Buraq heraus, ein dem Vogel Greif ähnliches Tier, das jenes Geschöpf darstellt, auf dessen Rücken der Prophet der Legende zufolge seine berühmte »Nachtreise« gemacht hat, wobei man sich meist auf die folgende Sure des Korans bezieht:

> Lob und Preis ihm, der seinen Diener zur Nachtreise
> vom heiligen Tempel zu Mekka zum fernen Tempel
> von Jerusalem geführt hat.
> Diese Reise haben wir gesegnet,
> damit wir ihm unsere Zeichen zeigen:
> Allah hört und sieht alles.

Die Legende erzählt, wie der Prophet auf wunderbare Weise eines Nachts unter der Führung des Erzengels Gabriel nach Jerusalem gebracht wurde, von wo er zum Paradies aufstieg und dort mit den Propheten sprach. Als Höhepunkt seines Erlebnisses wurde ihm der unbeschreibliche Anblick Gottes selbst gewährt. Einige Exegeten nehmen die Geschichte wörtlich (er flog wirklich von Arabien nach Jerusalem), andere sehen darin den Bericht über ein visionäres Erlebnis. Es gibt schließlich, was nicht unerwähnt bleiben darf, Parallelen zu derartig mystischen Aufstiegen zum Himmel auch bei anderen religiösen Gestalten in anderem Zusammenhang. Jedenfalls muß für das Volk, das den Muharram feiert, der Buraq in der Prozession mitgetragen werden. Die Prozessionen und andere Ereignisse während der Zeit des Festes werden von viel Lustbarkeiten und Narrengetriebe begleitet, wie beim Karneval verkleiden sich die Menschen in verschiedenste Kostüme althergebrachter Typen. Es gibt den sehr populären, aber furchterregenden Burschen, der wie ein Tiger kostümiert und angemalt ist und mit einem Stück Fleisch im Maul plötzlich Kinder mit Scheinangriffen erschreckt und jagt.
Die Hauptprozession führt die Sarkophage, Fahnen und Menschenmengen auf den größten öffentlichen Platz *(maidan),* der das Feld repräsentiert, auf dem die Schlacht von Kerbela stattfand. Dort werden Süßigkeiten verkauft und alle möglichen Schaustellerkunststücke vorgeführt. Die Tragbahren werden in den Gewässern eines nahen Flusses oder in einem Schwimmbecken untergetaucht – ein Brauch, der unmittelbar die hinduistische Sitte spiegelt, die provisorischen Lehmbildnisse der Götter, die bei Prozessionen eines Festes mitgetragen werden, im Wasser zu versenken. Für den Hindu zeigt das an, daß das Bildnis eben nicht der Gott selbst ist. Muharram entlehnt überhaupt viel dem Brauch der Hindus, wenn auch das, was er entlehnt, gebührend islamisiert ist. Es überrascht daher kaum, daß Hindus und Jainas sich häufig bei derartigen Festlichkeiten zusammenfinden. Indessen können es die Unberechenbarkeiten des Mondkalenders manchmal mit sich bringen, daß eine große Hindu-Prozession mit der Prozession des Muharram zusammenfällt. Und wenn rivalisierende Gruppen auf den gleichen Straßen feiern, kann es zu Tumulten und Zusammenstößen kommen, denn trotz gegenseiti-

ger Anpassungen bestehen in vielen Auffassungen und Symbolen scharfe Gegensätze, und Gewalt zwischen den beiden Gruppen ist niemals ganz ausgeschlossen.

Formen des Islam

Der Muharram in Indien symbolisiert nur einen Typus der vielfältigen Ausdrucksformen des Islam bei der Anpassung des Glaubens an eine bestimmte kulturelle Umwelt. Vielfalt charakterisiert auch die Theorie des Islam. Zwar sind sich alle Moslems über gewisse wesentliche Dinge einig, jedoch weichen manche Ansichten, insbesondere hinsichtlich der Erwartungen für die Zukunft, voneinander ab. Werfen wir, um das anschaulich zu machen, einen Blick auf die Weltgeschichte vom islamischen Standpunkt aus.

Adam war, wie wir sahen, der erste Gesandte Gottes, und ihm übermittelte Gott die richtige Grundordnung des Lebens und damit die Verheißung des Paradieses. Adam jedoch war ungehorsam auf eine Weise, daß die Botschaft, die Gott vermittelt hatte, vernebelt wurde. Die Menschheit konnte die Wahrheit nicht mehr erkennen. Aber Gott ist gnädig, und so wiederholte er die Botschaft über verschiedene Propheten, zu denen auch Jesus gehörte. Die Schwierigkeit bei Juden und Christen ist die, daß sie nicht treu geblieben sind. Wenn sie auch in gewissem Sinne einen bevorzugten Rang hatten und den Heiden überlegen waren, die in ihrer Unkenntnis Götzen anbeteten und sich der uranfänglichen Sünde des *shirk* hingaben, nämlich Götter neben Gott zu setzen, so verzerrten sie doch Gottes Lehre. Besonders die Christen hörten nicht auf die Worte ihres Propheten und nahmen ihn in götzendienerischer Weise für den Sohn Gottes. Jesus hat zwar einen hohen Status im Koran, die Christen aber waren eindeutig abgefallen vom Wesentlichen seiner Botschaft. Deshalb mußte Gott einen weiteren Propheten zur Krönung seiner gnadenvollen Lehre an die Menschheit entsenden, und dieser Bote war Mohammed. Der Koran sollte die Grundlage einer neuen göttlichen Gemeinde auf Erden werden, und Allahs Segen auf dieser Gemeinde wurde durch die erstaunlichen Erfolge der neuen Religion bekundet.

Aber die Gemeinde mußte unter der Führung eines Kalifen stehen – und an diesem Punkt beginnen die Geschichtstheorien innerhalb des Islam auseinanderzugehen. Wenn das erste Kapitel der Menschheitsgeschichte von Adam bis Jesus dauerte und das zweite Jesus und seine Botschaft zum Inhalt hatte, dann beinhaltete das dritte Kapitel Mohammed und die Gründung der neuen Gemeinde; Kapitel vier betraf die Nachfolge und das Kapitel fünf die Zukunft der menschlichen Geschichte. Die Schi'a-Theologie stimmt mit der Sunna in Hinsicht auf die ersten drei Kapitel überein. Es sind die Kapitel vier und fünf, die das Problem sind.

Wie gesagt, die Schi'a glaubten an die Nachfolge Mohammeds durch Ali bis zu Mohammed al-Muntazar. Auf Grund dieser Vorstellung über die Nachfolge werden die Schiiten, die dieser Theorie anhängen, die Zwölferschiiten genannt. Und da Gott ein Gott der Hoffnung ist, wird die Zeit des Mahdi, des »entrückten« Imam, einmal anbrechen. Viele Prätendenten haben diesen Titel beansprucht, nicht zuletzt der in der Schlacht von Omdurman besiegte Mahdi.

Ismailiten

Die Zwölferschiiten glauben an zwölf, andere glauben an sieben Imame. Hier liegt eine andere Nachfolgetheorie vor. Die Ismailiten beziehen sich in ihrem Namen auf Ismail, den Sohn des Sechsten Imam, der, wie sie behaupten, bei der Nachfolge zugunsten seines Bruders Musa al-Kazim übergangen wurde. Ismail, der rechtmäßig die Nachfolge hätte antreten müssen, wurde seiner Liebe zur Flasche wegen ausgeschlossen. Jedenfalls gab dieser Streit um die Nachfolge den Anlaß für die Ausarbeitung eines Glaubenssystems, das sich, weit entfernt von der Orthodoxie, auf eine Theorie geheimer Bedeutungen des Koran gründete. Die komplizierte Theologie der Ismailiten weist Vorstellungen auf, die denen der späteren Stadien griechischer Philosophie, der sie einiges schulden, nahestehen. Sie setzt den Glauben an eine ganze Reihe von Wesen voraus, die in einer Hierarchie angeordnet sind mit dem unerkennbaren Einen an der Spitze. Dieser unerkennbare Eine schafft göttliche Wesen, angefangen von der sogenannten Ersten Intelligenz bis hinunter zur Zehnten. Letztere wird als Allah erkannt. Für die Ismailiten ist der donnernde, majestätische Allah verhältnismäßig niedrig in der Seinsordnung plaziert. Indessen ist Allah der Schöpfer der Welt und der Tiere und Menschen und auch des Vollkommenen Einen, eines primordialen Menschen, von dem die Ismailis annehmen, daß er in Ceylon gelebt hat (eine gewisse Anzahl Legenden verbindet auch Adam mit dieser Insel). Er ist der erste Adam, der in den aufeinanderfolgenden Imams reinkarniert ist und in den letzten Tagen der Menschheit als der sündelose und unfehlbare Führer wieder erscheinen wird, dem Propheten Mohammed sogar übergeordnet. Der Glaube an die Reinkarnation und eine esoterische Auslegung des islamischen Gesetzes bedeuten, daß die Ismailiten der traditionellen Auslegung des Koran sehr fern sind. In dieser Bewegung sind Kräfte besiegter Kulturen durch die islamische Struktur hindurch wieder aufgebrochen. Die Bewegung wurde dann von dem legendären Aga Khan geführt, dem Ascot-Besucher mit Zylinder, der gegen Gold aufgewogen wurde, einem Champagner trinkenden Jetsetter aus dem Osten, der jedoch ernsthaft auftrat vor den Vereinten Nationen und Millionen von Anhängern heilig war. Aus ähnlichen Voraussetzungen heraus bildete sich die Sekte der Assassinen (so genannt, weil sie Haschisch einnahmen, um sich Mut zum Töten zu machen) und der Drusen, die noch immer im Libanon und in Syrien einen Machtfaktor darstellen.

Die Drusen

Die Drusen leben in der Hauptsache in den gebirgigen Teilen des südlichen Syrien und Libanon, Jebel Druze (Drusengebirge) genannt, einige jedoch auch in Jordanien und Israel. Sie sind Vertreter eines bemerkenswerten Ablegers des Islam, dessen Glaubensinhalte an die der Albigenser erinnern (vgl. Kapitel 3). Der Glaube ist geheim, es besteht eine Teilung in Auserwählte und Erleuchtete einerseits und »unwissende«, gewöhnliche Menschen andererseits. In jedem Dorf gibt es ein Versammlungshaus für die Meditation, meist in einer gewissen Entfernung von den Wohnungen, in denen die Auserwählten verschiedene Formen von Kontemplation und Gebeten ausüben. Die Anzahl der Gläubigen – die auf das Volk der Drusen begrenzt sind – ist schon bei der Schöpfung festgesetzt worden, so daß es streng verboten ist, zu predigen oder Außenseitern die Geheimnisse der Religion zu verraten. Diese Religion enthält eine große Skala von Elementen nahöstlicher Herkunft, eingeschlossen die Reinkarnation. Auf daß die Exklusivität der göttlichen Botschaft gewahrt bleibe, werden Drusen, so glauben sie, als Drusen wiedergeboren. Ebenso wie die Ismailiten den letzten Imam über den Propheten stellen, so verehren die Drusen ihren Gründer al-Hakim, der im 11. Jahrhundert von Ägypten aus herrschte. Mit den Drusen sind wir an den äußersten Rand der islamischen Orthodoxie gestoßen, wenn nicht schon darüber hinaus geraten. Der Islam wird nicht mehr als universal und nach außen gerichtet begriffen, sondern eher als Deckmantel für eine geheime, elitäre religiöse Offenbarung. In der Geschichte der Religionen durchbrechen häufig ältere Impule die Kruste der Orthodoxie, als empfänden die Menschen die Einheitlichkeit des Glaubens als Zwang. Nichtsdestoweniger besteht trotz all dieser und anderer Abweichungen von der islamischen Norm kein Zweifel, daß sich der Islam einen höheren Grad von Einheit bewahrt hat als andere große Religionen. Einige der Faktoren, die das anschaulich machen, haben wir bereits erwähnt. Nun fordern aber neue Kräfte in der modernen Welt die Grundprinzipien des Islam heraus und stellen sie in Frage, vielleicht vor allem sein Gesetzeswerk und seine Vorstellung vom gottgewollten Erfolg. Die Eröffnung des Seewegs nach Indien und dem Osten bezeichnet die Anfänge der neuen Zeit.

Der Islam und Europa

Ende des Mittelalters waren die Beziehungen zwischen dem christlichen Europa und dem islamischen Nahen Osten verhältnismäßig stabil. Der nördlich des Mittelmeers nach Spanien eingedrungene Islam war zurückgeworfen worden, aber die Südküste des Mittelmeers war für Europa verloren. Die ottomanischen Türken bedrohten später die südöstliche Flanke der Christenheit, wurden jedoch in Schach gehalten. Umgekehrt war Europas Versuch, Palästina zu erobern, von den

Moslems abgeschlagen worden. Diese Kriege hatten allerdings viel Bitterkeit und Mißverständnisse hinterlassen. Eine Zeitlang hatte es im islamischen Spanien eine glanzvolle Symbiose zwischen jüdischer, christlicher und moslemischer Kultur gegeben, im ganzen jedoch verhärteten sich die Beziehungen. Mit der Renaissance gewann Europa neues Selbstvertrauen und eine neue Vitalität, und das lateinische Christentum stand nicht mehr im Schatten der Schöpferkraft und des Reichtums der islamischen Kultur. Die Bühne war bereit für eine große Wende im Schicksal des Islam, als Europa zu Beginn des Imperialismus all seine Kräfte sammelte.

Das erste große Opfer der europäischen Seemacht- und Kanonenpolitik war Indien, das diesmal von der See her erobert wurde und nicht mehr vom Nordwesten, wobei zu bemerken ist, daß die Engländer die größten Schwierigkeiten bei der schließlichen Eroberung des Nordwestens hatten. Ende des 18. Jahrhunderts war die moslemische Macht in Nordindien praktisch gebrochen, und bald darauf beherrschten die Engländer Indien von der alten Hauptstadt der Moguln aus. Unterdessen wurde das islamische Indonesien von den Holländern eingenommen, und im 19. Jahrhundert gerieten die islamischen Länder Zentralasiens unter die Herrschaft des expandierenden Rußland. Napoleons tollkühne Expedition nach Ägypten versetzte dem Herzen der islamischen Welt einen wirkungsvollen Schlag und bereitete den Boden für die Besetzung durch die Engländer. Später im Jahrhundert fiel dann der größte Teil Nordafrikas in europäische Hände. Die Türken wurden von den Russen schwer angeschlagen und vom größten Teil des Balkans vertrieben. Weite Gebiete West- und Ostafrikas mit islamischer Bevölkerung wurden von den Kolonialmächten vereinnahmt. Danach ermöglichte es der Zusammenbruch des Ottomanischen Reiches nach dem Ersten Weltkrieg dem Westen, nahezu den ganzen Nahen Osten zu besetzen oder einzuschüchtern. Der gesamte Gürtel der islamischen Länder von Marokko bis Indien und darüber hinaus spürte die Kraft der Industriemächte und mußte die Überlegenheit der europäischen Zivilisation zur Kenntnis nehmen, die zum Teil mit der christlichen Religion verflochten war. Aus dem durch die europäischen Erfolge ausgelösten Trauma wurden jedoch dem Islam auch neue Kräfte geboren. Ein Typus der Entwicklung wurde schon durch die Reformbewegung von Muhammed ibn Abd al-Wahhab vorbereitet, der 1787 starb.

Konservative Reform im Islam

Die Wahhabiten, wie die Anhänger al-Wahhabs genannt werden, die im modernen Arabien eine besonders starke Stellung innehaben, streben eine Rückkehr zum ursprünglichen Islam an. Verschiedene Aspekte des schiitischen Islam, vor allem die Heiligenverehrung und der Sufismus, werden als dekadente Neuerungen verurteilt. Schlimmer noch, sie verleiten zur Sünde des *shirk* und befinden sich im Widerspruch zu den Lehren des Koran. Die Wahhabiten haben sich als militant

im wörtlichen wie im Sinne der Propaganda gezeigt. Sie errichteten Anfang des 19. Jahrhunderts ein arabisches Reich, und wenn auch 1818 ihre militärische Macht durch eine kombinierte türkische und ägyptische Expedition vernichtet wurde, so überlebten ihre Vorstellungen und übten großen Einfluß im Innern des Islam aus, der bereits tief erschüttert war durch das Eindringen von fremden Nationen und Gedanken. Die Behauptung, die Nöte der islamischen Gemeinde seien in dem Mangel an Treue zu Allahs Lehren begründet, kam einer neuen Geschichtstheorie gleich und lieferte einen Grund für Reformen und schließlich auch eine Hoffnung auf die Zukunft. Zum Teil wegen der Wirkung des neuen Konservativismus machte der Sufismus eine Zeit des Niedergangs durch und verlor bis fast in unsere Zeit hinein viel an Vitalität und Einfluß.
Auch nationalistische und panislamische Aspekte gehören zur konservativen Wiederbelebung, und in einer ganzen Zahl von Ländern bildeten sich Gruppen wie die Moslem-Bruderschaft als Versuche, den alten Islam gegen die verderbenden Kräfte der modernen westlichen Zivilisation zu verteidigen. Aber obwohl die konservative Reaktion durchaus überzeugend war mit ihrer Erklärung dafür, daß die Erfolgsgeschichte des Islam ausgelaufen war, wurde von vielen die Bemühung um Reform, in erster Linie auf dem Gebiet des Rechts, als die größte Hoffnung für die Unabhängigkeit vom Westen empfunden. Und damit kommen wir zu dem großen Problem des islamischen Rechts, der *Shari'a*.

Der Islam und das Gesetz

Da der Islam auf die Schaffung einer Gemeinde angelegt ist, stellt das im Koran niedergelegte und im weiteren von diesem abgeleitete Gesetzeswerk einen integralen Teil der religiösen Botschaft dar. Der Islam kann nicht die Unterscheidung zwischen privater Frömmigkeit und öffentlichem Gesetz treffen, die im Westen üblich geworden ist. Die von Gott verfügte Thora der Juden erwies sich als fähig, einen Lebensstil zu definieren, der dem Judentum während der ganzen Zeit der Zerstreuung, lange Jahrhunderte hindurch, in denen sie in jeder Hinsicht heimatlos waren, einen deutlich ausgeprägten Charakter gab. Das trifft auch auf das Verhältnis von Islam und Gesetz zu, aber bei den Moslems definiert das Gesetz während des größten Teils ihrer Geschichte die Form der konkreten islamischen Staaten und Reiche. Die Entscheidungen der Rechtsgelehrten, welche die Offenbarung und die sich aus ihr ergebenden Überlieferungen interpretierten, hatten daher großes politisches und soziales Gewicht.
Manchem aus dem Westen fällt es schwer, diese Seite des Islam zu verstehen, einzusehen, warum das Gesetz ein wesentlicher Bestandteil der Offenbarung sein soll. Kümmert sich Gott tatsächlich um Schweinefleisch, Scheidungsordnung, Erbnachfolge, Strafen für Diebstahl, um Testamentsregelungen und um die tausend Einzelheiten eines religiösen und juristischen Systems? Die Antwort des

Moslems ist einfach: Vorausgesetzt, Gott wünscht, daß die Menschen in einer gläubigen Gemeinde leben, dann sind die Lebensregeln dieser Gemeinde durchaus seine Angelegenheit. Außerdem ist das, was man tut, ganz genauso wichtig (vielleicht wichtiger) wie das, was man glaubt. Es ist naiv anzunehmen, Gott sei lediglich daran interessiert, den Menschen Wahrheiten einzupflanzen; er muß auch Taten einpflanzen, und diese setzen Regeln voraus. Die menschliche Natur und die Gesellschaft sind vielschichtig, die Gesetze müssen daher häufig bis ins einzelne gehen. So merkwürdig ist es daher eigentlich nicht, daß Allah, zumal zu Lebzeiten des Propheten, nach der Übersiedlung nach Medina ein umfangreiches System von gesetzlichen Erfordernissen offenbart haben soll. Mit einem Wort, die *Shari'a* ist göttlich inspiriert. Die Rechtsschulen und Gerichte sind entscheidend als Institutionen, um den Willen Gottes zu übermitteln.

Für die Schaffung einer neuen Gesellschaft ist das alles, wie die Frühgeschichte des Islam zeigt, dynamisch und wirksam, und es bewahrte die neue Gemeinschaft vor Zerfall. Aber eine solche Struktur wird vor großen Problemen stehen, sobald starke neue Kräfte in das Gewebe der sozialen Beziehungen in der Gemeinde eindringen. So hat die moderne Zeit eine große Krise des islamischen Rechts erlebt, eine Krise, die mehr zum Wandel der Natur des Islam beitragen könnte als irgend etwas sonst.

Bemerkenswert jedoch ist, daß das moderne Wissen niemals schwerwiegende geistige Probleme für den islamischen Glauben mit sich gebracht hat.

Der Islam und das moderne Wissen

Eins der Hauptprobleme des christlichen Glaubens in der Moderne betraf das Evangelium und seine Unfehlbarkeit. Das Neue Testament enthält vieles an Wundern und vieles über Jesus selbst, das historisch zutreffen mag oder auch nicht. Für den Christen ist das Wissen über die Taten von Jesus wesentlich, denn schließlich geht es in seinem Glauben um Christus, und historische Skepsis kann somit dem Glauben schaden. Dieses Problem nimmt einen großen Teil der Energie der modernen christlichen Theologie in Anspruch, während moderne wissenschaftliche geschulte Leute dazu neigen, die Wunder-Elemente der Geschichte des Neuen Testaments schlicht zu verwerfen. Den Islam indessen berühren diese Probleme kaum. Die wichtigsten Aspekte im Leben Mohammeds sind klar, teils vom Koran her, vor allem aber aus den Überlieferungen, und in jedem Fall steht ja nicht unbedingt er im Mittelpunkt des Glaubens, sondern Allah und dessen Botschaft. Akzeptiert man, daß Mohammeds Niederschrift des Koran göttlich inspiriert war, dann kann es keine weiteren historisch begründeten Bedenken geben. Daß der Koran von Gott kommt, wird nicht angezweifelt, und er enthält wenig, wenn überhaupt etwas, das als Wunder ausgelegt werden müßte. Bei Mohammeds Nachtreise nach Jerusalem könnte es sich, wie wir sahen, durchaus um den Bericht über eine Vision und nicht um eine Wundergeschichte vom Fliegen handeln. Außerdem hat der Islam in der Vergangenheit viel Naturwissenschaft in seine Kultur aufgenommen, so daß viele der Schwierigkeiten, mit denen der christliche Glaube kämpft, für Moslems gar nicht existieren, und so spielt sich die Krise des modernen Islam nicht auf diesem Gebiet ab, auch wenn sich eine Reihe moderner islamischer Schriftsteller um eine neue Synthese zwischen Offenbarung und modernem Wissen bemüht haben, Männer wie z.B. der große indo-pakistanische Autor Sir Muhammed Iqbal.

Die heiligen Schriften werden selbstverständlich als unfehlbar behandelt. Jedoch liegen die Dinge beim christlichen Fundamentalismus insofern anders, als dieser gewöhnlich Aspekte des modernen Wissens wie die Anwendung historischer Forschungsmethoden oder gewisse Schlußfolgerungen der modernen Wissenschaft verwirft; offenbar empfindet er die Wissenschaft als Herausforderung. Da eine solche Herausforderung sich aber kaum auf den Koran beziehen kann, wäre es verkehrt, die gleichen Probleme bei den Moslems suchen zu wollen. Darüber hinaus sagt die Feststellung, der Koran sei unfehlbar, keineswegs etwas darüber aus, wie sein Inhalt aufgenommen wird. Das rettet den Islam vor Anthropomorphismus oder davor, sich Gott nach dem Bild des Menschen vorzustellen. Eine führende Schule islamischer Theologie erklärte: wir wissen, daß die Dinge, die im Koran über Allah gesagt sind, wahrhaft auf ihn zutreffen, wir wissen jedoch nicht, *wie* sie zutreffen. Das Geheimnis und das essentielle Anderssein Gottes bleiben bestehen.

Reform des Gesetzes?

Der Einbruch des Westens im Kolonialzeitalter warf für die islamische Welt mindestens drei Fragen auf. Eine lautete, wie eine neue Form der Ausbildung gefunden werden konnte, die neue Beamte, Ingenieure und Lehrer schulen würde, um eine Zeit zu meistern, in der Wisschenschaften und moderne Verwaltung zum Überleben vonnöten waren. Ein anderes Problem war, ob sich letzten Endes der Widerstand gegen den Westen nicht besser auf eine Reihe von Nationalitäten als auf die Hoffnungen des Panislam stützen sollte. Drittens das Recht: erforderte die neue Zeit nicht ein neues Gesellschaftssystem, das tiefgreifende Änderungen der alten *Shari'a* voraussetzte? Alle drei Fragen hingen miteinander zusammen, und ihre Beantwortung spricht Bände über die Zukunft des Islam.

Die Bildungsfrage löste sich dadurch, daß man im großen ganzen europäische Vorbilder von Universitäten oder höheren Schulen übernahm. Das hieß, daß das hohe Ansehen, welches die Gebildeten genossen, von den Gelehrten (im Sinne der Tradition des Koran) auf die Intellektuellen westlichen Typs überwechselte. Nur hier und dort – beispielsweise an den islamischen Universitäten des indischen Subkontinents und in al-Azhar, der neuen internationalen Ausbildungsstätte in

Kairo, an der Traditionen und Laborforschungen Seite an Seite existieren – ist eine Synthese versucht worden. Die Tendenz zur Entwertung der alten Gelehrsamkeit erleichterte die Bemühungen zur Änderung des Rechts. Sie konnte aber auch das panislamische Ideal aushöhlen, das noch immer weitgehend von internationalen Einrichtungen wie al-Azhar abhängig ist.

Zu den vom Westen in die islamische Welt eingeführten Werten gehörte auch die sehr leicht übernommene Ideologie des Nationalstaates. Da die islamischen Gebiete den Kolonialmächten gewissermaßen einzeln begegnet waren – Briten, Franzosen, Holländern, Italienern und anderen Mächten in den verschiedenen Regionen –, war eine Aufsplitterung in der Zukunft sehr wahrscheinlich. Sie wurde gefördert durch regionale und sprachliche Unterschiede, und infolgedessen ging aus der Zeit des aufkommenden Nationalismus ein ganzes Mosaik von Staaten hervor. Des öfteren bestanden dann gerade die Staaten, die besonders schwach waren, um so stärker auf ihrem besonderen Charakter. All dies zeigte seine Früchte nach dem Zweiten Weltkrieg und bedeutete den Vorrang der Nation über das Ideal eines islamischen Bundes. Vom Gesetzlichen her waren die Folgen ernst, denn der Staat als der wichtigste Verwalter des Gesetzes wurde in seiner Gesetzgebung nicht mehr durch die älteren Organe der *Shari'a* kontrolliert, auch wenn er durch öffentliche Meinung gehalten war, die Überlieferung bis zu einem gewissen Grad zu respektieren. Extreme Positionen im modernen bzw. traditionellen Sinne lassen sich an dem Beispiel Türkei und an Saudi-Arabien verfolgen. Die von dem aufrührerischen Geist der Wahhabiten-Reform durchdrungenen Saudis behielten das alte Gesetz bei, wenn auch nicht ohne Mühe angesichts des plötzlichen unnatürlichen Reichtums durch das Öl. Die Türkei ging ins gegenteilige Extrem. Die Niederlage im Ersten Weltkrieg, der Verlust des Reiches und das Ende der ruhmreichen Epoche der Ottomanen führten auf dem Wege der Übernahme westlicher Vorstellungen, der Entwicklung wirtschaftlicher Kräfte und der Bemühung, den nationalen Stolz zu stärken, zu der von Kemal Atatürk durchgeführten zivilisatorischen Revolution. Vorbild für die Türkei war der westliche Staat. Der Islam hatte keine staatlichen Funktionen mehr. Die sufistischen Orden wurden unterdrückt. Moderne, also westliche Sitten wurden angeordnet. Die flache Mütze trat an die Stelle des Fez und die Verschleierung der Frauen wurde abgeschafft. Die Türkei entschied sich gegen das Kalifat, für Europa. Die meisten islamischen Länder bemühten sich um einen Kurs zwischen den Polen von Modernismus und Traditionalismus, indem sie ihre Gesetze der jeweiligen Situation anpaßten.

Vielleicht sind die Ehegesetze als Beispiel am anschaulichsten und interessantesten. Ein neues Mindestalter für die Eheschließung, Einschränkungen in bezug auf die Scheidung (der Ehemann kann seine Frau nicht mehr so ohne weiteres nach Hause schicken wie unter dem alten Gesetz) und Rechte für die Frauen im Hinblick auf die Annullierung der Ehe gelten heute in vielen traditionell moslemischen Ländern. Die Polygamie hat zwar ihre Grundlage noch im Koran, aber sie wird durch juristische Auflagen eingedämmt und stirbt allmählich aus. Erbschaftsgesetze sind geändert worden. Auf weniger formalgesetzlicher Ebene werden Sitten wie die Verschleierung der Frauen (vom Koran nicht eindeutig vorgeschrieben, aber unter Moslems weitverbreitet) nicht mehr allgemein eingehalten. In manchen Ländern ist das alte Recht nicht allein durch eine neue Gesetzgebung, sondern ebenso durch neue gesellschaftliche Sitten überholt.

Dadurch, daß der Nationalstaat die alte *Shari'a* übernimmt und das alte Gesetz an Einfluß verliert, zerfällt der monolithische Islam in einzelne Nationen. Das Ideal einer einzigen Glaubensgemeinde, das vielleicht durch die Konflikte der Vergangenheit bereits befleckt war, mußte dem Ideal der Nation weichen, wenn auch, wie in Arabien und Pakistan, dieser ideale Staat islamisch ist.

All dies hat eine Schwächung der alten Formen des islamischen Gesetzes zur Folge, und der Islam wird wohl nicht mehr, wie früher, als entscheidende politische Kraft innerhalb der einzelnen Staaten auftreten können, immerhin aber als tragende geistige Kraft. Das alte Gesetz ist unter der dreifachen Bedrängung durch neue Ausbildung, modernen Nationalismus und durch Kräfte, die Anpassung erforderlich machen, nicht mehr stark genug, und der Islam befindet sich in einer tieferen Krise, als ihm bewußt ist. In anderer Hinsicht aber kann der Islam wieder mit größerem Vertrauen in die Zukunft blicken.

Die Zeit der Vorherrschaft der Europäer ist vorbei. Öl hat neuen Wohlstand gebracht, und es herrscht wieder ein berechtigter Stolz auf das große Erbe einer geistigen Kultur. Mit dem Westen in der Flanke, einflußreich in Afrika, den roten Atheismus fürchtend, unsicher hinsichtlich des Ostens, schlägt das alte Herz des Islam in den Ländern, aus denen er entsprang und die er mit großer Leichtigkeit eroberte, noch immer kräftig, zwischen Furcht und Hoffnung.

6. RELIGIONEN INNERHALB DES HINDUISMUS

Der Hinduismus liefert zwar den umfassenden Rahmen für die indische Kultur (obschon Islam und Christentum ebenfalls von Einfluß gewesen sind), aber es bestehen drei Religionen oder Überlieferungen, die sich von ihm unterscheiden und trotzdem innerhalb dieser Kultur ein spezifisches Dasein gehabt haben. Es handelt sich um den Jainismus, der sich von alten Quellen und den Lehren von Mahavir, einem Zeitgenossen Buddhas, herleitet, sodann um die Parsen, Flüchtlinge aus Persien und Vermittler des alten Zoroasterglaubens, und schließlich um den Sikhismus, der entstanden ist aus dem tiefen Bemühen um die Vereinigung von Moslems und Hindus in der Verehrung des einen Gottes; gegründet hat diese Bewegung der Guru Nanak im 15. Jahrhundert, weitergeführt wurde sie von seinen Nachfolgern. Die Jainas beharren in hohem Maße auf Enthaltsamkeit und Gewaltlosigkeit allen lebenden Kreaturen gegenüber, weshalb sie sich vor allem im geschäftlichen Bereich betätigen, da Landwirtschaft und Militär nicht in Frage kommen, und wenn sie auch nur ein paar Millionen zählen, so haben sie doch einen mächtigen Einfluß auf die indische Gesellschaft gehabt. In ähnlicher Weise halten die im 8. Jahrhundert und später nach Westindien eingewanderten Parsen in archaischer Form eine der ganz alten Religionen der Welt am Leben, die Judentum, Christentum, Buddhismus und den Manichäismus – eine Zeit lang Rivale des Christentums und eine Religion, der einmal Augustinus angehört hatte – beeinflußt hat. Die Sikhs, die versuchten, Menschen verschiedenen Glaubens zusammenzuführen, fanden sich aus verschiedenen sozialen und politischen Gründen doch gezwungen, zu einer dritten Kraft in ihrer Heimat, dem Punjab, zu werden. Im Jahre 1699 schuf der letzte ihrer Gurus eine besondere Bruderschaft, die Khalsa. Als Kennzeichen tragen die Sikhs besondere Kleidung und schneiden ihre Haare nicht. Sie blieben eine dynamische Gruppe in Indien und in den Ländern, in die sie eingewandert sind, von den Fidschi-Inseln bis Kanada. Jede der drei Religionen lehrt uns etwas. Können sie aber, wenn sie derart besondere Traditionen haben, den Menschen Botschaften von universaler Bedeutung vermitteln?

Der Geist des Jainismus

Den Geist des Jainismus kann man an den Statuen erkennen, die sich an verschiedenen Orten in Südindien, vor allem aber in Shravana-Belgola finden. Ein steinernes Abbild des Helden Gommateshvara erhebt sich zu riesiger Höhe, starr und nackt. Seine Haltung ist so starr, seine Ruhe so streng, daß Schlinggewächse an seinen Beinen emporwachsen. Der Mund ein Ausdruck totaler Teilnahmslosigkeit. Seine Nacktheit ist natürlich Symbol für Besitzlosigkeit; ein Zeichen von Gleichgültigkeit gegenüber den guten Dingen dieses Lebens, sogar gegenüber dem Wunsch, im Himmel Kredite anzusammeln. Ja, auch diesem gegenüber hat der jainistische Heilige gleichgültig zu sein. Jede Art Reichtum bindet uns an die Welt, und selbst die himmlische Welt sollte transzendiert werden. Karma drückt uns hernieder; wie Gewichte, die Ballons unten festhalten, muß man es loswerden, muß es zerstören. Das ist eine überaus schwierige Aufgabe. Der Heilige stellt den Höhepunkt eines Kampfes dar, der durch viele, viele Leben hindurch andauerte. Er schaut blicklos über die trockene südindische Landschaft, ein geistiger Gulliver unter dunkelhäutigen Liliputanern. Alle zwölf Jahre veranstalten die Gläubigen ein großes Fest, bei dem unzählige Töpfe Milch, Dickmilch und Sandelpaste über den Kopf des steinernen Helden gegossen werden.
Der Glaube feiert all die, welche durch Heldentum und Erkenntnis die Befreiung erlangt und anderen den Weg gewiesen haben. An erster Stelle steht Vardhamana, angeblich ein Zeitgenosse Buddhas und der »große Held« unserer Weltepoche. Bekannter ist er unter dem Namen Mahavir (was wörtlich »großer Held« bedeutet). Er und andere heißen auch Jinas, wörtlich »Eroberer« oder »Sieger«, und aus diesem Grunde nennen sich seine Anhänger Jainas, Menschen, die den Jinas folgen.

Das jainistische Weltbild

Dem archaischen Weltbild der Jainas zufolge ist der Kosmos einem ungeheuren Riesen vergleichbar; oben befindet sich der Kopf und in der Körpermitte sind wir. Über uns erheben sich verschiedene himmlische Ebenen, unter uns liegen ebensoviele purgatorische und höllische Ebenen. Das Universum besteht aus Seelen oder Lebensmonaden *(jivas)* und aus Materie ohne Leben. Die Seelen sind unzählig und bewohnen häufig winzige Organismen, die wir nicht mit dem bloßen Auge erkennen können, die jedoch in die Dinge um uns verstreut sind. Von den Bakterien über die Tiere zu den Menschen ist alles eine reiche, mannigfaltige, pulsierende lebendige Welt. Aber die Seelen würden, wenn sie könnten, frei fliegen. Meine Seele ähnelt einem unsichtbaren Ballon, der den Dimensionen meines Körpers entspricht, wird aber heruntergedrückt durch alle Karma-Materien, die ich durch meine Handlungen sowohl in diesem Leben wie in allen unzähligen vorherigen

Existenzen angesammelt habe. Selbst gute Handlungen erzeugen kleine Mengen von Karma, die mich weiter niederdrücken. Wenn ich mich aber reinigen kann durch Enthaltsamkeit, Selbstaufopferung und Meditation, dann wird die leichte Hülle meiner Seele aufwärts zur Spitze des Universums fliegen, wo sie reglos für alle Zeiten verharren wird, immun gegen die sich immer wandelnden Geschicke und Leiden dieser niederen Welt. Dieses archaische Bild des Kosmos bildet die Grundlage für die Enthaltsamkeit im Jainismus.

Jainistische Moral

Ungefähr das Schlimmste, was der Heilige oder irgendein Mensch tun kann, ist, Leben zu verletzen oder gar zu nehmen. Der gläubige Jaina darf kein Fleisch essen, nicht einmal Eier; Jainas sind strengste Vegetarier. Merkwürdigerweise verdanken sie ihren verhältnismäßigen Wohlstand, früher und jetzt, wahrscheinlich gerade ihrer Überzeugung von der Heiligkeit des Lebens. Kriegertum und das Schlachten von Tieren scheiden als Beschäftigungen aus. Auch von der Landwirtschaft wird abgeraten, denn auch da wird Leben verletzt, wenn die Felder umgegraben und die Reisfelder überflutet werden. Die Laienschaft der Jainas sah sich somit dazu gedrängt, Angestellte, Beamte und, vor allem, Kaufleute zu werden. Ihr Bildungsniveau ist immer hoch gewesen, sie haben stets ein wichtiges Segment der indischen Mittelklasse gebildet. Das Vegetariertum hat also durchaus seine Vorzüge, und Enthaltsamkeit kann zu Wohlstand führen. Gerade die starke Betonung des Nichttötens, der *ahimsa* oder Gewaltlosigkeit, ist, vermittelt durch das Leben Gandhis, der große Beitrag des Jainismus zum Ethos des modernen Indien gewesen. Gandhi kam aus dem Gujarath, und im besonderen aus Kathiawar, einem Gebiet, das vom Einfluß des Jainismus durchzogen ist. Gandhi hat die *ahimsa* vertreten und ihr politische Bedeutung verschafft.

Die Statue des Gommateshvara strömt vollkommene Stille aus. Vielleicht ist die Stille ein Wert für sich in ruheloser Zeit. Für den Jaina jedoch bedeutet Stille nicht auf die Erde treten. Der Jaina soll, wenn er sich bewegt, leise auftreten, und der Mönch wird den Pfad vor sich kehren, damit er nicht unbemerkt irgendein lebendes Wesen zertritt. Der Laie tritt sanft auf, wenn er daran denkt, daß sich in der Erde kleine Lebewesen krümmen und hüpfen und er sie mit brutalem vernichtenden Schritt nicht verletzen darf. Lieber ganz regungslos sein, vorsichtig atmen, um nicht Insekten zu verletzen, die eingeatmet werden könnten. Der Heilige der Statue zeigt die heroischste Art, dies zu tun.

Obwohl er aber heroisch und von furchterregenden Proportionen ist, ist er kein Gott. Götter werden – darin ist der Glaube dem Buddhismus ähnlich – vom Jainismus nicht geleugnet, aber sie können nicht Vollkommenheit erreichen. Sie haben keinen Trieb zum höchsten Status. Sie sind zu glücklich, um gesegnet zu sein. Nur ein Mensch kann das Höchste erlangen. Er lebt schöpferisch zwischen dem blinden Instinkt des Tierreiches und der sorglosen Glückseligkeit der Götter. Der Mensch ist das potentiell allwissende Wesen.

Philosophie des Jainismus

Womit wir bei einem interessanten Aspekt der jainistischen Philosophie angelangt sind: im Prinzip wissen wir bereits alles, aber unser Geist ist durch Eindrücke und Begierden verstopft worden. Das Karma verdunkelt den klaren Spiegel des Geistes. In unserem degenerierten Zeitalter (denn die Welt bewegt sich abwärts von der einstigen Zeit goldener Harmonie aus, in der alle Menschen edel und gleich waren) können nur ein paar wenige Seelen Allwissen erlangen, indem sie den Spiegel wieder reinwischen: Jainas und, vor allem, Mahavir. Solche Seelen werden im Jaina-Kult verehrt, aber nicht als helfende Götter – denn sie können uns in keinem Fall helfen, da sie sich regungslos in herrlicher Einsamkeit an der Spitze des Kosmos befinden –, sondern eher als Beispiele heiligen Lebens und als anregende Vorbilder für gewöhnliche Sterbliche.

Jainas in Indien

Es gibt nur ungefähr zwei Millionen Jainas in Indien. Aber Tempel und Statuen wie die auf dem Berg Abu, in Shravana-Belgola, gibt es in vielen Gegenden des Subkontinents, und sie zeugen für den Wohlstand des Glaubens in vergangenen Tagen. Bis zu einen gewissen Grade blüht der Glaube noch immer. Die Laienschaft des Jainismus zeigt sich großzügig in ihrer Unterstützung der Klöster. Das Ideal des Mönchtums ist noch sehr lebendig, man sieht so manche wandernden (außer in der Regenzeit) Asketen an den heiligen Wallfahrtsorten. Das Leben der Mönche ist hart, es besteht aus Almosenbetteln und Wandern; sie besitzen nichts außer dem Notwendigsten. Die Digambaras oder »Luftgekleideten« gehen im wörtlichen Sinne nackt und bloß einher, und der Anblick einer Gruppe von diesen splitternackten, verzückten Männern in Benares war für mich ein beunruhigendes, aber auch auf seltsame Weise inspirierendes Erlebnis. Hier wurden die Menschen nicht nach dem beurteilt, was sie hatten, sondern nach dem, was sie nicht hatten. Ihre *ahimsa* mag manchem übertrieben erscheinen. Sie überschreitet die Grenzen des gesunden Menschenverstandes. Aber sie dient als Gegengewicht zu der Art gesunden Verstand, der es für »vernünftig« hält, ganze Schwärme von Walfischen, ganze Büffelherden, ganze Landstriche von Vegetation zu vernichten. Der Christ könnte meinen, Gott habe die atheistischen Jainas als prophetische Warnung für all jene in die Welt gesetzt, die in der Herrschaft Adams über die Umwelt einen Triumph sehen. Sanft, gewissenhaft, hungernd, blühend ist der

echte Jainismus in der Tat ein lebendiger Vorwurf. Hungernd? Zuweilen durchaus, denn es stellt das höchste Ideal des Heiligen dar, wenn er sowohl hinsichtlich der Psychologie wie des Karmas bereit ist, sein Leben durch willentliches Verhungern zu beenden. Zu Proselytentum neigen Jainas nicht, wenn sie auch stolz auf ihre Kunst und ihr philosophisches und geistiges Erbe sind. Herbert Warren, der große Orientalist und Erforscher des Buddhismus und Jainismus, gründete 1913 eine Mahavir-Bruderschaft in London, die aber nicht Fuß faßte. Eine Religion, die sich ihrer Geschichtstheorie nach mit Abstieg und Niedergang abfindet, mag vielleicht einzelne Seelen, die karmisch dafür reif sind, anziehen, jedoch kaum durch Predigt. Sir Ellis Waterhouse erzählte mir, wie sehr er seinen Schwiegervater bewunderte, den hervorragenden Gelehrten F. W. Thomas, der unter anderem den grundlegenden Jaina-Text *Syadvadamanjari* (Blütenstrauß der Dialektik) übersetzt hat: Waterhouse bewunderte es, daß sein Schwiegervater die Grundsätze des Jainismus zu den seinen gemacht hatte, sich aber absolut weigerte, irgend jemand anderen zu ihnen bekehren zu wollen. Eine solche Einstellung hat durchaus etwas Heldenhaftes.
Indessen kann Heldentum auch zum Tode führen, und das nicht nur durch Verhungern. Ich erinnere mich, daß in Mangalore, wo die gefürchtete Phyllaria-Mükke nachts die Menschen mit Krankheiten ansteckt, viele Häuser nicht von den DDT-Trupps gesprüht waren (die Trupps markierten die gesprühten Häuser mit dem jeweiligen Datum). Es waren die Häuser von frommen Jainas, die den eigenen Tod dem der Insekten vorzogen.
Von den drei Religionen, die wir in diesem Kapitel behandeln, gehört nur der Jainismus wirklich in den Rahmen des Hinduismus. Häufig bedienen sich Jainas auch der Brahmanen für ihre Zeremonien und gelten im übrigen vielen Hindus einfach als eine weitere Kaste.

Die Parsen

Anders liegt der Fall bei den Parsen. Sie waren zwar in die indische Gesellschaft durchaus integriert und wie die Jainas wohlhabend durch Handel, Ausbildung und gegenseitige Hilfeleistung, aber ihre außerindische Herkunft zeigt sich schon in ihrem Namen, der schlicht »Perser« bedeutet. Die Inder schenkten ihnen in Zeiten der Verfolgung ihre Gastfreundschaft und brauchten es nicht zu bereuen, denn die Parsen leisteten Wichtiges für die indische Gesellschaft, zumal in Bombay und an der Westküste.
Nur wenige Parsen haben sich außerhalb der heutigen beiden Schwerpunkte des Zoroastrianismus – Westindien, hauptsächlich Bombay, und Persien, Teheran mit den außerhalb liegenden städtischen Gemeinden von Yazd und Kerman – niedergelassen. In den frühen sechziger Jahren gab es etwas mehr als 17.000 im Iran, ungefähr 120.000 in Indien und etwa 5.000 in Pakistan. Das sind nicht viele, aber sie

haben die Religion Zarathustras über die langen Zeiten einer tragischen Geschichte bis in unsere Zeit bewahrt. Wir kritisieren gern Konservatismus und ermutigen die Menschen zum Wandel; häufig jedoch schützt reiner Konservatismus eine ganze Spezies in Geist und Leben vor Auslöschung. Die moderne Welt hat zuviele alte Kulturen gesehen, die im Namen anderer Ideologien, anderer Religionen oder auch nur von Schlagworten ausgelöscht wurden – preisen wir also die Parsen glücklich wegen ihres kräftigen Festhaltens an alter Vorzeit und an den Lehren Zarathustras, eines der großen Propheten der Alten Welt.

Einflüsse des Zoroastrianismus

Der Einfluß des Zoroastrianismus war bemerkenswert. Die hebräische Bibel ist tief beeinflußt von persischen Vorstellungen über das Ende der Welt, und diese Beschäftigung mit künftigen Dingen wurde von den frühen Christen übernommen und außerdem von Jesus selbst. In gewissem Sinne weilte Zarathustra also am See Genezareth. Auch der Pietismus der buddhistischen Schule des Reinen Landes verdankt einiges der Welt des grenzenlosen Lichtes, dem persischen Paradies. Zarathustra blickte also auch auf den Fujijama. Der Prophet Mani, dessen Lehren die römische Welt zur Zeit des Augustinus so sehr prägten, verschmolz persische Elemente in seine große Religion des Manichäismus. Somit wandelte Zarathustra auch auf den Straßen von Karthago und Hippo. Der Mithraskult war im Schoße des älteren Glaubens geboren, daher kämpfte Zarathustra mit den römischen Legionen und stand auf Hadrians Mauer. Die persische Religion verlieh Persiens Vergangenheit eine Majestät, an die man sich im modernen Iran gut erinnert. Zarathustras Stimme wurde daher auch im Palast des Schahs und auf den Skihängen von St. Moritz vernommen. Wir vergessen das oft, denn der Zoroastrianismus ist keine religiöse Weltmacht mehr, und wenn es nicht die Parsen und Reste des Glaubens im Iran gäbe, wäre er ein toter Glaube. Jedoch könnten wir sogar noch dann von ihm lernen, wenn er im formellen Sinne gänzlich tot wäre.

Zarathustra in der Geschichte

Es ist schwer, die Gedanken eines großen Mannes zu durchdringen, der erst lange Zeit nach seinem Tode in den Chroniken auftritt. Westliche Gelehrte neigten stets dazu, Zarathustras Lehren von späteren Zutaten zu trennen. Aber manchmal ist es sicherer, dem Zeugnis jener zu vertrauen, die den Glauben lebendig erhalten haben. Jedenfalls reichen die wesentlichen Grundsätze des Glaubens, wie er sich heute darstellt, weit zurück. Beschreiben wir sie also kurz, auch wenn sie vielleicht nicht ganz dem entsprechen, was der junge Zarathustra zu predigen begann, vermutlich kurz vor der babylonischen Gefangenschaft der Juden.

Lehre des Parsismus

Das Universum ist geschaffen durch einen guten Gott, den großen Ohrmazd. Die Welt ist gut, aber – wir müssen realistisch sein – sie ist auch durch Böses verdorben: das ist das Werk von Ahriman, dem Bösen. Obwohl jedoch Ahriman über Legionen von bösen Geistern gebietet und höchst kraftvoll und klug gegen Gott kämpft, wird Gott am Ende gewinnen. Am Anfang war Güte, im Augenblick findet der Kampf zwischen Dunkelheit und Licht statt; am Ende, wenn Gottes Sieg errungen ist, werden wir wieder der Güte zurückgegeben. Dies ist das Drama des Universums, in dem es dem Menschen bestimmt ist, eine zentrale Rolle zu spielen. Das Ziel eines jeden Menschen muß sein, Gott zu gefallen und zu versuchen, sein Werk zu fördern beim Sieg über das Böse. Aber Ohrmazd ist derart erhaben, daß sich die Menschen häufig den geringeren Wesen zuwenden, die ihm dienen, den Höflingen um den großen König. Das sind die *yazatas,* die »Verehrungswürdigen«. Allgemein gesehen, richtet sich der Zoroastrianismus eher auf diese Wesen und weniger unmittelbar an den höchsten Ohrmazd. Ähnlich ist es in vielen Religionen: Gott scheint zu erhaben, wir nähern uns dem großen König am besten durch die Vermittlung seiner Diener. Haupt der *yazatas,* derjenige, der in verschiedenen Zusammenhängen die größte Aufmerksamkeit auf sich gezogen hat, ist der Richter und Freund, der Kämpfer gegen das Böse, der dynamische Mithras. Er ist es, der sich besonders um den wichtigsten Ritus der Parsen kümmert, um den Feuerkult; und die Tempel, in denen die entsprechenden Zeremonien vollzogen werden, die Feuertempel, gelten als Mithras-Höfe. Andere *yazatas* haben speziell mit Regen, Reisen, der Erde, der Gerechtigkeit usw. zu tun. In gewissem Maße spiegeln diese Geister Naturkräfte oder sind in solche verstrickt; oder sie stehen für die Dinge, die den Menschen beunruhigen und ihn in seiner Suche nach Sicherheit und Erlösung anregen.

Wenn der Mensch auch das Beste von Gottes Schöpfung ist, so sprechen die alten Schriften doch auch achtungsvoll von Ochsen, Eseln, Schafen und Hunden. Die Aufgabe des Menschen liegt, wie gesagt, darin, in dem langen Kampf gegen das Böse mitzuwirken. Das Böse ist nicht nur ein moralisches Böse (obgleich die Moral sehr wichtig ist und die Parsen großen Wert auf gute moralische Führung legen als den einen Weg, Gott zu dienen), es hat auch etwas mit Beflekkung zu tun. Das reinste Element und gleichzeitig Symbol für Rechtschaffenheit ist das Feuer. Der zoroastrianische Kult entfaltet sich um Feuer-Zeremonien als Mittelpunkt. Im Gegensatz hierzu gibt es böse Dinge, die beschmutzen. Vieh, Vögel wie der Hahn, der die Dunkelheit vertreibt, Gesundheit – das sind gute Dinge. Moral, Ritual und ein Sinn für die Symbole dessen, was gut und integer ist, sind miteinander verwoben. Der gute Mensch ist auch der gesunde Mensch.

Ein Grund dafür, daß Parsen ihre Toten nicht verbrennen, ist darin zu suchen, daß diese das Feuer beschmutzen würden. Deshalb gibt es in Bombay die berühmten

Türme des Schweigens, in denen die Körper der Toten Sonne und Regen und den Geiern zum Fraß ausgesetzt sind. Das Aussetzen von Leichen ist eine ganz alte und weitverbreitete Sitte, die auch in Nordindien früher an der Tagesordnung war. Jedoch leben die Toten natürlich weiter, freilich nicht in ihren Körpern, sondern ihre Seelen, die drei Tage lang am Ort des Todes verbleiben, begeben sich anschließend auf ihre gefahrvolle Überquerung der Chinvad-Brücke. Diese Brükke hat die Gestalt eines Schwertes. Ist die Seele gut, dann wendet sie sich auf ihre Breitseite, und die Seele geht hinüber in ein wundersames Paradies. Ist die Seele schlecht, bleibt die scharfe Kante nach oben gerichtet, und die Seele, die versucht hinüberzugehen, stürzt in die Hölle darunter. Der Zoroastrianismus hat also Raum sowohl für die individuelle Bestimmung als auch für jene globale Bestimmung, die in der Endzeit zur Wirkung kommt. Einige dieser Begriffe – die Brücke und das Jüngste Gericht – tauchen im Koran auf. Wir können also sagen, daß Zarathustra auch auf den Mauern von Mekka und in Medina wandelt.

Geschichte der Parsen

Es gibt heute nur noch wenig Zoroastrianer, sehr wenig angesichts der ruhmreichen und erfolgreichen Zeiten von Darius und Cyrus, der Pracht und Macht des persischen Kaiserreichs, der großen, von den Sassaniden erbauten Monumente. Das politische Reich der Perser war verletzlich, das hat Alexander bewiesen, aber die Religion blieb mächtig und fruchtbar lange Jahrhunderte, bis sie durch den Islam in jenen ersten Jahrzehnten rauschender Eroberungen praktisch ausgelöscht wurde, als die Araber so manchem großen Reich das Siegel ihrer Religion aufdrückten und frühere Werte verwandelten. Die alte Staatsreligion Persiens wurde durch eine neue ersetzt, die Anhänger der alten wurden verfolgt und mit drückenden Steuern belegt. Wenige nur blieben dem Glauben treu, immerhin eine ausreichende Anzahl, um die Fortdauer des Zoroastrianismus zu sichern, jedoch unter armseligen Verhältnissen. Manche wurden zur Flucht aus dem Land, vor allem nach Indien, getrieben. Persische Kaufleute mögen ihnen vorausgegangen sein und eine materielle Basis für die Erneuerung geschaffen haben. Vielleicht landeten die ersten zoroastrianischen Siedler auf der Flucht vor islamischer Verfolgung im 8. Jahrhundert in Kathiawar. Ganz sicher entstand jedenfalls im südlichen Gujarat eine Siedlung (Heimat auch vieler Jainas und damit fast ein Zentrum der Peripherie, Brennpunkt von interessanten Entwicklungen). Der Islam stieß erneut im 13. Jahrhundert vor, das Gujarat wurde von dem immer mächtiger werdenden Sultanat von Delhi erobert. Die Parsen kämpften auf seiten der Hindus, wurden aber nach Süden abgedrängt. Akbar hörte mit Duldsamkeit, sogar mit einiger Begeisterung den Lehren der Parsen zu. Aber die große Wende kam mit den Engländern. Viele Parsen ließen sich im Gebiet von Bombay nieder, der von den Briten annektierten Enklave, die zum großen Handelsplatz Westindiens und außerdem zum Tor für den Subkontinent von Westen her werden sollte. Das Schicksal der Parsen war entschieden. Sie verfügten über Bildungsfähigkeit, sie konnten sich anpassen. Sie hatten eine Religion, die es mit der europäischen aufnehmen konnte. Sie hatten eine hellere Haut als die Marathi. Ihre Töchter konnten Europäer heiraten. Die Parsen konnten, so gering ihre Zahl auch war, für sich in Anspruch nehmen, sie hätten so ziemlich die gleichen Wertvorstellungen wie die Christen, die mit Schiffen und Kontobüchern ankamen, um eine neue Wirtschaftsordnung in Indien zu begründen.

Der Weg der Parsen war ein schmerzhafter gewesen: die Moslems (aber nicht nur diese) hatten die parsischen Gemeinden zerstört, und die Reichtümer der alten Religion in Persien waren zertrümmert. Aber die Parsen in Indien hüteten das Feuer (im buchstäblichen Wortsinn) ihres alten Glaubens und blicken heute sogar optimistisch in die Zukunft.

Die Sikhs

Das ehrwürdige Alter des parsischen Erbes ist dem anderer Überlieferungen des Subkontinents ebenbürtig. Die dritte der im Hinduismus enthaltenen Religionen ist hingegen, historisch gesehen, obwohl einzelne ihrer Elemente weit zurückreichen, erst kurze Zeit vorhanden. Die Religion der Sikhs stammt im wesentlichen aus dem 15. Jahrhundert. Von einem Gesichtspunkt aus ist der Sikhismus das Produkt der Begegnung von Islam und Hinduismus in der Welt Nordindiens, von einem anderen Gesichtspunkt aus ist er das Produkt einer mehr allgemeinen menschlichen Unzufriedenheit über die Trennlinien zwischen den Religionen. Jedoch bewirkten paradoxerweise die gesellschaftlichen und politischen Wurzeln der neuen Bewegung, daß sie zu einer dritten Kraft zwischen zwei Lebensformen wurde: ein Beispiel dafür, daß jede Religion in irgendeiner Gesellschaft, wenn sie ihre eigene Struktur und Lehre definiert, zu einem eigenen, getrennten Gebilde werden wird, auch wenn es ihre Absicht ist, Gegensätze in sich aufzunehmen. Die Synthese von zweien führt zu der Definition einer dritten Religion. Das ist ein in der Absicht edler und in der Entwicklung fesselnder Vorgang – und es ist die Geschichte des Sikhismus.

Islam und Hinduismus

Man bedauert manchmal, daß der Islam jemals nach Indien gekommen ist. Man sollte nicht wünschen, daß die Weltgeschichte in einzelne Fächer sauber aufgeteilt wäre, aber die Wasser des Islam, die sich über den Khyber-Paß nach Indien ergossen, wollten sich nicht mit dem Rosenöl Hindustans vermischen. Islam und Hinduismus brauchten sehr lange, bis sie miteinander existieren konnten. Der Geist des einen war Anathema für den anderen, die Kraft des einen für den anderen eine Bedrohung, und die Moschee konnte nicht zum Tempel werden. Arabisch wird von rechts nach links geschrieben, Sanskrit von links nach rechts. Der eine feiert den Phallus, der andere ist für Beschneidung. Das hat bis in die modernen Zeiten hinein zu Mißverständnissen, Bitterkeit und Tragödien geführt. Es war den Briten nicht möglich, ihr Hoheitsgebiet zu verlassen, ohne es vorher aufzuteilen. Dabei wurden viele Hindus, Sikhs und Moslems ermordet – im Namen der Religion und der Verehrung Gottes. Aber wie ein Freund von mir scharfsinnig meinte: »Frage einen Menschen nicht, ob er an Gott glaubt, sieh dir lieber die Fußnoten an.« Trotzdem sollte man nicht glauben, daß Bitterkeit immer die Beziehungen zwischen Moslems und Hindus in Indien gekennzeichnet hätte. Es ist naiv anzunehmen, daß soviele Menschen in Indien durch reine Gewalt, Mode oder Zwang zu frommen Moslems wurden. Unter anderem hat es viele echte Bekehrungen gegeben durch Sufi-Lehrer, die Affinitäten zum Ethos der Hindus hatten. Außerdem gab es in der Struktur der hinduistischen Gesellschaft so manche dunklen Punkte, und viele der Ausgestoßenen, die Parias, fanden die Brüderlichkeit des Islam sehr hilfreich. Auf beiden Seiten waren Fehler und Tugenden zu verzeichnen, und es gab gute Gründe für die Annahme, daß früher oder später irgendeine Synthese zwischen den Religionen erreicht werden könnte. Ein Versuch wurde von dem großartigen und prachtvollen Großmogul Akbar gemacht, einem Liebhaber von Religionen, einem großen Kaiser und Schutzpatron vergleichender Religionsphilosophie; als er indessen eine eigene Religion konstruierte, wurde es ein Fehlschlag; zuviel kam von oben, zuviel vom Hirn. Jedoch war bereits vor Akbars Zeit eine echte Synthese von unten begonnen worden von Kabir, Nanak und anderen. Es geschah in den verwinkelten Straßen und an dem hellen Ufer der heiligen Stadt Benares, zwischen Weben und Waschen, daß Kabir, einem Seidenweber und Dichter, der Gedanke der Einheit der Religionen in den Sinn kam.

Kabir

Kabir (1440–1518) teilte die islamische Ablehnung von Götterbildnissen. Er dehnte diese Ablehnung auf andere Äußerlichkeiten aus. So lehnte er nicht nur einfach Bildnisse von Ganesh oder Krishna ab, sondern auch Kastenunterschiede und die Beschneidung. Denn schließlich war die Beschneidung ein ebenso absonderndes Merkmal wie die heilige Schnur der Brahmanen. Kabir versuchte, das Spinnennetz der Äußerlichkeiten und Rituale zu zerreißen. Sowohl Arabisch wie Sanskrit waren dem Volke zu fern, also schrieb er in einer kräftigen Umgangssprache. Er war der Ansicht, daß nur die Liebe Gottes den Menschen aus dem Kreislauf der Wiedergeburten befreien könne. Offensichtlich war er von der *bhakti*-Überlieferung im Hinduismus beeinflußt und war sich im Grunde völlig klar darüber, daß diese Art Devotionalismus auch der Stoff war, aus dem die islamische

Frömmigkeit gemacht ist. Es war nur schade, daß das Prinzip der Güte in jeder Religion durch unwichtige Loyalitäten und Verpflichtungen überdeckt war. So wurde Kabir ein Vorläufer der Religion der Sikhs. Er hatte überdies eine Gefolgschaft, die sich mehr oder weniger unabhängig von dem entstehenden Sikhismus weiterentwickelten, die sogenannten Kabirpanthis (diejenigen, »die Kabirs Pfad nahmen«), welche in mittelalterlicher Zeit eine Strömung innerhalb des Hinduismus bildeten. Im übrigen darf man nicht vergessen, daß die Grenze zwischen Sikhs und Hindus niemals sehr klar gezogen war und die Synthese der Sikhs zwischen Islam und Hinduismus mehr der hinduistischen Seite zuneigte. Vielleicht ist das nicht verwunderlich, denn der Islam ist in sich immer viel klarer definiert gewesen. Ein Gebiet zwischen Marschland und Straße wird immer eher Teil der Marsch als der Straße werden. Außerdem ist schließlich der Hinduismus synkretistischer, in vielen seinen Geboten unbestimmter und von Natur aus aufnahme- und bündnisbereiter als der Islam. Als nach dem Abzug der Engländer die tragische Spaltung des Landes stattfand, stellte sich heraus, daß das Schicksal der Sikhs auf der indischen Seite der Grenze angesiedelt war.

Nanak

Wenn Kabir eine Art Johannes der Täufer war, so war der Jesus des Sikhismus Nanak, der 1469 in einem Dorf ungefähr fünfzig Kilometer von Lahore, im heutigen Pakistan, geboren wurde. Er sollte der erste Guru der Sikh-Religion werden. Dem alten Klassensystem Indiens zufolge war er wie Buddha und andere berühmte Führergestalten der Vergangenheit ein *kshatriya* von Geburt, aber der Vater war arm. Anscheinend war der junge Nanak eine Enttäuschung für seinen Vater und außerdem ziemlich unfähig als Ehemann. Das hatte zum Teil etwas damit zu tun, daß ihn alltägliche Dinge wenig interessierten. Ihm ging es um Tieferes, und seine Beschäftigung mit Geistigem fand ihren Höhepunkt in einer Vision Gottes. Nanak wurde ein neuer Prophet. Unter dem Einfluß seiner Vision komponierte er das große Gebet, das vom modernen Sikh täglich wiederholt wird, die *Japij:* »Es ist nur ein Gott, der Wahre mit Namen, der Schöpfer, frei von Furcht und Feindschaft, unsterblich, ungeboren, durch sich selbst bestehend, groß und gnädig. Der Wahre war im Anfang, der Wahre war in der Vorzeit. Der Wahre ist in der Gegenwart, o Nanak, der Wahre wird auch in Zukunft sein!« Nanak war mehr als nur ein Prophet. Er war ein Original. Er zog umher und predigte singend seinen Glauben, begleitet von seinem Gefährten Mardana, dessen Saitenspiel in gewissem Sinne Bestandteil der Botschaft war. Nanak trug eine gemischte Kleidung, um zu zeigen, daß er sowohl Hindu wie Moslem oder keins von beiden war. Aber er war der erste einer ganzen Reihe von Gurus, und er und seine Nachfolger bildeten eine geistliche Dynastie, die eine abgesonderte Gemeinde um sich scharte, denn verschiedene von Nanaks Nachfolgern wurden verfolgt, vor allem von den Mogulkaisern, denen ihre Erfolge in der Rekrutierung von Anhängern als politische und religiöse Bedrohung erschien. Der letzte der persönlichen Gurus, der der Sikh-Gemeinde vorstand, Govind Singh, zementierte die Synthese, indem er sie zu einer ganz neuen und konkreten Ausdrucksform gesonderter Identität verwandelte. Er bildete eine Gemeinde, die Khalsa. Die Männer nahmen den Namen des Löwen, Singh, an. Jeder Sikh wurde gedrängt, sein Haar unbeschnitten zu tragen, einen Kamm zur Pflege des Haares mit sich zu führen, kurze Hosen unter den langen, ein stählernes Armband sowie einen kurzen Dolch zu tragen. Alkohol und Tabak mußten aufgegeben werden. Und Govind Singh ernannte die heiligen Schriften, den Granth, zum letzten Guru oder Lehrer. Dies waren die äußerlichen Kennzeichen, durch die sich die Gemeinde der Sikhs definierte und die ihr Kraft gegen die sie bedrohenden Nachbarn verliehen. Denn irgendwann im späten 18. und frühen 19. Jahrhundert waren die Sikhs Herren im Punjab und sind es auch heute wieder zumindest in der indischen Hälfte dieser Provinz. Während des Kampfes um diese Ziele rekrutierten die Sikhs viele Jats, Landwirte des Punjab, stolze und zähe Bauern. Die Religion paßte zu den militanten Elementen im Volk, obwohl sie aus anderen Gefühlen heraus entstanden war. Der Militarismus der Moslems vereinte sich mit der Theologie des *bhakti*-Hinduismus, um diesen neuen und würdevollen Glauben hervorzubringen; nur ist daraus trotz des eigentlichen Traums von einer Synthese eine Sonderreligion geworden.

Theologie des Sikhismus

Das Grundprinzip, das die Vorväter des Sikhismus bewegte, war, daß Gott, der Wahre, Einer ist und die Unterschiede zwischen Islam und Hinduismus vor allem Äußerlichkeiten betreffen. Die Unsichtbarkeit des Göttlichen jedoch bedeutet nicht, daß wir nicht in eine innige Beziehung zu ihm treten könnten. Nanak bezog sich ebenso auf die Quellen des hinduistischen *bhakti*-Kults wie auf den moslemischen Gebetseifer. Aber trotz der islamischen Einflüsse wurde das Leben im ganzen auf hinduistische Weise gesehen auf der Grundlage des Glaubens an die Wiedergeburten. Da Gott überall ist, können sich alle Menschen in der Hoffnung auf das Paradies in Liebe an ihn wenden. Die Theologie der Sikhs war ein edler Versuch, die Kluft zwischen den beiden großen Religionen im mittelalterlichen Indien zu überbrücken. Es war auch kaum die Schuld der Sikhs, daß sie aus politischen Gründen so ausgesprochenen Kampfgeist entwickeln mußten, der dann gestärkt wurde durch zahlreiche äußere Zeichen religiöser Identität.
Die Strenge der Jainas, die alte Überlieferung der Vision von Gottes Anteil an der Geschichte seitens der Parsen und der Versuch einer Synthese, den die Sikhs unternahmen, verleihen dem reichen Mosaik von Religionen auf dem indischen Subkontinent weitere Akzente.

7. JENSEITS DER WEISSEN GRENZE

Ein unglaublich reiches Mosaik an verschiedenen Kulturen und geistigen Werten bewahren sich ungezählte, verhältnismäßig kleine Gesellschaften, die als Gesamtheit eine der bedeutendsten Kräfte der Welt darstellen: in großen Teilen Afrikas, in Neuguinea, in Nord- und Südamerika, in Teilen von Asien, in vielen Regionen unserer Erde. Wahrscheinlich sind über 250 Millionen Menschen Angehörige derartiger Gruppen außerhalb der großen Weltreligionen und außerhalb der modernen Gesellschaften. Indessen sehen sie sich jetzt unter Druck gesetzt, in der Hauptsache seitens der westlichen Kultur. Es existiert eine kulturelle Grenze – das, was ich hier die *Weiße Grenze* nennen möchte, – zwischen dem Westen und derartigen Gesellschaften. Diese befinden sich in einem kritischen Prozeß der Wahl zwischen Anpassung und Untergang. Viele neue Religionen sind dort im Werden, einige darunter christlich orientiert, aber mit dem Rückgriff auf ältere Überlieferungen; andere sind bewußte Neuschöpfungen vergangener Werte. Oft sind kleinere Gruppen, wie die nordamerikanischen Indianer oder einige brasilianische Stämme, von Tragödien verfolgt. Aber es werden auch neue psychische Kräfte durch solche furchtbaren Herausforderungen freigesetzt. Andere Gruppen wieder sind vielleicht gerade groß genug, um die eigenen einheimischen Kulte mit Würde aufrechtzuerhalten. In diese Gruppe gehören beispielsweise die Toraja in Indonesien, wenn sich auch durch die Eingriffe der Missionare die alte Frage nach der Anpassung der alten Überlieferung an die gegenwärtige Situation stets aufdrängt. Auch führen wohlgemeinte Versuche, die Wirtschaft durch Tourismus zu entwickeln, eine neue Zivilisation herbei und reißen eine Kluft zwischen der alten Kultur und den modernen Besuchern auf – im ungünstigsten Falle zwischen, wie man sagen könnte, dem Exhibitionisten der archaischen Werte und dem Voyeur aus dem Jet. Trotzdem verfügen viele Gesellschaften dieser »anderen Welt« über große kulturelle Reichtümer. Können sie überleben? Sind große Kulturen imstande zu lernen?

Europäische Vorherrschaft

Segel, Kompaß und Kanonen machten Europa zuerst zum Herrn über den Osten und anschließend über Afrika. Schiffe führten Europäer in die leeren Gebiete der amerikanischen Kontinente und die noch einsamen Weiten des Pazifik, in die gesamte von der See her zugängliche Welt. Sogar das von Land- und Gebirgsmassen eingeschlossene Tibet wurde schließlich erobert. Und die Europäer nahmen ihre Kultur mit auf ihre Eroberungen. Einige der Wirkungen dieses Vorgangs haben wir in Indien, China, Japan und dem Nahen Osten beobachtet. Auf die Frühzeiten von Tand und Tausch, Gewürz und Gold, folgte der moderne Kapitalismus, der in Europa aus dunklen und teilweise religiösen Wurzeln entstanden war. Und nach dem Kapitalismus traten Technologie und Wissenschaft auf den Plan. Der Europäer kam nicht einfach als Eroberer, er kam außerdem als Lehrer. Er war nicht nur Missionar, er war darüber hinaus der Mensch eines neuen und optimistischen Zeitalters der Wissenschaft, des Aufbaus, der Erziehung und Aufklärung. Er war fast unwiderstehlich. Wie reagierten die Völker, die wir heute als Dritte Welt bezeichnen, darauf? War das Land groß und hatte es eine starke Kultur, dann überlebte es. Indien behielt seine Identität, obwohl es von den Engländern erobert wurde, und Japan nahm angesichts des Fremden all seine Kräfte zusammen. Jedoch selbst Länder wie diese erlitten Einbußen, weshalb es nicht überraschen kann, wenn kleinere Gesellschaften ein tiefes Trauma durchmachten. Das, was derartigen Gesellschaften während der vergangenen zweihundert Jahre geschah, ist ein wichtiger Aspekt der geistigen Verfassung der gegenwärtigen Menschheit überhaupt. Es ist sehr bedauerlich, daß die Wirkung des Westens auf kleinere Gesellschaften nicht besser erforscht ist.

In vielen Teilen der Welt gibt es Mini-Nationen, Stämme oder Gruppen, die ihre eigenen differenzierten und in hohem Maße eigenständigen Kulturen haben. Manche sind Jäger und Sammler. Einige trotzen minderwertigem Boden ihren Lebensunterhalt ab. Andere haben eine gut entwickelte Landwirtschaft und sind außerdem Jäger. Wieder andere sind Nomaden mit Viehherden oder Nomaden, die in Dschungel-Lichtungen Land bebauen und dann weiterziehen. Diese Gesellschaften konnten den Krankheiten und Gewehren des weißen Mannes nicht gut standhalten, zumal wenn, wie im Pazifik, in Südamerika und Afrika, auf den Handel großangelegte Kolonisierung folgte.

Die Antworten der Dritten Welt

Immer finden Kontakte und ein Austausch zwischen solchen und europäischen Gesellschaften sowie, allgemeiner, dem Imperialismus der nördlichen Hemisphäre über die Weiße Grenze hinweg statt. Es ist weniger eine Landesgrenze als eine Grenze, die zwischen Kulturen und geistigen Einstellungen gezogen ist, eine

Grenze, an der sich verschiedene Weisen des Denkens begegnen. Die Wechselwirkungen über die Grenze hinweg müssen begriffen werden, wenn wir die jetzige geistige Verfassung der Menschheit als das anerkennen wollen, was sie ist. Denn wir dürfen die Welt nicht nur durch die Fenster der größeren Kulturen und größeren Religionen sehen.

Die meisten kleineren Gruppen leiden besonders Not unter einer Tatsache, die auch in den größeren Kulturen evident ist, nämlich an einem Mangel an Universalität. Die Vorstellungen und Gebräuche einer Kultur sind auf eine bestimmte Gesellschaft zugeschnitten, und wenn eine solche Gesellschaft in sich geschlossen, auf sich selbst bezogen ist, muß sie zwangsläufig vor Problemen stehen, sobald sie auf Werte trifft, die universal zu sein behaupten, vor allem, wenn diese aus einer Kultur kommen, die über eine Macht verfügt, die die eigene Kultur weit übersteigt. Dann gibt es verschiedene Möglichkeiten der Reaktion. Ich möchte sie hier einmal etwas frivol wie ein Spiel betrachten, aber die Lehren aus diesem »Spiel« sollten ernstgenommen werden.

Ich stelle mir also die Invasion einer kleinen durch eine große Kultur vor (z.B. durch den weißen Westen, obwohl man sich auch andere Beispiele denken könnte). Die eine nenne ich den Riesen, die andere den Zwerg. Wie antwortet der Zwerg dem Riesen? Meine Beispiele sind in diesem Zusammenhang religiös, denn für jedes Studium der Vorgänge an der Grenze muß die Religion ein wichtiges Element der Analyse bilden.

Der Weg zu Katastrophen

Katastrophal kann sich die Reaktion des Zwergs auswirken, wenn er sich aufführt, als wäre er so stark wie der Riese. Dafür kann das Aufkommen des Geistertanzes unter den nordamerikanischen Indianern als Beispiel dienen, das seinen tragischen Höhepunkt in der praktischen Auslöschung der Komantschen fand. Es begann 1869, als ein gewisser Wodziwob, ein Mitglied des Paviotso-Stammes im Westen Nevadas, eine Vision hatte. Der Große Geist enthüllte ihm, daß ein großer Kataklysmus in Kürze über die Welt hereinbrechen würde. Die Erde würde sich öffnen, und alle Weißen würden in den Abgrund stürzen, ihre Gebäude und Werkzeuge würden aber zum Gebrauch für die Indianer zurückbleiben. Das war der Funke, der jene Bewegung auslöste, die bald weitere Stämme erfaßte und als Geister-Tanz bekannt wurde. Die auf traditionelle Riten gegründete Zeremonie schloß den Tanz um den Totempfahl ein sowie Gesänge, die der Prophet im Trancezustand gelernt und verbreitet hatte. Eine Variante dieser Prophezeiungen von Wodziwob spornte die Komantschen zu großen Taten an. Sie lebten im Südwesten der Großen Ebenen und wußten von dem sich ausbreitenden Tanzkult bei anderen Stämmen. Sie erfanden ihren eigenen Sonnentanz. Im Zusammenhang mit dieser neuen Bewegung erhob sich der Prophet Isatai, ein Schamane mit großer

Macht und außerdem ein kühner Krieger. Er verkündete, daß er zum Himmel hinaufgebracht worden sei, um mit dem Großen Geist zu kommunizieren, und das Wissen, das er dort erworben habe, verleihe ihm nicht nur die Macht, die Toten wieder zum Leben zu erwecken, sondern auch die Immunität gegen die Kugeln des weißen Mannes. Er sei in der Tat fähig, jeden Indianer immun zu machen. Isatai sammelte daraufhin ein Heer von Kriegern und führte es bei einem großangelegten Überfall in Texas an. Sein Heer wurde von den Gewehren des weißen Mannes niedergemäht. In den anschließenden Schlachten erlitten die Komantschen derart schwere Verluste, daß sie im Jahre 1875 fast ausgelöscht waren. Ähnlich schwerwiegende Konfrontationen ereigneten sich in Burma, Neuguinea, in Teilen von Afrika.

Eine andere mögliche Reaktion der Zwerge ist, einfach die Kultur und Religion des Riesen zu übernehmen und zu versuchen, sich soweit wie möglich dieser Kultur, z.B. der westlichen, anzupassen. Das geschieht dann häufig in der Form schlichter Bekehrung zu einer der großen christlichen Religionen und des Erwerbs von westlichem Wissen und technologischem Können in den Missionsschulen. Weite Gebiete Afrikas folgten diesem Rezept. Für diese Reaktion spricht sehr viel, und in einer Zeit, in der viele Länder politisch unabhängig geworden sind, sind die Erben der Macht oft die Angehörigen jener Schichten gewesen, die sich am erfolgreichsten den christlichen und westlichen Werten angepaßt haben. Aber auch das hat gewisse Nachteile: Tritt eine Periode von Spannungen ein, wird der Riese die Gleichheit mit dem Zwerg nicht anerkennen, selbst wenn ihm dieser völlig ähnlich geworden ist. Und was geschieht mit den überlieferten Werten der Gesellschaft der Zwerge? Es ist sehr schwierig, rein kulturelle Elemente zu isolieren und sie dem Christentum unterzuschieben. Eingeborene Kultur, Ethik und Religion sind eng miteinander verflochten. Wie soll man es beispielsweise mit der weiblichen Beschneidung halten, die zu einem ganzen Komplex Initiationsriten für den Eintritt ins Erwachsenenalter gehört? In einigen Teilen Afrikas sah die Ehe ganz anders aus als die Form, die die Missionare im 19. Jahrhundert einführten. Und hinter diesen mehr oberflächlichen Fragen stecken noch tiefere Probleme des geistigen Gehalts und des Symbolismus der älteren Religion, die der Zwerg, wenn er sich assimiliert, aufgeben zu müssen glaubt.

Afrikanische Vorstellungen

Zu verallgemeinern ist immer fragwürdig, aber man kann eine Collage zusammenstellen, die einen Begriff von der Gesamtheit der Religionen einer Gruppe von kleinen Gesellschaften gibt. So läßt sich für Schwarzafrika eine Art afrikanisches Credo zusammenstellen.

Die Menschen sind gleichzeitig Teil der Natur und Herrscher über die Natur. Sie müssen sich auf die eigenen Entschlüsse und Kenntnisse verlassen, aber sie sind auch davon abhängig, wie und wann die Regenzeiten kommen, die Flüsse anschwellen, die Herden der Tiere wandern, wie die Fliegen sich vermehren und Krankheiten kommen. Sie müssen nach innen blicken auf ihre eigenen Fähigkeiten und nach außen auf die Freigebigkeit der Natur, so wie sie nun einmal beschaffen ist. Um sich selbst zu begreifen, betrachten sich die Menschen gegenseitig und wenden sich zurück, den Vätern und Vorvätern zu. Religion gehört ganz unmittelbar zu der Struktur des Volkes, des Klans, der Familie. Riten verewigen Solidaritäten. Wenn sie die Pubertät erreicht haben, müssen die Jungen der Gruppe tapfer und stark sein.

Die mit Fasten und Prüfungen verbundene Beschneidung wird sie zu Männern machen, und sie müssen bereit sein, zu arbeiten und zu kämpfen und die Bürden der Älteren auf sich zu nehmen. Bereit sein auch, zu heiraten, eine Familie zu gründen und das Leben der Großfamilie fortzuführen. Aber ein Mensch darf sich nicht nur die Weisheit und Erfahrung derer, die jetzt leben, zu eigen machen. Das Land hallt wider von den Stimmen der Ahnen. Es ist, als befänden sich die Vorfahren des Klans überall, in den Schatten bei der Wohnstätte, in den Feldern, im Dickicht, in dem Männer und Frauen arbeiten und jagen; sie scheinen über den Strömen zu schweben, aus denen Menschen und Tiere das lebensnotwendige Wasser schöpfen. Im afrikanischen Credo erkennen die Menschen die Ahnen an und ehren sie mit Riten, Trankopfern und Andenken. Sie sind Teil des fortdauernden Lebens des Menschen, denn sie sind Teil der Gesellschaft, wenn auch einer Gesellschaft, die hinausreicht über die gegenwärtig sichtbare Gruppe. Im Westen machen wir viel her von einem Sinn für Geschichte; im afrikanischen Credo besteht keine Notwendigkeit für Geschichte, denn die Ahnen sind mit den Gegenwärtigen. Als das Land erobert wurde, konnten sich die Stämme nicht mehr an das wenden, was ein afrikanischer Dichter »die klagenden Steine und den stöhnenden Wald« genannt hat, in denen die Ahnen ihr Wesen trieben. »Erst hatten wir das Land und ihr die Bibel, jetzt haben wir die Bibel und ihr das Land«, formuliert der trockene Humor des afrikanischen Protests. Aber die Ahnen sind mehr als nur unsichtbare Mitglieder der weiterlebenden sozialen Ordnung. Sie sind die lebendigen Toten und als solche Dolmetscher, Vermittler, sogar Botschafter. Denn sie sind der geistigen Welt näher als wir und können leichter mit den Gottheiten und mit Gott kommunizieren. Dabei sprechen sie die Sprache ihres Stammes, und jeder kennt sie persönlich. Hier ist ein alter Mann, der meinen Urgroßvater gekannt hat, überlegt sich vielleicht jemand. Wir haben also in unserer Gruppe guten Kontakt mit den lebendigen Toten, und sie werden uns bei unserem Verkehr mit den Geistern dieser Welt beistehen, von dem soviel abhängt. Die lebendigen Toten sind am nützlichsten und beliebtesten, wenn sie sich erst auf halbem Wege ins Jenseits befinden. Die Trank- und Speiseopfer für sie, die Rituale, durch die sie vor den Schwierigkeiten bewahrt werden, denen sie auf ihrem weiteren Wege ausgesetzt sind – diese Gaben und Handlungen ähneln fröhlichen Abschiedsfesten. Die Toten dürfen nicht zu nahe, aber auch nicht zu fern sein. Auf diese Weise sind sie gute Botschafter in der transzendenten Welt, die sich um uns herum befindet. Sie leben auf halbem Wege zwischen hier und dort.

Die Welt ist eine Hierarchie. Unter den Füßen sind die Steine und die Erde und das Gras. Sie sind am wenigsten beseelt, aber nicht ganz ohne eigenes Leben. Umgeben sind die Menschen von den Vögeln und wilden Tieren, den Fischen, Insekten, einer ganzen Skala lebendiger Dinge, die jedoch nicht wie die Menschen ausgestattet sind mit Geschicklichkeit, Wissen, Weisheit und geistiger Kraft. Dann gibt es die Menschen, einige natürlich mit mehr Charisma und Macht als andere, einige Gott näher, manche mehr zum Häuptling begabt als andere. Und dann gibt es die lebendigen Toten, diejenigen, an die man denkt, Menschen, die nach oben in die Geisterwelt entschwinden; darüber die Geister und Gottheiten, und über all diesen, manchmal sehr, sehr weit entfernt, der erhabene Geist, Gott, der Schöpfer und erste Menschenmacher.

Europäische Theologen und Philosophen haben oft gemeint, die meisten kleinen Gesellschaften seien intellektuell und sozial primitiv und somit sei ihr religiöser Glauben ebenfalls primitiv. Sie waren der Ansicht, daß Menschen in kleinen Gesellschaften entweder Polytheisten oder Animisten wären und an viele geistige Kräfte glaubten, die eher in den Bereich der Magie und des Zaubers gehörten. Sie trauten derartigen Völkern den Glauben an Gott nicht zu. Dieser Glaube sei eine »fortschrittliche« Vorstellung, etwas Einzigartiges, das wir den Äußerungen der genialen Propheten Israels und dem europäischen Erbe verdankten. Sogar Atheisten hatten eine ähnliche Ansicht, wenn auch für sie selbstverständlich der Atheismus das höchste Stadium der Evolution über den Theismus hinaus war. Der Theismus hatte seine Vorteile, indem er dem Polytheismus und Animismus den Garaus machte und den Weg für den modernen wissenschaftlichen Atheismus vorbereitete, lautete zuweilen das Argument von Atheisten. Es ist weitgehend Pater Wilhelm Schmidt zu verdanken, daß er in einem maßgebenden Werk: *Der Ursprung der Gottesidee* (die Bände erschienen von 1912 an) Belege gegen dieses Bild evolutionären Fortschritts zusammenstellte. Er wies recht ausführlich das Vorherrschen der Vorstellung eines höchsten Gottes unter den primitiven Völkern nach, das heißt, unter Völkern mit primitiver Technologie. Er drehte das übliche Bild völlig um.

Vielleicht kam der Glaube an einen einzigen Gott zuerst und wurde später überlagert von polytheistischen und animistischen Zügen, aber die Belege aus der Vorgeschichte sind zu bruchstückhaft, als daß wir feststellen könnten, was mit einiger Wahrscheinlichkeit zuerst kam und was nicht. Denn unserer Kenntnis früherer Glaubensvorstellungen sind kaum zu überwindende Grenzen gesetzt. Die Schädel von Toten verraten nichts über ihre Gedanken, und es wäre trügerisch, von heutigen »Primitiven« auf den frühen Menschen zu schließen, denn alle unsere Zeitgenossen haben eine ebenso lange Geschichte hinter sich wie wir. Vielleicht kann man zulässige Vergleiche zwischen modernen und alten Jagdritualen treffen – die Jagd heute ist vielleicht der Jagd in prähistorischen Zeiten nahe genug, daß man

Vermutungen anstellen kann. Aber wir können uns kein halbwegs sicheres Bild über irgendwelche evolutionären kulturellen Fortschritte machen. Vielleicht glaubte der frühe Mensch an einen Gott, vielleicht auch nicht; Theorien zum Ursprung der Religion sind Phantasievorstellungen ordnungsliebender Hirne und bar jeder Grundlage. Tatsache bleibt jedoch, daß es bei sehr vielen kleinen Gesellschaften den Glauben an den einen höchsten Gott, an einen alles überragenden Geist gibt. Er bildet eines der Motive des afrikanischen Credos, das ich hier zusammenstelle. Wie steht es nun um diesen afrikanischen Gott?

Der afrikanische Gott

Er überblickt alles. Man stellt ihn sich vor wie die Sonne, welche die Taten der Menschen und auch in ihre Herzen sieht. Aber er ist nicht wie wir, denn er hat (Zitat eines Gikuyu aus Kenia) »keinen Vater, keine Mutter, keine Frau, keine Kinder; er ist allein, er ist weder Kind noch alter Mann; er ist der gleiche heute, der er gestern war«. Oder, wie die Ila es tun, die negativen Bestimmungen anders anordnend: er hat kein Wann und kein Wo und kein Ende. Gott ist demnach der allessehende Geist ohne Ende. Aber sein Ort wechselt. Manchmal ist er so hoch, daß es zwischen ihm und den Menschen keine Verbindung gibt. Manchmal befindet er sich in einer Position, die eher vermittelnd ist. So schrieb Kenyas erster Präsident, ein geschulter Anthropologe, über Ngai, das höchste Wesen der Gikuyu, wie folgt: Er hat keinen Vater, keine Mutter oder Gefährten irgendeiner Art. Er liebt oder haßt Menschen, je nach ihrem Verhalten. Der Schöpfer lebt im Himmel, aber er hat vorübergehende Wohnstätten auf Erden, in den Bergen, wo er sich ausruhen kann während seiner Besuche. Die Besuche macht er, um eine allgemeine Prüfung der Dinge, *Koroora thi,* vorzunehmen, um den Menschen Segnungen und Strafen zu bringen... Ngai kann von sterblichen Augen nicht gesehen werden. Er ist ein fernes Wesen und nimmt wenig Interesse an den einzelnen bei ihrem täglichen Gang durchs Leben. Doch in den entscheidenden Augenblicken des Lebens ruft man ihn an. Bei Geburt, Initiation, Heirat und Tod jedes Gikuyu wird durch den Glauben die Kommunikation mit Ngai hergestellt... Es heißt, daß der Blitz einige der Waffen Gottes sichtbar repräsentiert, die er im voraus benutzt, um die Menschen auf sein Kommen vorzubereiten und den Weg freizumachen. Seine Annäherung wird nur durch die Geräusche seiner eigenen Vorbereitungen angekündigt. Donner ist das Knacken seiner Gelenke, wie bei einem Krieger, der sich zum kommenden Kampf rüstet.

(*Afrika* X, S. 308–328)

Gott versorgte die Menschen mit Tieren und Früchten und anderen Notwendigkeiten des Lebens, als er die Welt schuf; er ist demnach grundsätzlich gütig, auch wenn er geheimnisvoll und gefährlich unberechenbar ist, weil er sich so sehr vom

Menschen unterscheidet. Dies tritt zutage in vielen Geschichten, die aus verschiedener Sicht unter Verwendung verschiedener Symbole die Legende von der Entfremdung des frühen Menschen von Gott darstellen. Ihr zufolge stieg der Gott immer höher hinauf in den Himmel und vergrößerte die Entfernung zwischen sich und den von ihm geschaffenen Menschen, die töricht und ungehorsam waren, gewaltig. In einer Geschichte aus Westafrika heißt es, daß die Mutter der ersten Menschen in einem Mörsergefäß Essen vorbereitete und dabei so mit dem Stößel stampfte, daß sie Gott traf, der im Himmel, aber nahe den Menschen lebte. Um die Schläge zu vermeiden, zog er etwas höher hinauf. Das gefiel ihr nicht, und sie veranlaßte die Menschen, die Mörser zu einem Turm aufeinander zu stapeln, damit sie Gott wieder erreichen könnten. Sie kamen ihm sehr nahe, konnten ihn aber trotzdem nicht erreichen. Ein Mörser mehr hätte es geschafft. Natürlich fiel der Turm ein, und viele Menschen wurden dabei getötet. Diejenigen, die überlebten, gaben den Ehrgeiz auf, Gott zu erreichen. Wie so viele andere, ist dieser Mythos ebenso naiv wie subtil. Eine seiner Lektionen tritt immer wieder als Motiv in den Weltreligionen auf: man kann nicht nach der Unsterblichkeit, nach der göttlichen Substanz greifen. Menschen, die das versuchen, setzen sich seltsamen Unglücksfällen aus, Zeichen von Gottes Zorn. Sollte nicht der Turm zu Babel als eine Bastei dienen, um zum Himmel zu gelangen? Es liegt bei Gott, zu geben, und nicht beim Menschen, zu nehmen. Die afrikanische Geschichte zeigt, daß der Mensch zu ehrgeizig ist und immer dumm. Sie stellt auf ihre merkwürdige Art die Majestät Gottes heraus, die stets höher ist, als unser Geist reichen könnte.

Indessen birgt das afrikanische Credo auch häufig eine tiefe Sehnsucht nach jener glücklichen Frühzeit, in der Gott tatsächlich den Menschen nahe wohnte. Es war ein goldenes Zeitalter. Und mit der Sehnsucht vermischt ist ein Gefühl, daß Gott zu erhaben ist, um sich mit den kleinen Katastrophen der Menschen zu befassen, und es daher am besten ist, wenn wir für die richtigen Beziehungen zu Mutter Erde sorgen oder zu dem wilden Geist des Sturms, zu der Gottheit des Erzes oder zu den Geistern des Regens und zu jenen Ahnen, die für die Fruchtbarkeit der Ernten so wichtig sind. Weil Gott so entfernt lebt, sind die Schreine und Opferzeremonien im Freien, die Tänze und Gebete im allgemeinen für jene Gesandten des Erhabenen bestimmt, welche die unmittelbare Welt um die Menschen kontrollieren. Hier und da erkennt man, wie die Geister der Ahnen die Propheten und Schamanen in Besitz nehmen und den Stamm auf diese Weise führen können auf dem gefährlichen Pfad des Lebens, auf dem Übertretungen Unheil bringen in einer Welt, in der Mensch und Geist ein nahtloses Ganzes bilden, so daß moralische Übertretungen in der Natur Widerhall finden. Diese Verflechtung bedeutet, daß der Mensch die Naturkräfte im Guten oder Bösen kontrollieren kann, daher ist seine Welt auch eine Welt des Heils und des Zaubers, und die Spezialisten in heiligen Dingen haben wundersame Macht.

Dies ist die Welt, die von dem weißen Eindringling mit seinen eigenen Kräften und seiner eigenen Weltanschauung zerrissen wurde. Für ihn steht der Mensch gegen die Natur, die gezähmt werden muß. Für den Afrikaner befindet sich die Natur – die Geister der Welt – in Kommunikation mit uns, und die Menschen sind Teil der Savanne und des Regenwaldes.

Kleine Nationen und die Macht

Ein solches gemeinsames afrikanisches Credo läßt sich zwar entwerfen, es darf jedoch nicht die Tatsache verdecken, daß die meisten Stämme wesentlich stärker ihre Unterschiede als ihre Ähnlichkeiten empfinden. Afrika ist ein Kontinent von winzigen Nationen, von Stammeswelten, in denen die einzelnen Gruppen ihre besonderen Sprachen sprechen und eigene Götter, Riten, Gebräuche und Zugehörigkeitsgefühle haben. Die Ankunft des weißen Mannes hat vielleicht dazu beigetragen, Schwarze verschiedener Gruppen politisch zu vereinen, aber die Gruppen bleiben als solche bestehen, wie es die tragischen Ereignisse der Bürgerkriege in Nigeria und Angola bewiesen haben. Afrika ist ein vielfältigeres Mosaik als seine politischen Grenzen glauben machen.
Ein weiteres Charakteristikum aller afrikanischen Religion ist der Sinn für Macht in jeder Beziehung. Die verborgenen Kräfte der Natur und der sozialen Welt müssen in eine Harmonie gebracht werden, müssen bewältigt und zu unserem Vorteil im Zaum gehalten werden. Der Zerfall der Macht der älteren Kultur bringt daher ein größeres Problem der Anpassung mit sich.
Angesichts des Opfers der eigenen Identität, das der Afrikaner unter Umständen bringt, indem er schlicht die Religion der Eindringlinge übernimmt, wundert es nicht, daß er dann doch einen der übrigen Winkelzüge der Zwerge ausprobiert. Hinter der Assimilation ist die Möglichkeit neuen religiösen Eigenlebens präsent: praktisch einer Afrikanisierung des Christentums.
Ich weiß nicht, ob die folgende Geschichte zu glauben ist oder nicht, aber sie wurde mir von einem Priester erzählt. Er war Kaplan an einer Universität, an der ich lehrte, und hatte eine Schallplatte von einer berühmten afrikanischen Messe erworben, auf der »sprechende« Trommeln zu hören waren. Zu seiner Freude fand er einen afrikanischen Studenten aus dem entsprechenden Gebiet Afrikas, der »sprechende« Trommeln verstand.
Er spielte ihm die Platte vor. War der Afrikaner nun entzückt über die Klänge? »Natürlich«, sagte der schwarze Student. – »Und haben Sie sie verstanden?« fragte mein Freund. Der Afrikaner schüttelte traurig den Kopf. »Nein«, sagte er, »es war alles auf Latein.« Wenn das zuträfe, hätten wir hier ein Beispiel nur oberflächlicher Afrikanisierung. Aber die neuen religiösen Botschaften, die über die weiße Grenze zu uns dringen, haben sehr tiefe Wurzeln.

Die neuen afrikanischen Formen des Christentums legen natürlicher-, aber auch paradoxerweise dem Alten Testament größeres Gewicht bei. Paradoxerweise, weil das Neue Testament von Liebe erfüllt ist und das Alte Testament dem arroganten Verhalten der Riesen eigentlich näher zu sein scheint. (Im Grunde ist der hebräische Gott, wie er dem oberflächlichen Blick erscheint, nicht so, aber man könnte durchaus das Alte Testament als Rechtfertigung für Realpolitik interpretieren.) Im Neuen Testament steht die Liebe und Erfüllung im Vordergrund. Der Zwerg könnte, so erwartet man, sich leicht mit den Schwachen identifizieren, die einst die afrikanische Erde erben würden.
Aber die Betonung des Alten Testaments steht natürlich im Zusammenhang mit dem afrikanischen Credo, das ich zusammengestellt habe. Das Alte Testament ist zwar gegen Götzen, gegen Baals – und eine Menge afrikanischer Geister sind Baals in ihrer Funktion –, aber man sollte sich auch die anderen Motive der hebräischen Bibel betrachten.
Gott lebte einst den Menschen nahe: er wandelte schließlich mit unseren ersten Vorvätern im Garten Eden. Sie übertraten törichterweise sein Gebot und mußten ein hartes Leben der Arbeit auf sich nehmen, wenn Gott sie auch mit dem Nötigsten versorgte, denn es gab Tiere und Bäume und den Boden zum Bearbeiten. Gott wohnt im Himmel und manifestiert sich in Donner und Blitz. Er steht dem Menschen auch im Kriege bei. Er erscheint den Propheten, die ihr Volk leiten und ihm helfen, die Prüfungen von Knechtschaft und Exil zu überstehen. Er ist über Tieropfer erfreut und gebietet den Menschen die Beschneidung. Er erlaubt Polygamie. Seine bevorzugte Wohnstätte, wenn er die Erde aufsucht, sind Berge. Seine ersten Anhänger waren Hirten, und ihr Leben war schlicht.
Es sieht so aus, als könnten die afrikanischen Werte in der Tat leicht mit denen des Alten Testaments verbunden werden. Manchmal gibt es recht kräftige Andeutungen in den afrikanischen Predigten, daß das Neue Testament das Buch der Weißen sei und daß sie Demut predigten, um den eroberten Völkern Afrikas Unterwürfigkeit einzuimpfen. Freilich muß man gerechterweise auch darauf hinweisen, daß nationalistische Bewegungen – und nicht nur in Afrika – von missionarischen Sympathisanten häufig unterstützt und ermutigt werden. Im 19. Jahrhundert empfahl das englische Foreign Office, daß Bibeln stets von Kommentaren begleitet sein müßten, damit die Völker im Osten nicht die falsche Botschaft bekämen. Die Bibel als gefährliche Sammlung von Dokumenten! Ein Freund von mir, damals junger anglikanischer Priester, war verblüfft, als er kurz vor dem Zweiten Weltkrieg in Südafrika eintraf und einen Afrikaner sagen hörte, die Church of England sei eine gefährliche Organisation. Meinen Freund freute dies, da ihm der Ruf von Kraftlosigkeit, der dieser Kirche in England anhaftete, ebenso gerechtfertigt wie deprimierend schien. Viel von dem Dynamit, das die christlichen Kirchen nach Afrika brachten, konzentrierte sich in der Bibel; es konnte durchaus in den fal-

GESCHICHTEN UND LEGENDEN

Es sind weitgehend Geschichten und Legenden über die Art und Weise, in der die andere Welt auf die unsrige einwirkt, die den religiösen Überlieferungen zugrundeliegen. Manchmal deuten die Gelehrten die Geschichten einer Religion als Mythen, wobei der Begriff im technischen Sinne gebraucht wird und nicht wie in der Alltagssprache, in der ein Mythos gleichbedeutend mit unwahr ist. Ein Mythos hat meist verschiedene Schichten von Bedeutungen, weshalb die Interpretation von religiösen Geschichten entscheidend für die Fortdauer einer religiösen Überlieferung ist.

Christus in Kana. Die Evangelien bilden eine Chronik aller bedeutsamen Geschehnisse während der Laufbahn Christi auf Erden. Die Geschichten erzählen unter anderem die Wunder oder »Zeichen«, die er vollbrachte – Wunder als Zeichen seiner Macht und seiner Einstellung den Menschen gegenüber. Das hier von Giotto dargestellte erste Wunder war die Verwandlung von Wasser in Wein bei der Hochzeit zu Kana in Galiläa. Die Geschichte ist unter anderem auch symbolisch für die Wandlung, die Israel unter der neuen göttlichen Ordnung erwartet, wenn die historische Bestimmung der Juden durch die Ankunft Jesu als Messias verwandelt sein wird. Aber sie steht außerdem für die Beteiligung von Jesus an menschlichen Dingen und für die Segnungen, mit denen er die Ehe bedenkt.

Buddha und der Leichnam. Obwohl der Buddhismus einen Glauben an Gott nicht zwangsläufig einschließt, liegt in der Art und Weise, in der die transzendente Welt im Leben Buddhas aufgefaßt wird, etwas Geheimnisvolles. Sein Leben verlief ganz anders als das von Christus, denn Buddha erlebte ein friedvolles hohes Alter im Gegensatz zu der kurzen stürmischen Laufbahn von Christus. Trotzdem ist auch in Buddhas Geschichte ein Drama enthalten. Hier wird dargestellt, wie er einen toten Mann sieht, ein Ereignis, das den jungen Prinzen unter anderem davon überzeugte, daß die Welt erfüllt von Leiden ist. Letztlich verließ er aus diesem Grunde Frau und Kind, um sich auf spirituelle Suche zu begeben, die ihn zur Erleuchtung und damit zu einer Lösung für das Problem des Leidens führen sollte. △

Buddhas Abschied. Eine chinesische Version von Buddhas Abschied von seinem getreuen Diener und Pferd, die ihm halfen, heimlich zu fliehen, um sich auf den geistigen Pfad zu begeben. Auf diesem Pfad praktizierte er, zum Teil in Gesellschaft von fünf Asketen, Askese und verschiedene Arten der Selbstdisziplin. ▷

Predigt Buddhas. Die Asketen konnten Buddha letztlich nicht helfen, der schließlich zur höchsten geistigen Einsicht gelangte. Erleuchtung aus eigener Kraft. Aber seine erste Handlung danach war, seinen früheren Gefährten im Wildpark von Sarnath bei der heiligen Stadt Benares eine Predigt zu halten. Diese erste Predigt bezeichnete den Anfang von Buddhas Lehrberuf, den er bis zu seinem Hinscheiden an die fünfzig Jahre lang ausübte. △

Demeter und Persephone. Nicht alle Mythen oder Geschichten handeln von historischen Personen. Dieses Relief zeigt Demeter, die Mutter Erde, mit ihrer Tochter Persephone. Die Geschichte wurde als Teil des Mysterienkults in Eleusis bei Athen immer wieder nachgespielt. In einem ganz wesentlichen Sinne konnte auch das Christentum als Mysterienreligion gelten, denn es betonte die Verwandlung des Menschen innerhalb des Rahmens der geheiligten Wiederholung der göttlichen Geschichte. ▷

jheronimus bosch
144

Der unartige Krishna. Eine der beliebtesten Gestalten im Hinduismus ist Krishna, Inkarnation oder Avatar von Vishnu. Der Überlieferung zufolge wuchs er bei Adoptiveltern in Brindaban bei Agra, Nordindien, auf. Dort überließ er sich in seiner Jugendzeit den verschiedensten liebenswerten und sogar unartigen Streichen, dessen berühmtester das Entwenden der Kleider der Milchmädchen war, die im Fluß badeten. Seine Liebesabenteuer gelten als Symbol für die Liebe Gottes zu den Menschen.

◁ *Die drei Weisen aus dem Morgenlande. Die Geschichte des Jesuskindes und der Weisen aus dem Morgenlande, die angereist kamen, um es anzubeten, stellt vielleicht eine Zusammenfassung des Wesen eines Mythos überhaupt dar, denn sie führt den Menschen vor, wie die himmlische Welt auf diese Welt einwirkt und menschliche Dinge mit göttlicher Bedeutung ausstattet.*

Rama. Eine andere wichtige Inkarnation Vishnus ist Rama, ein edler Krieger und König, dessen Heldentaten im Ramayana, einem der beiden großen indischen Epen – das andere ist das Mahabharata – zur Unterhaltung wie ihrer geistigen Bedeutung wegen erzählt werden. Bei einer von Ramas Heldentaten ging es um den Dämonenkönig von Ceylon, der Ramas geliebte Tochter Sita entführt hatte. Rama sicherte sich die Hilfe des Affengottes Hanuman und dessen Anhänger für ihre Befreiung. Hanuman ist ein volkstümlicher Gott in Indien, wo Affen ein hoher Status und Schutz gewährt wird. Hier bedient Rama den Hanuman an dessen Hof; das Bild ist eine Illustration aus einem Manuskript des Ramayana. △

Himmelfahrt Mohammeds. Daß Moslems Mohammed abbilden, ist ungewöhnlich; derartige Abbildungen gelten als Blasphemie. Aber in der gelösteren Atmosphäre des persischen Islam begegnen wir auch Bildern des Propheten, der hier zum Himmel hinaufreitet. Die Geschichte seines geheimnisvollen nächtlichen Rittes, die ihren Höhepunkt in dem wunderbaren Besuch der heiligen Stadt Jerusalem hat, ist von großer spiritueller Bedeutung, vor allem für moslemische Mystiker, die in dieser »Nachtreise« ein Symbol für die Möglichkeit sehen, daß die Seele zu Gott aufsteigen kann. ▷

چو آن سلطان عرش آرای برجست
براقش همچو برق از جای برجست
ز بطن وادی بطحا قدم زد
ببام مسجد اقصی علم زد

schen Händen »explodieren«. Ironischerweise spürten die weißen Missionare selbst die Schockwellen, als schwarze Propheten anfingen, das Buch auf alle möglichen neuen und für orthodoxe Christen beunruhigende und ketzerische Weisen auszulegen. Wir wollen es nicht übertreiben: diese neuen Bewegungen kehren dem Neuen Testament nicht gerade den Rücken, aber sie gehen eindeutig von der Verwestlichung afrikanischer Sitten zur Afrikanisierung der westlichen Einflüsse über. Sehen wir uns zwei Beispiele genauer an.

Kimbangu im Kongo

Eine der mächtigsten dieser neuen Bewegungen entwickelte sich aus den Predigten von Simon Kimbangu 1921. Er war in einer englischen Baptisten-Mission erzogen worden und hatte auf dem Weg über Visionen des höchsten Wesens einen Ruf erhalten. Er predigte gegen Vielgötterei und befand sich somit auf dieser Ebene in Gegenposition zur afrikanischen religiösen Überlieferung. Aber in anderen Bereichen traf sein Predigen auf tiefen Widerhall im afrikanischen Bewußtsein und auf alte afrikanische Hoffnungen. Er verfügte über die charismatische Kraft eines eingeborenen Schamanen oder ekstatischen Propheten, vollzog Wunderkuren und tat, wie berichtet wird, andere Wunder wie Erweckung von den Toten. Er verlangte die Taufe und das Beichten von Sünden und kündigte das Bevorstehen einer neuen Zeit an, in der fremde Herrscher aus Afrika hinausgeworfen würden. Kein Wunder, daß ihn viele seiner Anhänger für einen schwarzen Christus hielten. Er war auch der David, der geboren war, um gegen Goliath zu kämpfen. Seine Voraussage eines neuen goldenen Zeitalters für den Afrikaner war Ausdruck eines starken nationalistischen Geistes, während seine Verheißung der Rückkehr der Toten im neuen Zeitalter die Solidarität mit den Ahnen wiederherstellte, die durch die fremde Eroberung zerstört worden war. Simon Kimbangu starb indessen vor der verheißenen Zeit 1950 in einer Zelle des Gefängnisses von Elisabethville. Er war ein Märtyrer und für seine Anhänger vielleicht göttlich.

Aber ein anderer Prophet verlieh schon damals der neuen Bewegung neuen Schwung, teils weil auch er als Märtyrer starb – und somit über das Grab hinaus lebte. Das war André Matswa, der im Ersten Weltkrieg in Frankreich gekämpft und sich später um französische Hilfe für die Freiheit des Kongo bemüht hatte. Auch er endete im Gefängnis und starb 1942, immer noch in der Hoffnung auf die Freiheit der Kongolesen, deren Lothringerkreuz zu den Symbolen seiner Kirche gehörte.

Die Kimbangu-Bewegung spielte sich ab im Rahmen des als »Kirche Jesu Christi auf Erden mit dem Propheten Simon Kimbangu« bekannten Glaubens. Er lehnt religiöse Eingeborenenkulte ab und geht gegen jede Form von Zauberei und Magie vor, ist jedoch auch dem weißen orthodoxen Christentum feindlich gesonnen und vor allem den römisch-katholischen Missionen, denn man hielt die Missionare für beteiligt an der Verhaftung und damit am Tod von Simon Kimbangu. Kimbangus baptistische Erziehung verstärkte diese Feindseligkeit, und die Riten der neuen Kirche sind stark beeinflußt durch die strenge Liturgie biblischen Protestantismus'. Es besteht wenig Zweifel daran, daß die »Kirche Jesu Christi auf Erden« mitgewirkt hat an der Wiederbelebung, Modernisierung und Würde der afrikanischen Völker des Kongo, unter denen sie sich ausbreitete. Kimbangu, das Krokodil Gottes, hat den Schwanz eingerollt und in den Rüssel des eindringenden weißen Elefanten gebissen.

Zion im Zululand

Die Zionistische Kirche, die sich von den Erfahrungen und Lehren des Propheten Shembe in Südafrika herleitet, war im Prinzip nicht viel anders, nur weniger offen nationalistisch orientiert. Eingeborene schwarze Kirchen mußten einfach zwangsläufig in Südafrika wegen des offenkundigen Widerspruchs zwischen dem Ethos des Christentums und der Rassentrennung entstehen. Und wieder war es das Neue Testament, das in der Achtung der Schwarzen Einbuße erlitt, eben weil es den Kern des Glaubens der Weißen bildete. Es entstand eine hoffnungslose und ironische Situation und blieb es auch; man kann verstehen, warum es den Afrikanern nicht schwerfiel, sich mit den frühen Juden zu identifizieren und auf ein neues Zion zu hoffen. Könnten sie es in ihrem schönen und zerrissenen Land errichten?

Jesaja Shembe, Gründer der Ama-Nazaretha-Kirche, war ein großer Visionär und ein neuer Moses. Schon als Kind, aber auch später, als er älter war, hatte er Visionen. Diese Visionen fanden bezeichnenderweise immer zur Zeit von Gewittern statt, ähnlich wie bei den Propheten des Alten Testaments. Ein Mensch war da, eine Landschaft und Gott, der von den Wolken herab sprach; Jesajas Visionen hatten Zusammenhang und Dynamik. Im Jahre 1911 gründete er seine Kirche und errichtete Schreine während des Ersten Weltkrieges an erhöhten Orten, nach dem Vorbild der alten Israeliten, zunächst in Ekhuphakameni und später auf einem »Berg Zion«, dem Mount Nhlangakazi. Sie wurden zu Wallfahrtsorten, und Shembe wurde bei den stolzen, aber unterworfenen Zulus berühmt. Für sie war er eine Art Messias. »Ich bin Shembe«, erklärte er mit tiefer und bewegender Stimme, »der Diener des Herrn, der gekommen ist, um die Tränen des Volkes abzuwischen. Der Friede Gottes sei mit euch. Ich komme von weither zu euch, gesandt vom König.« Von weither: damit wurde der transzendente Ursprung seiner Berufung mit Anklängen an das ferne Zion zusammengefaßt. Er war König der Nazarener und ein Prophet des Zulu-Volkes.
Dies also war die Gründung einer weiteren revolutionären Kirche. Sie sammelte die Bestrebungen aller derer, die unter dem Druck der Kräfte, die unwiderstehlich im Guten wie im Bösen über die Weiße Grenze geströmt waren, neu über den

Sinn ihrer Existenz nachdachten. Dabei war Shembe seltsamerweise kein Krieger, obwohl die Zulus schwer um ihre Freiheit gekämpft hatten. Im Gegensatz dazu hatte Kimbangu seinen Stammesgenossen, die betäubt von der Hitze im Kongo schliefen, als ihnen ihre Länder von Belgiern und Franzosen entrissen wurden, den Krieg gepredigt.
Es ist noch zu früh, um zu beurteilen, ob diese Bewegungen außerhalb der Assimilation Erfolg haben. Aber selbst wenn sie erfolgreich sind, weichen sie doch der Herausforderung der Universalität aus, die zu den bezeichnendsten Ansprüchen gehört, welche über die Weiße Grenze getragen wurden.

Synkretismus und der Gott Cao Dai

Eine andere, Zwergen mögliche Reaktion auf die furchterregende Invasion von Riesen besteht in offenem Synkretismus. Die Visionen des Typus von Propheten, den wir schilderten, haben deshalb Erfolg, weil sie echten politischen und geistigen Bedürfnissen entgegenkommen. Es ist jedoch ebenso möglich, sich etwas gelassener zu verhalten und eine Art Vernunftehe zwischen den zwei Kulturen zu versuchen. Ein Beispiel hierfür gab es in Süd-Vietnam – und gibt es vermutlich noch, denn die siegreichen Nordvietnamesen gehen in religiösen Fragen vorsichtig vor. Der Caodaismus muß vor dem Hintergrund der französischen Kolonialherrschaft in Indochina und der unvermeidlichen Anpassungen gesehen werden, zu der sich die vietnamesische Kultur und Religion bequemen mußte. Die Vietnamesen befanden sich im chinesischen Einflußgebiet, waren aber ganz entschieden nicht chinesisch; im Gegenteil, es bestand ein kultureller Antagonismus zu China, der schon lange vor der marxistischen Epoche da war und gewisse Erscheinungen in diesem Land begreifen hilft: während der langen Kriegsjahre wandten sich die Nordvietnamesen mehr an Moskau als an Peking, obwohl sie klugerweise gute Beziehungen zu beiden unterhielten.
Aber blicken wir weiter zurück, auf die Zeit nach dem Ersten Weltkrieg, als noch kein Gedanke an Kennedy und Napalm existierte und die Hoffnung auf Befreiung vom französischen Kolonialismus erst auf schwacher Flamme kochte. Das unmittelbare Problem damals war kultureller Natur. Der Buddhismus und die anderen Religionen waren daran gewöhnt, friedlich nebeneinander zu leben und sich dabei langsam anzugleichen. In dieser Atmosphäre entstand der Caodaismus – als fruchtbares Zusammenspiel zwischen der vietnamesischen und der französischen Art zu leben und zu denken. Dabei sollte man im Auge behalten, daß das wichtigste westliche Missionsunternehmen in Indochina römisch-katholisch und nicht protestantisch war; wie wichtig dieser Unterschied ist, erkennt man, sobald man die Situation mit der an anderen Abschnitten der Weißen Grenze vergleicht.
Der Caodaismus entwickelte sich aus den prophetischen Visionen von Van Chioy und dem Organisationstalent seines prominentesten Bekehrten Le Van-trung. Es

handelte sich um eine Kombination aus Intuition und praktischer Tüchtigkeit, ähnlich der Aufgabenteilung zwischen Ramakrishna und Vivekananda oder zwischen Mao und Tschu En-lai. Die Kirche, die Van Chioy und Le Van-trung stifteten, hatte katholische Struktur, östliche Inhalte und besaß Elemente der christlichen Lehre. Sie versuchte, einen neuen Universalismus zu entwerfen und konzentrierte sich auf die Beziehung zwischen Ost und West, zwischen Buddhismus und chinesischen Religionen einerseits und dem Christentum andererseits. Zu den als heilig Verehrten gehörten Sun Yat-sen und Victor Hugo. Die Ideale von Sun Yatsen sind allerdings inzwischen überholt (er war ein politischer Synkretist). Einer meiner Freunde begab sich einmal in das Hauptquartier des Caodaismus unweit der Grenze an Kambodscha, nordwestlich von Saigon. Bei einem Festessen saß er neben einem eindrucksvollen jungen Mann, der sich als Reinkarnation von Victor Hugo vorstellte und eifrig dabei war, dessen Werk fortzusetzen, als hätte Victor Hugo nicht schon genug geschrieben. Aber es ist leicht, so etwas zu belächeln. In vieler Hinsicht repräsentierte der Caodaismus eine imposante Synthese der Kulturen. Sie mißlang, weil sie überholt wurde durch eine machtvollere Bewegung, den vietnamesischen Marxismus. Und Victor Hugo konnte es nicht mit den Kalaschnikow-Gewehren noch mit den Überzeugungen der Männer aufnehmen, die diese Gewehre bedienten. Als Ho Tschi-minh und Giap nach einem langen und erbitterten Bürgerkrieg siegten, legten sie der Dritten Welt eine ganz neue Konzeption vor.

Eine andere Lösung für die Dritte Welt

Der Zwerg machte eine Entdeckung: der Riese hatte mehr als eine Seele. Blickte man zuerst über die Weiße Grenze, dann schien alles mehr oder weniger gleich. Beim zweiten Blick aber sah man Widersprüchlichkeiten und Verwirrendes. Man erkannte, daß es mindestens zwei Arten von Riesen gibt. Beide Arten sind zwar weiß, aber eine davon ist revolutionär. Keine absolute Notwendigkeit also, sich mit den jeweiligen Regierungen abzufinden – man kann sich auch mit jenen verbünden, die gegen sie arbeiten. Die Revolution in Europa könnte also ein Verbündeter für die Erhebung in Afrika oder Asien werden. Den meisten von denen, die die Macht hatten, bedeutete die Bibel offenbar wenig, hingegen hatte Revolution etwas Magisches, der weiße Mann selbst glaubte an sie, und sie hatte Disziplin. Es ist überhaupt hochwichtig, die Bedeutung der Disziplin als eines Schlüssels zu mancher neuen Religion, mancher Revolution, nicht zu unterschätzen. Der Einfluß des Westens entlang der Weißen Grenze führt unweigerlich zur Desintegration von Gesellschaft. In den traditionellen Gesellschaften wurden die Verhaltensnormen den Menschen auf natürliche und einfache Weise übertragen. Wenn aber ein gesellschaftliches Gefüge zerrissen ist, braucht man neue und stärkere Bindemittel. Einer der wichtigsten Züge des Marxismus besteht darin, daß er

über eine Theorie verfügt, die Zustimmung und damit Hingabe erzwingen kann, und über eine Praxis, die hart sein mag, aber zu Vereinheitlichung führt. Die neuen religiösen Bewegungen verlangen ebenfalls Disziplin. Auseinanderfallende Gesellschaften in nationalistischen Unruhen sind ein natürlicher Nährboden für die Ausbreitung des Marxismus. Jedoch besteht dann die Tendenz, daß der Nationalismus einen Marxismus recht stolzer und unabhängiger Art hervorbringt.
Wir hätten also einen weiteren Zug des Zwerges im Spiel gegen den Riesen gefunden: dem revolutionären Riesen seine Ideologie zu nehmen und sie zu nutzen, um die Ideale der verhältnismäßig kleinen eigenen Gesellschaft zu stärken. Auf diese Weise kann der Marxismus die Funktion einer der neuen Religionen erfüllen – wie er das in Maos China ja auch getan hat.

Assimilation durch die kleinen Gesellschaften

Mit einem neuen Schachzug kann der Zwerg also versuchen, die Werte des Riesen innerhalb der Struktur der eigenen Gesellschaft und Religion zu absorbieren. Im allgemeinen funktioniert das allerdings nicht so ganz, sondern bleibt nur eine rührende Antwort auf eine übermächtige Herausforderung. Am deutlichsten wird das in den sogenannten Cargo- (»Schiffsladung«) Kulten, die auf den pazifischen Inseln und in Neuguinea dominierend gewesen sind. In beiden Fällen handelt es sich um sehr kleine Gesellschaften. Papualand und Neuguinea bestehen aus unzähligen winzigen, sozialen Gruppen, die durch Berge und Dschungel voneinander abgeschnitten leben. Es gibt Dialekte in Hülle und Fülle und ebenso eine große Mannigfaltigkeit von Sitten und Gebräuchen. Die Gruppen auf der großen Insel entsprechen den Bevölkerungen auf den kleinen Inseln von Melanesien im Norden und von Polynesien. In diesem weiten Bereich ist der Riese schon sehr riesig und der Zwerg in der Tat winzig klein.
In ihrer einfachsten Form wurde die Cargo-Legende 1914 in der Torres-Straße zwischen Australien und Neuguinea verkündet. Es hieß, ein großes Schiff würde mit einer großen Ladung Geld, Mehl, Werkzeuge, Kleidung u.ä. die Insel Saibai anlaufen. Diese Dinge seien den Einwohnern von den Europäern gestohlen worden, würden jetzt aber zurückgegeben. Mit dem Eintreffen dieser Güter würde ein neues Zeitalter der Gerechtigkeit und des Wohlstandes einsetzen.
Für die Inselbewohner waren die Cargo-Kulte rationale Handlungen. Während des amerikanischen Krieges gegen Japan im Pazifik sahen sie gewaltige Ungeheuer aus Metall, die gute Dinge (aber auch böse) aus dem Himmel heranbrachten. Sie standen vor neuen Realitäten und reagierten auf sie entsprechend den eigenen Theorien und Wertvorstellungen. So gehörte zu den neuen Cargo-Kulten das Auslegen ritueller Flugplätze, wo Beschwörungen stattfanden, um aus dem Himmel und aus der Ferne gute Dinge in magischen Flugzeugen anzusaugen. Wahrscheinlich war es ganz gut, daß das keinen Erfolg hatte. Die guten Dinge kamen

schließlich sowieso, aber als sie dann kamen, wurde das überlieferte Leben vernichtet, Vergnügungen für Glück eingehandelt und Wunderdinge für die alte Ordnung. Die guten Dinge im Leben gibt es eben niemals umsonst.
Wenn eine Gesellschaft eine fremde Kultur in die eigenen Rituale und das eigene Wertsystem absorbieren will, muß sie schon recht groß sein. Den Indern ist das viele Male gelungen, aber Indien ist auch besonders reich und absorptionsfähig. Für die Melanesier und Papuas war die Aufgabe zu schwierig. Die Trompete erklang an der Küste von Neuguinea, aber das Schiff wurde nie am schimmernden Horizont gesichtet; grüne Lichtungen im Busch kündeten in feierlichem Ritual die Ankunft von irgendeinem Großen an (des amerikanischen Präsidenten vielleicht, wie einmal ein Gerücht ging), aber am Himmel zeigten sich nur uninteressante schwarze Vögel, die schon immer dort gewesen waren.

Eine andere Lösung? Die Toraja und der Kampf

Ein weiteres mögliches Vorgehen ist – keinerlei Vorgehen, Überleben ohne Konzessionen. Dafür müssen die Umstände natürlich günstig sein. Der Feind ist vielleicht gespalten, und das Gebiet schwer zugänglich. Es gelingt nicht oft, aber es kann gelingen.
Die büffelopfernden Toraja, klassenbewußt und immer voller Todesangst, bewohnen ein Gebiet auf Celebes (indonesisch: Sulawesi). Da Indonesien derart vielgestaltig und auf viele Inseln verstreut und dezentralisiert ist, haben die Toraja im wesentlichen trotz Missionaren und Verwaltungen ihre Identität und ihre Religionen behalten. Vielleicht die Hälfte von ihnen ist christlich, einige sind Moslems, aber es gibt die große Menge derer, welche den alten Überlieferungen treu bleiben und gleichzeitig Teil der vielschichtigen Politik und Vetternwirtschaft des indonesischen Systems geworden sind.
Als aristokratisches Volk, das in den hügeligen Gebieten im Süden von Celebes lebt, weihen sie sich einem komplizierten Totenkult. Büffelopfer sind der Mittelpunkt von großen Festlichkeiten des Todes, bei denen die Ahnen gefeiert und eine breite Skala von Gottheiten beschworen wird. Die Religion widerspricht ganz unmittelbar dem Christentum der Missionen: der holländische Calvinismus schätzt das Aufschlitzen der Kehlen von Büffeln nicht so sehr, und der Islam ist weder erfreut über die Götter der Toraja noch über diese selbst. Das Volk der Toraja, das in einer vom Islam durchdrungenen Umwelt lebt und bis 1953 von den kolonialisierenden und missionierenden Holländern kontrolliert wurde, befand sich entschieden in nachteiliger Situation. Was sie mehr oder weniger erfolgreich versuchten, war der Kampf um eine Beteiligung am Schulsystem. Der Schlüssel zum Vorwärtskommen in der modernen Welt ist die Ausbildung, heißt es. Nur liegt diese auf Celebes hauptsächlich in den Händen von christlichen Missionen und einer zwielichtigen Regierung. Christentum und Islam sind die Religionen, die »ge-

lehrt« werden. Durch politischen Druck – denn sie stellen wichtige Steine in dem Mosaik der Politik von Sulawesi und Indonesien dar – haben die Toraja jetzt einen anerkannten Status für die eigene Religion und ihre überlieferten Glaubensinhalte in ihren Schulen erreicht. Dies nannte ich zu Beginn des Kapitels »keinerlei Vorgehen«, nichts zu tun. Aber zu behaupten, was man hat, kann auch Kampf notwendig machen. In diesem Fall war der Kampf der Toraja dadurch begünstigt, daß die feindlichen Kräfte gespalten waren (die Missionen waren meist christlich, aber in der Regierung hatte der Islam die Mehrheit). So wird in den dampfenden Tälern des Toraja-Landes der große Begräbnisritus immer noch zelebriert, die Klinge in die untere Halspartie des Büffels geschlagen, die schiffartigen Häuser stehen hoch in dem grünen Dschungel, die Menschen feiern die Toten im Schutze – wie sie hoffen – der Gunst der Götter, und die alte Würde des Menschen in Begriffen der Toraja ist gewahrt trotz des Drucks von Calvin und Mohammed, die man in der Ferne hinter den blauen Hügeln spürt. Wäre ihnen mehr gedient mit Sakrament oder Beschneidung? Wer könnte das sagen! Jedenfalls kann auch ein Vorgehen, das ein Nicht-Vorgehen ist, einem unabhängigen Volk gute Dienste tun.

Man sollte nun nicht glauben, daß das Spiel zwischen Zwerg und Riese immer glücklich endet. Im allgemeinen tut es das leider nicht. Viele kleine Gesellschaften sind sehr schnell ans Ende ihrer Möglichkeiten gelangt. Andere, wie Kambodscha heute, winden sich in zermürbenden Kämpfen. Die Weiße Grenze ist heute zu einem gefährlichen Gebiet geworden. Es geht schon kaum noch um eine reale Zukunft als nur noch darum, sich mit Anstand seine Identität zu bewahren. Aus den Wirren werden sich vielleicht neue Einsichten und neue Kreativität ergeben, allerdings ist das bisher kaum zu erkennen.

An die 250 Millionen Menschen leben in derartigen kleinen Gesellschaften. Sie repräsentieren einen wichtigen Teil der Menschheit, aber sie bilden keine Einheit. Sie haben uns in verschiedener Hinsicht viel zu sagen, doch sprechen sie nicht im Chor, und ihre Stimmen sind nicht leicht zu hören.

8. CHINA

Früher hieß es, China habe drei Religionen – heute können wir vielleicht von vier sprechen: Konfuzianismus, Taoismus und Buddhismus, mit dem Maoismus als der vierten Religion. Andere Religionen existieren natürlich auch in China – Islam und Christentum –, aber die chinesische Kultur ist in ihrem Kern durchdrungen von Vorstellungen und Praktiken, die ins 6. Jahrhundert v.Chr. zurückreichen, in die Zeit von Konfuzius und des legendären Lao-tse, des mußmaßlichen Gründers des Taoismus. Konfuzius wollte älteren Werten wieder Geltung verschaffen, er verschmolz das klassische Erbe der rituellen Bräuche mit literarischer Kultur. Viel später wurde er als Ahnenfigur, als Leitstern, von jenen verehrt, die den alten Bräuchen anhingen. Was wir unter Konfuzianismus verstehen, ist eine Mischung aus Tradition und Kult, beide aus zeremoniellen Bedürfnisses des Staates und des Volkes entstanden, und schließt Ahnenverehrung sowie Achtung vor den Geboten der Vorsehung oder des Himmels ein.

Der Taoismus erwies sich als weniger konservativ. Er nahm seinen Anfang mit einem Protest gegen den Formalismus. Natürlich sein, im Einklang mit dem Prinzip leben, welches das Universum beseelt, mit dem Tao. Sehr viel später erst eignete sich der Taoismus die Attribute einer volkstümlichen Religion mit einer Hierarchie von Göttern und Geistern an.

Mit dem 1. Jahrhundert n.Chr. kam der Buddhismus nach China und hatte rasch substantielle Erfolge, die abwechselnd von der kaiserlichen Verwaltung begünstigt oder unterdrückt wurden. Während der Tang-Dynastie erlebte er seine größte Blüte. Er wurde heimisch als eine der drei geistigen Kräfte der chinesischen Kultur, über die er dann nach Korea und Japan vermittelt wurde. Die drei Kräfte lebten in einer Art Symbiose miteinander. Aber im 20. Jahrhundert brach ihr Einfluß zusammen, und schließlich kam der Maoismus an die Macht, der den alten Bräuchen zwar feindlich gesinnt war, aber bei seinem missionarischen Bemühen um eine Neugestaltung des chinesischen Bewußtseins so manches den alten Religionsformen entlieh. In Taiwan und in den chinesischen Kolonien in Übersee existiert die ältere Kultur noch in gewisser Weise. Aber der Schwerpunkt des Glaubens der Chinesen hat sich verschoben. Wird der neue Glaube fähig sein, für die inneren Werte zu sorgen, welche die alten Religionen vermittelten?

Die Geschichte des Reiches der Mitte beginnt in ferner Vergangenheit, sie umfaßt die Zeit von der Welt des Tao bis zu der neuen (ist sie wirklich neu?) Welt von Mao. China breitet sich vom Norden zum Süden aus, im Norden und Westen liegt die asiatische Landmasse; bezeichnenderweise wurde dort auch die Große Mauer gebaut. Die Chinesen haben lange gebraucht, bis sie die Bedeutung des Meeres erkannten, in früherer Zeit waren Feinde stets vom Land her eingefallen. Moslems, Hindus und andere Besucher aus fernen Welten waren zwar schon an der langen, ausschwingenden chinesischen Küste gelandet, aber sie waren nicht sehr wichtig, bis dann im 19. Jahrhundert die europäischen Kanonen vom Meer aus die Chinesen aus ihrer behaglichen Selbstgefälligkeit rissen. Die Invasionen zu Land seitens der nomadisierender Völker hatten es mit sich gebracht, daß der chinesischen Kultur periodisch auch frische Kräfte injiziert wurden. Jedoch war das riesige und meist einige chinesische Reich durchaus in der Lage, über sein gewaltiges Gebiet hinweg eine einheitliche Schriftsprache und Literatur sowie bestimmte geistige Werte zu vermitteln. Dieses Reich war sozusagen das römische Reich des fernen Ostens, nur mit weniger Legionen und mehr Gelehrten und nicht so zerrissen. China sah in den Ländern an seiner geographischen Peripherie – Mandschurei, Vietnam, Korea, Tibet, Sinkiang, Japan – kulturelle Satelliten, die dem chinesischen Kaiser zu huldigen hatten und etwas abgelöst vom Herzen der Welt, als das die Chinesen ihr Land sahen, ihr Dasein fristeten, wobei sie aber der Segnungen der überlegenen chinesischen Kultur (wozu in der Tat die Religion gehörte) teilhaftig wurden. Der Geist des Konfuzius ging von einem festen und großen Herzen in die Welt hinaus.

Der Schock, den die Schiffe brachten

Für die Chinesen war es ein kaum vorstellbarer Schock, als die westlichen Schiffe auftauchten. Sie mußten auf sehr schmerzhafte Weise ihre Position in der Welt überdenken. Hier waren weiße Teufel vom Meer her erschienen, Männer mit klug konstruierten Segelschiffen, später mit Dampfschiffen, bewaffnet mit Kanonen, die Dschunken aus dem Wasser in die Luft sprengen konnten. Sie forderten Handelsbeziehungen und danach Konzessionen, schleusten darüber hinaus Missionare ein, die, in chinesischen Augen, die weitaus älteren chinesischen Werte zerstören wollten. Der Kaiser und sein Hof erkannten die Gefahr, aber sie verachteten sie und unterschätzten damit die Wirkung der fremden Kultur auf die chinesische Lebensweise. Die Chinesen lavierten ziemlich unbeholfen gegen den Wind aus Europa. Es gab den Taiping-Aufstand, einen unreifen Vorläufer von Maos Revolution, und erst Mitte des 20. Jahrhunderts gelang es den Chinesen, ihre alte Macht und Größe erneut zu etablieren.
Die kommunistische Revolution in China war ein mit roter Tinte – und mit chinesischer dazu – geschriebener Nationalismus. Sie nährte sich auf geheimnisvolle Weise aus den alten chinesischen Vorstellungen und Praktiken der drei Religio-

nen Chinas – Konfuzianismus, Taoismus und Buddhismus. Letzterer war zwar von außen in das Land gekommen, jedoch nicht nur gründlich assimiliert, sondern in seiner chinesischen Phase auch in erstaunlicher Weise weiter entwickelt worden. Es war China, von wo aus er nach Japan, das heute wie damals vielen neuen Vorstellungen aufgeschlossen war, exportiert wurde.

Einige Merkmale der chinesischen Kultur

Mitte des 2. Jahrtausends v.Chr. schuf die Shang-Dynastie den Nährboden, auf dem sich die Schriftsprache entwickelte. Diese Sprache weist bezeichnende Unterschiede zu den westlichen und den meisten anderen asiatischen Sprachen auf. Sie ist nicht auf ein Alphabet gegründet. Jedes Wort hat ein eigenes Schriftzeichen. Der Lernende muß somit Tausende von ihnen auswendig wissen. Daher ist die literarische Bildung in China niemals eine einfache Angelegenheit gewesen. Die Gebildeten wurden eine Elite, und es ist kein Wunder, daß die Figur des chinesischen Gelehrten von mystischer Hochachtung umgeben war. Bis ins 20. Jahrhundert hinein hatten die Examen für den Verwaltungsdienst, durch die junge Leute für die höhere Beamtenlaufbahn ausgewählt wurden, eine gründliche Kenntnis der alten Klassiker zur Voraussetzung. Literatur wurde der Schlüssel zum Erfolg. Dies ist ein Grund für den hohen Rang, den die Beschäftigung mit den schönen Wissenschaften im alten China verlieh.
Die nicht-alphabetische Struktur der chinesischen Schriftsprache hatte, wenn sie auch unbequem war, einen großen Vorteil. In einem so riesigen Land wie China, das nur allmählich in allen seinen Teilen, in die allgemeine Zivilisation einbezogen werden konnte – die chinesische Kultur breitete sich südwärts nach Kanton und weiter aus –, muß es große Variationen in der gesprochenen Sprache geben. Man nennt sie manchmal Dialekte, aber die Unterschiede zwischen dem Kantonesischen und dem Nordchinesischen (Mandarin) beispielsweise sind ebenso groß wie die zwischen dem Portugiesischen und dem Italienischen oder Spanischen und Rumänischen. Da jedoch die Schriftsprache nicht von phonetischem Buchstabieren abhing, konnte überall dasselbe Zeichen z.B. für *Hund* oder *Mensch* oder *Baum* gelten, unabhängig von den Unterschieden in der Aussprache dieser Worte in den verschiedenen Teilen Chinas. Dasselbe Zeichen konnte für *ren* (Mensch) im Nordchinesischen und für *yan* (Mensch) im Südchinesischen stehen, und die chinesische Schriftsprache wurde ein außerordentlich wichtiges Werkzeug für das Zusammenschweißen des gewaltigen Reiches; eine mächtige gebildete Elite wurde zu seinem bürokratischem Rückgrat.
Ein allgegenwärtiges Charakteristikum der chinesischen Gesellschaft ist seit altersher die Beschäftigung mit den Ahnen gewesen. Die Verehrung der Toten setzte den Klan- und Familienzusammenhalt fort und festigte ihn, außerdem sicherte sie den Toten einen guten Übergang in das Reich des Jenseits. Allgemeiner ausge-

drückt: die gesamte Wirklichkeit war durchsetzt von Geistern. Dieser Geisterkult, den man zuweilen als echten Bestandteil des Konfuzianismus betrachtet, ist immer am Rande des systematischeren und philosophischeren Kerns der Lehren von Konfuzius mitgelaufen. Er ist gewissermaßen ein vierter Aspekt der chinesischen Religion, und zwar aller drei Religionen. Der Ahnenkult war nicht einfach eine Familienangelegenheit, er war eine geniale Erfindung, außerdem sehr geeignet, Helden der Vergangenheit zu feiern. Einer von diesen ist der weise Herzog von Chou, der manchmal als der wahre Gründer der konfuzianischen Überlieferung gilt. (Konfuzius hat sich häufig nicht als Gründer, sondern als Restaurator und Ordner älterer Überlieferungen dargestellt.) Die Chou-Dynastie hatte die reiche und gebildete Shang-Dynastie im 12. Jahrhundert v. Chr. gestürzt. Es war der Herzog von Chou, der als neuer Regent die Macht festigte und das Reich auf feudalistische Richtlinien festlegte; er zeigte Versöhnungsgeist und Milde, um die Zustimmung und Unterstützung der eroberten Bevölkerung zu gewinnen. Regierungsmoral ist ein entscheidender Aspekt im chinesischen Denken geblieben. Die Chou rechtfertigten den Sturz des Shang-Regimes damit, daß der letzte Shang-Herrscher gewalttätig, ein Trinker und Tyrann gewesen sei, und behaupteten von sich selbst, sie besäßen das »Mandat des Himmels«, einen göttlichen Auftrag also für ihre Revolution. Mao zufolge setzt man heute das Volk an die Stelle des Himmels, aber das Prinzip ist das gleiche geblieben.

Konfuzius und seine Welt

Meister K'ung, um ihm den richtigen chinesischen Namen zu geben (Confucius ist die von den Jesuiten erfundene latinisierte Fassung von K'ung-fu-tse), lebte von 551 bis 478 v. Chr. Es war eine turbulente Zeit, ungefähr sechshundert Jahre nach der Errichtung der Chou-Dynastie. Das Feudalsystem war im Laufe der vergangenen zweihundert Jahre zerfallen, die Zentralregierung zusammengebrochen. Es gab eine Anzahl größerer und kleinerer Staaten, unter ihnen Lu in Shantung, wo Konfuzius 551 v. Chr. geboren wurde. In seinen Lehren war viel von Politik die Rede; es ging um die Fragen, wie Stabilität und Gerechtigkeit durch die Wiederbelebung älterer Tugenden und Verbindlichkeiten erreicht werden könnten; wie man Herren erzeugen könnte, die geeignet zum Regieren und harmonisch in ihrem Handeln wären. Die Antwort lautete: nicht einfach durch Geburt sei das möglich (Konfuzius selbst muß allerdings trotz eigenem Zeugnis, er sei arm und ohne Einfluß gewesen, zur Oberklasse gehört haben), sondern vor allem durch Erziehung. Sie sollte nicht lediglich in einer Schulung des Intellekts bestehen, sondern in der Aneignung einer lebendigen, praktischen und geistigen Kultiviertheit. Wir heutzutage, für die Bildung eine Selbstverständlichkeit ist, sollten nicht blind sein für die aufsehenerregende Neuheit der Gedanken des Konfuzius, obwohl er in gewissem Sinne eine konservative Revolution durchführte. Er richtete eine

Schule für die Bildung junger Aristokraten ein und erwarb sich durch seine vielen Schüler großen Einfluß. Sie waren es, die die Gedanken und Ideale ihres Lehrers weitervermittelten. In politischer Hinsicht war er nicht so erfolgreich. Er hatte zwar eine Weile den Posten eines Ministers in seinem Heimatstaat inne, aber diese Stellung erwies sich als eine Sinekure ohne wirklichen Einfluß, und so trat er zurück. Danach wanderte er zehn Jahre lang von einem Staat zum anderen in der Hoffnung, einmal einem Herrscher zu begegnen, der seine Lehren in die Praxis umsetzen würde. Er kehrte, ohne dieses Glück gehabt zu haben, nach Lu zurück und verbrachte den Rest seines Lebens als Lehrer. Im Jahre 479 v. Chr. starb er. Man könnte ihn für einen Versager halten, Tatsache ist aber, daß sich sein Einfluß später als gewaltig erwies. Er hatte eine Philosophie entwickelt, welche die ältere literarische Überlieferung neu interpretierte, und hatte sich ein moralisches und politisches System ausgedacht, das in den folgenden Jahrhunderten für die beherrschenden Klassen in China von großem Nutzen war.

Grundakkorde des Denkens von Konfuzius

Konfuzius war bei seinem Versuch, die Krankheiten seiner Gesellschaft zu heilen, von dem Gedanken der sozialen Dimension menschlicher Existenz getragen. Die Gesellschaft sollte dergestalt reformiert werden, daß sie die Menschen zu harmonischem Verhalten veranlaßte. Aber er war kein Determinist. Er erkannte, daß die Gesellschaft durch die Handlungen einflußreicher Einzelner in ihrer Mitte gestaltet werden konnte, und deshalb ging sein Bestreben dahin, eine neue Elite zu schaffen, bei der Vornehmheit und Bildung nicht eine Frage der Geburt, sondern von Schulung und Charakter wäre. Jeder konnte ein vornehmer Gebildeter werden. K'ung ging es also darum, einen Kreis von ernstlich bemühten Menschen zu formen, welche die alten Werte der chinesischen Gesellschaft wiederbeleben würden. Kern des Gesamtentwurfs war der Begriff *li.* Ursprünglich bedeutetet *li* Opfer und bezog sich auf die in der frühen chinesischen Gesellschaft so wichtigen Opferhandlungen, mittels derer mit dem Himmel und den edlen Ahnen, die das Wohlergehen des Reiches beeinflussen konnten, die richtigen Beziehungen unterhalten wurden. In erweiterter Bedeutung wurde es zum Ritual überhaupt, sei es zur ritualen Dimension der Religion selbst, sei es zu jenen Konventionen, durch die harmonische menschliche Beziehungen unterhalten werden. K'ung hatte ein feines Gefühl für die Rolle von Anstand und Höflichkeitsritualen, Vorgänge, die unser Leben so selbstverständlich prägen, daß wir sie zuweilen kaum beachten. Wenn ich morgens einem Nachbarn begegne und vergesse, zu lächeln und ihm guten Morgen zu sagen, wird er sich mißtrauisch fragen, ob meine Verdrießlichkeit oder Kühle auf irgendeinen Groll zurückzuführen sei, den ich gegen ihn hege. Ohne solche Höflichkeitsformen brechen nachbarliche Beziehungen zusammen. Wenn ich jemanden beleidige, indem ich ihm sage, er sei ein Idiot, ist das eine Geste, die gute Beziehungen zerstört. Im Interesse guter Beziehungen setzen wir also Lächeln, Begrüßungen, Komplimente, Händeschütteln, Küsse ein. K'ung sah in all diesen Formen ein Kontinuum, das ebenso in einem religiösen Ritual wie im flüchtigen Grußwort wirksam ist. Insbesondere sollte der weise Herrscher oder hohe Beamte Höflichkeiten und gutes Benehmen gegenüber den Regierten als logische Erweiterung des heiligen Opfers betrachten. Natürlich liegt die Gefahr nahe, daß eine solche Lehre zu Oberfächlichkeit führt. Höflichkeiten und Zeremonien im Leben und in der Religion wirken leicht gekünstelt. Was jedoch zählt, ist der Gedanke, ist die Aufrichtigkeit. Obwohl also *li* einen hochwichtigen Bestandteil in der Erziehung der Menschen darstellt, ist auch Aufrichtigkeit entscheidend. Sie sollte sich auf *shu,* das Gefühl für das Miteinander, manchmal auch als Gegenseitigkeit verstanden, gründen.

Konfizius wurde einmal gefragt, ob es ein Wort gäbe, daß als Regel für das ganze Leben gelten könne. Er antwortete: »Ist nicht *shu* ein solches Wort? Was du nicht willst, das man dir tu', das füg' auch keinem anderem zu.« So lautete K'ungs goldene Regel. Die Tatsache, daß er sie negativ und nicht positiv ausdrückte (»Was du willst, daß andere dir antun, das tu du ihnen an«) hat zuweilen Kritik herausgefordert, aber das ist nur eine Frage des Ausdrucks. An anderer Stelle macht er sehr deutlich, daß die *shu*-Regel einen ebenso positiven wie negativen Sinn hat. Denn er sagt, ein Sohn solle seinem Vater so dienen, wie er es vom eigenen Sohn erwarten würde, und als Minister einem König so, wie er als König es von einem Minister erwartete, und jeder solle sich seinem älteren Bruder gegenüber so verhalten, wie er es von seinem jüngeren Bruder erwartet.

Indessen zeigt sich hier und überhaupt, daß Konfuzius einen starken Sinn für Hierarchie im Sozialen wie in der Familie hatte. Dies war auch der Grund dafür, daß der Konfuzianismus in der späteren chinesischen Gesellschaft eine so konservative Kraft bildete, wodurch sich der hierarchische Charakter des Reiches weiter verfestigte, und daß im heutigen China eine so erbitterte und harte Kritik an der konfuzianischen Ethik geübt wird.

Mao und Konfuzius

Mao war schon als Kind sehr eigensinnig und erklärte, er habe Konfuzius von jung auf gehaßt. Für ihn repräsentierte der Weise die Tyrannei des Feudalismus und der Familie. Die Tyrannei seines eigenen Vaters stand im Gegensatz zu der Sanftmut der Mutter und verkörperte die Probleme einer sozialen Ordnung, die alles andere als gerecht war und die Mao im späteren Leben entschlossen war, zu reformieren. Mao war viel empfänglicher für die taoistischen und sogar die buddhistischen Elemente in der chinesischen Kultur. Jedenfalls gab es im Gefolge der Kulturrevolution einen erneuten Angriff auf den Meister K'ung. Interessant ist, wieviele der Vorstellungen von Konfuzius schlicht umgekehrt und einfach anders angewendet wurden. Gegenseitigkeit ist jetzt die Tugend der Solidarität und Kameradschaft und wird nicht im Sinne einer hierarchischen Struktur verstanden. Frauen sind gleichberechtigt. Die Jungen können gegen die Alten Reformen beschließen. Das neue China blickt nicht zurück auf ein goldenes Zeitalter, wie es Konfuzius tat. Eher blickt es nach vorn einem künftigen goldenen Zeitalter entgegen, in dem sich das kommunistische Ethos erfüllen wird. Das ganze Ritual oder *li* des heutigen China ist eine Umkehrung des alten. Anstelle der vielen religiösen Feste gibt es nationale und revolutionäre Feiern. Statt der Opfer für die Großen und Mächtigen preist man den Arbeiter der Faust. Statt Verehrung für die Älteren werden häufig jene Alten, die vom wahren Wege abweichen, mit Schimpf und Schande und öffentlicher Demütigung bedacht. Statt zu Klassikern und Sammlungen von alten Weisheiten greift man zu den Werken von Marx, Lenin und Mao. Für das Mandat des Himmels steht heute das Mandat des Volkes. An der Stelle des Kaisers thront der Große Vorsitzende, anstelle des alten Mandarinats gibt es die Kommunistische Partei, statt des alten Bücherwissens werden arbeitsorientierte Kurse in Schulen und Universitäten abgehalten. Kurz, Mao kehrte K'ungs Lehren um. K'ung wurde so zu einem anti-maoistischen Symobl. Vielleicht aber würde der Weise heftig den Kopf schütteln, wenn er zur Erde zurückkehren könnte. Hatte man ihn falsch ausgelegt? Tyrannische Väter haben nichts zu tun mit dem höflichen Geist der Gegenseitigkeit und mit dem Ritual, das Konfuzius versucht hatte durchzusetzen. Aber alle Lehren können falsch angewandt werden. Aus diesem Grunde verwarf Konfuzius dogmatische Formulierungen und bezog sich nur selten auf religiöse Glaubensinhalte.

Konfuzius und die Religion

Die Einstellung von Konfuzius zur Religion ist ein umstrittenes Thema. In dem, was er sagte, lag eine gewisse Mehrdeutigkeit. Einerseits hatte er nicht allzuviel übrig für die Beschäftigung mit dem Übernatürlichen und zog es vor, sich auf Probleme der Lebenden statt der Toten zu konzentrieren. Andererseits benutzte er den Begriff des Himmels, einen Begriff, der praktisch auf das hinausläuft, was andere Gott nennen, und verwarf auch nicht den Ahnenkult oder andere Opferzeremonien. Vielleicht liegt der Schlüssel zu diesen Zweideutigkeiten in seinem Verständnis der Rolle der Religion als einer gesellschaftlichen und ethischen Kraft. Die Hofrituale und die Rituale in den Dörfern konnten das Gefühl der Menschen für Harmonie und geziemendes Verhalten fördern. Und es bestand die Gefahr, daß eine rein begrifflich und dogmatisch orientierte Religion die Aufmerksamkeit von den praktischen Bedürfnissen des Menschen ablenkte. Eine solche Religion wäre, in K'ungs Augen, bildungsfeindlich. Sein relativer Konservatismus hatte zur Folge, daß seine Lehre in späteren Jahrhunderten die theoretische Grundlage für einen offiziellen Staatskult werden konnte, in dem Konfuzius selbst verehrt wurde. Damit besaß das Reich ein Ritual und eine Ideologie.

Konfuzius und die Richtigstellung von Begriffen

Ein weiterer Aspekt im Denken des Weisen, der uns alle angeht, betraf die Sprache. Auch hier war seine Orientierung weitgehend sozial. Als man ihn fragte, was er als erstes tun würde, wenn er die Verwaltung des Staates übernähme, antwortete er: »Das Eine, das notwendig ist, ist die Berichtigung der Bezeichnungen.« Er fand, Verwirrung der Begriffe könne zu sozialer Verwirrung und Unordnung führen. Diese Einstellung wäre heute gewiß empfehlenswert. Jedenfalls hätte Konfuzius verblüfft festgestellt, daß Verteidigungsminister in der modernen Politik gewöhnlich Kriegsminister und Ministerien des Rechts überwiegend Organisationen sind, um Ungerechtigkeiten zu institutionalisieren; daß Gesellschaften von »Gleichberechtigten« dazu neigen, die Macht ungleich zu verteilen, daß die Emanzipation der Frauen bedeutet, sie in die Fabriken zu stecken, daß gute Manieren veraltet sind und Sozialversicherung Abhängigkeit bringt. Wir leiden unter einer großen Begriffsverwirrung, durch die wir uns zum Teil selbst betrügen. Eine Berichtigung der Bezeichnungen wäre also für das soziale Leben durchaus nützlich. Natürlich hingen die sprachlichen Interessen von Konfuzius auch mit seinen literarischen Interessen zusammen. Durch die Herausgabe der alten Klassiker setzte er diese als normative Quelle für die konfuzianische Überlieferung ein und in hohem Maße auch für die chinesische Tradition im allgemeinen.

Herausforderung an Konfuzius

Obwohl Konfuzius über seine Schüler viel Einfluß auf die Normen in China hatte, war die von ihm gegründete Bewegung nicht ohne Konkurrenz. Die wichtigste war die mit dem Namen Lao-tse verbundene, der angeblich ein Zeitgenosse des weisen K'ung gewesen ist. In ihm sieht man auch den Autor des wunderschönen Buches *Tao-te-king* (Vom Weltgesetz und seinem Wirken). Dieses Buch ist eine ständige Quelle der Inspiration für Chinesen und andere nachdenkliche Menschen gewesen. Vom konfuzianischen Kanon ist es Welten entfernt. Letzterer ist auf äußere Formen bezogen, das taoistische Werk ist poetisch. Das eine befaßt sich mit Edelleuten, das andere mit Mystikern. Das eine behandelt die Berichtigung der Bezeichnungen, das andere deren Abschaffung; Konfuzius geht es um Moral, Lao-tse um Spontaneität. Das eine Buch spricht von der Fülle des gesellschaftlichen Lebens, das andere von dessen Leere. Anliegen des einen ist das Ritual, das vom anderen transzendiert, ja, verachtet wird. Das eine berichtet von dem, was Menschen hervorbringen, das andere von der einfachen Harmonie mit der Natur. Konfuzius legt die Betonung auf einen bestimmten Weg, Lao-tse ist selbst ein Weg. Der eine ist im Grundsatz für das Establishment, der andere hat stets Auflösung starrer Strukturen im Auge. Das eine Werk stammt von einem Menschen, der einmal existiert hat, das andere von Lao-tse, an dessen Existenz als

Individuum die meisten modernen Forscher nicht glauben. Das paßt, sollte man meinen, durchaus zu seinem Werk, denn schließlich predigt das Tao-te-king Handeln durch Nicht-Tun. Wie könnte man einen solchen Glauben besser begründen als damit, praktisch gar nicht gelebt zu haben?
Ich gebe hier einer Kostprobe der seltsamen Poesie des Werkes. Seine berühmten ersten Zeilen sind auf hundert verschiedene Weisen übersetzt worden, denn die Kürze des einsilbigen klassischen Chinesisch läßt viele Varianten der Interpretation offen, während der poetische Charakter des Textes schwer zu erfassen ist, zumal in einer anderen Sprache:

Könnten wir weisen den Weg,
Es wäre kein ewiger Weg.
Könnten wir nennen den Namen,
Es wäre kein ewiger Name.
Was ohne Namen,
Ist Anfang von Himmel und Erde,
Was Namen hat,
Ist Mutter der zehntausend Wesen.
Wahrlich:
Wer ewig und ohne Begehren,
Wird das Geheimnis schauen;
Wer ewig hat Begehren,
Erblickt nur seinen Saum.
Diese beiden sind eins und gleich.
Hervorgetreten, sind ihre Namen verschieden.
Ihre Vereinigung nennen wir mystisch.
Mystisch und abermals mystisch:
Die Pforte zu jedwedem Geheimnis.

Und später heißt es:

Zusammen wirken die zehntausend Wesen;
So kann ich betrachten ihr Wiederkehren.
Denn blühn die Wesen üppig und bunt,
Kehrt jedes heim zu seinem Wurzelgrund.
Heimkehr zum Wurzelgrund heißt: Stille finden.
Und dieses nennt man: sich zum Schicksal kehren.
Sich zum Schicksal kehren heißt: ewig sein.
Das Ewige kennen heißt: erleuchtet sein.
Wer nicht das Ewige kennt,
Schafft sinnlos Unheil.

Was bedeuten geheimnisvolle Zeilen wie diese? Durch die Jahrhunderte hindurch hat man sich darum gestritten, meistens wurde jedoch die sogenannte mystische Interpretation bevorzugt. Im *Tao-te-king* geht es um innere Vision und Quietismus, Ruhe. In den Akzenten, die es setzt, ähnelt es in vieler Hinsicht dem Buddhismus, es vertrug sich gut mit buddhistischer Meditation und trug zum Aufstieg des Ch'an-Buddhismus und später des Zen bei. Aber es hatte auch eine gewisse politische Tragweite. Historisch tendierten die Taoisten zu Distanz gegenüber der politischen Ordnung, und deshalb ist es durchaus vernünftig, in dem Buch eine härtere, weniger mystische Linie erkennen zu wollen. Aber in dieser Charakterisierung werde ich die mystische, kontemplative Seite dieser poetischen Anthologie unterstreichen, denn eine Anthologie ist es: man kann das Werk nicht im Ernst einem einzigen Individuum namens Lao-tse zuschreiben, einem angeblichen Zeitgenossen von Konfuzius, der in Loyang, Provinz Honang, lebte. Das Buch scheint eher das Produkt einer ganzen Gruppe von Weisen oder, wenn man will, von lauter Lao-tses, gewesen zu sein.

Als erstes fällt im Tao-te-king die wiederholte Betonung des Ewigen, Unwandelbaren auf. Das ist die Natur des wahren Wegs. Was wir hier mit Weg übersetzen, ist natürlich das Tao. Von dem einem Gesichtspunkt aus ist Tao der Weg, der von Menschen betretene Pfad; aber von einem anderen her ist Tao der Rhythmus des gesamten Universums. Der Mensch erreicht das höchste Ziel, nämlich wahre Unsterblichkeit, indem er in Harmonie mit dem Tao der Welt lebt. Dieser wahre Weg ist unwandelbar, ewig, denn er existiert innerhalb und jenseits der Welt ständigen Wandels. Er ist namenlos, denn als der wahre Atem des Universums kann er nicht in menschlichen Begriffen, Namen, eingefangen und in diese verstrickt werden.

Wir sollten also nicht in dem alltäglichen Getriebe und in den Sorgen aufgehen, in der Welt der Namen, Kategorien und des Herkömmlichen. Indem wir Leere in uns schaffen, erwerben wir die höchste Fülle. Durch Stille erobern wir das Universum. Die Taoisten verwenden viele Metaphern, um auszudrücken: der Raum innerhalb des Gefäßes ist dessen wichtigster Teil:

Das Allerweichste der Welt
Holt im Rennen das Allerhärteste ein:
Ins Lückenlose dringt, was ohne Sein.
Daran erkennen wir:
Was ohne Tun ist, wird mehr.
Nicht redend lehren,
Ohne Tun sich mehren
Wird auf der Welt nur selten erreicht.

Später sollten die Taoisten die Techniken des Eingehens in die Stille, eingeschlossen Atemtechniken, die an indisches Yoga erinnern, noch vervollkommnen.

Wenn ich die Botschaft des Werkes von Lao-tse in eigene Worte fassen sollte, würde ich das folgendermaßen tun:
Das Universum wird von einem Geist regiert; er ist jener geistige Weg, dem wir folgen müssen, denn eins mit dem Weg zu sein, zu handeln, wie es der Weg zeigt, heißt im Besitz des ganzen Universums zu sein. Da der Geist den Wind und die See bewegt und alles beseelt, was sich vor mir ereignet, bedeutet es, sich in Harmonie mit dem ganzen Leben zu befinden, so man eins mit dem Weg ist. Was habe ich gegenwärtig vor Augen? Ich bin ein glücklicher Mensch, denn mein Haus blickt auf die Bucht des Flusses Lune in Nordwest-Lancashire, zwischen den schwarzen Städten, die die moderne Industriewelt schufen, und der Grenze zu Schottland. Mein Garten ist reich an Ulmen, Buchen, blühenden Kirschen und Gummibäumen. Dahinter sind Moränenwälle und der dunstverhangene Fluß. An klaren Tagen kann man den Blackpool-Tower sehen, die Antwort Lancashires auf den Eiffelturm. Hinausblickend verstehe ich die göttliche, alles umfassende Einheit in Lao-tses Denken. Mit der Natur eins zu sein, heißt, mit dem Weg, dem Tao, eins zu sein. Ich sehe das Tao von meinem Fenster aus. Ich wäre töricht, nicht aus diesen göttlichen Schönheiten zu leben. Ich wäre verrückt, nicht mein eigenes spontanes Bedürfnis zu erkennen, in dem Meer der Natur zu schwimmen, die ich vor mir sehe. Um das zu können, muß ich vorgeformte Sehweisen abstreifen. Logischerweise mißbilligt das Tao Entscheidungen, Kategorien, Methoden, das Universum auseinanderzunehmen. Was es außerdem mißbilligt, sind die gewöhnlichen Motivationen des Menschen. Tao ist Friede, Harmonie, Natürlichkeit, Gewaltlosigkeit, und es ist gegen Kampfgeist, Spaltung, Ausschließlichkeit religiöser Verpflichtung und fanatische Hingabe. Es ist beinahe die Antithese dessen, als was das Christentum interpretiert worden ist. Es ist das Gegenteil der protestantischen Ethik.
Das wäre das Tao, betrachtet in seiner reinsten Form. Wie wir feststellen werden, entwickelte sich der Taoismus über Lao-tses Buch hinaus. Er wurde zu einer ausgewachsenen Religion, zu einem festen Bündel von Mythen, zu einer Hierarchie, einem System der Gewaltlosigkeit, einer Suche nach buchstäblicher Unsterblichkeit. Wahrscheinlich ist das typisch, noch immer sind aus so mancher guten Idee Dogmen des Normalmenschen geworden. In seiner Urform war der Taoismus gewiß ein wunderbarer Gegenpol zum Konfuzianismus, er bedeutete ein Spannungsmoment in der chinesischen Gesellschaft. Daß der Buddhismus zumindest teilweise China eroberte, war vielleicht eine Art Kompromiß zwischen den gegensätzlichen Positionen in der chinesischen Kultur. Denn es bestand ganz sicher ein starker Kontrast zwischen der konservativen Moral und den Ritualen von Konfuzius – alle im Dienste einer stabilen Gesellschaft – und der grundsätzlichen Distanz zur Gesellschaft und den unkonventionellen Methoden der Taoisten. Vielleicht sprach der Buddhismus als fremder Glaube die Taoisten an, während seine Diszi-

plin einige der Konfuzianer gewinnen mochte. Indessen sollte sich der Taoismus in den Zeiten nach dem nicht existierenden Lao-tse noch sehr wandeln.

> Die Völligkeit dessen, der Tugend in sich versammelt,
> Gleicht der eines neugeborenen Kindleins.
> Bienen, Skorpione, Vipern und Schlangen beißen es nicht;
> Wilde Tiere schlagen es nicht;
> Raubvögel reißen es nicht.
> Seine Knochen sind schwach, seine Sehnen weich,
> Dennoch ist fest sein Griff.

Ein derartiger Mensch siegt über alles, sollte man meinen. Es handelt sich entschieden um ein Ideal, das sich von dem des klassischen Schülers von Meister K'ung sehr unterschied. Zwischen den Künstlichkeiten der alten Tradition und dem anarchischen Quietismus des Tao liegt eine tiefe Kluft. Wenn sich der Taoismus auch über die frühere Botschaft hinaus entwickelte – und welche Religion tat das nicht? –, so blieb er ein Gegengewicht zu Konfuzius und ein kraftvoller Bestandteil der chinesischen Geistigkeit und Kultur. Von der Anthologie des *Tao-te-king* bis zum Werk von Tschuang-tse erfüllte er seine Rolle als dynamisches und fermentives Element im Denken des alten China.
Kürzlich hatte ich Gelegenheit, eine wunderschöne Ausgabe des Buches von Lao-tse zu lesen. Sie enthielt einige empfehlende Worte des verstorbenen Alan Watts, eines englisch-kalifornischen Gurus, der verwirrt der Welt des Anglikanismus zu den seltsamen Erfahrungen des Zen enteilt war. Er hatte das Gefühl, die Welt brauche mehr von dem Geist Lao-tses. Jedoch scheint der Taoismus als Philosophie im ganzen zu radikal in seiner Abschaffung der aktivistischen Elemente und der Verbindlichkeiten des Lebens. Aus diesem Grunde ist die dialektische Beziehung zum Konfuzianismus notwendig. Beide Seiten haben recht, und vielleicht beide unrecht. Wie kann man ihre Einsichten kombinieren?

Die Entwicklung des Taoismus

Der Taoismus trat nicht auf der Stelle, er entwickelte eine rituelle und eine mythische Dimension. Die führende Persönlichkeit, die diese organisiertere Form des Taoismus in Gang setzte, lebte im 2. Jahrhundert n. Chr. Es handelt sich um Chang Tao-ling; seine Nachkommen haben bis in die moderne Zeit hinein den Titel »Himmelslehrer« behalten.
In ihren Lehren vervielfältigten sich die Götter und Unsterblichen, aber dem dicht bevölkerten Pantheon von Gottheiten und Unsterblichen wurde der Schein einer Ordnung durch eine hierarchische Struktur unter der Regierung einer höchsten Triade oder Trinität gegeben. Es scheint eine Ironie zu sein, daß gerade der

Taoismus, der stets die Spontaneität unterstrich, sich seine Götter in einer bürokratischen Hierarchie vorstellen sollte, die eine Art himmlischer Effektivität spiegelt. Theoretisch sind sie allerdings alle die Emanationen des einen Tao. Die Triade besteht aus Yuan Shih T'ien Ts'un (Himmelseminenz des Uranfangs), der als erster die transzendenten Bücher interpretierte, die dann den geringeren Göttern und damit den Menschen weitergegeben wurden. Der nächste in der Triade ist Ling Pao-chün, Fürst der Zauberkraft-Kleinodien (Name der heiligen Schriften). Er ist es, der den geringeren Göttern die höchste Weisheit vermittelt. Das dritte Mitglied ist T'ai Lao-chün, der edelste Fürst Lao, Lao-tse selber, der die geheime Weisheit den sterblichen Menschen offenbart, um sie auf den Weg der Unsterblichkeit zu geleiten. Häufig wird die Königinmutter des Westens, Hsi Wang-mu, mit der Triade verbunden. Sie herrscht über ein Paradies am K'un Lun-Berg (Weltzentralberg), das von Zehntausenden Unsterblicher bewohnt ist. Im späteren Taoismus wurde, möglicherweise durch kaiserliche Begünstigung, eine weitere Gestalt in der Hierarchie prominent. Das war die göttliche Spiegelung irdischen Glanzes: der Jade-Kaiser Yü Huang. Von all diesen Gestalten ist die wichtigste Lao-tse. Denn er erscheint in der taoistischen Kosmologie als eine Brücke zwischen Mikrokosmos und Makrokosmos, als ein primordialer Mensch, aus dem in gewissem Sinne die Welt geformt ist. Zu Beginn ist also ein Wechselspiel zwischen Yin und Yang, dem Weiblichen und dem Männlichen. Aber diesem Wechselspiel entsteigt Lao-tse selbst, ein kosmischer Mensch, aus dessen Körper die Welt gebildet ist: seine Augen werden Sonne und Mond; sein Kopf ist der K'un Lun-Berg, der Berg des Paradieses; sein Haar wird zu Sternen, aus seinen Körperhaaren wird die Pflanzenwelt; seine Genitalien werden Menschen; seine Knochen zu Drachen. Ähnlich konnte das Individuum, indem es in sich hineinsah und den Körper trainierte, das Wissen um die Geheimnisse der Welt erwerben. Vor allem konnte es ein langes Leben oder die Unsterblichkeit erlangen.

Die Suche nach Unsterblichkeit

Im späteren Taoismus befaßt man sich viel mit der Suche nach einem langen Leben. Man experimentierte mit Alchemie, benutzte Gold und Zinnober und verwandelte den Zinnober in Quecksilber und wieder zurück in Zinnober. Man probierte Drogen verschiedenster Art aus. Aber vielleicht war wichtiger als die materielle Alchemie die innere Alchemie, welche die Vitalität durch das Gleichgewicht der Kräfte im Körper erhöhte und die kraftvollsten Energien im Körper zurückhielt, beispeilsweise jene, die im Samen enthalten sind. Man wendete Methoden für den Geschlechtsverkehr ohne Verlust der vitalen Kraft an, die den im indischen Tantrismus-Kult praktizierten nicht unähnlich sind. Eine weitere Methode war die sogenannte Embryonalatmung, durch die der Adept das äußerliche Atmen auf ein absolutes Minimum reduzierte und die Luft dadurch in einem ge-

schlossenen System innerhalb der körperlichen Kanäle zirkulieren ließ. Man glaubte, daß er dadurch innerhalb seiner selbst eine unsterbliche Replik von sich erzeugen könnte.
Viel Gewicht wurde auch darauf gelegt, die verschiedenen Kräfte, Geister und Ähnliches innerhalb des Körpers wahrzunehmen, welche die Kräfte der äußeren Natur spiegelten. All dies scheint zwar weit vom philosophischen Taoismus entfernt, aber man muß es vielleicht als eine halbmagische Weiterentwicklung der kontemplativen Techniken sehen, die auf das ursprüngliche Gebot zurückgehen, friedvoll, spontan und still zu sein.
Die Fülle des taoistischen Pantheons und die Vielfalt der taoistischen Rituale gaben der Religion bis in die modernen Zeiten hinein eine große Volkstümlichkeit. Indessen scheint es, als ob durch die Heraufkunft des Maoismus auf dem Festland China und durch das Nachlassen des Interesses am religiösen Taoismus, das sich unter den Chinesen an der Peripherie in Taiwan, Hongkong und anderswo zeigt, die Zukunft der Religion eher in der früheren, geistigeren Botschaft läge als in ihren späteren rituellen Aspekten. Aber einige der Meditationstechniken des Taoismus finden auch zeitgenössisches Interesse, da sie auf der gleichen Linie liegen wie die allgemeine Begeisterung für die Yoga-Praxis der östlichen Religionen.

Der Buddhismus kommt nach China

In die gleiche Zeit, in der sich seit dem 1. Jahrhundert v. Chr. der volkstümliche Taoismus entwickelte, fiel auch die Infiltration Chinas durch den Buddhismus. Dieser stellte sowohl für Konfuzius wie für das Tao eine Herausforderung dar, aber er mischte sich leichter mit letzterem, und das fruchtbare Wechselspiel zwischen den beiden geistigen Strömen wird ganz besonders deutlich im Ch'an-Buddhismus. Die verhältnismäßige Toleranz des Buddhismus Volkskulten gegenüber machte ein Zusammenleben mit dem Taoismus auf ritueller und mythischer Ebene möglich. Der Buddhismus und sein chinesisches Gegenstück repräsentierten damit zwei Seiten einer komplexen Religion, die an die unmittelbaren Gefühle der gewöhnlichen Menschen appellierte. Der Buddhismus und der frühe Taoismus waren für einander geschaffen. Beide waren quietistisch im Charakter. Beide unterstrichen Kontemplation und Erleuchtung. Beide hielten die Vorstellung des Weisen, des weisen Menschen, in Ehren. Wenn der Taoismus mehr auf Harmonie mit der Natur gerichtet war, so beschäftigte sich das Dharma mehr mit der umfassenden Analyse der Realität. Die eine Religion verfügte über die größere Anziehungskraft für die chinesische Mentalität, die andere hatte lange Erfahrung mit den verschiedensten Meditationsformen. Deshalb war es gar nicht erstaunlich, daß sich schließlich beide Ströme im Leben des berühmten indischen Mönches Bodhidharma vereinigten, der angeblich Anfang des 6. Jahrhunderts v. Chr. von Indien nach Kanton gekommen war. Kam er wirklich? Hat er überhaupt existiert?

Die Geschichte des Ch'an-Buddhismus geht zurück auf Bodhidharma, weiter zurück können wir sie nicht verfolgen. Vielleicht jedoch ist wie im Falle Lao-tses die Frage nach der Existenz Bodhidharmas unwichtig. Es sind ja nicht die Ursprünge des Zen, auf die es ankommt, sondern eher sein besonderer Typ Spiritualität. Jedenfalls ist die Geschichte von Bodhidharma aufschlußreich, ob sie nun wahr ist oder nicht.

Ch'an-Buddhismus

Ein berühmtes Bild zeigt Bodhidharma, wie er mit einem recht wilden Ausdruck in den hervorquellenden Augen eine Wand anstarrt. Angeblich verbrachte er viele Jahre damit, die Steine vor sich zu fixieren. Als ihn Kaiser Liang fragte, wieviel Verdienst durch gute Werke zu erzielen sei – denn der Kaiser war ein frommer Gönner der buddhistischen Religion und so eifrig wie stolz bezüglich seiner Großzügigkeit –, antwortete Bodhidharma in verwirrender Weise, daß sich überhaupt kein Verdienst daraus ergäbe. Was hatte es dann aber mit dem Karma und den Lehren über die Wiedergeburt auf sich? Welches ist der erste Grundsatz der Lehre? Alles ist leer – nichts ist heilig, erwiderte Bodhidharma. In derartigen überraschenden Enthüllungen kann man eine neue und originale Synthese erkennen. Denn indem er den Begriff »leer« verwendete, griff Bodhidharma zweifellos auf Nagarjunas Philosophie der Zerstörung aller Theorien über die Wirklichkeit zurück: alle Begriffe verzerren die Realität. Das ist die eine Sicht. Von einem anderen Standpunkt aus ist die Natur, in die wir getaucht sind, das Tao, in dem wir leben, uns bewegen und unser Wesen treiben, genau das, was sie ist. Wir vernebeln sie, machen sie ungesund, indem wir sie nicht klar in ihrer eigenen Existenz (oder Nicht-Existenz) sehen. Bodhidharma fand zweifellos zu einem Einklang mit der wirklichen, nackten Natur seiner Wand, die dadurch den Charakter einer Wand verlor, denn der Begriff Wand war sicher durch seine angestrengte Konzentration aufgelöst.
Auf die gleiche Weise transzendiert der chinesische Ch'an-Buddhismus die heiligen Schriften. Diese Haltung könnte allerdings mißverstanden werden. Das Bild von dem Mönch, der die heiligen Schriften zerreißt, könnte zu schockierend sein. Es ist indessen nur das Bild von jemandem, der diese Schriften, also die Religion Buddhas, als Floß benutzt, um zum anderen Ufer zu gelangen, und nicht als Besitz, an den man sich klammern sollte. Später erhielt die chinesische Synthese zwischen Tao und Dharma neue Gestalt und neuen Schwung im mittelalterlichen Japan. Vielleicht übt der Taoismus gerade durch den Ch'an-Buddhismus seine größte Wirkung auf die moderne Welt aus.

Buddhistische Schulen in China

Indessen boten die vielen Schulen des Buddhismus, die nach China hereinströmten, ein höchst verwirrendes Bild. Der Buddhismus schien so vielfältig, so komplex. Immer gab es anscheinend noch mehr zu entdecken, noch mehr Sutras (heilige Schriften) zu lesen, noch mehr subtile Lehren zu erkennen, noch mehr Rituale zu meistern. So war es nur natürlich, daß man den Versuch machte, eine Art Ordnung unter den Schulen herzustellen, einen Rahmen zu schaffen, in den verschiedene Aspekte des Buddhismus systematisch eingepaßt werden konnten. Und dieser wurde von der T'ien T'ai-Schule geschaffen, Chinas zweitem großen Beitrag zum Buddhismus, die von Chih-i (538–597) gegründet wurde.
Ihren Namen bezieht die Schule von dem Berg T'ien-t'ai (Berg der Himmelsterrasse) in der Provinz Chekiang, in der Chih-i lehrte. Seine Lehren gründeten sich auf das *Lotus-Sutra* (den berühmten Lotus des Guten Gesetzes, hoch geschätzt vom Buddhismus des Reinen Landes), in dem Chih-i den Höhepunkt der buddhistischen Offenbarung sah. Während es jedoch Bewegungen wie den Ch'an-Buddhismus gab, der Meditation und nicht Wissen betonte, und den des Buddhismus des Reinen Landes, für den Frömmigkeit alles war, versuchte die T'ien-T'ai-Schule ein Gleichgewicht zwischen Meditation und Gelehrsamkeit und zwischen rituellen Praktiken und esoterischem Begreifen zu erzielen. In einer Beziehung bezog sich Chih-i auf Nagarjunas Theorie der Leere, aber er verwendete außerdem den Begriff des absoluten Geistes und der gegenseitigen Durchdringung aller Dinge. Die gesamte Welt kann in einem Sandkorn erkannt werden. Alle Buddhas sind in jedem Element, in jedem Moment präsent. Dieser Begriff des Makrokosmos im Mikrokosmos stellte die Rechtfertigung für die rituellen Praktiken dar, welche die Welt erklingen lassen konnten und die für den gewöhnlichen Menschen befriedigend, wichtig und begreiflich waren. Religion war eine Stufenleiter, und der buddhistische Glaube konnte auf verschiedenen Ebenen der Verfeinerung und Einsicht existieren, denn der Erleuchtete verwendete an den verschiedenen Stationen seines Lebens im Einklang mit den Bedürfnissen und Fähigkeiten seiner Hörer verschiedene Lehrmethoden. Ihnen entsprechen verschiedene Sutras und Schriften und auch die Lehren, die im *Lotos-Sutra* enthalten sind. Der Meditation über diesen Text wird besonderes Gewicht beigemessen.

Die Wiederholung des Konfuzianismus

Der chinesische Buddhismus entwickelt somit große Verfeinerungen. Durch die Kombination indischer Vielschichtigkeit mit chinesischen ästhetischen und geistigen Werten erwarb sich der chinesische Buddhismus eine eindrucksvolle und anziehende Qualität. Für den älteren Konfuzianismus war es schwer, seinen Einfluß zu behalten. Er bildete zwar noch immer den Kern der Ausbildung für Beamte, war jedoch verhältnismäßig zurückgeblieben hinsichtlich philosophischer Feinheit und kaum als ausgewachsene Religion zu bezeichnen; er war daher für den Intellekt wenig anziehend und kaum verführerisch für das Herz. Aber in der zweiten Hälfte des ersten Milleniums n. Chr. machte er unter der Tang-Dynastie Wandlungen durch, die ihm einen deutlicher religiösen Charakter verliehen, und im 11. und 12. Jahrhundert, in der Mitte der Regierungszeit der Sung-Dynastie, entwikkelte er eine ganz neue und dynamische Superstruktur, die man gemeinhin als Neokonfuzianismus bezeichnet. Hinsichtlich der religiösen Aspekte dieser Entwicklungen ordnete Kaiser T'ai Tung 630 an, daß alle Präfekturen und Provinzhauptstädte konfuzianische Tempel errichten sollten, in denen K'ung verehrt wurde. Diese Schreine wurden zu Stätten, an denen durch die Errichtung von Gedenktafeln auch andere Weise außer K'ung verehrt werden konnten. All dies verhalf der konfuzianischen Überlieferung zu konkreter Realität.

Ursprünglich verdankte die neokonfuzianische Renaissance viel der Arbeit von Chou Lieng-ch'i (1017–1073), der alles in der Welt von einer letzten umfassenden Einheit, T'ai-chi (Höchstgipfel), ableitete. Diese hat zwei Aspekte, der eine ist Bewegung, der andere Ruhe. Durch die Bewegung bringt es das Yang hervor, durch die Ruhe das Yin. Aus beiden bilden sich die fünf Agenzien – Wasser, Feuer, Holz, Metall und Erde. Aus diesen materiellen Kräften ist jedes Phänomen gemacht, aber jedes Ding im Einklang mit einem wesentlichen Muster. Geistiges und Materie, *li* und *ch'i,* sind die beiden Seiten jeder Realität. Diese vom Neokonfuzianismus entwickelten Vorstellungen haben moralische wie geistige Bedeutung, denn der Mensch erlangt die Harmonie mit dem übrigen Universum und sogar mit der höchsten Einheit, indem er das eigene geistige Muster reinigt. Da der Aspekt des geistigen Prinzips, der Muster im Universum, so wichtig ist, studiert der Weise Muster und Prinzipien in jeder ihm zugänglichen Form, beispielsweise auf dem Weg über die Literatur. Auf diese Weise trägt die überlieferte konfuzianische Weisheit zur Kultivierung des Intellekts in Harmonie mit dem All bei. Chou Lien-ch'i setzte seine höchste umfassende Einheit mit der Leere der Buddhisten gleich. Aber die Neokonfuzianer neigten zu der Ansicht, daß diese Ableitung der Dinge aus der Leere nicht bedeutet, daß sie unwirklich oder illusorisch seien. Die Neokonfuzianer blieben also bei einem realistischen, weltbejahenden Grundton und verwarfen den Traum der Selbstentleerung im Buddhismus ebenso wie das Gegenteil, den taoistischen Wunsch nach Unsterblichkeit. Der Weise ist es zufrieden, wenn der Tod auf eine normale Weise kommt, und er greift weder nach zu viel noch nach zu wenig. Er hält an der Haltung fest, die im konfuzianischen Ethos immer so hoch geschätzt wurde. Bei Lu Hsiang-shan (1139–93) liegt der Akzent auf einer Annäherung des neuen Konfuzianismus an die buddhistische Haltung. Auch er bezeichnet den menschlichen Geist als *li,* geistiges Prinzip. Da es nur einen universalen Geist gibt, erlangt der Weise Einsicht in die Realität und Harmonie mit dem Allumfassenden, indem er die angeborenen Fähigkeiten des Geistes durch Eliminierung der Selbstsucht und stürmischen Leidenschaft kräftigt.

Trotz des mehr kontemplativen Grundtons in Lu Hsiang-shans Philosophie wahrte sie dennoch die konfuzianische Bejahung des Lebens in dieser Welt. Das Ideal des Nirvana wurde energisch zurückgewiesen. Der Buddhismus konnte nicht hoffen, durch die Flucht vor der Welt, jene wahre Unparteilichkeit und Ausgeglichenheit zu gewinnen, welche die hohe Errungenschaft des konfuzianischen Heiligen darstellt.
Die Veränderungen während der T'ang- und Sung-Dynastien verliehen dem Konfuzianismus einen dauerhaften Impetus, der seine Position in der Beamtenstruktur fest verankerte und ihm ermöglichte, bis in die Mandschu-Zeit hinein und damit bis zur modernen Zeit erfolgreich zu überleben. Aber die Schockwellen, die im 19. Jahrhundert von den Häfen am Meer ausgingen, waren für den Konfuzianismus wie für jede andere der älteren Überlieferungen doch zu heftig, als daß sie abgeleitet werden konnten. Und damit kommen wir zu Chinas viertem großen »Ismus«, nämlich zu der neuen Religion des Vorsitzenden Mao, dem neuen Bindemittel für das auseinanderfallende Reich der Mitte.
Um den Erfolg Maos zu begreifen, tut es gut, sich das Scheitern eines dramatischen Versuchs der Erneuerung vor Augen zu halten, der von Vorgängern der Roten, von den Taipings, unter der prophetischen Führung von Hung-Hsiu-ch'üan (1813–1864) unternommen wurde.

Das Taiping-Experiment

Hung kam aus einer armen Hakka-Familie, die nicht weit von Kanton lebte, und hatte genügend Schulbildung, um sich für die Aufnahmeprüfung für das Beamtentum zu qualifizieren, in der er jedoch wiederholt durchfiel. Beim letzten Mal scheint er einen Zusammenbruch gehabt zu haben. Während dieser Krise hatte er eine Vision, die er zum Teil nach christlichen Begriffen deutete. (Er hatte früher einige Schriften der christlichen Missionare und ein paar Traktate gelesen.) Das war der Anfang einer ganzen Serie von Visionen, in deren Verlauf Hung das empfing, was er für seine Berufung zur Zerstörung der Dämonenverehrung, nämlich der überlieferten chinesischen Religionen, hielt. Wie andere Propheten in der Weltgeschichte trat Hung nicht sofort an die Öffentlichkeit. Ungefähr sieben Jahre später studierte er ein paar Monate lang bei einem fundamentalistischen amerikanischen Baptistenmissionar. Erst dann begannen er und einige Anhänger eine Reihe von Götzenzertrümmerungs-Aktivitäten, und Anfang der vierziger Jahre des 19. Jahrhunderts war Hung zum Führer einer wachsenden Truppe von »Gottes-Verehrern« geworden, wie man sie nannte. China befand sich unterdessen in Schwierigkeiten, Wirren und Not infolge des verheerenden Opiumkrieges, den die Engländer begonnen hatten, um China zum Kauf des Opiums zu zwingen, das anderswo in Asien auf britischem Territorium erzeugt wurde.
Wenn Hung auch wegen der Unruhen, die er stiftete, verfolgt wurde, gelang es

ihm doch, aus seinen Anhängern eine disziplinierte Armee zu bilden. Dann ging er zur Offensive über und verkündete, er werde das Taiping-T'ien-kuo gründen, das himmlische Reich des Universalfriedens. Von der Bezeichnung dieser neuen Zeit leitete sich der Name ab, den man ihm und seinen Anhängern gewöhnlich gab. Die militärischen Erfolge der Bewegung waren zügig und überraschend. Ein riesiges Gebiet Zentralchinas fiel an die Rebellen. Sie nahmen 1853 die südchinesische kaiserliche Hauptstadt Nanking ein und gaben ihr den Namen »Himmlische Hauptstadt«.

Der Erfolg war in der Hauptsache ihrem Glauben zu verdanken. Von den Taiping-Soldaten wurde Anhängerschaft an den neuen Glauben gefordert, Deserteure vom Feind, die in die Armee eintreten wollten, wurden, wenn sie den Glauben nicht teilen wollten, im allgemeinen nicht aufgenommen. Ein radikales Reformprogramm wurde in die Praxis umgesetzt: Gleichberechtigung der Frauen, Neuverteilung des Bodens, Verbot von Alkohol, Tabak und des verhaßten Opiums; Bilderstürmerei und Ausrottung der überlieferten Religion wurde praktiziert, die Polygamie sowie das Schnüren der Füße und ähnliche Bräuche verurteilt; ein Kalender im westlichen Stil wurde eingeführt und die Sklaverei verboten. Zwischen diesem puritanischen Reformgeist und dem der Kommunisten im folgenden Jahrhundert besteht eine auffällige Ähnlichkeit. Und die Bewertung des Taiping-Aufstands stellt die modernen marxistischen Historiker Chinas in der Tat vor Probleme: war er ein Vorspiel zu Mao? Es gelang diesem Aufstand jedenfalls ebenso wie Mao, die Kräfte der Bauernrebellion in ein echt revolutionäres Unternehmen einzubinden, das von einer umfassenden Ideologie geführt wurde. Nur hatte die Taiping-Version des Christentums mit Hung als jüngerem Bruder von Christus, wenn sie auch konsequent war, einige sehr rohe Züge – zumal vom Gesichtspunkt der Intelligenzia aus betrachtet. Freilich haben die idiosynkratischen Aspekte dieses Glaubens, obwohl die Missionare ihn ursprünglich für einen Weg hielten, auf dem China christianisiert werden könnte, dann die normalen christlichen Missionare abgeschreckt. Westliche Regierungen waren mit der Unterdrückung der Bewegung nach sehr langem Kampf einverstanden; Nanking wurde 1864 zurückerobert, Hung nahm sich in den letzten Tagen des bitteren Kampfes das Leben. Nicht ein einziger Taiping-Soldat hat sich, dem siegreichen kaiserlichen General zufolge, ergeben. Der Glaube hatte tiefe Wurzeln gefaßt, und seine Blüte war ein kriegerischer Mut von unglaublicher Stärke.

Aber das Grobschlächtige der Ideologie hatte zur Folge, daß die Taiping-Bewegung keine Intelligenzia und damit auch keine tüchtige Bürokratie hervorbringen konnte. Es gehörte, im Gegensatz hierzu, zu den Leistungen der Maoisten, daß sie eine Theorie präsentierten, die den chinesischen Verhältnissen angepaßt und modern war, den Intellektuellen einleuchtete und die außerdem praktisch war. Wenn der Taiping-Aufstand einige der Leistungen der Maoisten vorwegnahm, so war das symptomatisch für Chinas Bedürfnis nach drastischer Neuorientierung im Innern, der Voraussetzung dafür, daß es die Mächte von außen besiegen konnte, die dabei waren, das einst stolze Reich der Mitte zu zerstören. Aber die eigenen geistigen und philosophischen Kräfte waren dieser Aufgabe nicht gewachsen, daher die Notwendigkeit, eine westliche Ideologie zu übernehmen. Die Tradition des Konfuzius war zu sehr verflochten mit der kaiserlichen Bürokratie und dem Mandarinat. Die Mandarins konnten mit dem Westen und der modernen Wissenschaft nicht fertigwerden: den Westen verachteten sie, was gefährlich war, und die Wissenschaften verstanden sie nicht, da ihre Bildung mehr oder weniger ausschließlich literarisch war. Der Taoismus war zu sehr an die volkstümlichen Kulte und sonderbaren alchemistischen und magischen Praktiken gebunden, seinem Geist war die moderne Technologie fremd, die China brauchte, um den Feind zu schlagen. Die philosophische Dimension des Taoismus war zu anarchisch, um die Grundlage für eine neue politische Disziplin abzugeben. Und der Buddhismus war, obzwar noch in vieler Hinsicht einflußreich, zu friedfertig und zu sehr von der anderen Welt, um die chinesische Seele aufzurüsten. Es war auch nicht möglich, westliche Demokratie und die Gedanken von John Stuart Mill einfach wie Baumwollballen oder Säcke mit Opium zu importieren. Außer bei Hungs Experiment setzten sich christliche Werte nur sehr zögernd durch. Sun Yat-sen (1866–1925) unternahm zwar den mutigen Versuch einer Synthese zwischen chinesischen und westlichen Werten, indem er die drei Prinzipien von Nationalismus, Demokratie und Wohlfahrt bündelte. Der Held seiner Jugend war Hung gewesen. Er war sehr gegen die Mandschus eingestellt. China wurde von einer Dynastie beherrscht, die von den meisten Chinesen noch immer als fremd empfunden wurde; und daß China eine geplünderte Hyperkolonie des Westens war (um Sun Yat-sens Ausdruck zu benutzen), war unerträglich. Die Revolution von 1911 und die folgenden Wirren führten zur Macht der Kuomintang unter Tschiang Kai-schek. Aber die Kuomintang war nicht entschlossen oder sauber genug, um die notwendige Reform durchzusetzen. Sie stützte sich auf die Landbesitzer und die neue Geschäftswelt, die sich wiederum auf westliche Handelsinteressen stützten, denn es gab wenig eigene chinesische Industrie- und Handelsunternehmen. Und so geschah es unter dem Druck von unten, daß das von Sun Yat-sen erträumte sozialdemokratische Experiment fehlschlug und der Maoismus zum neuen Weg für China wurde. Er konnte die traditionellen Systeme aufgrund verschiedener günstiger Eigenschaften ersetzen.

Die Stärken des Chinesischen im Maoismus

Erstens hieß Marxist sein, gegen das Establishment und die Mächte sein, die über China vom Westen her Verheerung brachten. Zweitens verfügte der Maoismus über eine überzeugende Geschichtstheorie, die den seit altersher starken Sinn der Chinesen für Rhythmen anspricht. Drittens nahm er für sich in Anspruch, wissenschaftlich zu sein, und versprach damit die Modernisierung des Landes, was eine wichtige Bedingung für nationale Unabhängigkeit und Würde war. Viertens orientierte sich der Marxismus in seiner maoistischen Form – darüber hat sich Mao mit Stalin gestritten – an den Bauern. Dadurch konnte er jene uralten Kräfte nutzen, die in früheren Zeiten stets die Aufstände ausgelöst hatten, und sie zu etwas sehr viel Wertvollerem wandeln, nämlich zu Werkzeugen der Revolution. Fünftens forderte er die Disziplin, die notwendig war und für die es bereits zum Teil im Taipingaufstand Beispiele gegeben hatte. Im besonderen konnte er auch eine kräftige egalitäre Ethik und einen Solidaritätssinn bieten anstelle des hierarchischen Wertsystems des Konfuzianismus. Sechstens konnte er einige der alten Vorstellungen Chinas, Yin und Yang, den relativen Materialismus des frühen Neokonfuzianismus und dessen Sicht der Geschichte zu dem Gesamtbild eines epochalen Kampfes und des Fortschritts vereinen, der ein neues herrliches Reich verhieß. Siebentens knüpfte er da an, wo die Taiping-Bewegung in der Mitte zwischen romantischem Banditentum und religiöser Hingabe, zwischen Kanonendonner und letzten Dingen aufgehört hatte. Achtens hatte er in Mao selbst einen charismatischen Führer. Mao schrieb Gedichte, die nicht von den Normen des sozialen Realismus eingeengt waren, und er konstruierte eine eigene chinesische Revolutionstheorie. Ihm stand natürlich mehr als nur Charisma zu Gebote, und er verfügte mit Tschou En-lai und anderen Genossen über ein neues und tüchtiges Mandarinat, um die Anhängerschaft zu konsolidieren und zu kontrollieren, die sie durch ihre Ideologie, ihr Verhalten und ihre Führung gewonnen hatten. Ende der vierziger Jahre gehörte China Mao, und ein neues Reich des Großen Himmlischen Friedens war errichtet. Zwischen Hung in Nanking und Mao in Peking waren sechsundneunzig schicksalhafte Jahre vergangen. Die Leistung Maos war großartig und muß berücksichtigt werden, wenn wir hier von dem Schicksal eines Viertels der Menschheit sprechen. Sie muß vor allem berücksichtigt werden bei der langen Suche der Menschheit nach Wahrheit, denn schließlich ist der Maoismus eine Art Religion, auch wenn er sich offiziell antireligiös gibt.

Der religiöse Aspekt des Maoismus

Der Maoismus hat seine festen Lehren. Marx mit gelblicher Haut und einem chinesischen Herzen. Er hat einen Geschichtsmythos und einen Mao-Mythos, eine Dialektik, das Gefühl für Chinas Erniedrigung und Wiederauferstehung in moderner Zeit; er hat die Legende von dem unglaublichen Langen Marsch, den jeder, der ihn miterlebt hat, kaum ohne Bewegung schildern wird: wie die Rote Armee und ihre Angehörigen sich durch Eis und Steppe und die Höllen der Entbehrungen vorwärtskämpften und kämpfend marschierten und immer weitermarschierten. Der Maoismus hat eine überzeugende Ethik der Solidarität mit den Kameraden im Kampf um die Erziehung des Menschen, er hat seine Vorstellungen von der Vollkommenheit des Menschen, und kennt die Hingabe an Arbeit und

Mühen im Interesse der anderen. Er hat Rituale: die erhobene Faust, die Ballonmütze und die Versammlungen, Formeln der Selbstkritik, Inszenierungen im Stadion, Flaggen und Trommeln, Pflichttage, Defilieren vor den Gedenkstätten der Märtyrer, Parteitage. Er hat die Dimension innerer Erfahrungen: Bekehrungen, Sinn für Opfer und das Bewußtsein einer neuen Würde, die immer wiederholten verklärten Berichte über die im Namen des Großen Vorsitzenden vollbrachten Wunder, die Befriedigungen sozialistischer Errungenschaften. Er hat seine neuen Sanghas oder Orden, deren Mitglieder die Parteigenossen und die Kader und die ungestümen Roten Garden sind. Er hat alle Merkmale von Kirche und Religion. Allerdings fehlen Gott und die Transzendenz, aber seine Psychologie ist religiösen Charakters. Und aus diesem Grunde hat er im wesentlichen gesiegt. Mao erkannte, daß es in erster Linie die psychologischen (oder vielleicht besser, die geistigen) Kräfte sind, die stark sein müssen und den Ausschlag geben. Nach diesem Prinzip führte er den Krieg, und ebenso versuchte er auch den Frieden zu erkämpfen mit unaufhörlichen Aufrufen zu neuen Bemühungen um die richtige Einstellung und mit unaufhörlichen Angriffen auf abtrünnige Parteimitglieder, Kapitalisten-Sympathisanten und dergleichen. Wenn der verrückte Hung dem Arsenal des Westens einigen Sprengsatz entnehmen und damit Chinas Zentrum in die Luft jagen konnte, wieviel effektiver und rationeller hat Mao die Möglichkeiten des Westens benutzt, um den Osten zu erobern und damit auch den Westen im Osten! Er handelte nach einem alten Prinzip des japanischen Judo-Kampfes, einem Prinzip, das im chinesischen Taoismus seinen Ursprung hat.

Das Endresultat des Zusammenbruchs des vom Schicksal geschlagenen Mandschureiches war also der Triumph der vierten Religion Chinas. Über K'ung und Lao-tse und dem Buddha steht Mao. Über dem Yin und dem Yang bewegt sich die Dialektik. Hinter dem Tao wird die geheimnisvolle Macht der Materie sichtbar. Marx und Lenin sind in das Pantheon des neuen China versetzt, während der bescheidene Mao und seine Nachfolger die Robe des Herrschers über das Reich trugen. Nur handelte es sich jetzt nicht mehr um das Mandat des Himmels, sondern um das Mandat des Volkes, das die Herrschaft rechtfertigte. Mao ist (oder war) das Yang für das Yin des Volkes, in einer neuen Kombination der geistigen Eigenschaften der Chinesen, die jetzt trotz aller Reglementierung von Stolz auf die Unabhängigkeit erfüllt sind. China kann niemals mehr zu den Mandschus zurückgehen, und der Nationalismus ist für die Strenge des Lebens im neuen China mehr als ein positives Gegengewicht.

China hat damit der Entwicklung des menschlichen Geistes ein außergewöhnliches Momentum gegeben. Wir konnten hier nicht von Dichtung und Malerei und den Schönheiten der Kontemplation sprechen. In Hinsicht auf die Religion hat China mit großer Originalität den Begriff des Tao geschaffen und ihn in seiner Kunst und politischen Gestaltungen wie in einem heiligen Schrein verwahrt. Es hat Konfuzius geboren, den, wie ich glaube, größten Verkünder des ethischen Wertes von Ritualen. Es hat viele Aspekte des Buddhismus abgewandelt und im

Ch'an Buddhismus eine neue Form der Meditation und ein neues Ethos der Kontemplation entwickelt, die letztlich an den Bedürfnissen des gewöhnlichen Menschen orientiert sind. Indem es Japan viel von all diesem übermittelt hat, war es einer der Väter des Genius jenes Inselreiches. China hat eine neue und erstaunliche Variante zum Marxismus hervorgebracht. In seiner vierfachen Religiösität ist es ungewöhnlich schöpferisch gewesen.

9. JAPAN

Japans Anpassungsfähigkeit an äußere Einflüsse reicht weit in die Vergangenheit zurück. So wurde in der Zeit von Prinz Shotoku (572–621) die chinesische Kultur sehr geschätzt und buddhistischen Vorstellungen wurden alle Türen geöffnet. Japan wurde vom Geist Chinas völlig durchdrungen, übernahm ihn. Gleichzeitig nahm der Buddhismus im Laufe der Zeit typisch japanische Formen an, zumal im Zen und in den neuen Dimensionen der »Schule des Reinen Landes«. Zen, das auf den chinesischen Meditationsbuddhismus gegründet ist, entwickelte sich zu einer Ethik und Glaubenspraxis, die mit weltlichen Zielen kombiniert werden konnte. Es untermauerte die Haltung des mittelalterlichen Kriegers und Bushido, es wirkte stark auf die japanische Kunst und den Gartenstil.

Im 12. Jahrhundert führte der heilige Honen eine inbrünstige Form des Pietismus in Japan ein, in deren Mittelpunkt die Wiedergeburt im Himmel oder Reinen Land und die Gnade des Buddhas Amida stand, auf den man sich berief, um der Erlösung teilhaftig zu werden. In mancher Hinsicht entwickelte sich die Schule des Reinen Landes in ähnlichen Bahnen wie das evangelische Christentum: mit dem Akzent auf dem Glauben. Im folgenden Jahrhundert führte Nichiren indessen eine nationalistischere Interpretation buddhistischer Pietät ein und wurde zum Begründer einer der dynamischsten modernen Glaubensrichtungen in Japan, des Soka Gakkai. Immer setzte sich der Buddhismus mit dem Ahnenkult auseinander, dem Weg der Götter oder Shinto, der im zeitgenössischen Japan (nach einer Periode militaristischen Raubbaus vor und während des Zweiten Weltkriegs) weiterhin eine einflußreiche Strömung bleibt.

Das moderne Japan hat den Aufstieg einiger neuer Religionen erlebt, die zum Teil aus dem Buddhismus kamen, und es erweist sich nach wie vor als geistig wie wirtschaftlich sehr flexibel. Aber das Zen und der Pietismus der Schule des Reinen Landes sind rein buddhistisch. Der Buddhismus hatte bereits einen langen Weg zurückgelegt, bis er nach Japan kam, doch ist Japan in der gegenwärtigen Welt einer der Hauptzeugen, wenn nicht der Hauptzeuge überhaupt für Buddha.

Japan, eine Kette größerer Inseln, ist in gewisser Weise ein fernöstliches Spiegelbild von England, und die Geschichte beider Nationen bildet einen Kontrapunkt. In beiden Fällen hat die physische Isolierung große Folgen gehabt. Wir wollen daher zurückblicken auf die dramatische Wirkung der Ereignisse von 1853, als Admiral Perry im Dienste des damaligen Präsidenten der Vereinigten Staaten mit einer kleinen Flotte in die Bucht von Tokyo einlief.

Bis dahin war es den Japanern so ziemlich gelungen, die räuberischen westlichen Handelsmächte abzuwehren. Den Holländern war der Handel gestattet, aber nur unter strengen Beschränkungen. Westliche Missionen waren verboten, das japanische Christentum in den Untergrund drängt. Der heilige Franz Xaver war bereits 1549 nach Japan gekommen, und danach hatte es ein Jahrhundert lang dreihunderttausend Christen gegeben, aber die Tokugawa-Fürsten im 17. Jahrhundert ließen viele der Gläubigen ermorden und schlossen die Häfen für Europäer. Die Japaner befürchteten damals, daß der Westen und das Christentum (als Manifestation dieser Kultur) die japanischen Werte und die Unabhängigkeit des Landes untergraben und schließlich zerstören würden. Also riegelte sich Japan in hartnäckiger und heroischer Isolierung von der Außenwelt ab. Jedoch konnten die vier Kanonenboote von Perry kaum ignoriert werden und noch weniger die Flotte von zehn Schiffen, die 1854, im darauffolgenden Jahr, unter dem gleichen Kommandeur in die Bucht hineinsegelte. Den Amerikanern ging es teils um die schlechte Behandlung von Walfangschiffen, die an japanischen Küsten gestrandet waren, und um ihre Proviantierung, teils aber auch um den eigenen imperialistischen Traum. Die Vereinigten Staaten, obwohl sie auf ihre antikolonialistische Herkunft stolz waren, zeigten sich ja durchaus anfällig für koloniales Machtdenken und hatten den Ehrgeiz, sich die gleichen Privilegien zu sichern wie die europäischen Mächte. Deshalb blickten sie seit Perrys Unternehmen von Kalifornien aus begehrlich auf die Beutemöglichkeiten im Fernen Osten. So geschah es in dem Krieg mit Spanien, durch den sie die Philippinen in den Griff bekamen, sodann in der Zeit der Handelskonzessionen und -missionen auf dem chinesischen Festland, die sich in der Tat bis nach Vietnam vorschoben. Japans Reaktion auf Perrys Vorstoß war sehr energisch. Wenn man den Westen schon nicht mehr heraushalten konnte, dann mußte man ihn ausnutzen. Dies war ein guter Judogrundsatz und brachte jenen Prozeß der Entwicklung zum modernen Staat in Gang, der dann Krieg, Tragödien und Wohlstand herbeiführte.

Japan nahm die westlichen Werte an und verschmolz sie mit den eigenen. Im Jahre 1868 wurden die alten Herrscher, das Shogunat, das nur formal den Thron noch innehatte, von Kaiser Mutsuhito gestürzt. In der anschließenden Ära der Meiji beschleunigte sich die Verwestlichung, und 1889 erhielt Japan eine Verfassung, die zwar nach westlichen Vorbildern entworfen, jedoch im wesentlichen autoritär war: die Streitkräfte beispielsweise wurden dem Kaiser direkt unterstellt. Sein

Prestige wurde durch den Staats-Shinto gestärkt. Gleichzeitig baute Japan Panzerschiffe und rüstete seine Armee mit gutem Kriegsmaterial sowie einem tüchtigen Offizierskorps auf. Und 1905 erfuhr der Westen mit Erschütterung von der Vernichtung der kaiserlich-russischen Flotte durch die Japaner in der Schlacht von Tsushima. Mittels seiner Seemacht und seines florierenden Handels war Japan jetzt eine Macht, die jeder Nation, die in diesen Gewässern kreuzte, ebenbürtig war. Es blickte nun seinerseits begehrlich über Korea und Taiwan hinaus nach China, das inzwischen dabei war, von den großen Nationen tranchiert zu werden. So war es nur natürlich, daß Japan auf Grund seiner Teilnahme am Ersten Weltkrieg beim Vertrag von Versailles an der Seite der Alliierten auftrat. Die Konzessionen, die man ihm auf Kosten eines noch immer geschwächten Chinas machte, stellen einen der Hauptgründe für den Ausbruch der revolutionären Bewegungen dar, die später unter der Führung von Mao Tse-tung vereinigt wurden. Andererseits zogen sich die Japaner durch ihre Plünderungen in Mandschukuo und Nordchina den Zorn der neuerdings frommen Westmächte zu, die im 19. Jahrhundert zwar raffgierig gewesen waren, sich im 20. jedoch als unschuldige Schafe gaben. Diesmal zog es Japan vor, sich an die Seite Deutschlands zu stellen. In Pearl Harbour schlug es zu und eroberte in einer Reihe von glänzenden und unerwarteten Feldzügen praktisch alle ostasiatischen und pazifischen Inseln. Aber es hatte sich das verkehrte Jahrhundert für seine Expansion ausgesucht. Es hatte die logistische Überlegenheit der USA unterschätzt. Und die japanischen Generäle, die Blitzkriege liebten, sahen nicht den radioaktiven Blitz voraus, der plötzlich aus blauem Himmel herniederfuhr. Im Jahre 1945 lag Japan in völligem Ruin. Es war zerschlagen, verarmt und erobert, besetzt und gedemütigt. Das Jahrhundert zwischen Perry und McArthur war ein erregendes, aber schließlich doch tragisches Jahrhundert gewesen. War es wirklich unwiderruflich tragisch? Aus der Asche stiegen neues Licht und neue Hoffnung auf.

Der geistige Hintergrund der japanischen Geschichte

Bei all diesen Ereignissen waren entscheidende Elemente des geistigen Lebens Japans am Werke. Obwohl es ein überwiegend buddhistisches Land war, hat sich Japan paradoxerweise immer besonders für die militärischen Künste interessiert. Eine gekonnte Mischung von Zen und Schwert war das alte Ethos des Samurai, während der Nichiren-Buddhismus den japanischen Nationalismus verherrlichte. Shinto konnte einen göttlichen Stammbaum für die Spitze dieses Systems bieten, den Kaiser, hingegen erinnern manche Formen des pietistischen Buddhismus etwas an die Haltung jenes Protestantismus, der einst das geistige Instrumentarium für den westlichen Kapitalismus stellte. Vielleicht ist aber die entscheidende Tatsache die, daß Japan, indem es Jahrhunderte früher schon chinesische Werte einführte und verarbeitete, sich bereits auf den rascheren und durchschlagenderen

Import von westlicher Technologie, Wirtschaft und Politik geistig vorbereitete. Und wenn es unter Briten vor dem Zweiten Weltkrieg üblich war, höhnisch festzustellen, daß Japaner nichts als begabte Imitatoren seien, so hat das in Wirklichkeit nie gestimmt. Die Japaner prägen das, was sie assimilieren, mit ihrem ureigenen unauslöschlichen Stempel. Hinter dem Ch'an-Buddhismus steht ohne jeden Zweifel Zen. Die riesigen finsteren Superstrukturen auf den großen Schlachtschiffen Nippons unterschieden sich imponierend von den nur angestrichenen Dreifußgestellen der westlichen Dreadnoughts. Jenseits des »Reinen Landes von China« liegt der merkwürdige Amida-Buddhismus von Honen und Shinran. Die Religion von Nichiren bildet eine seltsame Wendung im Schicksal des Mahayana-Buddhismus, und sein moderner Ableger Soko Gakkai ist eine der neuen, für das zeitgenössische Japan so bezeichnenden religiösen Bewegungen. Die auf den ersten Blick stark von China inspirierte japanische Kunst hat ihre eigene klare Schärfe, einen eigenen Humor und Zauber. Und wenn es in diesem Kapitel viel über den Buddhismus zu sagen gibt, so handelt es sich schließlich und endlich um den japanischen Buddhismus und um Japans eigenen besonderen Beitrag zu der langen Wahrheitssuche des Menschen, auf die wir uns in diesem Buch begeben haben. Ganz wesentlich für diesen Beitrag ist auch der Shinto, Japans Weg der Götter, die Religion der Ureinwohner, welche die Werte von Buddhismus und Konfuzianismus in sich aufnahm.

Einige der wichtigsten Faktoren der japanischen Religionen

Die wichtigsten Motive der japanischen Religiosität können wie die fünf Akte eines japanischen Dramas dargestellt werden. Als erstes die Entwicklung der »Schule des Reinen Landes«. Zweitens, japanische Spielarten des Tantrismus. Drittens gibt es den Zen-Buddhismus, viertens moderne Religionen, die ich am Beispiel Soka Gakkai anschaulich machen werde, und fünftens den modernen und den alten Shinto. Jedoch ist die dramatische Entwicklung wahrscheinlich noch nicht abgeschlossen, und wir wollen auch versuchen, etwas von den künftigen Möglichkeiten der japanischen religiösen Entwicklung zu erschließen.
Es gibt in Japan noch die Ainu, ein bis vor kurzem technologisch primitives Volk, das sich vom Sammeln der Nahrung und durch die Jagd ernährte. Sie sind Überlebende der Ureinwohner der Inseln, die gegen Ende des 1. Jahrtausends v.Chr. von einem Volk mongolischen Stammes, das vom asiatischen Festland kam, den Japanern, verdrängt wurden. Japanisch ist nicht wie Chinesisch eine einsilbige Sprache, sondern, wie jedenfalls in letzter Zeit mit einiger Überzeugungskraft behauptet wurde, Sprachen wie Finnisch und Ungarisch verwandt, deshalb könnte das Japanische aus dem Norden des asiatischen Festlandes hervorgegangen sein, das heißt, aus Westsibirien. Allerdings übernahmen die Japaner die chinesische Schriftsprache und viele chinesische Worte. So ist auch der Begriff »Shinto« eine

japanische Form von zwei chinesischen Worten, die Weg (Tao) der Götter (Shan) bedeuten. Diese Assimilierung chinesischer Kultur zeigte sich bereits im 5. Jahrhundert n.Chr., aber sie erhielt neue Antriebe durch die Politik des Fürsten Shotoku, dessen Herrschaft als Regent 593 begann. Damit etablierte sich der Buddhismus durch die Vermittlung Chinas fest in der japanischen Kultur. Wahrscheinlich war das 12. Jahrhundert (mit Ausnahme des 6.) der bedeutendste Wendepunkt in Japans Geistesgeschichte. Nach einer Zeit zunehmenden Verfalls und Niedergangs wurde in der zweiten Hälfte jenes Jahrhunderts eine neue Regierung eingesetzt, und der Hof zog von dem alten und lieblichen Kyoto nach Kamakura um. Die sogenannte Kamakura-Zeit dauerte von 1185 bis 1333. In dieser Zeit entstanden die charakteristischen japanischen Formen des Buddhismus, Reines Land und Zen. Es war eine Zeit schöpferischen, geistigen und gesellschaftlichen Erwachens. Sozusagen die japanische Aufklärung. Und es war ebenfalls zu dieser Zeit, daß Nichirens Feuer aufloderten.

Der neue japanische Buddhismus: Honen

Die Geschichte der großen Blüte der Schule des Reinen Landes kann anschaulich gemacht werden an dem Leben von zwei Heiligen: Honen und Shinran. Sie waren große Verehrer von Amida. Amida ist die japanische Version des Buddhas Amitabha, dessen innigem Erbarmen und Herz für alle lebenden Wesen wir bereits begegneten, als wir die Wege des indischen Mahayana verfolgten; er war der Schöpfer des Reinen Landes, des Paradieses der Gläubigen. Honen lebte von 1133 bis 1212. Er darf trotz seiner sympathischen Bescheidenheit durchaus als der Gründer des Jodo, der japanischen Schule des Reinen Landes, angesehen werden. Im Japanischen hat die Zugehörigkeit zu diesen Schulen indessen keine Ausschließlichkeitskonsequenz, die Teilnahme am Ritual anderer Schulen ist dadurch nicht unmöglich gemacht.

Honen Shonin war der Sohn eines Beamten in der Provinz Mimasaka, der von einem Feind getötet wurde und seinen Sohn im Angesicht des Todes anwies, nicht an Rache zu denken, sondern sich einem religiösen Leben zu widmen. Offenbar war schon der Vater ein bemerkenswerter Mann, nicht weniger war es der Sohn, dessen Fähigkeiten sich bald deutlich zeigten. Er begab sich zum Studium auf den heiligen Berg Hiei bei Kyoto, ein Mittelpunkt des japanischen Buddhismus mit Klöstern, Kollegien und Tempeln, der aus der ursprünglichen Einsiedelei hervorgegangen war, die im 9. Jahrhundert von Dengyo Daishi, einem Vertreter der esoterischen Tendai-Lehre gegründet worden war (diese ähnelte der Shingon-Schule), und wir werden auf sie noch zurückkommen. Es heißt, er habe den riesigen Mahayana-Kanon in der erweiterten chinesischen Fassung nicht weniger als fünfmal durchgelesen. Er beherrschte die Feinheiten der Tendai- und Shingon-Schule und blieb dennoch im wesentlichen unbefriedigt. Seine Wahrheitssuche war lang

und führte durch die Schriften und religiöse Erfahrungen. Schließlich war ihm durch die Lehren des chinesischen Meisters Zendo, des dritten Patriarchen der chinesischen Amida-Schule, eine Erleuchtung beschieden. Zendos Schriften finden sich nicht in dem chinesischen Lehrwerk *Tripitaka* (Dreikorb), aber sie überzeugten Honen gefühlsmäßig. Ähnlich wie Luthers »Turm-Erlebnis« und Augustins Bekehrung übten sie eine elektrisierende Wirkung auf ihn aus. Die entscheidenden Worte von Zendo waren: »Wiederhole nur den Namen von Amida Buddha aus ganzem Herzen, ganz gleich, was du tust, ob du gehst oder stehst oder liegst oder sitzest; höre nicht einen Augenblick auf mit dieser Übung. Es ist eine Übung, die ohne Fehl die Erlösung bringt, denn sie ist voll Übereinstimmung mit dem ursprünglichen Gelübde Buddhas.« Und nicht nur Honen war von der Wahrheit dieser Worte überzeugt, sie schienen relevant für die gesamte turbulente Zeit bürgerlicher Wirren, in der er lebte.
Das hatte seine Gründe: der Buddhismus präsentierte sich häufig als korrupt, sogar seine Priester neigten zum Kampf um die Macht; wenn überhaupt Anzeichen seines wahren Geistes übriggeblieben waren, so fanden sie sich nur an Orten wie dem Kloster Hiei, das erfüllt war vom Geist der Studien und der echten Suche nach Befreiung. Häufig galt aber auch Meditation als der wahre Weg hierzu. War nicht Meditation das Herz der Botschaft, das Ende des Weges? Nur, wie sollte man sich ihr widmen inmitten der Mißlichkeiten des Lebens? Wie konnte der Soldat oder der Bauer oder der Fischer wirkliche Gelegenheit zur friedvollen Kontemplation haben? Wie wir sehen werden, bot Zen einen Weg der Lösung, indem es die weltlichen Künste in seine Meditationsmethoden einschloß. Aber selbst dann stand Meditation nicht jedem offen. Honen erkannte demgegenüber, daß das »Rufen des Namens von Amida«, *Namu Amida Butsu,* wie die Formel auf Japanisch lautete, wirklich einem jeden Hoffnung und eine Möglichkeit wahrer religiöser Erneuerung bot. Daher begann er im Alter von fünfundvierzig Jahren seine neu entdeckte Botschaft zu predigen. Er war kein Fanatiker, und er ermutigte die weitherzigste Auslegung des Buddhismus. Er erkannte den hohen Wert des Lotus-Sutra, der grundlegenden heiligen Schrift, sowie den aller unverfälschten buddhistischen Praktiken, aber den Vorrang hatte für ihn das Rezitieren des Namens Amida. Die Güte seines Charakters war die beste Reklame für die Judo-shu, die Lehre des Reinen Landes. Dennoch fehlte es ihm nicht an Gegnern, sogar an Feinden. Schließlich wurden ja, wenn man nichts anderes zu tun brauchte als den Namen des Buddha gläubig zu wiederholen, all die komplizierten Praktiken des orthodoxen Mahayana-Buddhismus überflüssig. Und wenn sie überflüssig sind, sind es auch viele Mönche von Hiei und aus anderen Religionszentren. Außerdem bedeuten die guten Werke nichts mehr, wenn der Glaube alles ist. Man kann sündigen, soviel man will, vorausgesetzt, man fährt fort mit der Wiederholung der Formel Nembutsu, denn bietet nicht sie die sichere Garantie für die Erlösung? Einmal war Honen Fischern begegnet, die von dem Gedanken geplagt waren, daß derjenige, der Leben nimmt, im nächsten Leben Qualen im Purgatorium erleiden

müsse. Honen versicherte ihnen, daß der Glaube an Amida sie ganz gewiß ins Paradies bringen würde. Schließt man von dieser Episode auf anderes, dann war allerdings alles auf sehr einfache Weise geregelt. Darauf bezog sich denn auch die Kritik seitens der Gegner und Feinde Honens. Einige seiner Schüler wurden verfolgt und ein paar umgebracht. Nur dank der Gunst, in der er bei Hofe stand, wurde Honen lediglich verbannt, zum Schluß jedoch wieder in den Mittelpunkt des Geschehens zurückgeholt, um dann im Alter von achtzig Jahren friedlich zu sterben, von vielen verehrt. Er hatte die japanische Geisteswelt nachhaltig geprägt. Obwohl Luther ein irdischer, weniger liebenswürdiger und weniger heiliger Charakter war, besteht doch in bezug auf das Entscheidende: die Macht des Glaubens, eine beachtliche Ähnlichkeit zwischen seinen und Honens wichtigsten Lehren.

Shinran Shonin

Honens Schüler neigten offensichtlich dazu, die Botschaft des Meisters verschieden auszulegen. Selbst eine so einfache Lehre kann auf subtil verschiedene Art angewendet werden. Der berühmteste seiner Schüler jedoch, den Honen angeblich allen übrigen vorgezogen hat, war Shinran Shonin, der eine Variante des Jodo gründete, den Jodo Shinshu, wörtlich »Schule des wahren Reinen Landes«. Sie gilt als getrennte Schule, weil sie sich von dem eigentlichen Jodo durch gewisse Bräuche und Äußerlichkeiten unterscheidet, vor allem in bezug auf die Ehe der Geistlichen. Shinran war aristokratischer Abstammung und 1173 geboren. Er wurde früh schon, mit acht Jahren, ordiniert und stieg zum Abt in Hiei auf. Man pries ihn als Genie, aber er erwies sich, jedenfalls vom Gesichtspunkt der Mönche von Hiei aus, als ein etwas launisches Genie. Denn im Alter von siebenundzwanzig Jahren hörte er Honen predigen und fand in seinen Worten jenen Weg zur Erlösung, den auch er in seinen Studien und Forschungen gesucht hatte. 1201 trat er der Jodo-Bewegung bei und heiratete. Dies als Zeichen, daß äußere Sitten wenig bedeuteten und daß die Grenzen zwischen Priestern und Laienschaft durchbrochen werden konnten. Seine Frau war der Tradition entsprechend eine Tochter des Regenten Fuijiwara Kanezane, eines Gönners von Honen, der allerdings nicht mächtig genug war, dessen Verbannung zu verhindern (die Shinran teilte). Viele Jahre lebten Shinran und seine Frau unauffällig in der Provinz Hitachi, wo er dem Volk predigte. Die Lebendigkeit seines Glaubens führte ihn dazu, die Konsequenzen des Vertrauens in die Gnade Amida Buddhas auf die Spitze zu treiben. So schrieb er anmutig paradox folgendes: »Wenn selbst ein guter Mensch im Reinen Lande wiedergeboren wird, wieviel mehr wird es ein schlechter Mensch.«
Sein Schüler Yuiembo sagte dazu: »Die Leute glauben aber meistens, es ist umgekehrt: wenn selbst ein schlechter Mensch im Reinen Lande wiedergeboren werden kann, wieviel mehr ein guter Mensch. Das mag auf den ersten Blick vernünftig erscheinen, aber es steht nicht im Einklang mit dem Sinn des ursprünglichen Ge-

lübde des Buddha, mit dem Glauben an die Kraft eines anderen. Der Grund dafür liegt darin, daß ein Mensch, der sich auf die eigene Kraft verläßt und verdienstvolle Taten tut, nicht die Absicht hat, sich auf die Kraft eines anderen zu verlassen, und somit nicht Gegenstand des ursprünglichen Gelübdes ist... Wir, die wir uns im Netz der eigenen Leidenschaften fangen, können uns nicht selbst von der Fessel von Geburt und Tod befreien, ganz gleich, in welcher Art von Kasteiungen oder guten Taten wir uns versuchen. Dieses erkennend und unser Los bemitleidend tat Amida sein Gelübde, in der Absicht, schlechte Menschen dem Buddhatum zuzuführen. Deshalb ist der schlechte Mensch, der von der Kraft eines anderen abhängt, Hauptgegenstand der Erlösung.«

Honen und Shinran brachten demzufolge als zwei schöpferische Kräfte eine einheimische Spielart der buddhistischen Schule des Reinen Landes hervor, welche die Fesseln des orthodoxen Buddhismus sprengte. Sie berührt sich auf geheimnisvolle Weise mit westlicher Frömmigkeit, und die Gefühle, die diese sanften und glühenden Gestalten bewegten, könnten leicht als Ergänzung zu der Liebe zu Gott und dem Glauben an Christus empfunden werden, wie christliche Evangelisten sie zeigen.

Selbstverständlich bestehen Unterschiede im allgemeinen Grundton und ebenso in den Ansichten über das Wirkliche. Ein westlicher Christ würde natürlich beanstanden, daß Amida doch wohl ein Produkt religiöser Einbildung ist, die Projektion eines buddhistischen Traums in ein Paradies des Westens, während andererseits Christus wirklich gelebt hat und für unsere Sünden gestorben ist. Christus ist historisch, Amida ist es nicht. Demgegenüber kann man nur die Frage stellen: Spielt das wirklich eine Rolle? Könnte nicht der Mahayana-Buddhist mit Nachdruck und Recht von sich behaupten, er selbst habe Amida gesehen? Honen beteuerte, er sei in den letzten Jahren seines Lebens ständig fähig gewesen, ins Paradies zu blicken und Amida zu sehen. Was für eine Rolle spielt dann die historische Wirklichkeit?

Wenden wir uns nun dem zweiten Akt des japanischen Dramas zu.

Die Shingon-Schule

Die Shingon-Schule und ihre eigenständige Entwicklung wurde von Kobo Daishi (774–835) in Japan eingeleitet. Er hatte China besucht und war von der Überlieferung des buddhistischen Tantrismus oder jedenfalls einer mit Sakramenten arbeitenden Religion beeindruckt. Nach seiner Rückkehr nach Japan schuf er eine neue Synthese, die große Auswirkungen haben sollte. Es besteht wenig Zweifel an seiner theologischen Originalität. Er verwendete chinesische und indische Gedanken für ein zusammenhängendes System, das an Intellektuelle, Ritualisten und gewöhnliche Menschen appellieren konnte, die sich auf der Suche nach den Segnungen der jenseitigen wie auch der diesseitigen Welt befanden, und ebenso an jene, die noch Japans alte Shinto-Werte verehrten. Er war es auch, der, wie man annimmt, den Ausdruck *Ryobo Shinto* (Zwei-Aspekte-Shinto) geprägt hat, mit dem er all denen ein Schlagwort bot, die Shinto und Buddhismus als zwei sich ergänzende Lebensformen betrachteten.

Grundlage dieses Begriffs war die Vorstellung, daß sich der Makrokosmos im Mikrokosmos reflektiert: jedes existierende Element spiegelt das Ganze, ebenso wie das Ganze das Einzelne durchdringt. Niedere Gottheiten sind demnach nicht wirklich niedrig. Das Sandkorn ist nicht nur ein Atom am Strand, sondern spiegelt die Natur des Kosmos. Meine Gesten können eine Bedeutung haben, die weit über die Handbewegung oder das Krümmen eines Fingers hinausreichen. Und weil Kobo Daishi in erster Linie Buddhist war, sah er das Universale im Wahrheitskanon der Buddhanatur zusammengefaßt. Das Herz des Buddha ist mein Herz; es ist ebenso das Herz des Universums. Wenn ich mich selbst verliere, wie die buddhistische Lehre verlangt, gewinne ich in gewissem Sinne die gesamte Welt. Im besonderen aber führte Kobo Daishi die Anwendung heiliger Formeln oder Mantras zur Kontrolle der Kräfte der Welt ein. Denn alles ist von Interesse, und Rituale können verschiedene Arten von Segnungen herbeiführen. Darüber hinaus können die alten Shinto-Gottheiten, die häufig mit Naturkräften und geographischen Orten gleichgesetzt wurden, ebenfalls auf rituellem Wege beeinflußt werden. Auch sie hatten Anteil an der heiligen Buddhanatur. Auf diese Weise war es möglich, das Shintopantheon mit dem buddhistischen zu vereinigen. Die *kamis* oder Götter des Shinto, die Buddhas und *devas* Indiens und des Ostens konnten in dem großen Reigen dieser bezaubernden, illusorischen, überzeugenden, wechselhaften, in sich zusammenhängenden Welt zusammen tanzen. Die Schüler des Shingon, Schüler also des wahren Mantra, scheuten niemals davor zurück, Angst als eines der Elemente des Universums zu akzeptieren, ebenso auch Krankheiten und schlimmes Leiden als Manifestationen der einen Buddhanatur, des *dharmakaya*, des geistigen Leibes, oder Wahrheits-Aspektes des Buddha.

Sie sahen im Geist wie im menschlichen Handeln die Schlüssel für alles, und sie wünschten durch den Einsatz der Zwillingskräfte von Meditation und Ritual den Einzelnen zu heilen und die Wirklichkeit um uns zu wandeln. Kein Wunder, daß Shingo in seiner Universalität auf die Reichen wie die Armen und gleichermaßen auf die intellektuellen wie die ungebildeten Menschen sehr anziehend wirkte. Die Shingon-Schule stellte die japanische Dimension des trantristischen Buddhismus dar, der weite Gebiete zwischen Sibirien und den tropischen Regionen im südlichen Asien erobert hatte. Vielleicht repräsentierte sie damit unbewußt einen historischen Kompromiß zwischen dem kühlen Buddhismus des heißen Indien und dem heißen Schamanentum des kalten Sibirien – mit anderen Worten, zwischen den kulturellen Kräften, die Japan und den Buddhismus geformt hatten.

Zen-Buddhismus

Der dritte Aspekt japanischer Geistigkeit ist allgemein bekannter. Zen-Paradoxe gibt es in Hülle und Fülle. Vielleicht liegt aber das größte Paradoxon des Zen in seiner großen Orthodoxie. In ihr liegt Japans Ersatz für den Buddhismus des Kleinen Fahrzeugs. Zen ist (unhistorisch gesehen) die japanische Form der Theravada-Schule und erfüllt ziemlich die gleiche Funktion innerhalb des großen Rahmens des Buddhismus. Es ist ein praktischer japanischer Weg, zwei entscheidende Wahrheiten des Buddhismus zu unterstreichen: erstens, daß das Nirvana durch Meditation erlangt wird (wie sonst, darauf brauchen wir jetzt nicht einzugehen), und zweitens, daß wir, um die Wahrheit zu schauen, Ansichten aufgeben müssen, die durch die Anwendung gewöhnlicher Worte und Begriffe auf die wahre, ursprüngliche Natur der Welt um uns und unserer selbst entstanden sind und in die Irre führen. Zwar macht Zen durchaus kräftigen Gebrauch von der Vorstellung der Buddhanatur, einem typischen und zentralen Begriff des entwickelten Mahayana-Buddhismus, es enthält auch, auf dem Weg über seine chinesische Dimension, einige Werte des Taoismus, wie die große Wertschätzung der Natur und die Empfindung des Einsseins mit dem Fluß der Dinge – aber diese Gefühle waren auch dem frühen Buddhismus offenbar nicht fremd, wie aus den Gedichten der frühen Mönche und Nonnen im Pali-Kanon zu ersehen ist. Man spürt die große Ähnlichkeit der Skepsis und Mystik des Taoismus mit dem Ethos des Buddha und das Natürliche einer Synthese zwischen Ch'an und Taoismus. Zens Betonung der Vermittlung der Wahrheit unabhängig von den Schriften ist eine gesunde Reaktion auf die Idolisierung der heiligen Schriften und der mündlichen Formeln, die erst im viel späteren Buddhismus aufkam. Die Originalität des Zen-Buddhismus gegenüber vielem in der Orthodoxie ist vor allem die Hoffnung auf Erleuchtung für Laien wie für Mönche. Die Schule des Reinen Landes hatte bereits einige Barrieren durchbrochen, und die Möglichkeit der Erlösung stand nun allen offen. Klösterliche gute Werke als solche waren für die Herbeiführung der Befreiung aus dem Kreis von Geburt und Tod nutzlos, konnten höchstens als Anzeichen der schon errungenen Erlösung oder als Seitentrieb des Gefühls der Erlösung gelten – nur ein anderer, Amida, konnte Erlösung bringen. Trotzdem hat der Zen-Buddhismus nichts im Sinne mit der Theorie, von einem anderen erlöst zu werden. Er ist wie vieles im Buddhismus (und dem Kleinen Fahrzeug) eine Religion der Selbsthilfe. »Seid Lichter für euch selbst«, hatte der Buddha im Sterben gesagt, jedenfalls der Überlieferung zufolge. Aber man hatte wegen des mühevollen Weges zur Befreiung angenommen, kontemplatives Leben könne nur innerhalb der Klostermauern praktiziert werden. Zen brachte mit der Soto- wie mit der Rinzai-Sekte diese Theorie zu Fall.

Die Rinzai-Schule des Zen

Sie wurde gegründet von Eisai (1141–1215), der wie Honen und Kobo Daishi zur Anregung nach China gereist war. Dort wurde er vom Ch'an-Buddhismus inspiriert. Die Form des Buddhismus der Rinzai-Schule ist uns westlichen Menschen vertraut wegen ihrer zahllosen Paradoxien und Widersprüche, welche die Botschaft verstärken und eine echte Meditationshaltung erzeugen wollen. Auch Dogen (1200–1253) reiste nach China und gründete anschließend in Japan die Soto-Sekte, die weniger auf blitzartige Erleuchtung als vielmehr auf einen allmählichen Weg zur Befreiung ausgerichtet ist. Soto neigt kaum dazu, *koans* oder Rätsel zu verwenden wie die Rinzai-Schule (z.B. die Aufgabe, sich visuell den Ton einer klatschenden Hand vorzustellen), sondern stützt sich mehr auf die subtilen und umfangreichen Schriften von Dogen, dem später der Status eines Bodhisattva verliehen wurde. Die Methode der Meditation weist viele Analogien zu der Theravada-Methode von *sati* oder Selbstbewußtheit auf. Wenn ich nur meiner selbst bewußt bin, bin ich mir auch meiner Buddha-Natur bewußt.
Besonders originell war Zen in seiner ästhetischen Qualität, die das japanische Leben völlig durchdrungen hat, und in seiner Anpassung weltlicher, sogar militärischer Künste an die Praxis der Erleuchtung. Am besten bekannt sind vielleicht die Kunst des Bogenschießens und die Kunst des Blumensteckens. Durch die Unterwerfung unter die Disziplin einer dieser Künste kann jeder Mensch eine Art regulierter Spontaneität erreichen. Der Bogenschütze soll das Ziel ohne zu zielen erreichen, indem er lediglich den Pfeil losläßt und ihn trotzdem unmittelbar ins Schwarze fliegen sieht. Dies wird in Eugen Herrigels zu Recht berühmtem Buch *Zen in der Kunst des Bogenschießens* genau geschildert. Dieser Geist der Spontaneität brachte in den fünfziger und sechziger Jahren manche kuriosen Nebenprodukte hervor, als Zen in Kalifornien und anderswo große Mode war. Die Disziplin ging dabei allerdings zuweilen ebenso unter wie bei den wilderen Formen von Actionpainting: Spontaneität ohne Tiefe und Ordnung kann zu Possenreißerei werden, und der *New Yorker* traf den Nagel auf den Kopf (falls dieser Vergleich zu einem Bogenschützen paßt) mit der Karikatur eines Actionmalers, der Klumpen von Farbe auf eine drei Meter entfernte Leinwand wirft. Die Leinwand bleibt ganz jungfräulich, nur die Wand um sie herum ist schließlich völlig mit Farbe verschmiert. Indessen waren die weltlichen Künste ein Mittel, Meditation ins tägliche Leben einzubeziehen. Zen wurde seltsamerweise ausgerechnet Teil des Ethos der Kriegerkaste, und die friedliche Religion Buddhas kam mit einer Art von selbstlosem Machismo zu einer neuen Ausdrucksform. Der Zen-Buddhismus befand sich auch in unmittelbarer Nachbarschaft der Ideale von Konfuzius, er paßte überhaupt gut zu der recht hiercharischen und feudalen Gesellschaft des mittelalterlichen Japan. Die alten drei Religionen Chinas – Konfuzianismus, Taoismus und Buddhismus – fanden also einen neuen Treffpunkt in einer sehr japanischen Atmospäre. Die japanische Neigung und Begabung für Synthese siegte über ver-

schiedene Widersprüchlichkeiten, über die Diskrepanz zwischen Auflösung starrer Ordnung (Tao) und Ordnung (Konfuzius), zwischen friedlicher Kontemplation (von Buddha) und den Anforderungen eines aktiven Lebens (seitens der japanischen Gesellschaft) sowie zwischen Jenseitigkeit und Diesseitsbejahung, zwischen Nirvana und Samsara.

Ordnung und glückbringender Zufall: das sind die charakteristischen Merkmale des Zen-Gartens, und sie sind Symbol für vieles. So gibt es im Tempel von Ryonanji einen Garten – oder vielmehr eher nur eine Fläche, die in der Hauptsache aus weißem geharkten Sand besteht, umrandet von schwachen Harkenlinien. Und in dem Sand erheben sich fünfzehn in fünf Haufen zusammengestellte Steine. Ein geheimnisvolles geologisches Gedicht, eine Art kontemplativer Rock-Sound. Was bedeutet diese Komposition? Jede mögliche Erklärung würde an der Zen-Theorie der Zerstörung aller Begriffe vorbeigehen, aber wenn man sie schon beschreiben muß, sei der Kommentar gestattet, daß sie sehr viel von der Kunst des Zen reflektiert; die leeren Stellen in den Bildern sind Zeichen der Leere und zwar jener wahren Leere, des Geistes, welche die Fülle der Erleuchtung repräsentiert. Der geharkte Sand ist leer, die Steine sind etwas, das irgendwo ausgebaggert worden sein mag, vielleicht im Meer der Leere, und auch sie sind leer.

Shinto und die Ursprünge Japans

Wir haben es demnach im alten Japan mit drei Motiven zu tun: mit der Frömmigkeit des Reinen Landes, dem umfassenden rituellen Reichtum von Shingon und Tendai und dem geordneten Chaos von Zen, den Mitteln der Meditation inmitten des Lebens. Die Kontrapunkte indischer Geistigkeit, *bhakti, mantra* und *dhyana* finden somit ihr Echo im Fernen Osten, in einem Land, von dem sich die frühen Buddhisten nicht haben träumen lassen.

Aber neben den Abwandlungen des Buddhismus wuchs der alte Baum des Shinto kräftig weiter. Der Buddha war nicht eifersüchtig auf die japanischen oder irgendwelche andere Götter. Und die Götter konnten sich mit Buddha Sakyamuni und Amida gut vertragen. Sie blieben in der japanischen Vorstellungswelt präsent und sollten in unserer Zeit eine wichtige Rolle für das Kaisertum – und zwar keine unbedingt glückliche Rolle – spielen. Shinto-Mythen zu den Ursprüngen des japanischen Inselreichs sind magische Erklärungen für greifbare Mannigfaltigkeit. Japan bäumt sich mit Bergen und vulkanischen Quellen aus dem Meer. Im Innern donnert es, und seine Flüsse sind reißend. Kirschen und Pfirsiche schmücken es, ebenso Schnee, und der Mensch geht in den Reisfeldern seinen Gedanken nach. Jetzt schickt Japan auch Wolkenkratzer und Schornsteine in den Himmel und ist voll grüner Golfplätze und grauer schneller Wagen. Es hat noch immer magische Züge, warum sollte es nicht einen magischen Ursprung haben? Die Mythen schildern, wie Japan aus dem Meer emporstieg. Das war ein langer Prozeß. Zuerst

PROPHETEN UND LEHRER

Propheten und große Lehrer geben den Religionen immer wieder neue Richtungen und neuen Gehalt. Weltliche Figuren, die eine neue Einstellung zum menschlichen Leben anbieten, versammeln meist eine ergebene und hingebungsvolle Anhängerschaft um sich. Die Kraft der Überzeugung und Inspiration, die an derartigen Schlüsselfiguren zum Ausdruck kommt, wird manchmal Charisma genannt. Später werden dann die neuen Richtungen in feste Formen gebracht, und Priester übernehmen die Überlieferung des revolutionären Propheten.

Billy Graham mit der Bibel in der Hand auf dem Trafalgar Square 1954 in London. Die protestantische Betonung des Gewissens des einzelnen Gläubigen verleiht dem Prediger, der die schicksalhaften Folgen des menschlichen Dialogs mit Gott zum Ausdruck bringen kann, besonders großes Gewicht.

Ramakrishna (1834–1886) war ein hinduistischer Asket, dessen Lehre des Einsseins aller Religionen durch getreue Anhänger verbreitet wurde. Er war Mystiker und charismatischer Lehrer. △

Papst Johannes XXIII., in hohem Alter zum Papsttum berufen und zunächst als Lückenbüßer gedacht, erwies sich als dynamisch und heilig im Amt. Er berief das 2. Vatikanische Konzil ein und zeigte eine Unabhängigkeit des Geistes, die gepaart war mit kluger bäuerlicher Güte. ▷

Auch die profane Welt hat ihre Heiligen. Vielleicht hat niemand mehr dazu beigetragen, die Erkenntnisse der Menschen über sich selbst zu verändern, als Sigmund Freud. In mancher Hinsicht erfüllt die Psychoanalyse, deren Hauptbegründer er gewesen ist, viele Funktionen der traditionellen Religion: sie führt zum Selbstverständnis, heißt es, heilt Krankheiten, ist die moderne Beichte und verlangt Loyalität. Und sie hat ihre Helden.

tauchte eine schilfige Masse aus der dicken Lake auf und wurde zu einer Gottheit. Zwei andere Götter kamen herauf. Von ihnen stammten wieder Geister ab, die in der schwimmenden Masse lebten. Schließlich riefen die Götter den Gott Izanagi und seine Gemahlin (und Schwester) Izanami an, sie sollten herunterkommen und das Land befestigen. Izanagi rührte mit einem Zauberspeer in der Masse, und diese gerann zu einer Insel. Auf ihr vermählten sich die beiden, und ihre Sprößlinge waren die verschiedenen Inseln Japans. Aber dann gebar Izanami das Feuer und starb und verschwand in die Unterwelt. Als Teilergebnis dieses Geschehens kam der Tod in die Welt. Als Folge weiterer Ereignisse wurde die Göttin Amaterasu geboren, die Sonnengöttin, von der die Herrscher Japans abstammen. Zahlreiche andere Gottheiten, *kami,* gingen aus diesen ersten Wesen hervor. Auf sie sind viele Shinto-Zeremonien ausgerichtet. Wie zu ersehen, ist Shinto keine besonders systematische Religion. Er verwebt die Mythen der Welterklärung miteinander und feiert damit die Inseln und die Nation Japan. Er feiert die Naturkräfte, die heiligen Berge, Ströme und Orte, von denen der Mensch für seinen Unterhalt im Materiellen wie im Geistigen abhängig ist. Shinto ist nicht eigentlich eine Religion mit einer Doktrin, sein Gewicht liegt auf Ritual und Erfahrung. Er ist eine Religion, in der Schreine eine große Rolle spielen. Sie sind sozusagen die Konzertsäle des Geistes, in denen die *kami* flüstern und singen, eine Musik, die nicht in Dogmen und genormte Ethik übertragen werden kann.

Ein Shinto-Schrein

Das ist ein rechteckiger Raum für eine Gottheit, den man durch ein hölzernes Tor betritt, den *torii* von meist derber und schlichter Machart: ein fester Balken, von hölzernen Pfosten getragen und auf unterschiedliche Weise dekoriert. Hinter dem Portal befindet sich ein Kultgebäude, an dessen Eingang der Fromme in der Hoffnung, die Aufmerksamkeit der *kami* auf sich zu lenken, eine Glocke zieht und sich verbeugt. Die Bitten sind individuellen Charakters. Von Zeit zu Zeit betätigen sich Priester innerhalb des Tempels. Männer und Frauen hinterlassen Gaben für die Götter und stellen vielleicht Vermutungen an über das, was hinter dem Altarraum im Allerheiligsten vor sich geht. Denn dort wird der sogenannte Gotteskörper aufbewahrt oder eine Reliquie oder ein Symbol der Gottheit: ein Stein in seltsamer Form vielleicht, eine Schriftrolle, Haare eines Heiligen oder ein Edelstein – wer weiß? Den Gläubigen wird mit Geschichten vom entsetzlichen Tod derer gedroht, die unbesonnen und ohne die erforderliche Genehmigung in den heiligen Raum hineingespäht haben, um den Gotteskörper zu sehen. Die Aura von der Unwirklichkeit des *kami* wird auf diese Weise bewahrt. Manchmal allerdings ist der Gotteskörper ein Baum, den alle sehen dürfen, oder ein anderer natürlicher Gegenstand. Denn trotz der Priester, des *torii,* der Gebäude, der Opfergaben und der Rituale weht der Atem der Natur um den Shinto-Schrein. Der Mensch kommt zum Einklang mit den lebendigen Elementen des Universums. Vieles im Shinto vermittelt ein ästhetisches Gefühl für die Harmonie zwischen dem Menschen und seiner Umgebung. Aber ebenso wie die Natur selbst sind auch alle ihre Erscheinungen in ziemlicher Unordnung. Deshalb konnte der Shinto durchaus in Frieden mit den Subtilitäten und organisatorischen Strukturen des Buddhismus leben. Shinto war keine Bedrohung für das *Lotus Sutra,* und die buddhistische Vorstellung von einer möglichst geschickten Auswahl der Mittel konnte den einheimischen Göttern nur recht sein. Wie wir sahen, bot Shinto eine Theorie der Synthese an. In moderner Zeit haben sich die Kraft des kriegerischen Ethos der Japaner, ihr Familiensinn, die feudalistische Einstellung (sowohl von der Struktur der japanischen Gesellschaft wie von konfuzianischen Vorstellungen bestimmt) zu einem Gefühl nationaler Identität miteinander verbunden, in dem Shinto einen hervorragenden Rang einnimmt. Er wurde eingespannt für eine Form der Expansion, die grausam und zum Fehlschlag prädestiniert war trotz aller Erfolge in dem halben Jahrhundert der »Erneuerung des kaiserlichen Regiments« unter Kaiser Meiji (1867–1912) bis zum Ersten Weltkrieg. Danach ging der Staats-Shinto als Instrument der Politik aufgrund eben dieser Politik unter. Am 15. Dezember 1945 ordnete General McArthur die Abschaffung des Shinto an. Seine Worte fanden in dem würdigen kaiserlichen Erlaß, der wenig mehr als zwei Wochen später, am 1. Januar 1946, veröffentlicht wurde, ihre Entgegnung. Kaiser Hirohito schrieb:

> Wir stehen zusammen mit euch, unseren Landsleuten. Unsere Gewinne und Verluste sind immer von allen geteilt worden. Wir wünschen, daß auch jetzt Wohl und Wehe geteilt werde. Die Bande zwischen uns und unseren Landsleuten sind durch gegenseitiges Vertrauen und Liebe unauflöslich geknüpft. Sie haben ihren Ursprung nicht in reiner Mythe und Legende. Sie haben ihre Grundlage nicht in der fiktiven Vorstellung, der Kaiser sei der manifestierte Gott und das japanische Volk eine Rasse, die anderen Rassen überlegen und daher zur Herrschaft der Welt bestimmt sei. Um die Prüfungen und Leiden des Volkes zu lindern, wird meine Regierung alle Mittel ausschöpfen, um jede Art Plan und Programm zu erstellen...

Der Staats-Shinto war tot, aber der Shinto lebt weiter auf seine eigene ungeregelte und vielschichtige Weise.

Neue Religionen

Jedoch hat der Shinto nicht die Vitalität der neuen Religionen gezeigt, die im Nachkriegsjapan aus dem Boden schossen. Sie erzielten so rasche Erfolge, weil sie Antworten auf die Traumata der Niederlage und, paradoxerweise, auf die Erfolge des Wirtschaftswunders bereithielten. Denn diese bedeuteten Umsiedlungen, Unsicherheiten, rasche Urbanisierung, neue Lebensformen und jenen Grad von

Wohlstand, der zukunftsorientierten religiösen Organisationen wirtschaftlichen Anreiz bot. Zuweilen hatten die neu aufblühenden Religionen auch alte Wurzeln. In jedem Fall braucht ein Same fruchtbaren Boden. Keine Bewegung aber war derart spektakulär erfolgreich wie die Soka Gakkai. Doch auch andere gab es in Fülle, so die Konkokyo (Religion des Metallenen Glanzes), eine Art Shinto-Pietismus, der an die Amida-Kulte erinnert; ferner die P.L. Kyodansekte (Vereinigung der Vollkommenen Freiheit), die einen anspruchsvollen ästhetischen Unitarismus predigte; und die Tendikyo, die von Miki Nakayama (1798–1887), einer charismatischen Frau, gegründet wurde und auf Heilungen durch den Glauben und eine messianische künftige Vollendung der Geschichte gerichtet war. Derartige Bewegungen erlebten ihren Höhepunkt in der Nachkriegszeit. Aber wie gesagt: mächtiger jedoch als alle anderen in Japan und für die Auslandsjapaner (vor allem in Kalifornien) ist die Soka Gakkai (Gesellschaft zur Schaffung von Werten) gewesen. Ihr politischer Flügel, die Komeito, hat sich auch in der japanischen Politik recht erfolgreich durchgesetzt. Die Soka Gakkai knüpft an Nichiren an, der ein hitziger Reformator war, aber vielleicht noch etwas mehr. Seine Lehren und sein Beispiel erzeugten in früheren Jahrhunderten eine Bewegung oder Sekte, und ein bestimmter Zweig dieser Sekte ist durch die Soka Gakkai in bemerkenswerter Weise organisiert und modernisiert worden.

Nichiren: war er Buddhist?

Nichiren wurde 1222 geboren. Der Überlieferung zufolge brüstete er sich damit, ein *sendara,* Ausgestoßener, zu sein, die japanische Form eines alten indischen Ausdrucks, der einen Unberührbaren meint. Japan hat noch immer seine Unberührbaren, eine merkwürdige Situation in einem vorwiegend buddhistischen Land. Nichiren jedenfalls war der Sohn eines Fischers, und diese Klasse wurde von orthodoxen Buddhisten mit Mißtrauen betrachtet, denn sie verdiente sich ihren Lebensunterhalt damit, daß sie tötete. Die meisten Leute teilten die großzügige Einstellung von Honen nicht. Nach vielen Jahren des Studiums in verschiedenen wichtigen klösterlichen Zentren wurde Nichiren im Alter von 31 Jahren klar, daß das Geheimnis der Erlösung im *Lotus Sutra* lag und im besonderen in der liebenden Hingabe an dieses. Wie Honen und Shinran vereinfachte er den Buddhismus, aber er tat es auf ganz andere Weise. Der Gegenstand der Anbetung war nicht eine Person, sondern die Essenz des *Lotus Sutra.* Indem der Gläubige die Formel »Namu-myoho renge-kyo« rezitierte, konnte er Erlösung erlangen. Nichiren wollte durch die Verehrung des *Lotus Sutra* alle übrigen Formen des Buddhismus übertreffen. Er war unnahbar stolz, nationalistisch und schreckte nicht davor zurück, Mönche wie Kaiser anzuklagen, wenn er das Gefühl hatte, dies sei notwendig für seine Mission. Ein so starrsinniger Prediger brauchte zumindest einen kleinen Dämpfer. Eines Tages kamen Soldaten, um ihn zu verhaften und hinzurichten. Jedoch gerade in dem Augenblick, in dem der Scharfrichter das Schwert hob, um Nichirens Kopf abzuschlagen, schoß ein Feuerball, hell wie der Mond, über den Himmel. Fassungslos ließ der Scharfrichter von Nichiren ab. Nichiren war durch ein Wunder gerettet, und obwohl er Exil, Gefängnis und andere Prüfungen durchmachen mußte, glühte sein Eifer weiter. Er gründete die Nichiren-Schule und deren Variante Nichiren Shoshu, die hinter der modernen Soko Gakkai steht. Wie viele Buddhisten betrachtete er, dem stark pessimistischen Aspekt der buddhistischen Geschichtsphilosophie entsprechend, seine Gegenwart als eine Zeit des Niedergangs, in der die Lehren von Buddha allmählich verlorengingen, da die Menschen nicht mehr fähig waren, sie in sich aufzunehmen. Die alte Lehre konnte nicht mehr wirken, aber ein neuer Buddha oder Bodhisattva konnte nahe sein, um den Menschen die Wahrheit zurückzubringen. Anzeichen deuten darauf hin, daß Nichiren sich selbst als einen solchen sah. Jedoch war er furchterregend direkt und hart. Er war Buddha offensichtlich überhaupt nicht ähnlich und weniger noch dem außerordentlich sanften Honen oder dem bescheidenen Shinran. Auch er war ungewöhnlich nationalistisch für seine Zeitepoche. Aber seine Schriften waren intelligent und seine Theorien darüber, wie man Wahrheit und Wert verschiedener religiöser Einstellungen prüfen konnte, eindrucksvoll. Ein großer Geist war er nicht, er war und ist auch noch immer umstritten. Konnte eine derart wilde Gestalt wahrhaft buddhistisch sein? Jedenfalls faßte er im japanischen Nationalbewußtsein Wurzel. Kein Wunder, daß seine Überlieferung im modernen Japan auf höchst bemerkenswerte Weise wiederbelebt worden ist. Der Mann jedoch, der am meisten damit zu tun hatte, starb 1944 im Gefängnis, weil er den Staats-Shinto nicht annehmen wollte. Es war Tsunesburo Makiguchi, ein Schullehrer (geb. 1871). Er war ein Reformator mit neuen Anschauungen über Erziehung, was zu häufigen Zusammenstößen mit Beamten führte. Im Jahre 1928 konvertierte Makiguchi zum Nichiren-Shoshu, und aus der Verbindung seiner erzieherischen Interessen mit dem besonderen Pietismus der Nichiren-Sekte entstand die moderne Soka-Gakkai-Bewegung.

Soka Gakkai

John Dewey und John Stuart Mill begegneten sich in Nichiren, eine unwahrscheinliche, aber an Möglichkeiten reiche Konstellation. Nichiren hatte von seinem Weg als einem Weg zur Glückseligkeit gesprochen. Die neue Bewegung übersetzte das in moderne Begriffe. Die von Makiguchi aufgestellte Theorie geht dahin, daß die Wahrheit objektiv ist, die Werte hingegen konstruiert sind. So gründete er seine Gesellschaft zur Schaffung von Werten, die dafür eintrat, daß jede Gruppe oder Nation ihre eigenen Werte im Lichte der von Nichiren verkündeten Wahrheit schaffen kann. Als Ergebnis ihrer gut funktionierenden Organisation unter der Führung zuerst von Josei Toda (während des Krieges verhaftet) und nach dem Kriege von Daisaku Ikeda hat die Soka Gakkai Blüten getrieben. Sie zählt über sechs Millionen Familien zu ihren Mitgliedern, Frucht eines neuen, klaren und ziemlich energischen Missionsgeistes. Soka Gakkai vermittelt den Gläubigen einen Zusammenhalt, eine kraftvolle Lehre und äußere Zeichen der Hingabe. Sie verlangt jedoch, daß ihre Mitglieder die Zeichen der Zugehörigkeit zu anderen Glaubensrichtungen preisgeben. Selbst Ahnentafeln sind von diesem Gebot nicht ausgenommen. Die Bewegung verschmilzt Östliches und Westliches, und obwohl sie der Theorie nach politisch neutralistisch ist, weist sie die unleugbaren Merkmale eines recht konservativen Nationalismus auf.

Motive japanischer Religion

Dies also sind einige der Akte in dem geistigen Drama der Japaner. Welcher folgt als nächster? Oder anders ausgedrückt, was ergeben die voneinander verschiedenen Motive japanischer Religion, wenn man sie zusammensetzt? Wie kann der martialische Zen mit dem sanften Honen leben? Wie sich die von Missionseifer erfüllte Soka Gakkai mit Shinran vertragen? Wie arrangiert sich der Ritualismus des Shingon mit der modernen Industrialisierung? Und hat Japan tatsächlich der Welt außerhalb seiner Landesgrenzen etwas zu sagen?
Bis zu einem gewissen Grade scheint es so, wenn man den Einfluß des Zen auf die westliche Kultur in den letzten zwei Jahrzehnten betrachtet. Und Soka Gakkai gehört zu den vielen Glaubensrichtungen, die großen Anklang bei der unberechenbaren Jugend der Vereinigten Staaten finden. Aber vielleicht sind das nebensächliche, sogar kurzlebige Wirkungen. Denn die wirkliche Bortschaft Japans müssen wir viel tiefer suchen. Wie in Indien findet in Japan ein fortgesetztes Wechselspiel statt zwischen Abhängigkeit von einem anderen Wesen *(bhakti)* und einer Religion eigenständiger Meditation. Aber was Japan unterstreicht, ist die Spontaneität in beiden Fällen: denn der Andere (Gott) bricht plötzlich zu einem Menschen durch, wie es Honen geschah, während die Ergebnisse in der Kunst der Meditation, ob Rinzai oder Soto, immer spontan sind – man trifft ins Schwarze, ohne zu zielen. Woher kommt es nun, daß ein Volk, das dermaßen zur Ordnung neigt, ob in einer feudalistischen Gesellschaft, in der Fabrik, beim Malen oder in der Gastronomie, so stark das Spontane und Unvorhersehbare betont? Eben darum, weil man aus der Ordnung ausbrechen muß. Ohne die Ordnung kann es nur Ziellosigkeit geben, keine wahre Spontaneität. So kann in geistigen Dingen die Disziplin von entscheidendem Gewicht sein, ob als Vorläufer oder Ableger der Spontaneität der Erleuchtung oder Bekehrung. Selbstverständlich muß man sich hinsichtlich dieser Disziplin klug verhalten. Denn bei aller Wildheit und dem Mangel an Einfühlung in Menschen anderer Überzeugungen hatte Nichiren mit seiner Ansicht recht, daß das Wichtigste die Bereitschaft des Volkes sei, eine besondere Art der Lehre aufzunehmen – womit er im übrigen meinte, daß für Länder, die das

Große Fahrzeug noch nicht empfangen hatten, das Kleine Fahrzeug besser wäre. Ob das ein prophetischer Hinweis auf den gegenwärtigen Erfolg der Theravada-Schule bei der Verkündigung des Buddhismus in Westeuropa sein sollte?
Indessen zieht sich ein gewisser Pessimismus durch die gesamte kreative Religiosität Japans. Man spricht vom *mappo*-Zeitalter. Das heißt, man glaubt, daß die buddhistische Religion im Niedergang begriffen sei und die Erlösung der Menschen in den schlichteren, unmittelbaren Glaubensformen liegen müsse. Dieses starke Gefühl für den Verfall der Religion gehört zur buddhistischen Geschichtstheorie. Wahres Wissen und richtiges Verhalten nehmen ständig ab, bis sie durch einen Buddha oder Bodhisattva wiederhergestellt werden. Ironischerweise haben die Japaner, während ihr Bruttosozialprodukt ständig steigt und die Hondas sich ins Unendliche vermehren, eine Vorahnung, daß die Spiritualität immer mehr abnehmen wird. Der Fortschrittsmythos trifft auf große Skepsis.

GLOSSARIUM

Ein * verweist auf ein anderes Stichwort im Glossarium.

ADVAITA. Die nichtdualistische Version des »Vedanta«*, vor allem verbunden mit dem indischen Philosophen und Theologen Shankara. Nicht dualistisch, weil sie die Vorstellung bekräftigt, daß die ewige Seele im Menschen identisch mit dem Brahman*, der göttlichen Wirklichkeit ist. Unser aller Seelen sind auf diese Weise identisch, denn wir sind alle in essentia das göttliche Wesen.
AHIMSA. Nichtverletzung (von lebenden Wesen). Ein im Jainismus und Buddhismus und später im Denken und Leben von Gandhi grundlegender Begriff. Sie bedingt im Prinzip Achtung vor jedem Leben, aber Gandhi gab ihr eine politische Dimension in seinem Eintreten für die Gewaltlosigkeit als der Methode, Freiheit für Indien zu erreichen.
ALBIGENSER. Mittelalterliche Sekte, die im Laufe des sogenannten albigensischen Kreuzzuges unterdrückt wurde. Die Albigenser hatten ihre Hochburgen in der Hauptsache im Südwesten Frankreichs, und ihre Ansichten waren denen der Manichäer nicht unähnlich, nur bewegten sie sich innerhalb eines entschieden christlichen Rahmens.
ALLAH. Der eine Gott (wörtlich). Der Name wurde von Mohammed für das göttliche Wesen gebraucht, das sich durch den Koran offenbarte.
AMIDA. Japanisch für Amitabha*.
AMITABHA. Der himmlische Buddha des unermeßlichen Lichtes, der das Reine Land, das Paradies im Westen, schuf, in das der Gläubige, der sich an ihn wendet, der Lehre der Schule des Reinen Landes (Mahayana*-Buddhismus) zufolge gebracht wird. Sein japanischer Name ist Amida*.
ANGLIKANISCH. Adjektiv für die Menschen und Institutionen, die historisch in Beziehung zur Church of England stehen. Sehr oft werden derartige Kirchen als episkopalisch bezeichnet, wie die Protestantische Episkopalische Kirche in den USA. Anglikaner eint das Anerkennen eines gemeinsamen Erbes und weniger eine förmliche zentrale Organisation.
ARHANT/ARHAT. Wörtlich »der Ehrwürdige«; in der buddhistischen Überlieferung jemand, der schon in diesem Leben das Nirvana* oder die Befreiung erreicht hat. Der Status des Arhant ist zwar hoch, jedoch niedriger als derjenige von

jemandem, der bereits das vollkommene Buddhatum oder die Erleuchtung erlangt hat. (Aber ein Buddha zu sein, setzt voraus, ein Arhant zu sein, da ein Buddha die lebendige Befreiung bereits errungen hat.)

ATMAN: Sanskrit für Selbst. In der indischen Philosophie und Religion bezieht sich Atman auf die ewige Seele im Menschen, die nicht mit dem Ego gleichgesetzt werden darf, wie wir es gewöhnlich erfahren. Denn das Ego unterliegt Wandlungen, während der Atman jenseits jeden Wandels ist. Manchmal wird er mit dem göttlichen Wesen identifiziert, wie im Advaita*-Vedanta*.

AVALOKITESHVARA. Der Bodhisattva*, der, wie sein Name besagt, auf die Lebenden in dieser Welt mit Barmherzigkeit blickt. Er wird mit Amitabha* in Verbindung gebracht. In seiner chinesischen Version erwarb er als Kwanyin weibliche Charakterzüge.

AVATAR: Eine Inkarnation von Vishnu in der Hindu-Überlieferung. Die wichtigsten Avatars Vishnus waren Krishna und Rama.

BHAGAVADGITA. Der Gesang des Herrn, das einflußreichste heilige Buch in Indien.

BHAKTI. Liebende Verehrung Gottes, Frömmigkeit nach indischer Überlieferung.

BHODISATTVA. Künftiger Buddha oder jemand, der berufen ist, ein Buddha zu werden. Im Mahayana*-Buddhismus entstand diese Vorstellung des künftigen Buddhas, der seine Befreiung (Nirvana*) aufschiebt, um anderen Lebenden zum Weg der Befreiung vom Leiden zu helfen. Der berühmteste aller Bhodisattvas ist Avalokiteshvara*.

BRAHMAN. Ursprünglich ein Wort für die Macht, die im alten indischen Opfer- und Priester-System wirksam war. Durch diese Macht wurden (glaubte man) Veränderungen in der Welt vollbracht. Aber in den Upanishaden* entstand die Theorie, daß die gleiche Macht auch im gesamten Universum wirkt. Seither wurde Brahman zu einer Bezeichnung für Gott, der abwechselnd als persönliche und als unpersönliche Kraft gesehen wird, die das Universum zusammenhält.

BRAHMANEN. Priesterklasse im Indien alter Zeit. Die Brahmanen sind die höchste der vier Klassen, die den großen Rahmen für das Kasten*-System bilden. Der Begriff hängt zusammen mit dem Brahman*.

BUDDHA. Erleuchteter, jemand, der *bodhi* erlangt hat. In unserem Zeitalter lebte Gautama* Buddha (auch Gotama) ungefähr von 563 bis 483 v.Chr. Er wollte den Menschen das Wissen um die Wahrheit oder dharma* zurückbringen. Später, während der weiteren Entwicklung des Buddhismus, entstand der Begriff von himmlischen Buddhas, die, Göttern ähnlich, die Verehrung der Frommen genießen. Der wichtigste von ihnen ist Amitabha*.

CARGO-Kult. Eine religiöse Bewegung im südlichen Pazifik, vor allem in Neuguinea, in der die Erwartung einer göttlichen »Schiffsladung« von guten Dingen eine Rolle spielt. Diese guten Dinge sind noch im Besitz westlicher Menschen, kommen aber eigentlich den Gläubigen zu.

CH'AN. Wörtlich »Meditation«. Die Bezeichnung einer Form des Buddhismus, die vermutlich von Bodhidharma 530 n.Chr. in China von Indien her eingeführt wurde. Ch'an ist das chinesische Aquivalent zum Begriff Zen*. Ch'an-Buddhismus war vom Taoismus* beeinflußt.
CHARISMA. Ein Begriff, der für Zauber, Ausstrahlung und Führungsqualitäten frommer religiöser Leitfiguren benutzt wird.
CHASSIDISMUS. Jüdische Form von Frömmigkeit und Mystik, die sich vor allem von den Lehren des Baal Schem Tov herleitet, eines visionären Lehrers im osteuropäischen 18. Jahrhundert.
CHINVAT-BRÜCKE. Vorstellung, die aus dem Zoroastrianismus* kommt, aber vom Islam übernommen ist: die Brücke, welche die Toten überqueren müssen. Die Gerechten kommen hinüber, die Ungerechten stürzen in den Abgrund.
DEVANAGARI. Die Schrift, in der Sanskrit und das moderne Hindi geschrieben wird. Oft wird sie für göttlichen Ursprungs gehalten, der Name bedeutet wörtlich: »zu der Stadt der Götter gehörend«.
DHARMA. Wahrheit oder Lehre, ein Begriff für die zentrale transzendente Lehre des Hinduismus und Buddhismus. Er schließt die Wahrheit über das Universum ein und ist außerdem eine Norm, nach der die Menschen ihr Verhalten richten sollten.
DHARMAKAYA. Der Wahrheitsaspekt oder Wahrheitsleib des Buddha, eine Vorstellung des Mahayana*-Buddhismus, die sich auf die absolute Natur der Buddhaschaft bezieht, welche der Leere* gleichkommt.
DHYANA. Sanskrit-Begriff für Meditation nach bestimmten Methoden geistiger Kontrolle. Verschiedene Meditationsformen werden in den verschiedenen Schulen benutzt (Yoga*-Schule, Buddhismus usw.).
DIAMANT-FAHRZEUG. Manchmal als Bezeichnung des tibetanischen Buddhismus im Unterschied zum Mahayana*- und Theravada*-Buddhismus gebraucht. Diese Form des Buddhismus enthält starke Elemente des Tantrismus*.
ESCHATOLOGIE. Lehre von den letzten Dingen (griechisch: eschata), vom Endschicksal der Menschen bei der Vollendung der Geschichte mit der Ankunft des Messias. Solche Lehren sind im Judentum, Christentum und Islam zum Teil unter dem Einfluß des Zoroastrianismus* vorherrschend.
GAUTAMA. Name des Buddha in Sanskrit, die Pali*-Version lautet: Gotama.
GNOSIS. Eine in der alten Welt zur Zeit des frühen Christentums verbreitete religiöse Bewegung. Das Wort ist abgeleitet von dem griechischen Wort *gnosis,* Wissen, womit insbesondere die Erfahrung von Gott als einem inneren Weg der Erkenntnis gemeint ist. Gnostische Elemente finden sich im Christentum, zumal im Johannesevangelium. Manchmal neigt die Gnosis aber auch zu einer Verachtung der Welt – ein für das Christentum unannehmbarer Standpunkt.
HARIJAN. So nannte Gandhi die Unberührbaren. Die wörtliche Bedeutung ist »Söhne von Hari« oder »Söhne Gottes«.

HEDSCHRA. Mohammeds Übersiedlung von Mekka nach Medina im Jahre 622 n.Chr., die als Anfangsstadium für den islamischen Kalender gilt.

HESYCHASMUS. Mystische Bewegung der mittelalterlichen östlichen Orthodoxie, die bestimmte Meditationstechniken und den Gebrauch des sogenannten Jesusgebets einschließt, dessen ständige Wiederholung große spirituelle Wirkungen auslöst (»Herr Jesus Christus, Sohn Gottes, erbarme dich meiner, eines Sünders«). Der Begriff Hesychasmus stammt von einem griechischen Wort, das »Friede« bedeutet.

HINAYANA. Kleines Fahrzeug im Unterschied zum Großen Fahrzeug oder Mahayana*-Buddhismus. Ursprünglich ein Schimpfwort und von den Angehörigen der wichtigsten modernen Form, des Theravada*-Buddhismus, nicht sehr geschätzt.

HINDUISMUS. Verbund von Kulturen, die vor allem durch die Tatsache zusammengehalten werden, daß sie sich innerhalb der indischen Gesellschaft befinden. Kaste, Glaube an Reinkarnation und Indertum sind die Hauptzüge des Hinduismus. Aber viele Hindus widmen sich auf die eine oder andere Art einem Glauben an Gott, der unter unterschiedlichen Formen als Vishnu, Shiva oder in minderen Gottheiten vorgestellt wird.

HUMANISMUS. Die moderne Lehre, derzufolge die letzten Werte in der Welt menschlich sind. Die meisten Humanisten sind Atheisten, obwohl sie das christliche Gebot achten, seinen Nächsten zu lieben.

IMAM. Jemand, der die Gemeinde in der Moschee anführt und durch die örtliche Gemeinde gewählt wird. Der Titel wird von den Schiiten* auch für die Führer des ganzen Volkes unter Gott benutzt, das die Ankunft des »entrückten Imams« wie einen Messias erwartet.

ISHVARA. Der Herr, bezieht sich im Hinduismus auf Gott in seiner persönlichen Manifestation.

ISLAM. Wörtlich: Unterwerfung unter Gott oder Allah* und gewöhnlich als Bezeichnung für den von Mohammed gepredigten Glauben benutzt. Die Bezeichnung »Mohammedanismus« ist für Moslems, die Anhänger des Islam, leicht beleidigend, da sie eine Parallele zum Christentum nahelegt: Mohammed wird hoch verehrt, ist aber nicht göttlich, was seiner Lehre zufolge Blasphemie wäre.

ISMAILITEN. Esoterische Form der Schiiten*; einer der großen Zweige der Sekte wird von Aga Khan geleitet.

JAPJI. Glaubensbekenntnis und tägliches Gebet der Sikhs, das mit den Worten beginnt: »Dieser Gott ist Einer, er ist ewig.«

JATI. Sanskrit-Begriff, gewöhnlich mit »Kaste« übersetzt.

JHANA. Pali*-Begriff für Meditation. Vgl. *dhyana*.

JIHAD. Die Pflicht, sich am heiligen Krieg zu beteiligen, wenn man dazu aufgerufen wird. Sie gehört zu den sogenannten Säulen des Islam, welche die fünf Hauptpflichten der Gläubigen im Islam darstellen.

JINA. »Sieger«, ein Titel, der den großen Helden im Jainismus gegeben wird. Der Begriff Jaina meint den Anhänger eines *jina*.
JIVANMUKTI. Lebendige Befreiung in der indischen Überlieferung, das Stadium eines Menschen, der schon in diesem Leben *mukti** erlangt hat und den Rest seines Lebens in der Erwartung der endgültigen Befreiung von dem Zyklus der Wiedergeburten zu Ende lebt.
KABBALA. Die wichtigste jüdische mystische Überlieferung, die sich zuerst im Exil in Babylon im 6. Jahrhundert v. Chr. und später in Westeuropa und vor allem Spanien entwickelte. Sie zeichnet sich aus durch esoterische Wege der Interpretation der heiligen Schriften und die Theorie einer Entsprechung zwischen dem Rhythmus des Universums und dem Handeln und Bewußtsein der Menschen.
KAMI. Shinto*-Begriff für einen Gott oder Geist.
KARMA. Das Gesetz, das nach indischen und anderen Überlieferungen den Status im nächsten Leben bestimmt. Begehe ich eine böse Tat (*karma* bedeutet wörtlich Tat), dann werde ich wahrscheinlich unter ungünstigeren Umständen wiedergeboren. Umgekehrt führt Tugend zu größeren spirituellen Möglichkeiten im künftigen Leben.
KASTENSYSTEM. Soziale Schichtung in Indien (und bis zu einem gewissen Grade auch anderswo, z.B. in Ceylon). Eine Struktur, die Endogamie und Kommensalität bedingt. Menschen der einen Kaste heiraten normalerweise nur innerhalb der Kaste (Endogamie) und essen auch nur mit anderen Mitgliedern der gleichen Kaste (Kommensalität). Die Kasten entstanden in Indien teils aus dem alten Klassensystem der Arier (vgl. Brahmanen*), teils aus religiösen Unterschieden in der Praxis, teils aus Handwerkerzünften und teils aus der Assimilierung von Stammesgruppen in die allgemeine hinduistische Gesellschaft. Noch unter den normalen Kasten liegt die Kaste der Harijans* oder Unberührbaren, die als »unrein« gelten entweder von der Abstammung her oder aufgrund ihrer Betätigung (weil sie beispielsweise Fischer oder Straßenkehrer sind).
KATHOLIZISMUS. Bezeichnung, gewöhnlich auf die römisch-katholische Kirche angewendet, die sich als katholisch oder universal definiert und dem Papst in Rom in Treue verpflichtet ist. Andere Zweige des Christentums nehmen ebenfalls für sich in Anspruch, katholisch zu sein, wie die griechisch Orthodoxen und die Anglikaner*.
KONFUZIANISMUS. Religion, die aus der Überlieferung des alten China entspringt und von Konfuzius* neuformuliert wurde. In späterer Zeit Staatsreligion; ihre allgemeine Lehre schließt auch die Ahnenverehrung (irreführenderweise im Westen Ahnenkult genannt) ein. Die Verehrung gegenüber Konfuzius selbst war zeitweise groß, und das Studium der konfuzianischen Klassiker wurde bis in moderne Zeiten hinein zur Norm für die Ausbildung der chinesischen Elite.
KONFUZIUS. (Confucius). Der latinisierte Name von Meister K'ung, der von 551–497 lebte. Er belebte die alten Überlieferungen, indem er die Klassiker neu

herausgab, und schuf damit eine systematische Ethik für die chinesische Oberschicht der Beamten. Seine eigenen Lehren finden sich in Auswahlbänden und bestehen überwiegend aus Aphorismen.

K'UNG. Vgl. Konfuzius.

LEERE. Die unaussprechliche Essenz der Welt im Mahayana*-Buddhismus, die *Sunya**.

LOTUS SUTRA. Die berühmteste der heiligen Schriften im Mahayana*-Buddhismus, die den Gläubigen die Wiedergeburt im Reinen Land verheißt.

MAHABHARATA. Eins der beiden großen indischen Epen, das andere ist das Ramayana. Es schließt die berühmte Bhagavadgita ein.

MAHATMA. Titel, der einigen geistigen Führern gegeben wird (Gandhi).

MAHAYANA. Das Große Fahrzeug, jener Zweig des Buddhismus, der historisch gesehen in ostasiatischen Ländern vorherrschend ist und eine Richtung des Buddhismus darstellt, die sich von dem strengeren Theravada*-Typus fortentwikkelt hat. Großes Fahrzeug, weil ein breiterer Weg zur Erlösung geboten wird, zum Nirvana*, der sowohl den Laien wie den Mönchen erreichbar ist (während die Theravada-Schule dazu neigte, im Mönchtum eine Vorbedingung für die Befreiung zu sehen).

MANICHÄISMUS. Religion von Mani (3. Jahrhundert n.Chr.), eines persischen Adligen. Er brachte Elemente von Zoroastrianismus*, Buddhismus und Christentum zusammen. Der Glaube verkündete einen scharfen Kontrast zwischen guten und bösen Kräften, die in der Welt wirksam sind. Ein berühmter Anhänger war Augustinus, bevor er Christ wurde. Ein späterer Ableger des Manichäismus war die Bewegung der Albigenser*.

MANTRA. Heilige Verse im Hinduismus und Buddhismus.

MESSIAS. Der Gesalbte und künftige Erlöser und Richter (im Christentum jedoch ist Jesus Christus der Messias, der gestorben ist, aber zurückkehren wird).

METEMPSYCHOSE. Griechischer Begriff, der manchmal an Stelle von Reinkarnation oder Wiedergeburt benutzt wird.

MOKSHA. In der hinduistischen Überlieferung die letzte Befreiung, meist als Befreiung vom Zyklus der Wiedergeburten verstanden.

MORMONEN. Der gebräuchliche Name für die Anhänger der Kirche von Jesus Christus und der Heiligen der Letzten Tage, die im 19. Jahrhundert von Joseph Smith II. gegründet wurde und ihr Hauptquartier in Salt Lake City, Utah (USA), hat.

MUEZZIN. Gebetsrufer, der vom Minarett die islamischen Gläubigen zu den fünf Pflichtgebeten ruft.

MUHARRAM. Der Name bezieht sich auf den ersten Monat im moslemischen Jahr, das auf die Mondphasen gegründet ist. Der 10. Muharram ist den Schiiten heilig, er wird mit Gedenkfestlichkeiten für den Tod von Hussein, Sohn des Ali, in Kerbela (Irak) begangen, das heute ein Wallfahrtsort ist.

MUKTI. Alternativer Sanskritbegriff für *moksha**.

NICÄUM. Glaubensbekenntnis, formuliert vom Konzil zu Nicäa, das einberufen war, um die sogenannte arianische Häresie 325 n.Chr. unter dem Vorsitz von Kaiser Konstantin zu verhandeln.

NIRVANA. Wörtlich: abkühlen oder verlöschen. Der wichtigste Begriff im Buddhismus für die endgültige Entlassung aus dem Zyklus der Wiedergeburten *(samsara*)*. Jemand, der in diesem Leben das Nirvana erlangt, wird gewöhnlich *arhat** genannt.

NUMINOS. Begriff, der von Rudolf Otto in seinem Buch *Das Heilige* eingeführt wurde, um zu bezeichnen, was Ehrfurcht erregt und geheimnisvoll ist. Er hielt es für die zentrale Manifestation des Göttlichen in der menschlichen Erfahrung.

ORPHISMUS. Alte griechische Bewegung um die mythische Figur von Orpheus.

ORTHODOXIE. Im christlichen Zusammenhang bezieht sich der Begriff auf die östlichen griechisch-orthodoxen Kirchen, die für sich in Anspruch nehmen, an der »Rechtgläubigkeit« (wörtliche Übersetzung) festzuhalten.

PALI. Sprache der Schriften der sogenannten Theravada*-Schule (Ceylon, Burma, Thailand usw.). Sie stammt aus einem nordindischen Dialekt und verhält sich zum Sanskrit* wie das Italienische zum Lateinischen.

PARSEN- Vgl. Zoroastrianismus.

REINES LAND-Schule. Bewegung innerhalb des Mahayana*-Buddhismus, die die Verehrung von Amitabha* und des Bodhisattva* Avalokiteshvara* betont. Sie verheißt ihren Gläubigen den Himmel.

SAMSARA. In der indischen Überlieferung für den Prozeß des Wandels im Universum verwendet und insbesondere für die Runde der Wiedergeburten, der alle Lebenden unterworfen sind.

SANSKRIT. Sprache der hinduistischen und anderer klassischer Schriften in der indischen Überlieferung. Sie ist dem Lateinischen und dem Griechischen verwandt und wird in einer Schrift geschrieben, die Devanagari* heißt.

SCHAMANE. Spirituell begabte Person mit visionärem Temperament in verschiedenen Gesellschaften, bei sibirischen Stämmen, nordamerikanischen Indianern usw.

SCHARI'A. Das islamische Gesetz.

SCHEICH. Allgemein eine Person von Rang, im besonderen im Islam ein religiöser Führer oder Haupt einer Gemeinde (z.B. bei den Sufis).

SCHIITEN. Anhänger des Zweiges des Islam, der vom Irak östlich bis Pakistan und weiter vorherrscht. Sie datieren ihren geistigen Stammbaum ab Ali, dem Schwiegersohn des Propheten.

SHINTO. Der Weg der Götter, die überlieferte Religion Japans vor der Einführung des Buddhismus.

SHIRK. Islamischer Begriff für Götzenanbetung, einen Gott neben dem einen Gott zu haben, vom Standpunkt eines Moslems die schlimmste Blasphemie.

STUPA. Ein (Grab-)Hügel, der Reliquien eines buddhistischen Heiligen enthält; in dem glockenförmigen weißen Bau vieler buddhistischer Tempel stilisiert; außerdem liegt er in anderer Variante der chinesischen Pagode zugrunde.
SUNNA. Die traditioneller orientierte Richtung im Islam, die in den meisten arabischen Ländern und in Westafrika vorherrschend ist.
SUNYA. Die »Leere«, die einigen Lehren des Mahayana-Buddhismus zufolge die innere Natur der Dinge wie auch den Brennpunkt der Meditationserfahrung bildet.
T'AI CHI. Chinesisch für das Allerhöchste, das Absolute, aus dem sich nach den Lehren des späteren Konfuzianismus alle Realität ableitet.
TAIPINGAUFSTAND. Aufstand der Anhäger des chinesischen Propheten Hung Mitte des 19. Jahrhunderts, der ein Königreich des himmlischen Friedens predigte (was der Name teilweise bedeutet) und eine Erhebung anführte, die die südliche Hauptstadt Nanking einnahm. Seine Lehren hatten christliche Elemente.
TANTRISMUS. Form hinduistischer oder buddhistischer Religion im Mittelalter in Nordindien und Tibet, mit der Betonung auf sakramentalen Mitteln zur Erleuchtung. Manchmal wurde auch die Zerstörung von Tabus in bezug auf Geschlechtliches, Kasten und anderes als Mittel spirituellen Fortschritts angesehen.
TAO. Der Weg, für Taoisten sowohl ein Pfad des Verhaltens als auch das Prinzip, welches das gesamte Universum regiert. Das Ziel ist ein Leben in Harmonie mit der Natur; ebenso wie die Natur spontan handelt ohne Anstrengung, so handelt der Weise »ohne zu handeln«, friedlich.
TAOISMUS. Der westliche Begriff für die Religion, die den Weg oder das Tao* zum Grundprinzip hat. Angeblich wurde er von Laotse im 6. Jahrhundert v. Chr. gegründet, aber Laotse ist höchstwahrscheinlich nur eine legendäre Gestalt, dem das berühmte Buch vom Tao Te-king, zugeschrieben ist.
TAPAS. Wörtlich: »Hitze«, jedoch als Ausdruck für die Askese gebraucht, wie sie im Indischen praktiziert wird.
THERAVADA-Schule. Die »Schule der Älteren«, meist auf den in Ceylon und in großen Teilen von Südostasien vorherrschenden Buddhismus angewendet. Sie stellt die überlebende Schule des Hinayana*-Buddhismus (Kleines Fahrzeug) dar. Ihre Schriften sind in der Pali*-Sprache geschrieben.
THORA. Das jüdische Gesetz, wie es von Gott offenbart und in den ersten fünf Büchern der hebräischen Bibel (Altes Testament) niedergelegt wurde.
T'IEN. Chinesisch für Himmel und auch für Gott.
TOMMAH. Priester der Toraja auf Celebes (Sulawesi), Indonesien.
TRIPITAKA. Buddhistische Schriften. Wörtlich bedeutet der Begriff »drei Körbe«, weil die Schriften in drei Hauptabteilungen eingeteilt sind, die sich mit den Lehrreden Buddhas, der Ordensdisziplin und der metaphysischen Analyse befassen.
UPANISHADEN. Alte indische Schriften, Teil des sogenannten Veda*. Sie bestehen aus Diskussionen und mythologischen Erklärungen verschiedener Aspek-

te der alten vedischen Rituale. Sie vermitteln ein eindrucksvolles System philosophischer Vorstellungen.

VEDANTA. Theologie des Hinduismus, gegründet auf die vedischen Schriften; der Begriff bedeutet wörtlich das »Ende des Veda«.

YOGA. Allgemeine Bezeichnung für einen Komplex von Praktiken in der indischen Überlieferung, der geistige und spirituelle Disziplinen einschließt. Er wird auch für eine bestimmte Schule des Denkens im Hinduismus gebracht, für die Yoga-Schule. Das letzte Ziel der Yoga-Methoden besteht in der Reinigung des Bewußtseins und der Erlangung der Befreiung (moksha*) vom Zyklus des *samsara**.

ZEN. Eine Form des Buddhismus, die in Japan einflußreich ist. Es gibt zwei Schulen, Rinzai und Soto, erstere betont die plötzliche Natur der Erleuchtungserfahrung, *satori* genannt, und verwendet besondere Methoden, darunter das Stellen von Problemen oder *koans,* die durch ihre Paradoxien vorgefaßte Ansichten über die Natur der Wirklichkeit zu Fall bringen wollen.

ZOROASTER/ZARATHUSTRA. Zoroaster ist die griechische Form des persischen Namens Zarathustra. Zoroaster war der Gründer des Zoroastrianismus und lebte, wie man annimmt, im frühen 6. Jahrhundert v.Chr. Seine religiöse Botschaft scheint von ihm hauptsächlich im östlichen Persien verkündet worden zu sein. Aber in bezug auf seine Biographie besteht viel Ungewißheit.

ZOROASTRIANISMUS. Von den Lehren Zoroasters* abgeleitete Religion. Im persischen Reich wurde sie zum offiziellen Glauben, wurde aber sehr geschwächt durch die Ankunft des Islam*. Ihre modernen Anhänger werden häufig Parsen genannt, was wörtlich »Perser« bedeutet, obwohl ihr Hauptsitz in Westindien ist.

NAMENS- UND SACHREGISTER